Hans Meyer

Der richtige Berliner - Berliner Wörter und Redensarten

Verlag
der
Wissenschaften

Hans Meyer

Der richtige Berliner - Berliner Wörter und Redensarten

ISBN/EAN: 9783957009036

Auflage: 1

Erscheinungsjahr: 2016

Erscheinungsort: Norderstedt, Deutschland

Hergestellt in Europa, USA, Kanada, Australien, Japan
Verlag der Wissenschaften in Hansebooks GmbH, Norderstedt

Cover: Foto © Carsten Grunwald / pixelio.de

Der richtige Berliner

in Wörtern und Redensarten

von

Hans Meyer,

Professor am grauen Kloster.

Fünfte Auflage.

Berlin

Druck und Verlag von H. S. Hermann

1904.

Vorrede.

Der richtige Berliner stellt sich nach einer Pause von 21 Jahren seinen Landsleuten in verjüngter Gestalt vor. Drei geborene Berliner haben die ersten vier Auflagen bearbeitet; die fünfte herzustellen hat mir allein obgelegen, da meine beiden Freunde weiter mitzuwirken verhindert sind.

Wie so vieles in Berlin, so hat sich auch seine Sprache im Verlaufe dieser Zeit geändert; Altes ist abgestorben, Neues ist aufgeblüht. Die rasche Entwicklung des großstädtischen Lebens vom Omnibus bis zur elektrischen Bahn, vom Rad bis zum Automobil, von der Postkarte bis zum Telephon, von der Höferin bis zur Markthalle, vom Weihnachtsmarkt bis zum Warenhause und was sonst als Fortschritt belobt oder beklagt wird, alles hat der Volkssprache neue Blüten entlockt, und daneben ist vieles aus geheimnisvollen Tiefen emporgestiegen. Der Acker scheint unerschöpflich zu sein; die Fülle neuer Wörter und Wendungen, die unserm Boden in den letzten beiden Jahrzehnten entsproßt sind und den besonderen Duft des berlinischen Geistes an sich tragen, beweist, daß die Vermehrung und Vermischung der Bevölkerung diesem Geiste nichts anhaben können.

Nicht selten wird die Meinung ausgesprochen, ein gebildeter Mensch könne sich mit dem Berlinischen höchstens zum Spaß („aus Ulk") abgeben. Diesem Vorurteil kann nicht scharf genug widersprochen werden. Denn abgesehen davon, daß die Sprache der drittehalb Millionen Einwohner der Provinz Berlin (es sind mehr, als manches Königreich hat) das Recht hat, ernst genommen zu werden, abgesehen davon, daß diese Sprache vielleicht für Deutschland dieselbe Bedeutung erlangen wird, wie die von Paris für Frankreich erlangt hat, ist diese Sprache eine S p r a c h e , so gut wie jede andere, ein natürlich erwachsener Dialekt mit eigenem Charakter und eigenen Gesetzen. Mit ihr, wie mit jeder deutschen Mundart, verglichen ist unsere hochdeutsche Bildungssprache ein künstliches Erzeugnis.

Ein Nichtberliner kann aus diesem Buche leicht ein falsches Bild gewinnen: die Ausdrücke für Trinken und Trunkenheit, für Schläge und Ohrfeigen, für Dummheit, Unsinn und Verrücktheit, für Betrügen und Stehlen u. ä. sind so zahlreich, daß sie den Uneingeweihten leicht zu falschen Schlüssen über den Charakter des Berliners verleiten können. Es sei also gesagt, daß der Berliner nicht schlechter ist, als die andern Deutschen, daß die Menge jener Bezeichnungen vielmehr seiner Neigung zur Kritik und seinem Bedürfnis entspringt, für den Ausdruck seines Urteils und seiner Empfindung über feinere Unterscheidungen zu verfügen. Niemand wird dem Berliner zutrauen, daß er sich beständig wundere, und doch hat er für diese Gemütsbewegung eine ganze Stufenleiter von Ausdrücken, von dem einfachen „Nanu!" bis zu dem plastischen „Da schlag eener lang hin!" oder von dem ruhigen: „Mein erster Jedanke war Donnerwetter!" bis zu dem phantastischen: „Ick denke, der Affe laust mir!" — Zudem ist in allem Berlinischen soviel Ironie, daß es nur für den verständlich ist, der für diese Redeform Sinn hat.

Der richtige Berliner soll auf einer wissenschaftlichen Grundlage ruhen, aber nicht wissenschaftlich sein; er ist für geborene Berliner, gelehrte und ungelehrte, bestimmt und soll ihnen die Freude machen, den heimatlichen Sprachschatz beisammen zu haben und sich mancher vielleicht lange vergessenen Wörter und Wendungen, Jugendscherze und Schulausdrücke, Verse und Kinderspiele zu erinnern. Die Älteren, die nicht mehr wie ehedem Gelegenheit haben, das Ohr an den Mund des Volkes zu legen, werden vieles finden, was ihnen unbekannt, aber doch echt und nicht selten eigentümlich und schön ist; das jüngere Geschlecht wird auch hier mit Verwunderung sehen, wie kleinstädtisch und harmlos Alt-Berlin vor 50 Jahren gewesen ist. Denn es sind auch Wörter und Redensarten aufgenommen worden, die nicht mehr im Volksmunde leben, teils weil sie an sich wert sind, aufgehoben zu werden, teils weil sie die Erinnerung an verschollene Zustände wecken und dadurch oft noch lebendige, aber unverständlich gewordene Wörter und Wendungen erklären. Hin und wieder sind anekdotische Gespräche eingestreut worden, nicht sowohl weil sie witzig oder charakteristisch sind, als weil sie die Redeweise des Berliners in einigem Zusammenhange vor Augen stellen. Von den Witzen über die Denkmäler der Stadt wird man nur einige finden; wer mehr haben will, lese „Die Denkmäler Berlins und der Volkswitz" von Victor Laverrenz, 4. Aufl. Berlin o. J., mit 54 Illustrationen. — In einem Anhang sind alle Ausdrücke aus den Gebieten, die den schöpferischen Geist unserer Muttersprache besonders angeregt haben, zusammengestellt und somit einige Artikel eines hochdeutsch-berlinischen Wörterbuches vorgeführt worden.

Es ist, nach dem einzigen Grundsatz, der sich durchführen ließ, aufgenommen worden, was an Wörtern und Redensarten in Berlin üblich ist (oder war) und nicht der hochdeutschen Schriftsprache angehört. Da das Berlinische im Niederdeutschen wurzelt und noch jetzt beständig von ihm beeinflußt wird, aber auch manches, was in Berlin entstanden ist, als geflügeltes Wort über unser Weichbild hinausdringt, so war es unvermeidlich, vieles aufzunehmen, was auch anderwärts bekannt ist. Etwas Weitherzigkeit muß der Leser mitbringen; es gibt kein „Idiotikon", das seinen Vorsatz, sich auf seinen landschaftlichen Kreis zu beschränken, streng durchgeführt hätte; ein berlinisches kann es am wenigsten. Der Nichtberliner wundere sich also nicht, wenn er dies oder jenes oder vieles findet, was nicht nur berlinisch ist; die Absicht war, zu zeigen (soweit es ein Wörterbuch vermag), wie der Berliner spricht, mag er sein Gut haben, woher es sei, und es teilen, mit wem es sei. Auch ist das Wort Schriftsprache nicht unbedingt zu fassen; selbst bei unsern großen Dichtern finden sich hie und da Ausdrücke, die in unser Gebiet fallen*), und Schriftsteller, die aus der Volkssprache schöpfen, haben vieles der Art. Wenn andererseits das eine oder andere vermißt wird, so übe man Nachsicht; gibt es doch von keiner lebenden Sprache ein Wörterbuch ohne Lücken. Man erwäge auch, daß es in jedem Kreise, ja in jeder Familie eine Anzahl von Ausdrücken gibt, die man für Gemeingut zu halten geneigt ist, weil man sie von Jugend auf kennt. Manches, was man nicht da findet, wo man es sucht, wird man in anderer Schreibung oder unter einem andern Stich= wort finden. Alle Lautvarianten und Nebenformen zu verzeichnen war nicht möglich, weil sich der Berliner in unendlichen Variationen und Kombinationen gefällt. Manches, was nicht im Wörterbuch steht, findet sich in der Grammatik oder unter den Versen und Kinderspielen; auch die bei den Spielen der Großen üblichen Ausdrücke und Redensarten sind besonders zusammengestellt.

Von den Wörtern und Wendungen, die dem studentischen, dem militärischen und dem jüdischen Jargon und der Gaunersprache angehören, haben nur die wirklich in die Volkssprache übergegangenen Gnade gefunden. Auch sind alle anstößigen Wörter und Redensarten ausgeschlossen worden; der richtige Berliner soll für alle genießbar sein. Wird innerhalb der so gezogenen Grenzen etwas vermißt oder gar etwas Falsches an= getroffen, so bitte ich, mir Ergänzungen und Berichtigungen mitzuteilen; sie werden, an H. S. Hermann, SW., Beuthstraße 8 eingeschickt, sorgsame und liebevolle Be= achtung finden.

Auch diese Ausgabe hat der Hülfe freiwilliger Mitarbeiter — sie waren nicht zahl= reich, aber tüchtig — viel zu verdanken. Besonderen Dank für fördernde Teilnahme schulde ich den Herren Professor Dr. Richard Neubauer, Dr. Hans Conrad und dem Architekten Karl Nathanson.

Vielleicht wird der richtige Berliner, wenn viele an seiner Vervollkommnung mit= arbeiten, ein Gemeingut aller gebildeten Berliner, ein Volksbuch, in dem von Zeit zu Zeit der Bestand unsers geliebten „Neuhochberlinisch" wie im Spiegel aufgefangen wird.

Von älteren Arbeiten über die Sprache Berlins ist weniges kurz zu berichten. Der erste, der ihr Beachtung geschenkt hat, war Karl Philipp Moritz (1757—93), der bekannte Verfasser der Götterlehre und des Anton Reiser; er gab, als Konrektor am grauen Kloster, mehrere Schriften heraus, die sich mit unserm Dialekt beschäftigen, freilich nur, um vor ihm zu warnen; er stammte aus Hameln. Interessant ist seine „Anweisung, die gewöhnlichsten Fehler im Reden zu verbessern, nebst einigen Gesprächen" (Berlin 1781), aus der man lernen kann, daß man in Berlin unter Friedrich II im wesentlichen ebenso sprach, wie unter Wilhelm II. — Als der erste, leider ganz mißlungene Versuch eines berlinischen Wörterbuchs erschien 1873 ein „Glossarium der Berlinischen Wörter und

---

*) So findet sich, um nur die ersten Seiten des folgenden Wörterbuchs heranzuziehen, Aas (als Schimpfwort) bei Goethe (Faust), abblitzen bei R. H. Meyer, abfallen bei Gottfried Keller, abkommen bei Grillparzer, ampeln bei J. H. Voß, beschummeln bei Musäus, blechen bei Goethe (Götz) und bei Schiller (Kabale und Liebe).

Redensarten" von C. F. Trachsel, der kein Berliner und auch sonst, wie jeder Ein=
geborene auf den ersten Blick sah, dem Unternehmen nicht gewachsen war. Ihm folgte
1878 in der ersten, ebenfalls recht unvollkommenen Ausgabe der „Richtige Berliner". Ein
Jahr später erschien eine treffliche Dissertation „de dialecto Marchica" von Bruno Graupe
(Berolinensi), demselben, der später (mit C. Albrecht) ein nützliches „Wanderbuch" für die
Mark Brandenburg" (Berlin, A. Kießling) herausgegeben hat. Der zweite Teil jener
gelehrten Schrift, der von dem sermo Berolinensis handelt, legte den Grund zu der Laut=
lehre des Berlinischen; ich habe ihn dankbar benutzt. Dann erschienen drei weitere, immer
vermehrte und berichtigte Ausgaben des vorliegenden Buches, die vierte im Jahre 1882.
Eine Arbeit von Dr. Hans Brendicke „Berliner Wortschatz zu den Zeiten Kaiser
Wilhelms I." in den Schriften des Vereins für die Geschichte Berlins (1897, Heft 23)
will trotz ihres Titels nicht das Berlinische, sondern die gesamte „niederdeutsche Vulgär=
sprache" geben; sie war durch den Ort, an dem sie erschien, von jeder weiteren Verbreitung
ausgeschlossen. Der Verfasser hat in derselben Zeitschrift (1892, Heft 29) über Sprache
und Charakter der Berliner geschrieben.

Aus der seit 1830 aufgesproßten Litteratur, die den berlinischen Dialekt in humo=
ristischer Absicht gebrauchte und größtenteils von Nichtberlinern ausging (das ist noch
heute so), war für den richtigen Berliner nicht viel zu gewinnen. Adolf Glaß=
brenner (1810—1876) war geborener Berliner; seine zahlreichen Schriften zeigen eine
gute Beobachtungsgabe und geben den Dialekt im ganzen richtig wieder; dennoch] gibt er
ein falsches Bild; seine Berliner politisieren viel zu viel, und daß er sie sajen und
frajen, banje und anjeln u. ä. sprechen läßt, ist schwer zu begreifen. — Louis
Angely (1788?—1835) war wohl der erste, der das Berlinische auf die Bühne (das
Königstädtische Theater am Alexanderplatz) gebracht hat; ich habe sein „Fest der Hand=
werker" noch um 1860 im Vorstädtischen Theater gesehen, aber in einer Gestalt, die durch
Schauspielertradition von dem Urtext stark abgewichen war. Um diese Zeit blühte die
Berliner Lokalposse auf, die in David Kalisch aus Breslau (1820—1872), dem Be=
gründer des Kladderadatsch, ihren erfolgreichsten Autor und im Wallnertheater, namentlich
durch den unvergeßlichen Karl Helmerding, ihre beste Pflegestätte fand. Auch Kalischs
Possen sind noch nicht vergessen: „Berlin, wie es weint und lacht" wurde im Juni 1903
im Schillertheater gegeben; mehrere sind jetzt in der Reclamschen Bibliothek gedruckt. Im
höheren Schauspiel tritt, soviel ich weiß, das Berlinische zum erstenmal in den Quitzows
von Ernst von Wildenbruch auf. Die Schriften von Rudolf Löwenstein, Ernst
Dohm, Friedrich Wilhelm Held, Ernst Kossak, Julius Stettenheim und Julius Stinde,
die alle Nichtberliner sind, habe ich nicht durchforschen können; auch mit den Humoresken
von Richard Schmidt=Cabanis, der im Berlinischen bewandert ist, habe ich nur flüchtige
Bekanntschaft gemacht. Die neuesten Ausländer, die ihr Talmi=Berlinisch in Zeitungen
und Witzblättern auftischen, können hier übergangen werden.

In den letzten Jahren hat sich die Wissenschaft unserer Muttersprache wieder ange=
nommen. Die philosophische Fakultät der Berliner Universität hat für das Jahr 1901 eine

Preisaufgabe gestellt, die ihrer Merkwürdigkeit wegen hier abgedruckt werden soll: „Unter=
suchung des Berliner Dialekts. Es wird zunächst die geschichtliche Grundlage durch die
Durchforschung der niederdeutschen Urkunden und Akten der Stadt Berlin zu legen sein;
dann ist das Eindringen des Hochdeutschen in die Geschäftssprache zu beobachten und die
etwaige Mischsprache zu verfolgen. Überhaupt ist die Berliner Litteratur nach ihrer sprach=
lichen Seite zu studieren. Hierauf soll der neuere Berliner Dialekt erstens grammatisch,
zweitens lexikalisch dargestellt werden. Auf Gliederung nach zeitlichen Abschnitten und
nach den verschiedenen Gegenden der Stadt ist zu merken." — Der Gelehrte, der diese
Aufgabe gestellt hat, hat nicht bedacht, daß sie für Studierende unlösbar, daß sie eine
Lebensaufgabe ist; niemand wird sich wundern, daß sie weder 1901 noch 1902, als man
sie von neuem stellte, „ohne die Bearbeitung des Gegenstandes im vollen Umfange zu
fordern," einen Liebhaber gefunden hat. — Zum Beschluß sei noch ein vortrefflicher Auf=
satz genannt: „Die Sprache des Berliners" von Eduard Engel (in der Beilage zur
Münchener „Allgemeinen Zeitung", 8. Juni 1903), der tapfer und einsichtig für das Recht
des Berlinischen als einer besonderen Mundart mit eigener Grammatik und eigenem, sehr
ausdrucksvollem Sprachschatz eintritt.

Zur Orthographie.

Eine ganz gleichmäßige Schreibung konnte nicht eingehalten werden, weil die auf=
genommenen Wörter und Redensarten Kreisen von verschiedener Bildung angehören und
daher von der hochdeutschen Sprache bald mehr, bald weniger abweichen. In der zunächst
folgenden Lautlehre ist die richtige berlinische Aussprache so genau wiedergegeben, wie
es unsere Schrift erlaubt. Dagegen habe ich im Wörterbuch darauf verzichtet, die Aus=
sprache durch die Schrift genau zu bezeichnen; es hätte den Lesern das Auffinden und das
Verständnis zu sehr erschwert. Ich habe mich darauf beschränkt, da, wo es die Aussprache
vorschreibt, das hochdeutsche g durch j, t durch d, pf durch p oder f, ei und au durch ee
und oo, in Fremdwörtern c und ch durch k, z und sch zu ersetzen, außerdem in einzelnen
Fällen Eigentümlichkeiten der Aussprache wiederzugeben und die üblichsten Verkürzungen
und Verschleifungen der Wörter beizubehalten.

Für zwei Laute, die dem Hochdeutschen fehlen, sind besondere Zeichen eingeführt:
für das weiche s nach kurzem Vokal z (Fuzel, frizelig); für das weiche sch (das franzö=
sische g in genieren) g (Drege, Duge).

Die für unsere Schriftsprache angeordnete „neue Orthographie" ist durchgeführt
worden, soweit es sich mit dem Berlinischen vertrug.

Vorbemerkungen

zur Sprache und Grammatik.

Der Berlinische Dialekt steht in der Mitte zwischen dem Hochdeutschen (d. i. dem Schriftdeutschen) und dem Plattdeutschen; er ist aber durch den Einfluß der Nachbardialekte so sehr mit den verschiedenartigsten fremden Elementen durchsetzt, daß von einer Regelmäßigkeit in dem Verhältnis zu den genannten Hauptdialekten nicht die Rede sein kann. Viele Wörter werden nur in hochdeutscher Form gebraucht, andere, wie Kule, kiesetig, stekern, stuken, talen sind ganz niederdeutsch. — Aus der Wiener Mundart hat nur weniges, meist durch Lokalpossen übertragen, in Berlin Wurzel gefaßt (Quarkspitzen, Techtelmechtel, Jux). Nicht unbedeutend ist die Zahl der Wörter, die dem Judendeutsch entstammen und zum Teil auf das Hebräische zurückgehen (meschugge, Schaute, Pleite, mies); sie werden viel gebraucht, aber meist noch als fremdartig empfunden. Aus dem Rotwelsch (der Gaunersprache), das zum Teil ebenfalls dem Hebräischen entstammt, sind einige Ausdrücke, namentlich durch die Zeitungsberichte über Kriminalprozesse, allgemein bekannt geworden (ausbaldowern, Schmiere stehn, Kaschemme). — Von den Sprachen fremder Völker ist der Anteil des Polnischen, trotz einer starken polnischen Einwanderung, auffallend gering (pomade, dalli, Jrad, Penunge); noch schwächer ist der des Englischen (Taljenklot, anjepeest, Leddi) und des Italienischen (futsch, futschikato perduto). — Bei weitem den größten Einfluß hat das Französische ausgeübt. Berlin hatte nur 20 000 Einwohner, als sich (seit 1685) die Refugiés als Französische Kolonie in seinen Mauern niederließen; ihr Einfluß wird durch die allgemeine Hochachtung vor dem Französischen verstärkt und durch die napoleonische Einquartierung zwischen 1806 und 1813 aufgefrischt worden sein; er zeigt sich nicht bloß in vielen entlehnten Wörtern (Aweck, Kulör, nich in die la main), die zum größten Teil berlinisch umgestaltet worden sind (Kinkerlitzken, Plängschaß, etepetete, Karrunje), sondern auch in der Neigung, französische Endungen an deutsche Wörter zu hängen (Kleedage, Droschkon, Kneipjee, verstandez-vous?), neue Wörter nach französischer Art zu bilden (Frisöse, Poussade, Krepause), echten französischen Wörtern einen andern Sinn unterzulegen (Baiser, Manschetten, doppelte Kourage). Wörter anderer Herkunft nach französischer Art auszusprechen (Telephon) und französische Wörter mit deutschen zu verbinden (Pleesierverjniejen, Jardinjarten). Doch hat das Französische nur den Wortschatz des Berlinischen bereichert; auf die Grammatik hat es keinen Einfluß gewonnen.

Die angeführten Wörter sind nur als Beispiele zu betrachten; so auch im Folgenden.

I. Lautstand.

Vokale.

i vor r klingt in einigen Wörtern dem ü ähnlich: Bürne, Kürche (wohl veraltet). — Die Aussprache er für ir. ür ist nur scherzhaft und nicht echt: Kerche, ferchterlich. Ferscht. — Auch ur wird zuweilen ür gesprochen: Mürmel, Türm; diese Aussprache soll von der französischen Kolonie herstammen.

e wird ö gesprochen in ölwe (elf).

ä und ö werden zu e: zehlen, Lecher. Doch bleibt das ö meist in zwölwe und oft in niederdeutschen Wörtern wie Jöre, klönen, klöterig, dösig. — ü wird zu i: hibsch, Fieße. — eu wird zu ei: nei, heite.

ei wird zu e, wenn im Ndd. ein ē steht: Arbeet, kleen. — Das ei bleibt, wenn im Ndd. ein i steht: Schwein, reiten, fein: ferner in rein hochdeutschen Wörtern: Jeist. — Da also das ē nicht bloß für ä und ö, sondern oft auch für ei eintritt, so herrscht es vor; das gleiche e tönt in Regen, Säge, König, Stein. Daher klingen verschiedene Wörter nicht selten gleich: Sehne und Söhne, Steine und stöhne, wehre und wäre. Derselbe Gleichklang kommt vor bei Wörtern mit kurzem e: kennen und können, Mächte und möchte; mit i: liege und lüge, Ziege und Züge; mit ei: Scheine und Scheune, Feier und Feuer.

au wird zu o, wenn im Ndd. ein o steht: Boom, loofen. — Das au bleibt, wenn im Ndd. ein u steht: Haus, kraus, lauern. — Wenn äu Umlaut von au = ndd. o ist (Bäume von Baum, ndd. Boom), [so entspricht ihm ē: Beeme, dreemerig (träumerisch). — Andernfalls lautet das au in ei (oder ai) um: Heiser, kreiseln. — Einige Wörter machen diesen Umlaut nicht mit: Lause, Mause (neben Meise), du saufst.

Ein Vokalwechsel tritt zuweilen infolge eines falschen Analogieschlusses auf: Tambauer für Tambour, Staubwasser für Stobwasser (Lampenfabrik), eingal (für eenjal d. i. egal) sagt der „gebildete" Berliner.

Die Endung er wird in gewissen Wörtern lang gezogen: Kellneer, Klempneer, Adeleer; auch in Namen: Erkneer. Richard Wagneer.

Konsonanten.

1.

Für pf steht p: Proppen, Karpe, Strump. — oder pp: Appel, Knopp, Zippel — oder (nur im Anlaut) f: Ferd. Flaume, Fund. — Für pp findet sich bb: Ribbe, strubbelig; auch sonst ist das ndd. bb häufig: bibbern, wabbelig, Zibbe u. v. a. p für b im Anlaut: Puckel, Prezel. — b für p im Anlaut nur in buffen und Baule (Paul). — b für f im Inlaut: Keber, Deibel. Stiebel. — w für f im Inlaut: fümwe, ölwe. Briewe, wiewe (franzf. vif). — w vor r in wrangen, wribbeln. Wratze u. a. — w für pf in Trümwe.

2.

Für t steht d: Daler, Disch, dot, dragen, dun. — Für tt steht dd: schliddern, Zoddel, lodderig; auch sonst ist das ndd. dd häufig: buddeln. Kuddelmuddel, verheddern, Padde u. v. a. — Von alten Leuten hört man öfter hadde, hädde für hatte, hätte. Für d steht zuweilen t: Anektote, Natel, Perjamite.

t steht für s in et, det, wat, welchet, solchet, manchet, jedet, unsert, eiert, ihret und im Neutrum der Adjectiva: 'n armet Kind, 'n kleenet Männeken. Neben det wird oft des gehört.

3.

z (wie das franzf. z gesprochen) nach kurzen Vokalen: quazeln, krizelig, Fuzel.

g (wie das franzf. g in genieren): Bruge, Drege, wugig, Gum.

s nach r geht oft in sch über: erscht, Jerschte, Durscht, Wurscht; auch wirschte (wirst du); doch ist diese Aussprache nicht allgemein. Ausdrücke wie zwarschte ns mehrschtendeels, aberscht nanu, zu überscht sind nicht klassisch.

s nach r geht in g über in Hirge, Wirgekohl. — Für z tritt ein scharfes s ein in siebßen, siebßig (auch in funßig); ein weiches s in Kränse und Schwänse. — Für z tritt sch ein in Wansche. — Aus Psalm wird Zalm (in der eigentlichen Bedeutung) und Salm (lange und langweilige Rede). — Für Petersilie hört man Peterzillje.

4.

Für g tritt j ein, so oft, daß man unsern Dialekt durch das Wort von der juten jebratnen Jans ausreichend charakterisiert zu haben meint. Dieses j steht aber nur im Anlaut und nach e, i, ei, l und r: Jans, Jejend, Cijarre, Jeije, Jaljen, Jurjel. — Für g tritt ein besonderer, dem r nahestehender Laut ein (er wird hier durch ŕ bezeichnet) nach a, o, u, au: jaŕen, Boŕen, Kuŕel, sauŕen. Diese Aussprache gilt als korrekt. — Also: jaŕen, aber Jejer; Boŕen, aber biejen; Kuŕel, aber Kejel; sauŕen, aber seijen (säugen).— Fremdwörter die nach diesem Gesetze ŕ haben sollten, haben j: Majistrat, Papajei, Trajödie, Drajoner, Theolojie, Hujo, Portujal, Aujust. — Wenn aber auf das g eine im Deutschen geläufige Endung folgt, wird es als ŕ gesprochen: Theoloŕe, theoloŕisch, traŕisch. — Maŕestät (auf der ersten Silbe betont) hört man nur beim „Kommiß", da aber oft. — Im Auslaut wird g zu ch, das, nach denselben Gesetzen wie das g, nach e, i, ei, l und r mit dem Gaumen, nach a, o, u, au in der Kehle gesprochen wird: Wech, Kriech, Zweich, Talch, Zwerch, aber Dach (d. i. Tag), hoch, jenuch, Sauch- (flasche). — Für k steht ch in Marcht und oft in Kalch. — Aus nichts ist nischt geworden. — Für h tritt zuweilen i ein: Zejen (Zehe), Floje (Floh), hejer (höher), nejer (näher); doch gilt diese Aussprache als sehr „vogtländsch". — Für g steht k in kucken, kluckern, Zicke. — ch wird zu j in der Endung lich vor Vokalen: fürchterlije, wie cenzije.

5.

r nähert sich in der Aussprache dem oben mit ŕ bezeichneten Laute, so daß Waren und Wagen, klare und klage, Jahren und jagen nicht zu unterscheiden sind. Nach kurzen Vokalen wird rt und rz wie cht und chz gesprochen; so in Jarten, Wort, Jürtel, vierzehn (sprich Jichtel, suchzen mit dem ch, das sonst nur nach a, o, u gesprochen wird). Diese Aussprache des r tritt nicht ein, wo rrt geschrieben wird (knarrt) und in unbetonten Silben.

Nach langen Vokalen, die mit ihm eine Silbe bilden, wird r zu einem ganz kurzen a: Erde, Ohr, führst (Eade, Ooa, fieast, nicht etwa zweisilbig zu sprechen.) — er, der, dir, mir, wir lauten nur betont eea, dia usw., unbetont a, da, ma, wa; z. B. hattat (hat er es).

Nach langem a wird r vor t, z und st zu ch; so in Bart (Baacht), Harz, sparst; im Auslaut und in unbetonten Silben wird es nicht gesprochen; so in Jahr, war, wahr (beide waa), Oskar, dankbarste, Karfreitag.

er (or) re (ere, eri), rer in unbetonten Silben werden zu a: Bauer (vgl. Wächtaa! beim Rufen), Doktor, verloren (faloon), Ohren (Ooan), längeren (längan), Schneiderin (Schneidan), Maurer (Maua, alfo wie Mauer), Bohrer (Booa). Auch Herr wird als Titel zu einem Ha: Ha Meya! — re bleibt aber nach a und wenn es das Wort schließt: Waren, fahre, saure, Diere (Tür); doch sagt man laua, kletta für laure, klettere.

In manchen, meist fremden Wörtern wird auch unbetontes ar zu a: Chalotte, Kaline, Richad, paterr, Katoffel, Schateke; woher dann fälschlich als hochdeutsch Karnickel, Karnalje, Kartun, Kartarrh gebildet werden.

II. Wortbildung.

In vielen Wörtern wird der Vokal verkürzt: jib, jibst, jib von jeben; lichst licht von liejen; krist, kricht, jekricht von kriejen; siste neben siehste, wievel (wieviel), wöl, jennch; enzeln neben eenzeln, dreizen usw. bis neinzen, Dinstag, Schnittloch (v. lauch), uf und ruf (herauf und hinauf); in (schenk in:); rin (herein und hinein).

Andere kürzen den Vokal durch Konsonanten-Verdoppelung: ville (viel), widder neben wieder, simma neben seh mal, Letter (Leiter), Emmer (Einer), Mille (Mühle); klenner und schenner neben kleener und scheener.

Die Endung isch verliert den Vokal: barbarsch, berlinsch, bayersch, nei-modsch, ticksch, steetsch (städtisch); dies hat oft eine weitere Verkürzung zur Folge: de preischen Farben, vor't schleesche 'Dor, in zolooschen Jarten, Vosche Zeitung.

Von zwei Dentalen, die infolge einer Synkope zusammenstoßen, wird nur einer gesprochen: er (ihr) rēt, er rēte, jerēt, von reden; er (ihr) reit, verbiet; er (ihr) pūst, jepūst, kost, jekost, verrost u. a. Da t und d bei schnellem Sprechen oft unterdrückt werden, so entstehen Verschleifungen wie: kosse mal (koste sie mal), hasse (hast du sie), ick finse nich (ich finde sie nicht), du finst, du hest (hättest).

werden wird gekürzt: ick wer, wir wern, ihr wert, sie wern. Imperativ wer. Infinitiv wern. Partizip zuweilen jeworn.

und verliert das d, zieht es jedoch über in um un dum, über un düber.

denn in Fragen heißt unbetont 'n. Wat kost 'n det? Wat soll 'n det wern?

ch wird unterdrückt in noch, doch: nonnich! nonnischt; zei dö ma (zeige doch mal). — d fällt aus in Meechen, Ornung, orntlich. —

l erscheint durch Assimilierung an ein vorhergehendes l in hallweje, olle, Molle (Mulde), balle (selten für bald). Es fällt aus in du wist, du sost (für soll ich hört man sock) und sehr oft in mal: komma her, nimma det, simma, zeima; somma (soll mal); Willem (Wilhelm). Auch n (für d) tritt zuweilen durch Assimi-lierung auf: Kinner, anners.

en, nen, ne werden unbetont n gesprochen: Rejn (Regen), rejn (regnen), rejnte (regnete). —

den, ben werden zu dn, bn und dann zuweilen zu n, m: wern (werden), jeworn; häm (haben); Amt (Abend); jun (guten) in jun Morjen; eintlich (eigentlich). — Atem wird Atn.

du, die, sie wird meist zu de, se; vor u sogar zu d. s: hatsu (hat sie ihn und hat sie denn); hastsu (hast du sie denn). — zu wird ze, auch za; za Hause. — so ein wird sonn. — ick wird oft k: det seh k nich in. — et, det wird t. — ihn, den, een, eenen werden zu n, eene zu ne. — heran zu ran, u. ä. — nicht wird nich, ist wird is, sind (seltener) sin: jetzt wird jetz, sonst wird sons. habe wird haa: det haak ihn versprochen; haaks dir nich jleich jesagt? oder hä: 'ck ha's da (ich habe es dir) doch jesagt! — Man sagt wist, wit für wirst, wird; watte! neben warte! waast, waan, waat für warst, waren, wart. fuffzen, fuffzig für funfzehn, funfzig, eema, zehma für einmal, zehnmal.

In zusammengesetzten Wörtern fällt zuweilen, wenn verwandte Konsonanten zusammentreffen, der erste aus: Ku (ck) kasten, Hu (st) stange, Hauschlüssel, Mustulle; aber auch Mauschelle, Holstall, Bustabe, Hanschuh, Monschein.

III. Wortlehre.

Viele Substantiva weichen im Geschlecht ab.

Maskulina sind: Band (zum binden), Blei (Bleistift; das Metall ist Neutrum), Brosch (Brosche), Datum, Examen, Jas, Jummi, Katheder, Liter, Meter, Mus, Öl, Petroljum, Seidel, Sieb, Sopha, Streichholz, Tuch (als Kleidungsstück; als Stoff Neutrum), Wachs.

Feminina: Droppe, Finke, Hake (vgl. Öse), Karpe, Karre, Kinne, Kniee, Muffe, Rabe, Schlitze, Spade, Waschlappe, Zacke. — Ferner die Namen der Buchstaben: die A is zu jross. — Die A früher oft für das Abc: meine Juste lernt jetzt de franzeesche A.

Neutra: Bleistift, Monat, Sarg, Schnur, Siejellack, Strick (der Strick ist ein übermütiges Kind), Wurm (als Mitleidsbezeichnung für ein hülfloses Wesen; in der eigentlichen Bedeutung Maskulinum).

Manche Wörter haben im Auslaut ein e: Banke, Bahne, Musike, Uhre, Jesichte, Sticke u. a.; besonders in der Kindersprache: Soldate, Musikante. — Auch die kurzen Vornamen haben ein solches e: Aute, Ede, Fritze, Maxe, Nante, Otte, Paule (auch Baule), Karle (sprich Kaale); für Hans: Hanne. Beim Rufen auf größere Entfernung wird dieses e stark gedehnt, klingt aber dann nach ä hin.

Ebenso einige Adjektiva (Adverbia): dicke, dinne, feste, helle, heele (heil), jewohne, kiele oder kuhle (kühl), kleene, reene, scheene, stille u. a. jerne, ofte, sachte, sehre, vorne u. a. Man nich so dichte ran: scheene raus; dicke durch: feste mang. Ferner die Zahlen von zwee bis zwölwe (außer sieben), wenn sie allein stehen; zwee und dreie seltener, aber stets beim Zählen: eens (eene), zweee, dreie usw. (dann hört man auch sibbene).

Abstrakte, von Adjektiven abgeleitete Feminina endigen oft auf de: Dickde, Fernde, Heechde, Längde, Wärmde; auch Mengde für Menge.

Einige Wörter nehmen im Auslaut ein s an: allens, Dings (Dinges), statts (vgl. meinswejen): andere ein st: aberst, schonst, zwarst.

Verkleinerungen werden nur mit ken gebildet, außer Meechen und Freilein. Manche haben ein euphonisches e: Bliemeken, Jungeken; oder s: Ecksken, Endsken (auch Endken und Endeken), Häppsken, Sticksken. — Auch Adjektiva und Adverbia werden verkleinert: Olleken; sachteken (älter sächteken), scheeneken, schreken, leiseken, jeschwindeken, stilleken.

Indeklinable Wörter werden als Adjektiva dekliniert, auch ohne Anfügung der Endung ig: 'ne zue Droschke, anzwee'e Stiebeln, 'n extra'n Seidel, 'ne durche Jurke, 'n durcher Kese, 'n ausset Buch (d. i. ein vollgeschriebenes Heft), der ofte Wechsel: 'ne rechte zurücke Tulpe (empfiehlt der Gärtner). Daneben zuig, anzweeig, kaputtig u. a. Die außerhalbschen Jurken doogen nischt. Die Endung ig auch in jewöhniglich: ijen in sich verspetijen, sich jeduldijen: ijung in Benehmijung.

Hälfte für halb: de hälften Leite, de hälfte Bel-Etage (in Berlin wird meist Belle-Etage geschrieben). Aus einem Schaufenster: Regen- und Sonnenschirme werden von heute ab zu den hälften Preis verkauft.

janz. de janzen Leite für alle Leute. Adjektivisch statt adverbial: 'n janzer jrober Kerl, 'ne janze verfluchte Jeschichte. — Auch paa adjektivisch: die paa Menschen!

sehr. sehr wat scheenet; ick habe sonne sehren Koppschmerzen.

meinigte (mirigte) und vorigte (sprich voorchte) sind Nebenformen von meinige und vorige.

Einige Adjektiva neigen in der Steigerung zum Umlaut: doll, döller (dölder), am döllsten; jlätter, räscher u. a.; auch der öberste. — Nah, hoch, schree (schräg) haben nejer, hejer, schreejer.

Dieser und jener werden nicht gebraucht; man sagt dafür der hier und der da. welcher nicht als Relativ; man braucht nur der. — sonn (so ein) hat im Fem. und Plur. sonne: sonne Brieder! Es vertritt das so bei Adjektiven: sonne demliche Witze. — für runter häufig run.

Deklination.

Der Genitiv fehlt so gut wie ganz; er wird in der Regel durch von mit dem Akkusativ ausgedrückt: der Vater von den Jungen, der Vater von't Janze. — Dativ und Akkusativ werden nicht unterschieden; die für beide gemeinsame Form wird scherzhaft Akkudativ genannt. Der Dativ ist nur bei Fürwörtern vorhanden.

Der Artikel fehlt oft bei Präpositionen: uf Straße, nach Schule, nach Kirche. Vater, Mutter und andere Verwandtschaftsnamen aufsteigender Linie werden wie Eigennamen behandelt und so dekliniert:

Nom.	Vater	Mutter
Gen. {	Vatern sein	Muttern ihr
	(meinen Vater sein)	(meine Mutter ihr)
Dat. }	Vatern	Muttern.
Akk. }		

Der Plural wird abweichend gebildet

auf er: Dinger, Drecker, Kletzer, Rester, Steener, Stecker, Viecher u. a.

auf s: Bengels, Bummlers, Freileins, Jroschens, Jungs, Kerls, Kinderkens, Meechens, Onkels, Rackers u. a.

auf n: Banken, Fenstern, Fingern, Knieen, Messern, Stiebeln u. a.
mit Umlaut: Ärme, Rehme, (Rahmen); ohne Umlaut: Lause. Besonders abweichend
sind: Ester (sprich Eester) von Aas und Morjende.

Adjektiva im Plural ohne Substantiv und ohne Artikel haben gewöhnlich die
Endung en; zwischen Artikel und Substantiv die Endung e. (ander entbehrt in diesem
Falle wohl meist der Endung). Also: Det sind ja alten: die neie Katoffeln sind
ma lieber — koofste nich bald neien? jibt et nich schon friche roten? die
ander Sorten schmecken nich.

Die Weiße (Glas Weißbier) ist zum Hauptwort geworden; daher zwee Weißen
(vgl. zwei Jungen); doch liest man an Schildern oft: zur guten Weißen.

Bemerkenswert ist der Genitiv ander Leitens: i c k wer mir um ander Leitens
Kinder kimmern!

Die Zahlwörter werden bei der Angabe der Stunde dekliniert: um fümwen für
um fünf Uhr; danach auch um eenzen für um eins. Sonst: mit viere lang.

Das persönliche Fürwort wird so dekliniert:

Nom.	ick	du	er	sie	et
Dat. } Akk. }	mir	dir	ihn	ihr und sie	et
Gen. fehlt.				

Wer da glaubt, daß der richtige Berliner mir und mich, dir und dich vertausche
oder nach Belieben anwende, ist im Irrtum. Von Natur kennt er nur mir und dir.
Bei Leuten, die den Gebildeten „rausbeißen" wollen, kommt der Mischmasch vor; das ist
aber barbarisch, nicht berlinisch. („Der Berliner sagt immer mir, ooch wenn't richtig is.")
Icke steht als absolute Form für ick und kommt (wie das franzf. moi) nur ohne Verb
vor: Wer is denn da? — Icke! — Als wie icke? d. i. meinst du mich? —
due in derselben Anwendung ist selten.

Ihm kommt nur in einigen Redensarten vor: haut ihm! hat ihm schon! (dieses ist
wienerisch, durch Possen eingeschleppt).

Der Dativ der 3. Person des Pluralis heißt sie: haste se denn wat mitjebracht?
zuweilen auch ihr: ick hab't ihr schon ofte jesagt, aber se hören nich.

Sie als Anrede hat im Dativ-Akkusativ Ihnen: 't ha'k Ihn' ja jleich jesagt! — Ihn'
meen'k ja janich! — Nach Präpositionen wird auch Sie gebraucht: ick bin mit
Sie janich zufrieden. — unser hat im Dat.-Akk. unsen.

Wer hat auch im Akkusativ wem und im Genitiv wems. wemst. wem sein, wems
sein, wemsten sein; als Antwort hört man meinen sein und deinen sein.
Wems Hut is'n det? — Meinen seiner!

Für dessen sagt man den sein. Für derjenige auch derjenichte.

Konjugation.

Viele starke Verba werden abweichend flektiert. Es heißt: du ißt, er ißt, du
sehst, er seht, und so bei sehr vielen Verben, die im Stamm ein e haben; aber niemals bei geben, nehmen, geschehen, werden. Auch im Imperativ eß, seh, helf,
brech (aber jib, nimm). Neben seh steht simma = seh mal.

Auch die Verba mit a haben keinen Ablaut: du dragst, er dragt u. v. a.

Ebenso du loofst, er looft; du stoßt, er stoßt.

Andererseits hört man oft: ihr ißt, ihr sicht (fällt, fährt, gibt, nimmt u. a.); ebenso im Imperativ. Überhaupt neigt man dazu, die 2. Person Pluralis der 3. Person Singularis des Hochdeutschen gleich zu bilden.

Das Verbum fassen hat den Ablaut: du fäßt, er fäßt.

Verba wie rennen haben keinen Rückumlaut: er rennte, jerennt; so brennen und wenden; oft auch nennen und kennen.

Verba, die sonst schwach flektieren, haben oft ein starkes Partizip, nicht bloß in scherzhafter Anwendung: jebeten von beten, jehoften (heften), jejorben (gerben), jelitten (läuten), jemalen, jemorken, jeschonken, jeschnimpfen, jespiesen, jewunken, verjohren (verjähren), verjuften (vergiften). — Scherzhaft überzogen für überzeugt, umjebrungen für umgebracht, blamoren für blamiert, verrissen für verreist. Dazu jeheeßen oder jehießen.

Zu jelten findet sich jolt: vierzig Zettel jolten nich. — Für jing hört man auch jung: det jung nich. Für fiel zuweilen ful.

stechen (an-, ein-, wegstechen u. a.) wird auch für stecken gebraucht: Die Lampe wird anjestochen, die Gardine ebenso. Anstecken (neben anstechen) wird nur in einem Falle, und da falsch, angewendet, vom Faß: Is eben frisch anjesteckt!

Für dürfen steht meist derfen. Es kommen vor: ick (er) derf, dürf; du derfst, dürfst; wir derfen, darfen; derfte, jederft. — Für mögen oft mechten: Det hätt ick mechten sehn. Über er brauch weiter unten. — Für wir müssen hört man zuweilen wir mussen.

Für sein im Infinitiv und Imperativ steht sind: laß det sind! sind Se stille! (vgl. auch sind im Wörterbuch.) — Für worden steht jeworden: jestern sind se jetraut jeworden.

Für gehabt sagt man jehatt. Von sich haben (in der Bedeutung sich zieren) wird zuweilen du habst dir, er habt sich jebildet.

Syntaktisches.

Verba, die im Hochdeutschen den Genitiv regieren, werden mit dem Akkusativ oder mit Präpositionen verbunden (weil der Genitiv das Objekt nicht derb anfaßt, sondern nur streift): er nimmt sich det Kind nich orntlich an; scheem dir mit deine Faulheit — Die meisten Verba dieser Art sind außer Gebrauch; für „ich kann mich seiner nicht erinnern" sagt man lieber: ick kann mir nich uf ihn besinnen; für „ich bedarf seiner" ick habe ihn nötig usw.

Wenn eine Zahlenangabe als unbestimmt hingestellt werden soll, so tritt das die Quantität bezeichnende Wort in einer Genitivform auf er vor die Zahl: Sticker sechse, 'n Fußer dreie, 'n Zoller achte, 'n Maler zwanzig, 'n Daler viere, 'n Wochener sieben, vor 'n Jahrener zehne, Uhrer eenßen, auch Uhre zehne (wie Punkte achte); früher sogar: Klockner zehn.

Konjunktive, wie er rufe, habe gerufen, werde rufen sind nicht mehr vorhanden.

Ein verschärfter Imperativ wird mir daß gebildet: dette jehst! d. i. geh!

Das Futurum hört man oft in lebhafter Erzählung anstelle des Imperfekts: Nu werk den Kerl nachloofen un wern eene runterhaun; nu fangt er an ze schimpfen usw.

Statt des Perfekts wird von „Gebildeten" oft das Imperfektum gebraucht, das ihnen als feiner gilt; namentlich in Fragen: Kannten Sie meine Frau? — Sahn Sie schon die Duse?

Statt hätte können, hätte sollen sagt man konnte haben, sollte haben; alse statt „Das hättest du dir denken können" sagt man: Det konntste dir jedacht haben; statt „das hätte ich wissen sollen" sagt man: Det sollt ick man jewußt haben. Auch: Det hätt ick man sollten jewußt haben. Ähnlich: det hätt ick mechten sehn; det hättste ja jleich konnten sagen.

Eine hervorzuhebende Verbalform steht auch im aussagenden Satze an der Spitze; dies läßt sich oft nur durch Umschreibung mit dem Infinitiv und tun herstellen: Jlooben du ick 't ihn nich, aber liejen dut er doch ooch nich. — Dun dun wolln se nischt, aber nischt dun, det wolln se dun. (vgl. haben im Wörterbuch.) — Zur stärkeren Wirkung wird auch das Verbum doppelt gesetzt: kriejen kricht er nischt; haben hab ick keenen.

Komposita von machen vertreten einfache Verba: ufmachen (auch offen machen), zumachen, anmachen u. a. für öffnen, schließen, befestigen u. a.

brauchen wird als Hülfsverbum nicht mit zu verbunden: det brauch ick nich dun. Die 3. Person Sing. heißt brauch, ohne t, nach Analogie von soll, muß u. ä. Darum brauch er donnich jleich hauen! — Aber: er braucht Jeld. — Dagegen wird haben stets mit zu verbunden in Wendungen wie: du hast da wat ze sitzen; wat hast'n da ze stehn? ick habe keen Jeld ze liejen.

Statt: er ist mir begegnet sagt man: ick habe ihn bejejent. — Wenn zu anfangen und aufhören im Nebensatz ein Infinitiv tritt, so wird er zwischen Präposition und Verbum gesetzt: sowie 't an ze drippeln fing; wie er uf ze reden herte.

können steht oft für dürfen: kann ick mal rausjehn?

Die Negation kann verdoppelt werden: nie nich! er hat ma keene Zeit nich jelassen; hat keener keenen Schwamm nich? — Für nich steht absolut niche, besonders bei Kindern (vgl. icke): niche! d. i. laß das! — Für nein steht nee.

Von den Präpositionen ist zu bemerken: vor steht für für; lang für entlang; in und uf für ein und auf. — um für wegen: um dir hab ick Keile jekricht! — von wejen für inbetreff: mang für unter (d. i. darunter gemengt): da is ja Wasser mang! steh donnich immer stille mang de Leite! (Mang de Linden ist gemacht, nicht der Volkssprache entnommen; dem mang (von mengen) entspricht das franz. parmi, nicht sous.) Vgl. mang im Wörterbuch. — Bei für zu in Fällen wie: ick jeh bei Schulzens; doch wird zu Hause auch für nach Hause gebraucht. mitsamt für samt. — statts für statt; statts icke für statt meiner. — Für ohne hört man zuweilen mit ohne: der jeht ja mit ohne Federbusch! — mit findet sich in ick bin mit ihn beese für ihm; in er hat sich mit ihr jetrennt (separiert) für von ihr. — nimm ma det nach dir für an dich. — hallweje für halbwegs: hallweje Pankow bejejent ick ihn. — imwähren für während: imwähren des Fahrens dürfen Se nich absteijen. — unter Mittag bedeutet: im Verlauf der Mittagszeit; über Mittag bedeutet: die ganze Mittagszeit hindurch).

Von Konjunktionen ist zu merken: ehr für ehe, bevor; weil, derweile (sprich deeaweile) für während (derweile [sprich daweile] für doch, obschon: der ret immer, daweile wa er janich bei). — Zeit für seit: zeit zwee Dage. — indem neben da: Ich warne hiermit jedermann usw., indem ich für nichts aufkomme. knapp für kaum: knapp is er de Diere raus. — um det oder feiner: um damit daß für damit: Det ha 'k dir nich jejeben, um dette 't anzwee machst. — wie für als; sowie für sobald als. — Bei der Vergleichung braucht man so wie für wie: hinter dem Komparativ wie oder als wie.

Für ob du und wenn du hört man obste, wennste: obste nich mitkommst? (vgl. kommste nich mit?) — Kleinere Kinder bedienen sich gern der indirekten Frage= form; sie fragen, ohne beauftragt zu sein, z. B. im „Hain" d. i. im Friedrichshain: Ob Se mir nich sagen können, was de Uhr is."

Man fragt nicht Wie? sondern Wat? — wat für warum: wat bist'n über= haupt herjekommen? wat kickst'n? — wat für nicht wahr: det wa fein — wat? — wat zur Hervorhebung eines Wertes: wat ju der Schutzmann is: mein Bruder, wat der Schlosser is. — wo vertritt was in ach wo! i wo! wo wer'k'n so dumm sind! — (das beste, wo man hat ist importiert.) — für wieso sagt man woso (oder wodran denn), für warum worum. — wenn ehr für wann in direkter Frage, wenn ehr det in indirekter.

Man sagt zwar her und hin, aber nur ruf für hinauf und herauf; ebenso rin (zuweilen rinner), rüber, runter (auch run, runner), raußer (früher sehr üblich). — Sehr oft oben jehn (für hinauf), hinter jehn (für nach hinten); ick wer ma neben loofen: ick komme jleich vor [z. B. in die Vorderstube]. — Statt daran, darin, darauf sagt man dadran, dadrin, dadruf: ebenso wodran, wodrin, wodruf; auch sagt man gern dä dabei (wat is'n dä dabei?), da damit, da dadrum, da da= drüber. — Da und wo können von den zugehörigen Adverbien und Präpositionen ge= trennt werden: wo wa'n det drin? da licht ma janisch dran; da kommt nischt bei raus; da meent er mir mit; da konnt ick nich vor. — Für anderswo sagt man wo anders. — Hier so und da so dienen, um eine Stelle ungefähr zu bezeichnen; besonders antworten Kinder auf die Frage wo tut's denn weh? regelmäßig: hier so. Am Ende bedeutet: wohl gar, vielleicht: am Ende hat er sich verloofen; am Ende holst'n noch in. — lang beim Angeben der Richtung: hier lang, da so lang, de Nase lang. — besser für weiter: da missen Se hier besser runter jehn; besser links! — All für schon (veraltet): all lange, all widder. — drum für trotzdem: er hat et drum nich jedan! — für nur noch (bei Raum= und Zeit= bestimmungen) sagt man eene: eene acht Dage, eene paa Minuten, eene vier Zoll diefer. — man ausschließlich für nur (unbetont; betont heißt es bloß und stärker man bloß). — Sonsten und sonstens (veraltet) für sonst, schonst und schonstens für schon. — vorbei für vorüber. — ebend für eben: na ebend! d. i. das sage ich doch; det is et all ebend, d. i. daran liegt es. — so wie so für in jedem Falle: „ick komme so wie so." — dreiste zur Verstärkung des konzessiven Sinnes: wenn de ihn dreiste wat anbietst, der nimmt et nich. — ville wenijer für ge= schweige (gar nicht zu reden von —): Kommen Se in meine Jahre, denn wackeln Se mit'n Kopp, ville wenijer mit de Beene. — überhaupt für be= sonders: die Kinder sind furchba unjezogen: überhaupt der Jingste. — nu für nun. — selber, niemals selbst. — natierlich steht oft im Vordersatz, während es im Nachsatz stehen sollte: Wenn er natierlich soun Torkel hat, is et keen Kunststick.

Wörterbuch.

Veraltete und im Veralten begriffene Wörter und Redensarten sind mit einem † bezeichnet. Verse, Spiele, Scherze und dazu gehörige Ausdrücke siehe am Schluß. Die öfter angeführten „Berliner Witze" sind colorierte Zeichnungen mit Unterschrift, in den 20er und 30er Jahren des vorigen Jahrhunderts von Gropius unter Mitwirkung Gottfried Schadows herausgegeben; die vollständigste Sammlung dieser Bilder befindet sich im Hinterzimmer der Habelschen Weinstube, unter den Linden 30. — „Bär" verweist auf die Illustrierte Berliner Wochenschrift Der Bär (Berlin, Gebr. Paetel), die nicht mehr erscheint.

A.

A a l f a n s (seltener Allfans) m., alberner Mensch. Aalfansig, albern. Aalfansereien, Albernheiten, Narrenspossen.

A a l e n, sich. 1) sich faul dehnen (rekeln). „In de Ferien wer 'k mir orntlich aus= aalen." 2) sich gütlich tun. „Da ha 'k mir aber jeaalt!"

A a l k a s t e n m., Cylinderhut.

A a l o o g e n: Glotzaugen. „Er macht Aal= oogen" d. i. er sieht (mit Unglück bringen= den Augen) in die Karten. — Red. „Lüsch (Pietsch) mit de Aaloogen!" Schimpfwort. Das Wort Lüsch, das sonst nicht vorkommt, ist wohl Ludwig (Louis).

A a s n., plur. Eser und Eester. 1) Schimpf= wort: 'n oller Aas, Aasbande, Aaskerl, Aasknochen, Aaskrete, Aassticke, Aastele, Aas wie 'n Froschen. 2) Allgemein, fast wie Mensch, mit gelindem Vorwurf. Red. „Nu seh mal det Aas; jetzt in de Kirche un feift!" (wenn einer etwas An= stößiges gesagt hat.) — „So 'n reichet Aas; der stinkt ja aus alle Knopplöcher nach Jeld!" — (Mit Pathos): „Aas, du hast mir nie jeliebt (und immerwährend hast du mir jekratzt)!" — so besonders „keen Aas" d. i. niemand. „Jestern Abend wa 'k bei Fischers; keen Aas zu Hause." — „Keen Aas rührt sich!" sagt z. B. einer, der gefragt hat, ob ihm nicht einer fünf Mark leihen könne, worauf alles schweigt. 3) Aas uf — heißt begierig auf: „Aas uf de (kleene) Kartoffeln!" oder kundig in: „'n Aas uf de Jeije (uf de Baßjeije)!" auch: „'n Aas uf de Jeije, 'n Luder uf 'n Baß!" (anerkennend, etwa: ein Hauptkerl!) — Neu ist die Redensart: „'n Aas aus Kalkutta, mit Schwimmbeene!" 4) Schlau= kopf (bewundernd). Der Schüler sagt z. B. von einem Lehrer, der sich nicht leicht hintergehen läßt, mit Respekt: „Bei den seh dir man vor; det is 'n Aas." — Die verschiedenen Bedeutungen des Wortes spielen ineinander in der Redensart: „Dir Aas kenn ick!" mit dem Zusatz: „Du hast ja bei Lehmanns jedient," wofür das beste Beispiel die Geschichte „von den drei wohlerzogenen Knaben" ist: Ein Vater sitzt mit seinen drei Jungen bei Tisch; es gibt Suppe mit Fadennudeln. — Gustav: „Oska, seh ma, wie Vatern de Nudeln um de Schnauze bammeln!" — Albert: „Wie kannste denn zu Vatern seine Fresse Schnauze sagen!" — Gustav: „Wenn 't sich der Ochse jefallen läßt —!" — Hier springt der Vater auf und sucht nach dem Rohrstock; die drei hoffnungs= vollen Knaben kriechen unter die Bettstelle. Nach vergeblichen Versuchen, sie hervor= zunötigen, sagt der Vater zu dem Jüngsten: „Komm man vor, Oska; du hast ja nischt jesagt; dir du' ick ja=nischt." — Oskar: „Dir Aas kenn ick!" — Daß die Geschichte erfunden und unmöglich ist, braucht nur dem Nichtberliner gesagt zu werden.

A a s e n, vergeuden. Red. „Aase doch nich so mit's Jänseschmalz!"

Aasig und esig, Adjektiva zu Aas. „'t jibt esije Binse." — „ne esije Kälte" heißt nicht etwa: eine eisige. Als Adverbia: sehr.

†Ab Notam, ad notam. „Det wer 'k mir ab Notam nehmen."

†Abbachern, sich, sich abarbeiten.

Abbeißen (eenen), einen (Schnaps) trinken.

Abblitzen. „Er is abjeblitzt" d. i. er ist abgewiesen worden.

Abbrummen, (eine Strafe) absitzen.

Abend m. (sprich Aamt). „Uf 'n Abend" d. i. Abends. „Ju'n Abend zusamm'!" — †„Ju'n Abend zu sagen!" d. i. guten Abend. — Man hört oft: „'t is noch lange nich alle Dage Abend!" — Scherze: „'n wunderscheener Abend, der Abend heite Abend!" oder: „Is 'n scheener Abend, heite Morjen; die Nacht mecht ick mal bei Dage sehn."

Aber, aber! begütigend, abwehrend.

Aberscht, aber. „Aberscht nanu!" Aus= druck der gespannten Erwartung.

†Abertern, sich, sich abmühen.

Abfahren, mit einem, ihn heftig an= fahren; auch hinauswerfen. „Er is abje= fahren" d. i. davongegangen, auch gestorben.

Abfallen. 1) „Fällt vor mir nich ooch 'n bißken wat ab?" d. i. bekomme ich nichts? 2) wie abblitzen (eigentlich vom Examen); meist: abfallen lassen. 2) sich wegen Müdigkeit oder dergl. von der Gemeinsamkeit trennen.

Abfuttern, z. B. den Kindern ihr Abendbrot geben. Jroße Abfutterung nennt man ein Mahl, das man aus ge= sellschaftlichen Rücksichten geben muß.

Abhauen, abschreiben; Schulausdruck.

Abkuppen! d. i. geh weg!

Abitür, Abiturium, n., Abiturienten= eramen.

Abjachern, (abjachtern, abjächern, ab= jächtern, sich), jagen, laufen bis zur Atem= losigkeit.

Abjang! Geh weg! Schulausdruck. „Abjang! is Mehl mang!"

Abjeben, sich, sich befassen, umgehen. „Jib dir doch mir den nich ab!"

Abjebrannt, ohne Geld.

Abjebriebt, unempfindlich für Tadel oder Schande.

Abjehn. 1) los gehen, sich ablösen. „Der Knopp ist abjejangen." — Kinder wählen gern Redensarten, die nicht sie als die Tätigen (Schuldigen) erscheinen lassen: Der Blei is fortjekommen, die Scheibe is anjeweijejangen, meine Murmel sind alle jeworden. 2) „Er läßt sich nischt ab= jehn" d. i. er lebt (ißt und trinkt) gut, er lebt „bon". — Abjejangen werden, von der Schule entfernt werden.

Abjekatert, abgekartet.

Abjeklappert, abgespielt (vom Klavier).

Abjeknabbert, mager und jämmer= lich. vgl. Kirschkuchenjesichte.

Abjemacht, Seefe! auch: abjemacht, Sela! Auf die Verquatschung zu Seefe hat vielleicht das französische c'est fait eingewirkt.

Abflawieren, abzählen: „Det kannste dir an de fünf Finger abflawieren."

Abkratzen, sterben.

Abjetafelt, alt, häßlich geworden; meist: „Sie hat abjetafelt."

Abjewöhnen, zum. 1) Ausdruck des Abscheus; z. B. „Der Kerl is zum Ab= jewöhnen!" 2) zur Entschuldigung beim Trinken u. s. w. — z. B. „Na noch eenen — zum Abjewöhnen!"

Abflabastern, sich, sich müde laufen.

Abflappern, absuchen; besonders vom Reisenden: „Er hat die janze Jejend ab= jeklappert."

Abflauen, abschreiben.

Abknabbern, abnagen, von Knochen. 'n Jänsejerippe abknabbern. Auch von den Fingernägeln.

Abknappsen, unrechtmäßig abziehen (von einer ausbedungenen Summe, von der festgesetzten Zeit u. ä.)

Abknippsen, scharf abschneiden; eigent= lich von der Federpose: der letzte Akt des Schneidens. vgl. knipsen.

Abknöppen (stud.), einem etwas ab= nehmen, was er ungern hergibt.

Abknütschen, stürmisch herzen und küssen.

Abkommen. „Ick kann nich abkommen" d. i. ich kann mich nicht frei machen. — „Der kann abkommen" d. i. er ist überflüssig, er kann sterben.

Abkriejen. Oft bei drohendem Regen: „Wir wern wol noch wat abkriejen." „Er hat sein Teil abjekricht" d.i. Schelte, Schläge.

Abladen, hergeben, vom Gelde.

Ablassen, im Preise heruntergehen.

Abledern. „Er hat sich de Haut abjeledert" z. B. beim Arbeiten.

Ablejer m. Red. „Da möcht ick 'n kleenen Ablejer von haben!" (ironisch, z. B. von einer Weinnase.) Ablejer auch für Sprößling, Kind.

Ableefen, sich (de Beene, de Hacken), sich müde laufen.

Abluchsen, durch List abnehmen.

Ablutschen, absaugen.

Abmachen. 1) „(Det kleit dir nich) det mach dir man ab!" meist übertragen: das schlage dir nur aus dem Sinn. 2) absitzen, von einer Gefängnisstrafe. 3) dienen (beim Militär). „Erst muß er seine drei Jahr abmachen."

Abmarachen, sich (schlesisch), sich placken.

Abmucken (abmucksen), zum Schweigen bringen.

Abmurksen, ermorden.

Abnehmen. „Ick muß mir abnehmen lassen" d. i. mich photographieren lassen.

Abnibbeln, sterben (sehr roher Ausdruck).

Abphotojraphieren. sich abphotojraphieren lassen. vgl. das alte „abkonterfeien".

Abplastern, abblättern, von Kalk, Lack und ähnl.

Abpolken, s. polken.

Abrabatzen, sich, (vom poln. rabot, Frenarbeit), mühsam arbeiten.

Abrackern, sich, sich abarbeiten.

Abreißen. Red. „Der reißt aber ooch janich ab" d. i. es hört nicht auf. — „Det jing ohne Abreißen" d. i. ohne Unterbrechung.

Abrubbeln, abreiben, z. B. Kinder beim Baden.

Abschieben, abgehen. „Kannst abschieben!" d. i. mach daß du fortkommst.

Abschrammen, wegfliegen. „Der Maikäfer schrammt ab." — bildlich: plötzlich abgehen, fliehen, sterben. — sich de Haut abschrammen, für abschürfen.

Abschrapen, abschaben.

Abschulen (abschwulen), absehen; Schulausdruck; ebenso

Abschustern, abschreiben.

Abschwimmen, fortgehen.

Absejen (absägen), los werden, beseitigen. „Könn' wa uns den Kerl nich absejen?"

Absicht. Red. (wenn man einen aus Versehen gestoßen hat) „Entschuldjen Se, et is mit Absicht jeschehn!"

Absocken, wie abschwimmen.

Abspülwasser, schlechter Tee (Kaffee).

Abstinken lassen, derber für abfallen lassen.

Abstippen (einen Teller), den Rest der Sauce mit einem Stück Brot auftunken.

Abstoßen. Red. „So ville wer'k wol noch abstoßen können" d. i. (Geld) übrig haben.

Abstrapzieren, sich, sich abmühen.

Abwarten. Red. „Erst abwarten — denn Tee trinken" (Beruhigung eines Ungeduldigen). Der Ursprung des Wortes liegt vermutlich in den „ästhetischen Tees" der 20er und 30er Jahre; der Tee war „Abspülwasser", die Dünnheit der Butterbrote berühmt, und den Tee gab es immer möglichst spät.

Abwaschen. Red. „Da wäscht dir keen Rejen ab" d. i. da hilft dir alles nicht. s. auch ufwaschen.

Abzoppen, abziehen.

†Accise f. Red. „Det jeht wie in 'ne Accise" (bei starkem Verkehr in der Wohnung, wenn es fortwährend klingelt). Accise hieß das alte Steueramt.

Ach. „Ach wat!" d. i. ich will nichts hören. „Acherjee", ach Herr Jesus. „Achott!" Ach Gott.

Achsel f. etwas uf de leichte Achsel nehmen, d. i. es leicht nehmen.

Acht, s. passen.

Achte f. 'ne nasse Achte, Figur der 8, die man mit dem Wasser beim Sprengen beschreibt.

Achterlichte, Lichte, von denen acht aufs Pfund geben; entsprechend Sechser-, Zehnerlichte.

Achtjroschenjunge, Spitzel.

Achtjroschenstick n., Red. „Ich bitte Sie um dausend Achtjroschensticke" d. i. nehmen Sie doch Vernunft an!

Achtung — Dampfwalze! Ruf, wenn eine sehr beleibte Dame ankommt, der auszuweichen ratsam ist. — Wenn einer fällt, wird ihm zugerufen: „Achtung! Nicht aufstehn! Drahtleitung nicht berühren!" (es ist die Inschrift an den Stadtbahnbogen, durch die eine Linie der „Elektrischen" geht.) — „Achtung (Vorsicht)! Fettflecke!" ruft der Kellner, der sich mit Speisen durch die Menge windet.

Adchee, Adieu. „Adchee Sie!" (besonders beim Spiel, wenn man sieht, daß der andere verlieren muß.) Auch wenn etwas fällt, sagt man: Adchee! — „Adchee Speck!" (wenn einem etwas Erhofftes entgeht). — „Adchee, jrieß die andern!" (nämlich die früher getrunkenen Schnäpse) — wenn man einen „hinter die Binde gießt". — „Adchee, die Dame!" und „Juten Tag, der Herr!" wird in Verkaufsgeschäften gesagt.

Adleer (Adeleer), Adler. Alte und schöne, aus dem zoologischen Garten stammende Redensart: „Vater, seh mal den Adeleer, der plinkert mit de Oogen un eßt mit de Nase" (gewöhnlich, aber nicht gut: „un eßt dabei") — Als in der Nationalgallerie der Prometheus von Eduard Müller aufgestellt wurde, entstand folgende Geschichte: ein Vater erklärt seinem Jungen, daß der Adler dem Prometheus alle Tage die Leber ausfresse; darauf sagt der Junge mitleidig: „Ach, der arme Adleer! Alle Dage Leber!"

Adrett (franzf. adroit), sauber, von Personen.

Älte f., Alter; nur in: nach de Älte. Da her auch scherzhaft: nach de Jünge.

Appel, s. veräppeln.

Appelfrau, Obstfrau. Red. „Det is hier nich wie bei de Appelfrau!" d. i. Aussuchen ist nicht erlaubt.

Ärjern. Red. „Fängt mir jetz erst an zu ärjern" wenn einem nachträglich einfällt, daß er Anlaß gehabt hat, sich beleidigt zu fühlen.

Ärmel m. „Eener mit Ärmel!" d. i. einer, der es hinter den Ohren hat. Zusätze: „un wat vor welche!" — „ohne Unterfutter, un katrune Hinterbeene!" — „Se haben mir uf'n Ärmel injeladen" d. i. im letzten Augenblick.

Ascherei f., Hast.

Affe m. 1) Red. „Ick denke, der Affe laust mir!" oder gebildeter: „Ick denke, mir soll der Affe frisieren!" (Ausdruck der höchsten Verwunderung.) — „Er hat sein' Affen Zucker jejeben" d. i. 1) er hat seiner Eitelkeit gefrönt. 2) er hat seiner Neigung nachgegeben. — „Denn müßte ja mein Herz 'n Affe sind" (sc. wenn ich so dumm handelte). — „'n lackierter Affe ('n Lackaffe)" d. i. ein Geck. — „Da fällt 'n Affe aus't Nest!" wenn etwas mit großem Geräusche fällt. — „Det 's jrade, wie wenn der Affe in' Porzellanladen tuckt!" wenn einer die Nase in etwas steckt, wovon er nichts versteht. — „Er sitzt wie der Affe uf't Kamel" (vom Reiter). — „Der reecht, wie wenn 'n Affe Kleister lutscht" (von einem Anfänger). — „Du bist wol von' blauen Affen jebissen?" d. i. du bist wohl nicht bei Troste? — „Ick schwitze wie 'n Affe". — „Hier is ja 'ne Affenhitze ('ne Affenbudenluft)." — Junge beim Mittagessen: „Unser Lehrer hat jesagt: wir stammen von 'n Affen ab." — Vater: „Ach wat! Du villeicht! Ick nich!" — 2) Rausch. „Er hat sich 'n Affen jekooft." — 3) Tornister (beim Militär).

Affen, neugierig zusehen. „Wat haben zu affen?" — „Bah, wat afften?"

† Affendarjus, Referendar.

Affenjacke, von den Jacken, die Leier-kastenmänner (früher Savojarden, jetzt wieder meist Italiener) ihren Affen an-ziehen, bunt, soldatenartig; daher zunächst Uniform, dann jede bunte, zu kurze oder sonst auffallende Jacke. Unter Schau-spielern heißt das Kostüm Affenjacke. Ban-banjacke (sprich Babau) aus ähnlichem Grunde.

Affenkasten m., eigentlich ein Haus, in dem möglichst zu jedem Fenster ein Mensch heraussieht (von affen; s. d.). Auch der Omnibus, wegen der vielen Fenster. 2. photographischer Apparat.

Affenschande, Schande, Schmach.

Affentöter, Attentäter (s. d.).

Affig, albern.

Ahnen. Red. „Du ahnst es nich!" d. i. was weißt du davon? (wird aber auch ganz sinnlos gebraucht.)

Ahnung. Red. „Hast wol Ahnung?" d. i. du bist auf dem Holzwege. „Ha'm Sie 'ne Ahnung!" d. i. Ihr Urteil ist sehr irrig (unreif). — „Haben Sie 'ne Ahnung (auch „Keene Ahnung") von Klabberjas!" (jüdisch; Klabrias ist ein Kartenspiel). — „Hast ja keene Ahnung von de Kar-toffelejemaschine" d. i. du verstehst nichts davon. — „Keene Ahnung" d. i. kein Ge-danke. „Nich de blasse Ahnung!" „Ich habe noch nich 'ne Ahnung jejessen" und dergleichen.

Acclamatoren, Akkumulatoren.

Akustik. Red. „Schlechte Akustik!" wenn es übel riecht; nach dem Gespräch: „Schlechte Akustik hier im Saal!" — „Ich rieche nischt."

All. „In aller Nacht" d. i. in tiefer Nacht. So auch: in allen Nejen, in alle meine Angst, in allen den Lärm; in alle meine Unschuld, d. i. bei meiner vollständigen Unschuld.

All (Adverb), schon. All wedder.

Allär (auch allächt) allert (franzf. alerte), munter, geschwind.

Alle, zu Ende; z. B. „Der Öl is alle." „Wo sind'n die janzen Appel jeblieben?"

— „Alle alle!" — „Nu is allens alle." „Davon wirste doch nich alle" d. i. das schadet dir nicht. — „Wern Se alle!" d. i. entfernen Sie sich. — Auch für Bankerott machen: „Hier war doch sonst Schulzen sein Kiseladen?" — „Alle jeworden nach Amerika." — „'t wurde vor ihn alle" d. i. er fiel (wie ohnmächtig) hin. — Alle machen, verbrauchen. „Was er jeerbt hat, hat er alle jemacht."

Alleene, allein, selber. „Alleene jraul ich mir". — „Det weeß ich alleene nich." — „Du bist er janz alleene jewesen, schieb 't man nich uf'n andern." — „Laß man, det jeht janz von alleene". — Jn „Reolen-tutschen": „Schafskopp!" — „Alleene eener!" — Red. „Der looft alleene" von Käse und Schinken, der von Maden be-lebt ist. Auch bei einem schlechten Witz: „Der looft alleene!" (weil er so übel riecht wie verdorbener Käse). vgl. anfangen.

Allemal. „Haste keenen Ziehjarrn?" „Allemal!" — „Allemal derjenije (der-jenichte), welcher!" (aus Angelys „Fest der Handwerker"; es ist die Redensart des „firen" Tischlers und bedeutet: ich bin immer bei der Hand, stets bereit).

Allens, alles. „Allens, was so'n bisken war is (vorstellt)" d. i. die bessere Gesell-schaft. — „Allens, was Beene hat, wa draußen."

Allerdings. Scherz: „Allerdings, sprach die Sphinr."

Allerhand. Red. „Allerhand Achtung!" d. i. das ist achtungswert.

Allerliebst. 1. gemütlich. „Der wa jestern allerliebst. 2. (ironisch) sehr schlecht. „Det is ja 'n allerliebster Kerl."

Allermeist, vollständig. „Is allermeist jenung."

† Alleweile für jetzt. Besonders be-kannt war der Ruf der Schiffer, die in Gondeln von der Stralauer Brücke nach Stralau beförderten: „Alleweile jeht's ab nach Stralow!" — In dem Liede, das die Leierkastenmänner auf die Eröffnung der Potsdamer Bahn (30. Oktober 1838) sangen, hieß ein Vers:

Jetzt heißt es nich mehr: „Alleweil'
Jeht's Schritt vor Schritt nach Stralow";
Wir fahren in jeschwinder Eil'
Weithin nach Klaptiwale. (was ist das?)
Un wenn die Sache sich verlohnt,
Jeht ab die Post bald nach den Mond
Von Potsdam Potsdam tralala,
Juchhe, nu sind wir da!

Bei Glaßbrenner (Berlin wie es ist und — trinkt, Heft 10: Moabit 1848) rufen die Schiffer, die von den Zelten nach Moabit übersetzen, wohl hundertmal: „Alleweile, jetzt jetzt es ab!"

Allons! (franzs.) vorwärts, marsch!

Alma. Red. (bei dem Namen Alma, oder auch ganz sinnlos) „Alma, wo mag das Mädchen sein?" (hochdeutsch.)

Alsche. Meine Alsche (Olsche) für Alte (Mutter, Meisterin); eigentlich mecklenburgisch.

Also. Red. „Also doch!" d. i. das hätte ich nicht erwartet.

Alt. etwas vor alt laufen. Der Alte, Prinzipal (Chef) im Geschäft (der Olle ist der Vater). — Alter Mann (mit junge Mädchen), Kuhkäse.

Altdeutscher sc. Napfkuchen; eine andere Art heißt abgeriebener.

Alren, täppisch greifen. eenen in de Oogen alren, ins Jesichte rumalren.

Ampeln (auch jampeln) sich mit Händen und Füßen nach etwas hin bemühen; begierig sein.

An sich haben, die Eigenschaft (Gewohnheit) haben. „Det hat der Franzose so an sich" (aus „Der gebildete Hausknecht" von Kalisch.)

Anbeißen. „Er beißt nicht an" d. i. er erklärt nicht, sie heiraten zu wollen.

Anbiedern, sich, sich beliebt zu machen suchen.

Anblasen. 1. anfahren, zur Rede stellen. 2. „wie anjeblasen" (auch: wie angepußt), wenn einer plötzlich krank wird.

Anbringen. „Er hat allens anjebracht" d. i. ausgegeben (für: an den Mann gebracht).

Andermal. Red. „'n andermal, wenn't wieder so kommt". — Det wer'k dir'n andermal sagen!" d. i. gar nicht.

Anders. Red. „Mir wird janz anders" d. i. übel (Ausdruck des Abscheus). „Mir wird janz anders — aber besser eoch nich." — Man hört auch anners.

Andrechseln, Einem künstlich etwas zuschieben; z. B. so knobeln (würfeln), daß der andere die Weiße bezahlen muß: „Die wer'k dir andrechseln."

Andrehn. 1) eenen eene andrehn (sc. Ohrfeige). 2) wie andrechseln.

Andreiben (den Cylinderhut), Unsitte des Pöbels, früher besonders in der Neujahrsnacht. Die Hutkrempe mußte bis über die Ohren hinuntergehen.

Andudeln (sich eenen), sich betrinken, „Er hat sich eklig eenen anjedudelt."

Anektote, Anekdote.

Anfangen, Händel suchen. „Der fangt immer mit mir an!" — „Fang doch mal an, wenn de Keile haben willst!" — Wenn einer eine Melodie pfeift und ein anderer einfällt, so sagt der erste: „Wenn Se seifen wollen, denn fangen Se sich doch alleene wat an!" (nach den „Berliner Witzen") oder jetzt kürzer: „Fangen Se sich Ihre Lieder alleene an!" — Ebenso wenn zwei zugleich dasselbe sagen: „Denk dir doch alleene wat aus!" — „Ick fange mir mit'n B an" (vom Namen).

Anfangsbuchstaben. Red. „Ick will keenen scharf ansehn, aber mit'n ersten Anfangsbuchstaben heeßt er — (z. B. Puhlmann.)"

Angeln (sich eenen), ihn fassen, vornehmen.

Angströhre, Cylinderhut.

Anhacken, festsitzen.

Anhang. ein Dienstmädchen ohne Anhang, d. i. ohne Geliebten.

Anhauchen, grob anfahren.

Anhören. „Ick wer mir det mal mit anhören." „Ick bin bloß neijierig, wie lange er sich det mit anhören wird." — „Nanu hör mir mal an!" (wenn man einem vernünftig zureden will.)

Animus m., Ahnung; z. B. „Ich hatte jleich den richtijen Animus."

Anjeben, anstellen, machen; besonders Unsinn, Dollheiten u. ä.

Anjebrochen. Red. „Det is nu doch mal 'n anjebrochner Nachmittag (Abend)" — zur Entschuldigung, wenn man z. B. noch spät eine neue Kneipe aufsucht.

Anjebufft, angestoßen; „vor 'n Sechser anjebuffte" (Äpfel). — „Bist wol anjebufft?" d. i. verrückt.

Anjestert (von Äther), angetrunken; ebenso

Anjeheitert.

Anjehn, anfangen. „Wenn eh'r jeht'n de Schule wieder an?" — „Det Stück is (auch hat) schon anjejangen." — „Et jeht an" d. i. so ziemlich. „Is et kalt?" — „Et jeht an!" — „Na det jeht ja (jinge ja) noch an!" wie: det is ja noch doller! — „Wen jeht 'n det nischt an?" d. i. das geht dich nichts an.

Anjekloppt (es hat) für: es hat jekloppt.

Anjeländert kommen, gemächlich ankommen. Der Ursprung in dem in den 20er Jahren sehr beliebten Länder(Ländler); also ländern = tanzen.

Anjenüchtert, angetrunken.

Anjepeest (vom engl. pace); „er kommt anjepeest" d. i. sehr schnell.

Anjeprescht, gelaufen. „Er kommt anjeprescht." So auch ruf —, runter-jeprescht u. ä. Auch anjeberscht.

Anjerissen, 1) angetrunken. 2) wie anjebrochen.

Anjeroocht, angetrunken; ebenso

Anjeseifelt.

Anjesetzt. „Er kommt anjesetzt" d. i. gelaufen.

†**Anjetzt**, jetzt.

Anjewackelt, er kommt (langsam gegangen).

Anjewalzt. „Er kommt anjewalzt" d. i. er kommt.

Anjlupen. finster ansehen; auch anjlupschen.

Anjreifsch (auch anjriepsch, anjreepsch). „'ne anjreifsche Ware", zum Wegnehmen einladend; auch: bei der Berührung leidend, z. B. von Aprikosen. Von Menschen: hinfällig.

Ankeilen, auffordern.

Anklacksen, anwerfen. Der Anstreicher klacksst Farben an die Wand. „Det is man so anjeklackst" (z. B. von Stuck, schlecht befestigt); auch von einem nachträglich hinzugefügten stillosen Anbau.

Anknabbern, leicht anbeißen. „Det Meechen is zum Anknabbern."

Anknippern, mit einem Knoten anbinden.

†**Ankobern**, ansprechen.

Ankohlen (stud.), anreden.

Ankriejen, wie ankeilen.

†**Ankulen, sich**, sich anschmiegen, von Kindern.

Anlachen. „Der hat mir anjelacht!" Schulausdruck, zur Entschuldigung. „Herr Dokter, der lacht mir immer an!"

Anlappen, schelten, anfahren.

Anleihe f., von hinten über die Glatze gekämmte Haare.

Anlejen, sich (mit eenen), sich entzweien.

Anloofen. „Den wer't anloofen lassen!" Darin liegt die Vorstellung einer entgegengehaltenen Faust, eines in den Weg gestellten Pfahls, an dem sich der Gegner stoßen muß.

Anmeiern, sich, sich (bei Vorgesetzten) beliebt zu machen suchen.

†**Anmuten sind**, zumuten. „Wie kann er mir sowat anmuten sind?" — Red. „Et is keen Narr, wer mir 'ne Sache anmuten is — et is 'n Narr, wer't dut."

Annijant (franzf. ennuyant), langweilig.

Anno. Red. „Anno eens, als de Elbe brannte" (eigentlich der Anfang einer komischen Geschichte — „un de Bauern se mit Stroh löschten 2c.") — † „Anno ölwe (null), wie der jroße Wind war."

Anne Tobak, vor langer Zeit.

Anöden (stud.), anreden.

Anpassen, vom Kleide übertragen auf die Ohrfeige, die so als etwas sorgfältig gefertigtes und gemessenes erscheint. „Ick hab ihn eene anjepaßt — aber die saß!"

Anpeßen, anzeigen, Schulausdruck.

Anpumpen. „Ick pumpe ihn an" d. i. ich leihe Geld von ihm.

Anpurren, einen anreden, um etwas von ihm zu erreichen.

Anpusten, wie anhauchen.

Anquazeln, anreden.

Anranzen, wie anlappen.

Anreißer, zudringlicher Kleiderhändler, wie sie früher am Mühlendamm zu finden waren.

Anrempeln, im Begegnen stoßen.

Anrochen. „Er rocht sich an" (wie der Meerschaum) d. i. er entwickelt sich gut.

Anrühren. Red. „Nich rühr an!" d. i. davon will ich nichts wissen, bleibe mir damit vom Leibe.

Ansagen, anzeigen; Schulausdruck (wie peßen). „Au wei, det sag ick!" „det wird jesagt!"

Anschlejsch (anschlägisch), schlau. Red. „Der hat 'n anschlejschen Kopp — wenn er de Treppe runterfällt, verfehlt er keene Stufe!"

Anschmieren, einem durch Zureden und Anpreisen etwas Schlechtes aufdrängen. — sich anschmieren, sich aufdrängen.

Anschnarchen, hart anfahren. Ebenso **Anschnauzen**.

Anschneiden. „Ick wer'n de Wurscht anschneiden" d. i. ihn zur Rede stellen.

Anschwulen (auch anschulen), scheel ansehen.

Anspucken. „Der Kerl is nich 't Anspucken wert."

Anständig für: in ziemlich hohem Grade: „Ick war janz anständig besoffen." — „Jeßt rejent et anständig."

Anstechen s. stechen.

Anstreichen, vergelten. „Na warte, det wer'k dir anstreichen!"

Anstrengen. „Er hat sich erntlich anjestrengt" d. i. er hat bedeutende Ausgaben (zu einem Geschenke, zum Empfange eines Besuches ꝛc.) gemacht.

Antalpschen, betasten.

Anrippen, mit dem Finger berühren.

Anton. Red. „Anton, steck'n Degen in!" (zur Beruhigung). — „Anton mit de Baubaujacke!" — „Anton, mach'n Leim warm!" (Anton ist der phlegmatische Mann; daher „Anton mit de Tepperschürze!" denn diese ist vom Ton durch und durch steif, wie der Phlegmatische erscheint. Die älteste Phrase, aus den 30er Jahren, ist: „Immer ruhig Blut, Anton!" — vielleicht nach einer der wenigen Jugendgeschichten aus der Zeit vor 1820: „Anton, oder der Knabe, wie er sein soll." — „Iriener Anton", Gefängnis, früher in der Anton- jeßt in der Perleberger Straße.

Anulken, verhöhnen; studentisch auch für anreden.

Anvettermicheln (sich), sich beliebt machen. Der Vetter Michel ist eine spezifisch märkische Figur, gar nicht dem deutschen Michel gleich, sondern der richtige „liebenswürdige Schwerenöter". Goethe hat ihn unsterblich gemacht; er sagt in „Musen und Grazien in der Mark":

Laßt den Wißling uns besticheln!
Glücklich, wenn ein deutscher Mann
Seinem Freunde Vetter Micheln
Guten Abend bieten kann.
Wie ist der Gedanke labend:
Solch ein Edler bleibt uns nah!
Immer sagt man: Gestern Abend
War doch Vetter Michel da!

Goethe bezieht sich hier auf einen alten Walzertert, der anfing: „Gestern Abend war Vetter Michel da." Darin hieß es:

Er faßt das Mädchen an das Knie;
Das Mädchen lacht, das Mädchen schrie.

Darum ist „sich anvettermicheln" sich durch solche Künste heranschleichen.

Anwenden. Red. „Der is bei die Leite nich anjewendt" d. i. sie wissen es nicht zu gebrauchen (zu schätzen).

Anzeijen. „Au — dir zeij' ick an!" — „Na zeije man nich verbei!" (Schulscherz.)

Anziehn. „Det brauchste dir nich anziehn" d. i. nicht auf dich zu beziehen. Ebenso: „Ziehn Se sich doch die Jacke nich an, wenn se Ihnen nich paßt."

Anzwei (entzwee, inzwee), entzwei. Anzweirig.

Apart, ausgesucht. „Det is janz wat Apartet (Apartijet)".

Aprikose Aprikose.

Apparat. „Ick mach alles, mit un ohne Apparat!" oder „Ohne allen Apparat! Bloß mit Hülfe des Luftdrucks!"

Appel. Sprichwort: „Der Appel fällt nich weit vom Roß."

Appelfaßke m., Verstärkung von Faßke.

Appelkuchen! Negation. vgl. Scheibe.

Appelmus m. Red. „Er is jerührt wie Appelmus."

Apreke, Apreker für Apotheke 2c.

Aqualium, Aquarium.

Aquarium, Kaltwasserheilanstalt.

Arbeet, Arbeit. „Ick jeh uf Arbeet". „Ick komm eben von Arbeet". — Red. „Der kann de jrößte Sticke Arbeet liejen lassen." — „Der hat jakeene Angst vor de Arbeet; der lejt sich bei hin." — „Den Kerl, der de Arbeet erfunden hat" — (wenn ick den vor mir hätte o. ä.)

Arbeeten. Red. (scherzhaft) „Arbeeten well'n se alle, aber nich essen!"

Arbeeter. Ein Redner in der Volksversammlung: Arbeeter! (Bravo!) Ihr seid Arbeeter! (Bravo!) — Also müßt Ihr arbeeten! (Schmeißt 'n raus!)

Arg (sprich arch), begierig; z. B. „Nach Mostrich is er janz arg."

Arm. Red. „Der kann eech 'ne Familie arm fressen." — „Davon wer'k noch nich arm wern" d. i. das kann ich noch bestreiten. — „Det kann der ärmste Mensch essen" (z. B. Kaviar). — „Is ja allens da; is ja nich wie bei arme Leite" sagt der Gastgeber, wenn der Gast etwas vermißt. Auch: „Is ja nich wie bei'n kleenen Beamten." — Zusätze: „Sieben Häuser un keene Schlafstelle!" (vgl. So muß'r kommen) — „Sieben Kinder un zwee Betten — un keen Aas will an de

Wand liejen!" — „Vier Löwen un keen Wärter" (mit Beziehung auf das Kaiser Wilhelm-Denkmal). Die Redensart wird parodiert: „Is ja nich wie bei arme Leitnants: zwee Oegen un een Jlas." „Is ja nich wie bei arme Leite, wo der Vater in' Kohlenkasten schlaft und sich mir 'n Lokalanzeijer zudeckt." — Ähnlich: „Arme Lokomotive! Zwee Puffer un keen Teller!" (Wortspiel mit Kartoffelpuffer.)

Arm, plur. Ärme. „Er hat de Ärme zu weit durchjestochen" d. i. die Ärmel sind zu kurz. — „Ick hab 'n mit 'n paa Daler unter de Ärme jejriffen" d. i. unterstützt.

Armenkasse. Red. „Er jibt eklig wat aus de Armenkasse" (Schläge).

Art. „Ach uf die Art?" d. i. ach so meinen Sie? — „Er setzt sich hin, der 's ne Art hat". Red. „In einer Art hat er Recht" (hochdeutsch) d. i. in einer Hinsicht.

Artellerie, auch Artullerie, Artillerie. „de chinesische Artollerie", Sprengwagen.

Asche f. 1) Geld. 2) Red. „Jetzt is't Asche!" d. i. jetzt ist es aus.

Aschingern, zu Aschinger („Bierquelle") gehen; dann: schlemmen.

Aschjrau. Red. „Det jeht int Aschjraue!" d. i. das ist gar nicht zu sagen. Auch: „Biß in de aschjraue Pechhütte" d. i. sehr weit.

Asmusfere f., Atmosphäre.

Ast. 1) Red. „Der wa'n Ast!" (wenn einer beim Schnarchen (Sägen) plötzlich abbricht. 2) Buckel. Red. „Ick lach mir'n Ast (un setz mir druf!)". Rätsel: „Wie kricht man 'n Boom?" — „Man lacht sich 'n Ast un jrient 'n an." (jrienen (s. d.) hier im Wortspiel mit grünen.) — „Der derf nich in' Dierjarten". — „Worum'n nich?" — „Er hat'n Ast jestohlen!" (d. i. er ist bucklig).

Asthmafiste, kleine Privatdampfer, die unter Dampf stark fauchen.

Aßmann. Red. „Nu is't aus mit Aßmann! († de Vijeline licht in Jraben!)" — „Der kannste halten wie der Farrer Aßmann!" — „Wie hielt er denn der?"

— „Mit de Hand." (Auch: „der kannste halten wie der Dachdecker ꝛc.) — „Farrer Nolte hielt er immer wie er wollte; aber Farrer Aßmann hat er immer mit de Hand jehalten."

Asten, langsam unter schwerer Last geben.

Arn, Atem.

Atoffel, Artoffel, Ertoffel, f., Kartoffel.

Atta (auch addá) jehn, spazieren gehen. (Kindersprache.)

Attentäter. Als der ehemalige Bürgermeister Tschech 1844 ein Attentat auf Friedrich Wilhelm IV gemacht hatte, entstand ein „Volkslied" nach der Melodie von „Kriegers Lust" (Marsch von Gungl); es fing an:

Sagt, wer war wol je so frech,
Wie der Bürjermeister Tschech,
Der mit frevelhafter Hand
Kugeln auf den König sandt!

Weiterhin hieß es:
Dunker hat es jleich erraten,
Daß er wollte attentaten

(Dunker war der Polizeirat, der alles „rauskriegte"). — Dann der Refrain:
So'n verfluchter Hochverräther,
Königsmörder, Attentäter!
Hätt' uns ja bei einen Haar
Erschossen 's janze Königspaar.

Hier erscheint zum erstenmal das jetzt ganz verbreitete Wort Attentäter.

Atter f., Natter. „Er fuhr wie 'ne Atter uf mir los."

Atzen m., Stück (von eßbaren Dingen); 'n Atzen Brot.

Au! Ausruf des Schmerzes über einen Kalauer (s. d.)

Au Backe! Früher hieß es vollständiger: „Au weh, meine Backe!" weil man sich dabei (vor Freude oder vor Überraschung, doch auch bei einem Kalauer) an der Backe kratzte. (vgl. ei wei). — Auch: „Au Backe, mein Zahn!"

Au wei besonders bei Kindern, wenn sie etwas Verbotenes tun sehen. „Au wei — der sag ick!"

Au Kontrolleur! für au contraire, scherzhaft.

Aua! Interjektion des Schmerzes, besonders bei Kindern.

Aufbrechen. Scherz (beim Aufbruch): „Auf — laßt uns brechen!"

Auf. Die übrigen mit auf gebildeten Wörter s. unter uf.

Aujust (auch Schimpfwort), durch einen Clown im Circus Renz, der die Rolle eines dummen Tölpels spielte, sehr populär geworden. Jetzt Spottruf auf einen Betrunkenen. Zahlreiche Redensarten: „Aujust, laß 'n Affen los!" — „Aujust aus Trapez!" — „Aujust mit de Kluckerpulle!" (mit de Klarnettenbeene, mit de Mauerlocken, mit de kalte la main)! — „Aber jlücklich, Aujust, macht es nich!" — „Aujust, soll ma runter kommen, soll ma bei Aujusten kommen." — „Aujust, sprach sie, haste Jrund? Scheibe, sagt' er, un verschwund." — „Aujust, laß los! du rujenierst mir bloß (de janze Jarnitur)!" — †„Aujust, stoß de Vögel an!" (auf dem Weihnachtsmarkt forderten Verkäufer von Spaßvögeln (vorne pickt er nicht, hinten pickt er) den Gehülfen auf, die Vögel in Bewegung zu setzen, um die Leute anzulocken.) Auch mit dem Zusatz: „er kommt 'n Portujiese!" — †„Aujust (oder Blasius) mit de Jewitterbacken" von einem aufgeblasenen Menschen.

Aurora, Hundename. Red. „Aurora, Drecksau, wirste aus de Renne raus!" — Doch ist unter den „Berliner Witzen" ein Bild, auf dem eine Mutter ihrem „Balg" aus dem Fenster zuruft: „Aurora, Dreckliese, wiste wol mit de Beene aus 'n Rennsteen!"

Ausbaldowern, die Gelegenheit ausspüren; aus der Gaunersprache.

Ausbitten. Red. „Det mecht ick mir ooch ausjebeten haben" bei einem kaum erwarteten Zugeständnis.

Ausboddern (auch ausbuttern), reinigen (ein Faß). sich ausboddern, sich vollständig aussprechen.

Auseetschen, s. eetschen.

Auseinanderpolken, auseinander setzen.

Ausfallend, beleidigend. „Wenn Se man nich ausfallend!"

Ausfejen. „Der find sich bei 'r Aus= fejen" wenn ein kleines Geldstück auf den Fußboden gefallen ist.

Ausflucht, Ausflug. „Na, machen Se 'ne kleene Ausflucht?"

Ausfragen. Red. „So fragt man Leite aus!"

Ausfressen. Nur im Particip: „Er hat wat ausjefressen" d. i. etwas strafbares begangen. (Vergleichung mit der Katze, die heimlich aus einem Gefäße nascht.)

Ausführen, stehlen. Der Scherz liegt darin, daß die Sache gleichsam sich freundlich fügend mitgeht.

Ausfunzeln lassen, auslaufen lassen, z. B. von Murmeln, Würfeln. (Ver= gleichung mit der Öllampe, die stinkend in sich erlischt.)

Aushauen. „Er haut jrade aus" d. i. es reicht gerade.

Ausholen. Bekannte renommistische Er= zählung von einer Prügelei: „Un so wie der Kerl der sagt, da hol ich aus — und da haut er mir eene — ich nich faul — haut er mir wieder eene!" (Verschiedene Fortsetzungen, z. B. „Er reißt aus — ich immer voruf" oder: „Bald lag er oben, bald lag ich unten". Schluß: Aber den hab ich jemacht!") (Bär 1880, Nr. 8.)

Ausjedragen. 'n ausjedragnet Kind, d. i. ein pfiffiger Mensch. — „Ausjedragne Jenossenschaft" statt: eingetragene. — vgl. ausjekocht.

Ausjefallen (jüd.), seltsam, einzeln stehend. „'ne ausjefallne Idee." Ein Ar= tikel, der aus der Mode, daher schwer zu ver= kaufen ist, ist „'n ausjefallner Artikel".

Ausjehe — in vielen Verbindungen; z. B. „er hat heite seinen Ausjehedag"; „det is mein Sonntagsnachmittagsaus= jeherod."

Ausjekocht. „'n ausjekochter Junge", wie ausjedragen, aber stärker.

Ausjeleiert, ausgedreht (von einem Gewinde).

Ausjelutscht, ausgesogen. „Er sieht aus wie ausjelutscht."

Ausjerechent! (jüd.) d. i. das soll man glauben? (es ist ausgerechnet, d. i. aus= gedacht.) — „Natierlich — ausjerechent Maijlöckchen!" d. i. du mußt immer das Beste haben! — Auch in anderer Anwen= dung: „Muß der eoch ausjerechent uf meinen Jeburtsdag sterben!"

Ausjeschlagen, „'n ausjeschlagnen Dag" d. i. den ganzen Tag.

Ausjlitschen, ausgleiten.

Auskleiden, sich, sich verkleiden.

Auskneifen, entfliehen.

Ausknobeln (stud.), auswürfeln.

Auskoddern, wie auskuddeln. s. d.

Auskratzen, entfliehen.

Auskuddeln, einige Stück Wäsche reinigen, im Gegensatz zur „jroßen Wäsche".

Auslejen, in die Breite wachsen.

Auslitern, literweise verkaufen.

Ausnutschen, aussaugen.

Auspellen, entkleiden.

Auspusten, ausblasen.

Auspuzen, schmücken; z. B. die Stube, den Weihnachtsbaum.

Ausquatschen sich, sich ausdrücken. — „Quatsch dir aus!" d. i. sprich dich aus. „Quatsch dir man reene aus, det de wieder Kulör kriegst."

Ausräuchern, wie rausjraulen. s. d.

Ausraten, ein Glas Bier, eine Droschke 2c., durch die Jahreszahl eines Geldstücks (paar oder unpaar) u. ä.

Ausreden. Red. „Det laß dir man aus= reden!" d. i. das gib nur auf.

Ausreißen. Red. „Reißen Se sich kein Bein aus!" d. i. machen Sie nicht soviele Umstände. — „Der reißt sich kein Bein aus" d. i. er tut nicht mehr, als er muß. s. a. Schafleder.

Ausrücken, entfliehen. vgl. Rückkom= pagnie.

Ausrunzeln lassen, wie ausfunzeln lassen.

Ausrutschen. Drohung: „Det mir nich de Hand ausrutscht!"

Ausschimpfen. 1) schelten. 2) mit Schimpfwörtern belegen. Particip: ausgeschumpfen.

Ausschmieren. Wenn einer im Spiel gewonnen hat, sagt er: „Den hab ich ordentlich ausjeschmiert!" (eigentlich vom Ausschmieren des Ofens.)

Ausspannen. 1) entwenden. 2) bei einer gemeinsamen Arbeit aufhören.

Ausspucken, speien. Red. „Er sieht aus wie ausjespuckt." vgl. Braunbier. — „Du — spuck mal aus; ick will mal reden!" d. i. halt inne („halt de Luft an").

Ausspülen. Red. „Spül dir mal 'n Mund aus!" wenn einer etwas „Ruppijes" gesagt hat.

Ausstehn. 1) „Ick kann'n nich ausstehn" d. i. nicht leiden. 2) „Ick habe ville mit'n auszustehn" d. i. auszuhalten. Red. „Wat steht man vor'n Verjniejen aus!" 3) „Ick habe ville auszustehn" d. i. viel Geld verliehen.

Auster f., wie Qualster. s. d.

Ausreudeln, auswürfeln.

Ausverschemt, unverschämt.

Auswachsen. „Det is ja zum Auswachsen!" Ausdruck der Ungeduld.

Auswendig. Red. „Det schad nischt, det is auswendig!" — „Det weeß ick auswendig" d. i. das habe ich fest im Gedächtnis.

Auswischen. 1) (eenen eens), einen Schlag versetzen. 2) eenen de Oogen auswischen, bestehlen. „Den ha'm se jut de Oogen ausjewischt."

Auswringen, ausringen (z. B. nasse Wäsche).

Auszehrung, Abzehrung, Schwindsucht.

Ausziehn. „Den ha'm se ausjezogen" d. i. ihm das Geld abgenommen. s. auch Zahn.

Aute, August.

Automat. Rätsel: „Welches ist der größte Automat in Berlin? — Das Polizeipräsidium: wenn man oben 'ne Scheibe „einwirft", kommt unten 'n Schutzmann raus."

Autsch! Ausruf des Schmerzes. „Autsch, mein Been!" (auch wenn jemand einen unanständigen Ausdruck gebraucht.)

Aweck (avec) m. Red. „Mit'n (jewissen) Aweck!" d. i. mit einem geschickten Handgriff, mit Leichtigkeit, mit Eleganz. vgl. Zigarre.

Axe f., Art.

Azesser, auch Atzesser, Assesser.

Aztete, wie Schafskopp. „Oller Aztete!"

B.

Baa. „Alter Baaaffe!" (zu einem neugierig zusehenden Kinde.)

Bába, Kinderwort für Bett. — Babá dagegen ist eine Interjektion der Kindersprache, die Abscheu ausdrückt: „Fui Babá!"

Bachulke m. (poln.), ungeschlachter Mensch.

Bachuner m., ungarisches Schwein; dicker Mensch. (eigentlich Bakonyer, aus dem Bakony-Wald.)

†**Bachus** m., dicker Mensch (mit Anklang an Bachuner).

Backebeere f. 1) Backbirne (vgl. Beereblang.) Daher 2) alte Jungfer, weil sie so „injeschrumpelt" ist wie eine gebackene Birne.

†**Backebeern** (Plural; eigentlich: was man auf dem Rücken trägt), Sachen, Möbel, die ganze Habe. „Er is ausjezogen mit de janze Backebeern."

Backen. „Der Schnee backt" d. i. er läßt sich ballen.

Backenkoteletten, auch Bartkoteletten, Backenbart.

Backfeifenjesichte (auch Ohrfeijenjesichte), ein Gesicht, dem man beim ersten Anblick eine Ohrfeige geben möchte.

Backzähne. Drohend: „Sie ha'm wol lange keene Backzähne jespuckt?"

Badeengel, Porzellanpuppe, die ein nacktes Kind vorstellt.

Baden. 1) Red. „Jehn Se baden!" d. i. gehn Sie weg. 2) waten; durchbaden, rinbaden.

Bäcker. Red. „Da hat de Bäcker seine Frau durchjejagt" von Backwerk mit großen Höhlungen. s. a. Semmel.

Bäckerbeene, krumme Beine (X-Beine).

Bärenführer, Fremdenführer.

Bärme f., Hefe. Red. „Wat nachkommt, is Bärme!" Der Weißbierwirt läßt beim Einschenken den Rest in der Flasche. Wenn der Gast den auch verlangt, sagt der Wirt: „Wat nachkommt, is Bärme." Die Red. bedeutet also: Was jetzt noch kommt, taugt nichts mehr.

Baff. s. paff.

Baffze m., unwissender Schwätzer. Kunst- baffze.

Bahne! Ruf beim Wettrennen, Turnen u. dgl. = Bahn frei!

Baiser s. Beesé.

Balangse f., (franzs. balance) mit weichem s, Gleichgewicht.

Balbier, Barbier. Übern Löffel balbieren (der Löffel wurde in den Mund gesteckt, um die Backe glatt zu ziehen) heißt jetzt: betrügen. — Red. „'n Oogenblick — Se wer'n jleich balbiert!" Zusätze: „Ick zieh mir bloß de Laatschen an!" — „'t sind bloß noch siebzen zum Haarschneiden da!" „Schon wird der Schaum jeschlagen."

Bald. „Wird er bald?" d. i. noch immer nicht fertig? — „Ick hätte bald wat je- sagt!" nämlich eine Grobheit.

Balg (sprich Balch) n. u. m., Kind. Plural Bäljer und Bälje.

Balkenkragen (auch „Kragen mit Je- länder"), Steh-Umlegekragen.

Balle, bald. „Nu wird er mir balle ze bunt."

Ballerjandroppen, Baldriantropfen.

Ballern, stoßen, werfen.

Balletöse, Ballet-Tänzerin. Ebenso Konfektionöse, Frisöse (nicht französisch).

Ballon m., Kopf, nur in der Wendung: eenen eens an'n Ballon jeben. — Ballon- mütze. s. a. uffjehn.

Bammel m., Furcht.

Bammelage f., was herabhängt, z. B. „Berloques" (franzs. breloques) an der Uhrkette, Troddeln.

Bammelecke, eine Stelle auf der Strecke der Ruder-Regatta bei Grünau.

Bammelig, liederlich, besonders von Kleidern.

Bammelmann. „Er hat 'n Bammel- mann jemacht" d. i. er hat sich erhängt.

Bammeln, baumeln. „Wat drum un dran bammelt." — „Wer bammelt 'n da mit de Beene?"

Baude, Gesellschaft (kaum noch herab- setzend).

Bange f., Furcht. „Hab man keene Bange!" — von bange: „Bange machen jilt nich!"

Banke, Bank. Plur. oft Banken statt Bänke. Durch de Bank, alle mit ein- ander.

Bankjunge, „Börsenstutzer".

Bankrott (auch pankrott), auch für matt, müde. „Man wird janz bankrott dabei."

Barbarsch (auch balbarsch), sehr. „'t is barbarsch kalt."

†Barbierflüjel, Guitarre. (Barbiere spielten früher oft Guitarre.)

Barbierrolle f., aufwärts gebürstetes Haar.

Barft, (auch barftig); mit barfte Beene, mit bloßen Beinen.

Barfüßig für unbelegt, von der Stulle.

Barfuß. „Ick war barfuß bis unter de Arme" d. i. fast nackt. Auch barbeenig.

Barmen, jammern und bitten. „Er bärmte so."

Barnim m., Gefängnis in der Barnim- straße.

Baron (baronisieren), stellungslos (sein).

Baß. Red. „Ran an' Baß! (Aufmunte- rung zur Arbeit; auch eine Art Ballspiel.)

Bau. „Der janze Bau" d. i. die ganze Gesellschaft. (Aus Angelus Fest der Handwerker.) „Du jehörst zum Bau". (ein Tischler, ein Schlosser gehört zum Bau, ein Schneider oder Schuster nicht.)

Baubanjacke s. Affenjacke.

Bauch. Red. „Mensch, hab ick jelacht! Der janze Bauch war eene Falte!" —

Wenn einer bei starkem Lachen sagt: „Mir wackelt der Bauch!" sagt ein anderer: „Mir auch, mir auch!" (ursprünglich Parodie auf ein Lied in Gounods Oper Margarete.)

Bauen. Red. „Wie wir jebaut sind —!" d. i. Leute wie wir! („Aluminiumbrust!" Zwölf Fenster Front un 'n Seitenflügel!") Studentisch für machen: „Ich laß mir 'n Anzug bauen." Studenten bauen sogar ein Examen.

†Bauersche ('ne), Bauerfrau. Ebenso 'ne Höfersche.

Baumaterialien liest man öfters als Inschrift, bei Abbrüchen.

Baustelle. Red. (von einem Kahlköpfigen) „der hat Baustellen zu verkeefen."

Beaugenscheinigen (auch beaugapfeln), besichtigen.

†Beboomfiedeln, überlegen; z. B. „Wir woll'n uns det heite Abend beboomfiedeln."

Beboomölen. Red. „Beboomölen Se sich man nich!" d. i. seien Sie nicht so ängstlich. — „Er is zum Beboomölen" d. i. zum Verzweifeln.

Bedeckt. Red. „Bleiben Se bedeckt" (braucht man, um den Dank eines andern abzulehnen).

Bedefrend, bedeutend.

Bedibbert (jüd.), eingeschüchtert.

Bedrippt, kleinlaut.

Beduselt, betrunken.

†Beßbeer, (Ton auf der zweiten Silbe), erbärmlich (euphemistisch). Red. „Beßbeen Se sich man nich" d. i. zieren Sie sich nicht.

Been, Bein; steht auch für Fuß, das der Berliner selten gebraucht: „Er tritt mir uf de Beene." „Er hat verjnüjte Beene" (vom Gang der Rückenmarkleidenden, der so aussieht, als machten sich die Beine ihr Privatvergnügen.) — „Ich steh mir ja hier de Beene in' Leib." — „Ich muß mir de Beene abloofen" d. i. immerfort umherlaufen. — „Der Hund hat sich de Beene abjeloofen" (von Teckeln, Dachshunden). — „Nimm man de Beene in de Hand (unter de Arme) un loof uf de Ellbogen (de Nase als Spazierstock)!" — „Mach Beene!" d. i. geh weg! — „Macht der Beene!" d. i. reißt der aus! — „Ich wer 'n mal uf de Beene treten!" d. i. ihn mahnen. — „Er hat hundert Dahler ant Been jebunden" d. i. verschwendet, eingebüßt (den Kindern wurde bei der Taufe von den Paten ein Geschenk aus Bein gebunden — vgl. Angebinde — daher heißt „ans Bein binden" eig. verschenken, dann verschwenden, verlieren, auch nachlässig betreiben; z. B. „Er hat die janze Jeschichte ant Been jebunden.") — „Er is mit beede Beene rinjesprungen (rinjekniet)" d. i. er hat sich mit Eifer darauf geworfen. — „Dir wer 't Beene machen!" (Drohung.) — „Der hat noch lange Beene!" d. i. das ist noch lange hin. — „Wie jeht's?" — „Immer uf zwee Beene!" — „Ich kriee jleich kalte Beene!" (wenn man beim Kartenspiel gewonnen hat). — „Er hat de Beene zu weit durchjestochen!" d. i. er hat zu kurze Hosen an. — „Au — der war mein Been!" — „Per Beene" d. i. per pedes. — „'n ander Mal treten Se sich uf Ihre eijnen Beene!" — („Jehn Se doch uf Ihre eijnen Beene spazieren!") — „Die Beene kenn ich doch!" — (Ein Herr sitzt in einer Konditorei, ganz hinter einer großen Zeitung versteckt; einer seiner Bekannten tritt herein und sieht nur die Beine.) — Seine Beine bezeichnet der Berliner oft nach einer früheren Firma als „Jebrüder Beeneke"; z. B. „Meine Jebrüder Beeneke sind kaput." (Das Bankgeschäft der Gebrüder Beneke lag unter den Linden an der Ecke des Pariser Platzes.) — „Uf eenmal kieft 'n Been raus" d. i. das stimmt nicht. — „Ich kann mir doch nich in de Beene beißen" sagt einer, dem zuviel Arbeit zugemutet wird. — „Is 'n feiner Kerl! Beene hat er — bis uf de Erde!" (auch von einem kleinen Menschen: „Er langt mit de Beene nich uf de Erde.") — „Er hat Beene wie 'n Hofprediger" d. i. er hat „Stöcker". —

vgl. auch Bein, ausreißen, Kopp, Knoten, vertreten.

Beenbruch. Red. „Det is ja noch lange keen Beenbruch!" d. i. nicht schlimm.

Beefstück, Böffstick u. a. für Beefsteak.

Beereblang (blange) und **Beerejris** f., nennen die Hökerinnen gewisse Birnenarten (beurré blanc, gris). — „Scheene Beere blang!"

Beern! rufen fahrende Obsthändler die Birnen aus.

Beeschaf, Kinderwort für Schaf. „'n kleenet Beeschaf", „'n lieben Jott sein Beeschaf", von einem dummen Menschen. Auch **Beelamm.**

Beesén. (geschrieben baiser), Gebäck mit Schlagsahne (oder Eis); franzf. meringue; baiser heißt Kuß.

Befinden. Red. „Danke, er befindet sich!" (sc. gut.)

Befizelt, leicht angetrunken.

Befleißigen, sich, fleißig sein.

Befriedericht, befriedigt.

Befummeln, zustande bringen.

Behalten. „Det kannste vor dir alleene behalten" d. i. das mag ich nicht.

Behaupten. Red. „Kann ick von mir nich behaupten!"

Behauptung. „Er trägt sich mit einer falschen Behauptung" alter Witz für: er trägt eine Perrücke.

†**Behebbelig,** beweglich.

Behende, klein und schwächlich. „'t is man so'n behender Kerlken".

Behmm., Groschen (von den „böhmischen Groschen").

Bei. Form der Drohung: „Ick wer dir (schon) bei" ..... z. B. „Mutter, kann ick 'n bisken uf 'n Hof spielen jehn?" — — „Ick wer dir schon bei spielen jehn!" — — „Er kann nischt bei sich behalten" d. i. nichts verschweigen.

Beibleiben, fortfahren. „Bleib man so bei!" (meist ironisch).

Beibringen, lehren. „Den wer'f's beibringen!" (drohend).

Beilage. Die Schlächter haben die Sitte, zu dem Fleisch Knochen und „Zumpel" (s. d.) beizulegen, deren Gewicht so teuer bezahlt wird wie gutes Fleisch. Dies ist die Beilage. Wer sich beschwert, bekommt die Antwort: „Wenn de Ochsen erst uf Bratwürschte rumloofen, wern Se keene Knochen mehr als Beilage kriejen." — s. auch Kasse.

Beileibe nich! d. i. nur nicht, um Gotteswillen nicht!

Bein. Red. „Kein Bein!" d. i. durchaus nicht. „Kein Bein zur Erde!" d. i. auf keinen Fall.

Beischreiben. Red. „Det mußte beischreiben!" d. i. das ist ohne Kommentar nicht zu verstehen.

Beistehen. Red. „Jott steh mir bei!" (wenn einer eine Dummheit gesagt hat).

Beißen. Red. „Beiß man nich jleich!" — „Was beißt mich da?" (Ausdruck der Verwunderung, hochdeutsch; vermutlich ein Citat). — „Beißen se jut?" Zuruf an einen Angler.

Beißerchen, Zähne (Kinderwort).

Beißzickel n., Bienele.

Bejießen. „Ick jehe meine Olle bejießen" d. i. die Blumen auf ihrem Grabe.

Bejossen, kleinlaut (stärker als bedrippt). vgl. Pudel.

Bejraben. Red. „Laß dir bejraben!" (Kritik einer schlechten Leistung.) Auch: „Damit kannste dir bejraben lassen".

Bejrapschen, betasten.

Bekehrt. Red. „Er mußte nich, wie er (auch: wie ihn) bekehrt war" (vor Staunen).

Bekennt für bekannt. „'n Bekannter von mir."

Bekieken, besehen; sich von inwendig bekieken, schlafen.

Beklecker, sich, sich beschmutzen, besonders von der Wäsche beim Essen. — Auch: „Du hast dir mit Ruhm bekleckert" d. i. du hast dich ausgezeichnet. — „Bekleckern Se sich man nich!" (höhnisch, beim Beginn eines Wortwechsels.) Ähnlich: „Machen Se sich man nich voll!"

Betniffen, befangen, beschämt.

†Betobern, sich, sich erholen.

Betommen. Red. „Wenn 't Jhnen man jut bekommt!" (ironisch.)

Betoofen, sich, sich etwas „anschmieren" lassen.

Belemmern, sich. Red. (euphemistisch) „Belemmer dir man nich!" Belemmert, schwach, wertlos.

Bellejanrplatz, Belleallliance=Platz.

Bellevuestraße. Man hört Bellévi=straße, mit Anklang an Levi.

Bellmann. s. Otto.

Bemeineidijen, beschwören. „Det kann ick bemeineidijen."

Bemerken. „Wie bemerkten Sie eben sehr richtig?" (höfliche Frage, wenn man nicht verstanden hat.)

Bemogeln, betrügen. Daher einer, der es gut versteht, Jroß=Mogul.

Bemuddeln, beschmutzen.

Bemuttern (eenen), sich seiner mütterlich annehmen; besonders von der Sorge älterer Geschwister für jüngere.

†Benehmen. (†beniemen, benähmen). „Wenn man 't sich recht benimmt —" d. i. sich's recht überlegt.

Benehmijung, Benehmen. „Det is ja jakeene Benehmijung!"

Benzindroschke, Automobil.

Berappen (auch beräbbeln, beribbeln), bezahlen. Berappijung.

Berechnen. „Der hat's berechent!" d. i. er kennt alle Schliche.

Berg. „uf hohen Berjen zu roochen" zur Bezeichnung schlechten Tabaks.

Berlin. Red. „Wat kost Berlin?" (So fragt man zum Scherz, wenn man plötz=lich eine (wenn auch noch so kleine) Geld=summe in die Hände bekommen hat.) — „Wat will der sagen — vor'ne Stadt wie Berlin!" d. i. es ist verhältnismäßig nicht viel. — Berlin W. wird öfter ge=deutet: Berlin=Wedding. — 'n Berliner Kind. — Die Berliner Stube, langge=strecktes Durchgangszimmer mit einem Eckfenster nach dem Hofe.

Berühmt. „Det is nich berühmt" d. i. nichts Besonderes.

Besabbern, sich, sich mit Speichel naß machen.

Besalzen, einträuken. „Det wer 't ihn besalzen!"

Bescheid, auch Bescheed. „Ick wer'n Bescheid stoßen" d. i. ihn zurechtweisen. Auch: „Ick hab 'n Bescheed jestochen."

Bescheidenheit. Red. „Bescheidenheit ziert den Jüngling und ehrt der Jung=frau."

Beschickert (jüd.), betrunken.

Beschlabbern, sich, wie sich beklectern.

Beschmort, angetrunken.

Beschmuddeln, beschmutzen.

Beschnarchen, aufmerksam betrachten.

Beschnuppern, beriechen.

Beschummeln, betrügen; Ebenso

Beschuppen und

Beschupfen.

Beschwabbeln, überreden.

Bese (böse) für sehr, tüchtig. „Au du, der kann't bese!" z. B. Murmel spielen.

Besehn, bekommen. „Du wist jleich wat besehn!" d. i. Schläge bekommen. „Se können de scheensten Keile besehn!" —Auch für ausstehen: „Ick kann den Kerl nich besehn". — „Ick kann't nich mehr besehn" d. i. meine Augen sind zu schwach, oder es ist zu dunkel. — Red. „Bloß besehn, aber nich anfassen!" — von inwendig besehn, entzweimachen, z. B. eine Uhr — Hauptvergnügen der Kinder. s. auch Schaden.

Besen m., Dienstmädchen.

Besenfrijen, mit Mostrich bestreichen.

Besenstiel. „Det is mit'n Besenstiel jeschrieben" d. i. sehr dick.

Besinge (von got. basi, Beere), Heidel=beeren. Besingssuppe.

Besitzen. „Sie besitzen mir" d. i. Sie klemmen mein Kleid ein.

Besorjen (et eenen), eig. es so machen, wie er will; daher ironisch: es ihm so machen, wie er nicht möchte, es ihm an=streichen.

Besser. Red. „Besser wie keen Hemd!" d. i. besser als nichts.

Beste. Red. „Du bist der beste — wenn de andern nich zu Hause sind."

Bestrampelt (jüd.), verrückt. „Bist wol bestrampelt?"

Bestreiten. Red. „Ick bestreite alles un erwarte den Jejenbeweis!" (Bei den Rechtsanwälten auf dem früheren Stadtgericht üblich.)

Betalpschen, roh betasten. s. talpschen.

Bethlehem. nach Bethlehem jehn, schlafen gehen.

Betimpeln, betrügen.

Betrieb. Red. „Is ja jakeen Betrieb!" wenn es nicht lebhaft und lustig zugeht.

Bettschwere. Red. „Ick habe noch nich die nötije Bettschwere" d. i. ich habe noch nicht genug getrunken, um gut zu schlafen.

Beurjrunzen (stud.), begrüßen.

Bezehmen sich, sich gönnen „Woll'n wir uns nich noch 'ne Weiße bezehmen?"

Bibber m., Gelée. Auch erkaltete Bratenbrühe; diese wird auch, mit französischer Aussprache, jus genannt.

Bibbern, zittern. „Er bibbert vor Kälte." Zibbern un bibbern.

Bibi m., auch Bibar, Herrenhut (eigentlich der Biberhut).

Biejeln, trinken, zechen (bügeln, picheln).

Biele f., Kind. „Ei die kleine Biele!" „'ne nette Biele!" (ironisch von einem gemeinen Menschen.) Bieleken, Kinder, Geschwister.

Bielefeld. Red. „Bielefeld bezahlt allens!" (älter als die Posse: „Die Reise durch Berlin in 80 Stunden".)

Biene. „'n Köppken wie 'ne Biene" d. i. ein dicker Kopf. (Zusatz: „'n Nesken wie 'ne Feuertiene."+)

Biereifer, großer Eifer. „Der entwickelt ja 'n furchtbarn Biereifer."

Bierjeld, Trinkgeld.

Bierneejen (Reigen) werden gesammelt und zum Kupferscheuern verkauft, auch getrunken.

Bierrede, Rede.

Bierreise (stud.) Besuch mehrerer Bierstuben oder „Bierpaläste."

Biest n., (Bestie), ähnlich wie Aas, aber gelinder. plur. Biester.

Bild. Red. „Kinder wie de Bilder!" ironisches Lob. (Zusatz: Jesichter wie de Affen!) — „Immer weg von de Bilder! 'n ollen Fritzen kooft ihr doch nich!" (Es gab früher Straßen-Bilderhändler, die auf leichten Holzgestellen Bilder (von königlichen Leichenzügen, Trauungen, Huldigungen :c. — Neu-Ruppin bei Gustav Kühn —) aushängten. Die Kinder drängten sich heran, kauften aber nicht.) — „Damit kannste o o ch keene Bilder rausstechen!" d. i. damit kannst du dich nicht brüsten. — „Mach dir 'n Bild!" d. i. stelle dir vor.

Bildermuseum, das alte Museum; auch die Säulenhalle davor.

Bildscheen. „Die Suppe schmeckt bildscheen." „Der besorj' ick Ihnen bildscheen."

Bimbam. Red. „Heilijer Bimbam!"

Bimmel f., Glocke. Bimmeln, klingeln. Bimmelei. vgl. Klingelbolle.

Bimmelbahn, Kleinbahn (Klingelbahn).

Bimse (plur., auch Bimße), Schläge.

Binde. eenen hinter de Binde jießen, besonders vom Schnaps. eenen bei de Binde kriejen, d. i. ihn vorn fassen, bei der Kehle. s. Kanthaken und Schlaffittken.

Bisken, bischen. 'n bisken sehre. — „Bringen Se noch 'n bisken Bier — aber 'n bisken ville!" — s. auch französisch.

Bitten. Red. „Nu bitt ick eenen (Menschen)!" (Ausdruck der Verwunderung). — „Na nu bitt ick Ihn' man bloß" d. i. das ist unverschämt. — „Bitte, recht freundlich!" (stammt aus dem Photographen-Atelier, ist aber allgemein geworden und wird angeblich auch von Zahnärzten gebraucht.) — „Bitte, danke, recht viel!" (wenn man bei Tisch gefragt wird, ob man noch etwas wolle; aus der Posse Charleys Tante). — „Er hat jebitt un jebarmt" d. i. gebeten und gefleht.

Bitter. Red. „Det is bitter." — „Det is o o ch nich bitter!" (d. i. nicht übel).

„Bitter wenig." — 'n Bittern (Schnaps) hat keinen Nominativ: „'n Bittern is sehr jut vor'n Magen."

Blangsierstange, Balancierstange. Ein Vater sitzt mit seinem sechsjährigen „Steppke" in einem Garten=Restaurant, wo viel los ist, etwa bei Sternecker in Weißensee, einem Seiltänzer zusehend. Hierbei entspinnt sich das folgende Ge=spräch:
Sohn: Vata, wat hat er denn da vor 'ne Stange?
Vater: Det 's seine Blangsierstange.
Sohn: Zu wat braucht er denn die?
Vater: Da halt er sich dran feste.
Sohn: Ick denke, er brauch sich nich halten er leeft so?
Vater: Schafskopp! An wat muß er sich doch halten; sonst fallt er ja run.
Sohn: Aber, Vata — wenn nu die Blangsierstange fallt?
Vater: Unsinn! Wovon soll denn die fallen? Er halt ihr ja feste.

Blaf m. 1) Ruß, rußiger Rauch; bla=ken, Ruß absetzen: de Lampe blakt. — blakig, berußt. — 2) (franzf. blague) Unsinn. „Rede doch nich so'n Blaf!" — „Wat sagste — der Mond blakt?" wenn einer Unsinn redet. Aber auch zu einem „Hochnäsigen": „Der Mond blakt — schraub 'n runter."

Blamieren, sich. Partic. häufig bla=mieren. Red. „'n jeder blamiert sich so jut wie er kann." Blamage f. — Diese Wörter sind nicht französisch.

Blase. De janze Blase, die ganze Ge=sellschaft. — „Er rejent Blasen" d. i. so, daß auf den überschwemmten Stellen Blasen schwimmen (warmer Regen).

Blasen. Red. „Blas' mir 'n Streeb weg!" (wird dem Hochmütigen zuge=schrieben; also: der tritt auf, als wollte er zu jedermann sagen: „Blase mir mal den Staub ab!) Früher sagte man: „Setz mir uf's Riesenjebirge un blas' mir 'n Streeb weg." — „Nich zum Blasen!" (auch): nich zu blasen!) d. i. nicht auszuhalten. „Ick kann's nich mehr blasen!" d. i. nicht mehr ertragen. — „Sind Sie musikalisch?" — „Ja, ick blase — de Suppe."

Blasenjummi m., wie Knalljummi s. d.

Blatt. vom Blade singen. — Red. „Der steht wieder uf'n janz ander Blatt!" d. i. das ist etwas anderes. „Det is wahr; 't steht jedruckt in't Blatt."

Blau. 1) betrunken. 2) Red. „Na so blau!" d. i. so dumm (werde ick sein)! — „Den ha'm wir blau anleefen lassen" d. i. wir haben ihm etwas weis gemacht. 3) blauer Montag; auch bloß „Ick habe heite meinen blauen" (blau machen). 4) Red. „Der redt (lügt) det Blaue von' Himmel runter." 5) eenen blauen Dunst vormachen d. i. ihn beschwindeln. 6) 'n Blauer, Schutzmann. — 't blaue Buch, Notizbuch des Schutzmanns. „Der steht ooch schon in 't blaue Buch" d. i. er ist aufgeschrieben. Der Schutzmann wird definiert als „ein blau anjestrichnes Ab=führmittel". 7) Der blaue Amtsrichter, Wagen der Linie No. 80 (der elektrischen Bahn) mit blauem Schilde; sie fahren nach dem Charlottenburger Amtsgericht. In derselben Richtung, aber nicht so weit, fährt der kleene Assesser (auch: der beschränkte Amtsrichter, Linie 33). — 8) Blauer Lappen, Hundertmarkschein. 9) Blaue Droschke, Wagen der neuen Charité zur Beförderung Irrsinniger.

Blauen, bläuen, von der Wäsche.

Blauköppe, frische Leberwurst.

Blaukoller m., Abneigung gegen die Schutzleute.

Blech, Unsinn. „Is ja Blech!" — „Rede teen Blech!"

Blechen, bezahlen.

Blechpuster, Trompeter.

Blechschrippe. Die auf dem Blech ge=backene Schrippe (s. d.) gilt für wohl=schmeckender, daher für feiner als die ge=wöhnliche. Auf dem Blech sitzt noch der Rest vom Fett eines Kuchens.

Blei m. 1) Bleistift. 2) die Bleihe (Fisch).

Bleibe f., Obdach. „Er hat keene Bleibe" (vgl. das franzö. maison von mansio = Bleibe).

Bleiben. „Er bleibt in een Rennen" d. i. er rennt immerfort. „Man sieht, wo't bleibt" d. i. das Essen „schlägt an". — „Der is jut, der kann so bleiben". — bleiben lassen, unterlassen. „Laß mal det bleiben!" — „Na denn laß er bleiben; denn is er noch so."

Bleistift n., aber m. in: „Du mußt mit 'n juten Bleistift voranjehn!" (für Beispiel (vgl. Exempel.)

Blick. Red. „Der Blick — un 'n Sechser! (auch: un 'ne Musstelle!)" wenn man giftig angesehen wird.

Blitz. „wie 'n jeölter Blitz" d. i. sehr schnell. („Kasernenhofblüte": ein Unteroffizier fordert, daß die Beine beim Parademarsch verfliegen „wie 'n jeölter Blitz.")

Blödsinn, konkret, für Unsinn. Blödsinn anjeben.

Blödsinnig, sehr. Blödsinnig teuer.

Blond. „Blonde Füße", Füße mit gelben Stiefeln. — „'ne kühle Blonde", ein Glas Weißbier; mit Musik, d. i. mit Himbeersaft.

Bloß, nur. „Komm bloß ma her!" — „Er is man bloß so'n Hanneken".

Blubberkopp (Blubberfritze), ein Mensch, der viel und aufgeregt spricht.

Blubbern, unartikuliert sprechen; eigentlich von dem Geräusch aufsteigender Wasserblasen.

Blücher. Red. „Er jeht druf wie Blücher." Dem Standbilde Blüchers am Opernplatz legt der Volksmund die Worte unter: „Komm mir hier keener ruf uf meinen alten Ofen — ick habe alleene kaum Platz." Ursprünglich ein Vers aus einem Gedicht der 20er Jahre:
„Er sagt zu die, die da herummer loofen:
Komm keener nich uf meinen Ofen,
Ick hab alleene wenig Platz."

Blümerant (vom franzö. bleu mourant, mattblau) unwohl. „Mir is heute janz blümerant". Auch plümerant.

Blumenbrett, Verdecksitz des Omnibus.

Blusen (richtiger Blußen). Red. „Er wird ihn ellig in de Blusen rejen!" d. i. es wird ihm schlecht bekommen. (Blußen = Blüten, engl. blossom. Regen in die Baumblüten schadet dem Ansatz der Frucht.)

Bluten. „Er hat jeblut" d. i. er hat bezahlen müssen.

Blutigel m., Blutegel.

Blutwurscht. „Vor'n Sechser er'näre (ordinäre) Blutwurscht!" — Blutwurscht auch für Hintertreppenroman.

Bebóng m., Bonbon.

Bock. Red. „Der Bock stößt ihn." Wenn ein Junge etwas verbrochen und dann heftig geweint hat, so tritt eine Beruhigung ein, die durch krampfhaftes Aufschluchzen unterbrochen wird; dies gilt als ein Zeichen, daß sein Mut noch nicht gebrochen, daß er noch bockig ist; der Bock stößt ihn dann. Von einem solchen Kinde heißt es: „Det is 'n richtijer Bock".

Bockmist. „Richtijer Bockmist" d. i. Quatsch (z. B. in einer Rede).

Bocksdemlich, Verstärkung von demlich, dumm.

Boddern, waten (im Schlamm, Schnee).

Boden. Red. „Uf'n Boden bei't (jelbe) Ferd!" d. i. in der Rumpelkammer unter dem Dach. — „So wat kraucht uf'n Boden nich rum!" (Ausdruck des Erstaunens; aus der Posse: Die Maurer von Berlin.)

Bodenspiker m., fälschlich oft Bohnen=, Bohlenspiker, großer Nagel.

Bofiest m., etwas Mürbes, Faules. Bofiestig. (Bofist ist ein Pilz, der bei der Berührung in Staub zerfällt.)

†Bogen. „Er red in eenen Bogen" d. h. immerfort. Noch älter: „mit 'n Bogen" d. i. mit 'n Zislaweng (s. d.).

Bohne. „Nich de Bohne!" d. i. nicht das geringste.

Bohnenstange, langer Mensch.

Bohnenstroh. „Jrob (auch dumm) wie Bohnenstroh."

Bolle f. 1) Zwiebel. † „Bolle Porree, vor'n Dreier jib's zwee!" (Porree ist Lauch, gehört zum Suppenjrien.) 2) Nase. 3) Taschenuhr. 4) 'ne nette Bolle, 'ne riedije Bolle, von Menschen. 5) Hacken, die durch die zerrissenen Strümpfe sichtbar sind; dann Löcher in den Strümpfen.

Bolle, der Milchhändler. Red. „Er is verjnügt wie Bolle uf 'n Milchwagen."

Bombenfest. „Der steht janz bombenfeste."

Bombenkopp, Dummkopf.

Bombenschmeißer, Artillerist.

Bommel f. (auch Ohrbommel), Ohrring. Kinder hängen sich Kirschen mit zusammenhangenden Stielen über die Ohren und nennen das nach der Zahl der Kirschen eine Dreibommel oder Vierbommel.

Bonze, Oberbonze, Vorgesetzter.

Boofke (Danzijer Boofke), Schifferknecht.

Boom, Baum. Red. „Der is, um uf de Beeme zu klettern!" (vor Ärger, Langeweile ꝛc.).

Boomaffe, Stutzer, gezierter Mensch.

Boomfeste. Red. „Der steht boomfeste."

Boomfleckig. Eine Hökerin verteidigt ihre Äpfel: „Je boomfleckijer der se sind, desto süßer det se sind!"

Boomochse, Steigerung des einfachen Ochse.

Boomöl. Red. „Ick hau dir, dette Boomöl jibst."

Boomseide, Halbseide (aus Baumwolle und Seide).

Boomwachs, Schläge. „Er jibt Boomwachs!"

Boomwollen. Red. „Dreihundert Dahler Jehalt un zu Weihnachten 'ne boomwollne Weste.

Borschtig (borstig), unverträglich, grob.

Borstwisch, Handbesen. Kulör de Borstwisch, von semmelblonden Haaren. Wenn der Berliner fein anfängt (couleur de), so fühlt er das Bedürfnis, sich durch einen starken Kontrast zu ironisieren. vgl. Aurora.

Zugleich ist Kulör de Borstwisch ein Beispiel für die Neigung des Berliners, allgemeine, blasse Bezeichnungen durch konkrete, anschauliche zu ersetzen, wie hier „schmutzig graublonde Haarfarbe" durch Borstwisch. vgl. Bouillon 2, Vorsicht, Proppen, Eisenbahn.

Bössig, wild, trotzig.

Bössen, sich, sich im stillen ärgern. Verbößt.

Boretude, Scheltwort, wie Kaffer.

Bouillon. 1) Red. (von magerer Fleischbrühe) „Die kiekt een' ja mit keen Oge an." — „Da kieken mehr Ogen rin wie raus!" — Schülerwitz: „Wann lebte Gottfried von Bouillon?" — „Wenn er nischt anders hatte." 2) Kraft; z. B. von der Kegelkugel: „Se hat keene Bouillon (in Leibe)". — 3) Bouillonkopp, Dummkopf (vom franzf. brouillon).

Borren (vom franzf. botte, Stiefel) schnell laufen.

Brabbeln, undeutlich sprechen.

Brahma. Red. „Heilijer Brahma!"

Bramsig (auch brämsig), prahlerisch, aufgeblasen. „Er spielt 'n Bramsijen."

Brand. 1) Durst (wenn man am Abend vorher viel getrunken hat). 2) „Ick bin in' Brand" d. i. ich habe kein Geld.

Brandenburg. Die Stellung des Grafen Brandenburg (Standbild auf dem Leipziger Platz) wird durch den Volkswitz gedeutet: „Un wenn der Dreck so hoch is, mit die Stiebeln komm ick doch durch!" — Red. „Die Suppe is in Brandenburg jewesen" d. i. sie ist angebrannt.

†Brandenburjer Schnee, märkischer Sand.

Braten. Red. „Na nu brat mir eener 'n Storch!" (Ausdruck des Staunens). Oft wird dazugesetzt: „Aber de Beene recht knusprig!" oder: „Aber'n milchernen!"

Bratenbarde, einer, der eingeladen wird, um die Gesellschaft durch Vorträge zu unterhalten.

Bratenrock, auch Bratenstipper, langschößiger Sonntagsrock.

Bratkartoffel. Red. „Vor'n Daler Brat=kartoffeln (uf drei Teller)!" auf die Frage: was möchtest du haben?

Brauchen. Red. „Wenn Se mal wieder wat brauchen." (Form der Ablehnung.) — „Wat der Mensch braucht, muß er haben."

Braunbier. Red. „Er sieht aus wie Braunbier un Spucke" d. i. blaß, krank.

Brave. Red. „Ick weeß janich, woven de Rede is — aber brave!"

Brechmittel, widerwärtiger Mensch.

Breitschlagen, überreden.

Brejen m., (Gehirn; auch Hirnschale: „Ick schlag dir 'n Brejen in!"

Brejenklietrig, verrückt.

Bremmeln (vor sich hin), unverständlich reden. Bremmel, einer der bremmelt. Auch „ohne langen Bremmel", ohne viele Redensarten.

Bremse, Ohrfeige. „Wenn de stößt, stech ick dir 'ne Bremse!"

Brensterig, brandig; faul, verdächtig. vgl. sengerig.

Brett. Red. „Er hat 'n Brett vor 'n Kopp" d. i. er ist beschränkt. — „Der sieht durch 'n eichner Brett — wenn 'n Loch drin is." — „Schwere Brett!" (gelinder Fluch.)

Briefkasten. Red. „Fallen Se man nich in' Briefkasten!" wie: kommen Se nich untern Leierkasten.

Briehe (Brühe). 1) langes Gerede (oder Schriftstück). „Mach man nich sonne lange Briehe." — 2) „'ne scheene Briehe!" d. i. eine schöne Geschichte!

Briesche f., (auch Brüsche), Beule. Red. „Der leeft sich Briesche" von einem Übereifrigen.

Brieze, Briezkeile f., Bruder.

Bringen. „Da bringen se eenen jebracht." — Für begleiten: „Bring mir doch noch 'n Ende." Drohend: „Dir wer 'k bringen!" (sc. uf'n Drab.)

Bredullje f., Verlegenheit (franz. bredouille), z. B. „Wir müssen rasch machen, sonst kommen wir in de Bredullje".

Brombeere. Ein kleiner Junge fragt im Grunewald seinen Vater: „Vater — ha'm de Brombeern ooch Beene?" — Nee, wie kommsten dadruf? — „Na, denn hab ich 'n Mistkäber jejessen."

Brot. Red. „Det frißt ja keen Brot!" d. i. das kann man ja ruhig aufbewahren. — Der Gast, dem bei Tisch Brot angeboten wird, sagt dankend: „Brot kann ick zu Hause essen." — „Det kriej' ick alle Dage uf't Brot jeschmiert" d. i. das (den Vorwurf) muß ich immer wieder hören.

Brotfresser, Professor (Schulausdruck).

Bruder. Red. „Det is der beste Bruder ooch nich!" („du bist der beste Bruder auch nicht" ist ein altes, nichtberlinisches Schelmenlied.) — „Det is 'n beser Bruder!" — „Na die Brüder!" — „Ich rufe meinen jroßen Bruder — der spuckt! (der arbeet in de Fabrik, der hat Nejel unter de Pantin')!"

†**Brückenoffizier,** offizieller Name der Uniform tragenden Leute, die das Aufziehen der Brücken in Berlin zu besorgen hatten. Wahrscheinlich nichts als eine Verfeinerung von Brückenaufzieh'r.

Brüderlich. „Meine brüderliche Liebe" d. i. mein Bruder.

Brühe. s. Briehe.

Brühsuppe, Fleischbrühe.

Brüllen. Red. „Brülle doch leise!"

Brüllend, brillant.

Brüsche. s. Briesche.

Bruge f. 1) Mundstück der Gießkanne. 2) Brause im Baderaum.

Brummeisen n., (Maultrommel) ein zänkischer Mensch. „Oller Brummeisen!"

Brummeln, wie bremmeln.

Brummen. 1) im Gefängnis sitzen. 2) (auch nachbrummen) nachsitzen in der Schule. 3) „Oller, brumme nich!" Aufschrift auf Pfefferkuchen.

Brummer m., große Fliege.

Brustkrank. „Se sind wol brustkrank?" d. i. verrückt.

Brustkuchen m., Stoß vor die Brust.

Buch. „'ne Ohrfeige, wie s' in't Buch steht" d. i. eine tüchtige.

Buchholz. Red. „Denn kennen Se Buchholzen schlecht (flach)!" mit Beziehung auf
eine alte Anekdote: Ein Geistlicher tröstet
einen Sterbenden, er werde droben seine
Lieben wiedersehen. Der Sterbende ängstlich: „Herr Prediger, Buchholzen ooch?" —
Der Prediger: „Gewiß, wenn Buchholz als
Christ gestorben ist." — „Hurrjott, denn
jeht det Luderleben da ooch wieder an!" —
„O, mein Freund, dort nähren wir uns
von himmlischer Speise, und auch Buchholz wird dort ein himmlisches Leben
führen!" — „Ach, Herr Prediger, denn
kennen Se Buchholzen schlecht!" — Der
neuere Zusatz: „Wo der is, da wird je-
soffen!" schwächt die Pointe. — „Bär"
1881 Nr. 11 führt die Redensart zurück
auf Friedrich den Großen, der bei Abweisung einer Forderung zu sagen pflegte:
„Da kennt Er Buchholtz schlecht!" (Buchholtz hieß des Königs Schatzmeister.)
Bucht f., Bett.
†Buddel f., (von Bouteille), kurze Flasche.
Buddeln, graben. Buddelei. 'ne Kute
buddeln. Kartoffeln buddeln.
Bude. 1) Laden. „Er hat de Bude zuje-
macht" d. i. den Laden geschlossen, das
Geschäft aufgegeben. „Er wird ihn eklig
in de Bude rejen!" (regnen) d. i. es wird
ihm schlecht bekommen. vgl. Blusen. —
2) (stud.), Wohnung. „Ick wer'n uf de
Bude steijen (rücken)."
Budike f. (franz. boutique, Laden),
Schankgeschäft. Budiker. Budikerladen.
†Afrikabudiker, reich gewordener Schank-
wirt.
Bückling. Ruf der Verkäufer (mit eigen-
tümlichem Tonfall): „Bücklinge, Bücklinge, drei un vier vorn Groschen!"
†Bürjerjewahrsam m., oft auch
Bürjerjehorsam, das ehemalige Schuld-
gefängnis (ursprünglich im Ochsenkopp.
s. d.)
Bürjersteig m., die „Seite" der Straße
im Gegensatz zum Fahrdamm.
Bürstenbinder boten sonst durch die
Straßen gehend ihre Waren aus: zwei,
drei Haarbesen und Schrubber (s. d.) an

langen Stielen über der Schulter; daran
baumelten am Ende ein paar Borstwische,
ein Bündel Pinsel u. dgl. Sie zeichneten
sich durch rasche Gangart aus; daher die
Red. „Er rennt wie'n Bürschtenbinder."
(auch: wie 'n Besenbinder.)
Buffen, puffen. Buff, Puff. vgl. Puff.
Bugebei f., Bett; Kinderwort. „Nu jehn
wir in de Bugebei."
Bulle m., Tolpatsch (Schulausdruck, nicht
böse gemeint).
Bullenbeißer, bissiger Mensch.
Bullenwinkel, Sackgasse. Besonders
wurde der Durchgang von der Tauben-
straße nach dem Hausvogteiplatz so ge-
nannt; mit Unrecht: ein Bullenwinkel ist
eben kein Durchgang.
Bullerkopp, aufgeregter Mensch.
†Bullerloge, auch Buller, Amphitheater,
billigster Platz. (vgl. Bums.)
Bullern, Geräusch aufsteigender Blasen,
z. B. beim Kochen; poltern. vgl. fallen.
Bulljett, Billet.
Bulljon. s. Bouillon.
Bumbern, wie bummern.
Bummeln, schlendern, müßig gehen.
Bummelei. Bummelfritze. Bummler.
Bummern, mit den Fäusten gegen einen
hohlen Raum schlagen. „Er bummert an
de Diere wie'n Verrückter."
Bums m., obskure, beschränkte Lokalität,
besonders Kneipe niederer Art; daher
Bumskeller, Bumstheater. Uf'n Bums,
auf dem billigsten Platz im Theater (weil
man da das Recht zu bumßen (s. d.) in
Anspruch nimmt. — „Uf keen' Bums!"
d. i. auf keinen Fall. — „Bumskanonen-
jasse Nummer Null," scherzhafte Woh-
nungsangabe. — Aus der Kindersprache:
„Bums hat se jemacht un jesterbt war se."
†Bumschekschek n., Musik, bei der
Pauke und Becken die Hauptrolle spielen,
wie beim Karussell. Das bedeutendste
Bumschekschek war bei Würst auf dem
Windmühlenberg.
Bumskeule, Blüte (später Frucht) der
Rohrkolbe (Typha latifolia), die an den
Seeen um Berlin, z. B. im Grunewald

häufig ist. Sie heißen auch Schmacke-duzjen.

Bumsstille, ganz still.

Bumßen, durch Schlagen einen dumpfen Schall hervorbringen.

Bund m., Gürtel am Frauenrock.

Burjemeister (Wirjemeister), Bürgermeister.

Butteramisiertrommel, Botanisier-büchse. Auch Potamesser-, Puttasier-, Posementiertrommel und andere Variationen.

Butter. Red. „Det Messer schneid't noch vor'n Sechser Butter bis uf't Papier." — Red. „Er hat Butter uf 'n Kopp" d. i. er hat ein schlechtes Gewissen: ein Handwerksbursche hatte unter dem Hut gestohlene Butter versteckt, die nachher am warmen Ofen schmolz. — Red. „Allens in Butter" d. i. sehr fein.

Butterblume heißt in Berlin die Pflanze, die sonst Löwenzahn (Leontodon taraxacum s. Taraxacum officinale) genannt wird, während die Butterblume (Caltha palustris) in Berlin Kuhblume heißt; s. auch Pustblume. — Butterblümken heißt auch ein runder Strohhut, der zu früh im Jahre zum Vorschein kommt.

Butterhere (olle)! Schimpfwort.

Buttermilch. Red. „Er kommt wie de Fliege aus de Buttermilch" d. i. er macht langsam.

Butterstullen schmeißen, mit einem flachen Stein oder Scherben in kleinem Winkel aufs Wasser werfen, so daß er in Sprüngen darüber hinweghüpft. „Wie oft kannst du'n 'ne Butterstulle? Fünf mal. Wie oft is'n deine jejangen?" ꝛc.

Butzen, stoßen. Butzkopp. In der Kindersprache Butzköppen machen, mit den Köpfen zusammenstoßen.

Buren, Hosen.

†Burter m., ein kurzes Stück Holz, das mit einem Bindfaden in der rechten Hand befestigt wurde; damit griffen sich die Knaben an und brachten sich Püffe bei — sie burterten sich. Diese Waffe ist verschwunden; burtern für puffen wird vielleicht noch gebraucht.

C.

(Andere Wörter mit C siehe unter K, S oder Z.)

Casus. „Det is der Casus knaksus" d. i. die Schwierigkeit.

Chacun. Red. „Jeder nach seinen chacun!" d. i. chacun à son goût.

Champignon (von Europa), scherzhaft für champion; von Ringkämpfern.

Charlottenburjer, ehemals Fuhrleute, die vor dem Brandenburger Tor hielten und nach Charlottenburg fuhren, „die roheste Klasse aller Berliner Plebejer" (Glaßbrenner). Nach ihnen heißt der Schatottenburjer, d. i. das Schnäuzen der Nase mit Hilfe der Finger.

Chemische Leiter, die „mechanische" Leiter der Feuerwehr.

Chor. Der Berliner denkt Chor statt Corps, wenn auch der Unterschied nicht zu hören ist. Im Plural tritt es zu Tage: zwei Armeechöre. Auch Zeitungen schreiben: „Die Garnison Berlin sandte verschiedene Musikchöre." Der Artikel wird immer richtig gegeben: „Sie is bei's Chor" (Tänzerin). „Sie is bei'n Chor" (Sängerin). — Chor (Corps), Gesellschaft, mit schlechter Nebenbedeutung. Seid ihr 'n Chor! — Chor der Rache.

Civilhelm, Hut.

Clique f., Gesellschaft, nicht mit tadelndem Nebensinn, wie in der Schriftsprache und noch stärker im Französischen.

Cots. s. Kots.

Columbus. Frage (wenn das „Ei des Columbus" erwähnt wird): „Herrjott — lebt denn der olle Mann immer noch?" „Comment vous Portugal?" (für portez-vous), scherzhafte Frage. Als Antwort hört man wohl: „Très Lissabon!" — Auch „comment vous Portemonnaie-vous?" — „Forte piano!" — Wendungen wie diese sind gemacht.

Corps. s. Chor.

Cottbus. Red. „Der fremde Herr aus Cottbus!" (Antwort auf die Frage: Wer war'n der?) Die sehr bekannte Redensart stammt nach der Vossischen Zeitung (31. Mai 1903) aus dem Buche Semilasso des Fürsten v. Pückler-Muskau (1835).

D.

Dabehalten, bei sich behalten. „Se ha'm der Kind de Nacht dabehalten."

Dabei. Red. „Wat is'n dabei (dá dabei)?" d. i. was schadet das? — „Finden Se da wat bei?" d. i. scheint Ihnen das nicht erlaubt? — Red. „Da sind wir doch eoch noch dabei!" (Antwort auf eine Drohung).

Dach. „Ick wer'n mal uf's Dach steijen" d. i. ihn bestrafen.

Dachhase, Katze.

Dachsbeere, O-Beine. „Kiek mal den mit de Dachsbeene!"

Dacht m., Docht. Red. „Dachte sind keene Lichte!" (wird gebraucht, wenn einer eine Entschuldigung mit „ich dachte" anfängt).

Dämlich. s. demlich.

Dag (spr. Dach), Tag. „Dág eoch!" d. i. guten Tag! — Red. „Je länger der Dag, je scheener de Leite!" (zum Scherz auch umgekehrt: „Je scheener der Dag, je länger de Leite") wenn sich einer noch spät in einer Gesellschaft einfindet. — „Is heite Dinstag?" — 'n janzen Dag (wenn't nich abbestellt wird)!" — s. a. Abend und nann.

Dahinter. „Er lejt sich (kniet sich) dahinter" d. i. er betreibt es eifrig.

Dalbern, täppischen Spaß machen. Dalberei.

Dalen. s. talen.

Daler, Taler. Red. „Jott soll mir 'n Daler schenken!" (Ausdruck des Erstaunens.) — „Kost wol eoch 'n Daler un acht Jroschen?" (ironisch von teuren Sachen). — „Vor 'n Daler verrat der Spandau!" (von einem elenden Menschen.)

Dalldorf. „Der is wol aus Dalldorf entsprungen?" d. i. er ist wohl verrückt? Von der bekannten Irrenanstalt erzählt man sich: ein Mann, der selbst fühlte, daß sein geistiger Zustand nicht normal war, beschloß sich zu seiner Heilung in die Anstalt zu begeben. Auf seine Anmeldung fragt ihn der Portier: „Haben Sie ein ärztliches Attest?" — „Nein, das hab' ich nicht." — „Was — Sie haben kein Attest? Un denn wolln Se hier rin? — Sie sind wol verrückt?"

Dalles m. (jüd.), Geldmangel.

Dalli (poln.), vorwärts, flink. „Immer dalli!"

Damm. „Uf'n Damm" d. i. gesund. — „Na — sind Se wieder uf'n Damm?" „Immer mitten uf'n Damm!" — Damm-Maler, Straßenfeger.

Dammeln, in unklarem Geisteszustand gehen. „Er dammelt so hin." vgl. desen.

Dammlig, albern.

Dampf. „Der hat ihm 'n Dampf anjedan" d. i. es hat ihm den letzten Stoß gegeben. — „Ick wer mal 'n bisken Dampf hinter machen" d. i. zur Beschleunigung antreiben. „Nu ma Dampf, Dampf!"

†Dampfferdebahn für Dampfbahn.

Danach. Red. „Er wird eoch danach sind!" d. i. nichts taugen. — „Dánach jeht's nich!" Zusatz: „wenn 't Herz man schwarz is!" (alte Anekdote: ein Küster kommt mit grünem Rock auf eine „Leiche"; der Geistliche rügt dies, aber der Küster sagt: Ach, Herr Paster, — wenn't Herz man schwarz is!) Andere fahren fort: „wenn man't Herz jut is — un der Stiebel nich drückt — un de Seele keene Falten hat!"

Danke, Komma! (ironische Antwort auf eine Beleidigung, ein Schimpfwort.) Ebenso „Danke, Kolleje!" Red. „Danke, et jetzt; Musike wa nicht, jedanzt ha'm wa doch!"

Danken. Red. „Ich danke Ihnen im Namen Deutschlands."

Danzboden, Tanzlokal. Red. „Danzboden hat'n Loch!" d. h. die Sache steht schlecht.

Dardanellen. Red. „Kin mit ihn in de Dardanellen!" sagt man, wenn man einen z. B. in ein Haus hineinstößt.

Dasein. Red. „Is 'n schweret Dasein — wenn man hier is."

Dastehn. „Red. „Wie steh ick nu da?" d. i. habe ich nicht recht gehabt?

Daubenschlag. Red. „Det jeht immer rin und raus, wie in' Daubenschlag!"

Dauern. Red. „Wie lange dauert'n det? Daweile wird ja 'n Esel jung!"

Daus m. (engl. deuce) ist eigentlich das franzf. deux (die Zwei war in der alten franzf. Karte die höchste) und bedeutet ebenso wie jenes auch Teufel. Red. „Den kenn ick wie'n Daus!"

Dausend. „Is ja noch dausend Zeit!"

Davor. Red. „Du kannst wol nich (nischt) davor?" d. i. du bist wohl verrückt? Auf die Entschuldigung „Ick kann ja nich davor" wird erwidert: „Det weeß ick schon lange, dette nich davor kannst!" — „Ick kann nich davor — det de Padden keene Haare haben." — „Wat ick mir dávor koofe!" d. i. daraus mache.

Dazumal, damals. Anno dazumal.

Deckel, Hut. „Krist eens uf 'n Deckel!"

Deckeln. 1) den Hut abnehmen. 2) eenen deckeln, ihm den Standpunkt klar machen.

Deechaffe (Teigaffe), Spottname für den Bäcker.

Deez (m., vom franzf. tête?), Kopf.

Defrig, tüchtig, kräftig.

Deibel, Teufel. Red. „'n Deibel ooch!" d. i. durchaus nicht! — Ebenso: „Ick wer'n Deibel dun!" — „Da frag ick 'n Deibel nach!" — (In diesen Redens= arten ist Deibel Negation geworden.) „Weeß der Deibel!" (sc. wie es zugeht). z. B. „Weeß der Deibel — die Billard= spieler sind eenen immer in Weje, wenn man zusehn will!" — „Wenn der Deibel sein Spiel hat" — „Det is een Deibel!" d. i. ganz dasselbe. — „Lüj du un der Deibel!" — „Da sitzt der Deibel hinter!" d. i. das ist schwierig. — „Da is heite der Deibel los!" — „Fui Deibel — noch eenen!" (nach dem ersten Schnaps). —

„Du kommst in Deibels Kiche." — „Dir soll der Deibel frikassieren!" — „Nu schlag Jott 'n Deibel dot!" — „Vor Jeld kann man 'n Deibel danzen sehn." — „In der Not frißt der Deibel Fliejen!" (und fangt se sich noch alleene — un taut se oock noch). — „Der Deibel un seine Jroßmutter." — „Er is so arg nach — wie der Deibel uf de Seele." „Wie der Deibel noch 'n kleener Junge war" d. i. anno Tobak. — „Ick habe heite wieder jeschuft uf Deibel komm raus!" d. i. ich habe sehr angestrengt gearbeitet. — s. auch Erbsen.

Deichseln, geschickt durchführen. „Paß uf, ick wer die Sache schon deichseln." — „Det ha'm wa wieder fein gedeichselt."

Defrig, zerbrechlich, beschädigt, von Kannen, Töpfen u. dgl. (Ursprünglich Decher = 10 Stück; in Mecklenburg: „Das ist Dekerware (bei uns Dutzend= ware), d. i. fabrikmäßig, schnell und flüchtig gearbeitet.)

Demel m., Kopf.

Demeln wie dammeln. „Er demelt so rum."

Demelsack. Red. „Der Kerl is mit 'n Demelsack jeschlagen" d. i. er ist sehr dumm.

Demlack, Demelack m., Dummkopf.

Demlich. 1) dumm; auch frech (s. kemmen). 2) (dämlich), scherzhaftes Adj. zu Dame: das demliche Schuhzeug. die Demlichkeiten, d. i. die Damen. — Ebenso herrlich zu Herr.

Denken. „Denk nich dran!" „Janich dran zu denken!" ist starke Verneinung, oft in sonderbarer Anwendung; z. B. „Sind Sie nich 49 jeboren?" — „Denk nich dran!" — „Wat Sie (sich) denken, is nich!" — „Denk dir mal!" beginnt meist die Mitteilung einer Neuigkeit. „Nu denken Se sich bloß an!" — „Denken dun de Narren, kluge Leite wissen schon". — „Helf man dran denken!" d. i. erinnere daran! — „Wenn ick nich an alles denke —!" (sc. dann wird alles vergessen.) — „Du denkst wel oock?!" (nämlich:

ich wäre so dumm, darauf reinzufallen.)
— „Na wat dachten Sie denn?" —

Deppen, ducken, demütigen. „Er wollte
'n Bramfüßen machen, aber ich hab 'n
jedeppt."

†**Deppentat** m., Deputat. „Der hat
sein' Deppentat weg" d. i. seinen Anteil,
das was er zu fordern hatte; z. B. seine
Schläge. vgl. Dezem.

Derquere, quer.

Desen (dösen), schwachen Geistes umher-
gehen. „Er dest so rum."

Desig (dösig), benommen.

Desinfezieren, desinfizieren.

Destille f., Destillation.

Deutsch. Red. „An die alten Deutschen!"
(damit trinkt einer dem andern ein Stück
Weißbier zu) — „dranken noch mal, ehr
se jingen!" sagt der andere und kommt
nach. —

†'n **Deutscher** (wie Klatsche); Schulausdruck.

Dezem m., Zehnte, was einem zukommt.
„Er kricht sein' Dezem." „Da haste dein'
Dezem."

Dichte. Red. „Der kann nich dichte
halten!" d. i. nichts für sich behalten. —
„Man nich so dichte ran!" d. i. bleiben
Sie mir vom Leibe!

Dichteritis f., der Drang (die Gewohnheit) Verse zu machen; spottend, mit Anklang an Diphteritis.

Dicke, dick. Red. „Det hab ick dicke"
d. i. satt. — „Det wirste bald dicke
kriegen." — „Er is dicke durch." — „Da
biste in' dicken Jerrtum." — Dicke Freundschaft. („So dicke sind wir noch nich.")
— „Det dicke Ende kommt nach." — „Nu
sitzt er da mit'n dicken Kopp." — „Er dut
sich dicke" d. i. er spielt sich auf. „Dicke
dun mein Reichtum" (ironisch), aus dem
Sinne des andern). — „Dick, dumm,
faul un gefräßig." — Dicker! ist Lieb-
kosungswort bei Schülern, sehr oft zu
solchen gesagt, die gar nicht dick sind. —
„Dicke!" ist Bejahung.

Dickkopp, Trotzkopf.

Dicknesig, hochmütig.

Dickpansch, Dickwanst.

Dickschnäuzig, wie dicknesig.

Diebisch für sehr (besonders bei Verben)
eigentlich studentisch (aus Halle); kam
1845 in Berlin auf. „Er hat sich diebisch
gefreit."

Dienerchen! d. i. Ihr Diener!

Dienstbar. „'n dienstbarer Geist", Kellner, Dienstbote.

Dienstbolzen m. (auch bloß „Bolzen"),
Dienstmädchen.

Diensteid. „Ich muß erst eenen uf'n
Diensteid nehmen" d. i. einen trinken.

Dienstspritze f., wie Dienstbolzen.

Dieselig. schwindlig.

Dieses. Red. „Warum dieses nich?"
— „Dieses weniger!" (höfliche Verneinung: das nicht!) — „Vor diesen" d. i.
früher.

Dietrich. Blutwürschtiger Dietrich für
Blutdürstiger Wüterich; eine Schauspieler-
Verdrehung wie: „Jott, jib mir Taft
zum Kragen!" (Kraft zum Tragen) u. ä.

Ding (Plur. Dinger). „Krist 'n Ding!"
d. i. eine Ohrfeige. (Zusatz: wat 'n Fund
wiehst.) — Auch Dings (vgl. Zeißes für
Zeug) und Dingerichs. — Dingsda und
Dingskirchen für irgendwelchen Namen.
— „Wat ver 'n Ding?" für Was? (wenn
man nicht verstanden hat.). — „Sie
machen Se keene Dinger!" d. i. keinen
Unsinn.

Dinne, dünn. Red. „Is_ det dinne!"
(schwach). sich dinne machen, dinne
werden, sich (namentlich unbemerkt) entfernen.

Direktionsschmuser m., einer, der
sich bei den Vorgesetzten beliebt zu machen
sucht, der „sich anmeiert".

Direr, Direktor. Schulausdruck.

Discher, Tischler.

Dischkasten. Red. „Er riecht (schmeckt)
nach 'n Dischkasten" d. i. dumpfig.

Dito. Red. „Dito mit Schrauben!" —
auch „dito mit Schmorkatoffeln!"

†**Dividendenjauche,** Aktienbier.

Divedieren. Mit de fümwe in de Zehne
(Zähne) divedieren, mit der Faust in die

Zähne stoßen. Scherzfrage: „Wat kommt'n raus, wenn man mit de fünnwe in de Zehne dirediert?" Antwort: Blut.

Dod, Tod. Red. „Krist 'n Dod!" oft mit dem Zusatz „in (alle) beede Waden!" (Ausruf des Erstaunens, vgl. Motten.) Auch „Krist 'n blassen Dod!" — „Allen Dod un Deibel" alles mögliche. — „Du kannst dir 'n Dod holen" d. i. dir eine tödliche Krankheit zuziehen. — „Det kann ich vor'n Dod nich leiden." — „Ich bin dodsterbenskrank", bei einer leichten Unpäßlichkeit.

Dodig, tot. „ne dodije Leiche." — s. auch Ufschwemme.

Dohle f., schwarzer (besonders Cylinder-) Hut.

Doktern. „Er doktert immer an sich rum." — „Er hat sich je Dode jedoktert" (seine Gesundheit durch vieles Medizinieren zerstört).

Doll, toll. Komparation: döller, (dölder) am döllsten. — Wie doll, zur Verstärkung: „Er schnarcht wie doll". Ebenso wie närrisch, wie verrückt, wie doll un verrückt. — „Er is janz doll danach" d. i. begierig. Red. „Det wär ja wol noch doller!" — „Doll jenuch!" — „Er passieren de dollsten Jeschichten!" — „Je oller, je doller", auch „je öller, je döller" d. i. je älter, desto toller.

Dollen, sich ausdollen, Tollheiten machen.

†Dom. Red. „Nu is 't aus in' Dom! (Zusatz: Jetz jeht's nach't Spittel!) d. i. in die Spittelkirche; wird gesagt, wenn ein Vergnügen (eine Aufführung u. dgl.) zu Ende ist. Also wohl der Gegensatz der Hofkirche zu der kleinsten in Berlin (die auf dem Spittelmarkt stand).

Donna, Dienstmädchen.

Donnerkiel! Dunderkiesel! (†Dundermiesel!) Donnerlittken! Donnerwachstock! Dunnerwittstock! Dunnerwettsteen! (diese sind Umschreibungen von Donnerwetter durch Wachsstock, Wittstock [Stadt] und Wetzstein. Alles Ausrufe des Staunens, fluchartig.)

Doof, fem. und plur. doowe (niederdeutsch = taub), dumm; besonders geläufig unter Schülern. „Doofkopp." „Doowe Reine." — „Du Doower" heißt ein Kinderspiel.

Doppelt. Red. „Doppelt hält besser" „Doppelt reißt nich." (Zuredende Aufforderungen, noch ein Glas zu trinken; „Uf een Been kann man nich stehn, doppelt hält besser" — „ne dreifache Schnur reißt nich" u. s. w.) — „Det is doppelte Kourage" d. i. es ist doppelt. (Kourage bedeutete früher doppelten Schnaps: „ich muß 'n Schluck Kourage nehmen!") dafür auch: „Doppelt jemoppelt." — Doppelt Duch, Militär. „Alle Weiber sind wie doll uf det doppelte Duch."

Dorweg. Red. „Alter schützt vor 'n Dorweg nich."

Dosen (plur.). „Mach keene Dosen" d. i. schneide nicht auf.

Dot, tot. Red. „Ich schrei mir dot" (vor Vergnügen; wird mit einer Leichenbittermiene gesprochen.) Ebenso „Ich lach mir dot, ich schieß mir dot!" — „Ich war mehr dot wie lebendig." — „Wer is dot?" wenn ein Name genannt worden ist, den man nicht verstanden hat. Antwort zuweilen: „'n ollen Fritzen sein Bruder!" — „Doter Jude", Kalbsbraten (Anknüpfung an den ewigen Juden).

Dotlachen. Red. „Zum Dotlachen is't ja nich" d. i. übermäßig gut ist es nicht.

Dow. s. doof.

Draasch (auch Dreesch) m., starker Regen.

Drab, Trab. Red. „Dir wer'k uf'n Drab bringen!" d. i. dir werde ich Ordnung beibringen.

Drachen, Ehefrau. „Ich laß mein' Drachen steijen" d. i. ich gehe mit ihr spazieren.

Drängelberjer m., absichtliches Gedränge. Schulausdruck. „Woll'n wa una 'n Drängelberjer machen?" — „Au feste!"

Drängeln, drängen. sich durchdrängeln, sich rindrängeln u. ä. — „Drängeln Se nich!" — „Man nich jedrängelt!" ruft immer der, der es selber am ärgsten tut. vgl. Ochse.

Draht m., Geld. „Telegraphie ohne Draht!" d. i. bezahlt wird nicht.

Drahtkommode, Klavier.

Drahtziege f., Fahrrad.

Dran. „Du bist am dransten!"

Drange, eng. „Der Kasten steht drange" d. i. er schiebt sich schwer.

Drank, Trank. Red. „Dicker Drank macht fette Schweine!" (wenn man z. B. den Rest einer Weißen trinkt.) — „Olle Dranktonne" d. i. Vielfraß.

Draußen. Red. „Det is draußen wie vor de Diere" d. i. eins wie's andere. vgl. Jacke und Mus. — „Machen Se de Diere von draußen (von auswendig) zu!"

Dreck, Schmutz, plur. Drecker, schlechte Sachen. — Oft steht „'n Dreck" für gar nichts: „Da hättste ooch 'n rechten Dreck!" — „Da frag ick 'n Dreck nach." — „Du verstehst 'n Dreck davon!" — „Da ha'm Se sich 'n Dreck drum zu kümmern." -- Dreck un Speck: „Se läßt ihre Jören in Dreck un Speck verkommen." — „Nu stehste da wie't Kind bei'n Dreck!" d. i. nun weißt du nicht, was du anfangen sollst. — „Er hat mir runterjemacht wie'n Dreck in de Renne!" d. i. er hat mich sehr schlecht gemacht. — „Du hast wol Dreck in de Oogen?" d. i. du kannst wohl nicht sehen? — Dreckbartel, Dreckliese.

Dreckig. 1) schmutzig (auch dreckrig). 2) schlecht, übel. „Er geht ihm dreckig." — „Mir is dreckig zu Mute." — 3) beleidigend. „Wat? Sie wolln mir dreckig kommen? Sie nich, verstehn Se, mir nich) (auch wiederholt: Sie nich)!" — „Lach doch nich so dreckig!" — „Er hat 'n dreckijen Mund" d. i. einen losen Mund.

Dreckschleuder. „Den sein Maul geht ooch wie 'ne Dreckschleider!" d. i. er hat ein freches Maul.

Dreckschwalbe, Maurer.

Dreckstipper, langer Gehrock.

Drecktreter, große Schuhe.

Dreckwetter, nasses (schmutziges) Wetter.

Dreeschen. Et dreescht, es regnet stark.

Dröge f., Dummkopf, Schlafmütze.

Drehen. „Det Ding wer 'k schon drehn" d. i. die Sache will ich schon machen.

Drehlade, schläfriger Mensch. vgl. Droom.

Drehrolle. s. Rolle.

Drei. Red. „Er tut, als wenn er nich bis drei zählen kann — un denn hat er't faustendick hinter de Ohren!" — „Drei Treppen hoch" in „Keller" als Wohnungsangabe.

Dreidoppelt, dreifach. Niemals zweidoppelt u. a.

Dreier. Dreipfennigstück. Bei dem alten Gelde wurde nach Dreiern gerechnet: 5 Dreier (1¼ Silbergr.), 6 Dr. (1½), 7 Dr. (1¾), 9 Dr. (2¼), 10 Dr. (2½), 11 Dr. (2¾ S.); aber nie 2, 3, 8, 12 Dreier. Jene Bezeichnungen sind zum Teil noch jetzt üblich: 6 Dreier für 15 Pfennig. — „Platz vor'n Dreier!" — „Den kenn ick wie'n Dreier." — „Ick laß mir mein' Dreier wiederjeben" d. h. ich spiele nicht mehr mit. — „Jib dein' Bedienten 'n Dreier (auch: jib dein' Hausknecht acht Jroschen) un mach et alleene!"

Dreihärig, durchtrieben.

Dreijener, Dragoner.

Dreikäsehoch, sehr klein, von Personen.

Drei-Männer-Cijarre — „Eener reecht un zwee halten" (oder „Zwee ziehn, eener spuckt.")

Dreimal. „Dern Jroschen dreimal um Leib" von schlechtem Tabak. Man denkt dabei an gesponnenen Tabak, der wie ein dicker Strick in eine Rolle geformt wird; davon wird abgeschnitten; der Tabak ist also so schlecht, daß man für einen Groschen ein Ende bekommt, das dreimal um den Leib reicht.

Dremmeln, durch Zureden drängen.

Dresche (plur.), Schläge. Dreschen, durchprügeln.

Dreiste, ruhig in: „Det kannste mir dreiste jlooben" u. ä.

Dreist, dreist; nur in „Driest un jottesfürchtig." — „Immer dreiste!"

†Driftig, dreist. „'n driftijer Junge."

D r i n. Red. Det licht nich drin" d. i. das ist damit noch gar nicht gesagt. — „Davon steht nischt drin" (auch: „Davon steht nischt in de Bibel") d. i. daraus wird nichts.

D r i n k e n, trinken. Red. „Wer lange drinkt, lebt lange."

D r i p p e n, triefen. Drippeln, träufeln (intransf.), schwach regnen.

D r i t t e s F e i e r d a g s = P u b l i k u m. Am dritten Feiertag pflegen die Dienstboten freien Tag zu haben.

D r i t t v o r l e t z t e, drittletzte.

D r ö m e r i g, träumerisch.

D r e e m, Traum. Dreemflöte, Dreemlade (auch Drömlade), Dreemsuse, einfältiger Mensch (Schimpfwörter).

D r e p p e n (plur.; sing. die Dreppe), Schnaps; zunächst ironisch, als wenn es Medizin wäre (Hoffmannsdroppen rc.). „Ick muß meine Droppen nehmen."

D r o s c h k e n k u t s c h e r werden genect: „Kutscher — der Rad — der Rad! — Der dreht sich!" — „Kutscher, fahren Se?" „Ja!" „Na ick loofe." — „Kutscher, sind Se ledig?" „Ja". „Na denn heiraten Se!"

D r o s c h k e n (n., mit nasalem on), Droschke.

D r u c k s e n, mühsam herausbringen; auch für nelen, nicht fertig werden.

D r ü c k e b e r j e r, einer, der sich drückt.

D r ü c k e n, s i c h, sich einer Pflicht, einer Gesellschaft, der Bezahlung entziehen.

D r ü b e n d, drüben (besonders bei Kindern).

D r u f j e h n. 1) sterben. „Er wird wol drufjehn." (auch von Pflanzen für eingehen). 2) viel drufjehn lassen, freigebig sein, besonders bei der Bewirtung. — s. auch Blücher.

D r u f s e t z e n (einen Schnaps); dies ist nötig, wenn man sich geärgert hat; auch nützlich nach fetten Speisen und nach dem Anblick einer sehr dicken Frau.

D r u f s t u k e n, einen mit der Nase auf etwas drücken, meist bildlich.

D r u m o o c h! (erweitert: „Drum stinkt's ooch so!") d. i. das erklärt die Sache.

Die Erweiterung stammt aus dem Puppenspiel „Doktor Fausts Höllenfahrt". Mephistopheles fragt die Unterteufel: „Seid ihr alle beisammen?" und bemerkt auf ihr Ja: „Drum stinkt's auch so."

D r u m r u m s e i n, sich um einen bemühen, ihm zu gefallen suchen. „Det Meechen is sehre um ihn rum."

D r u n t e r d u r c h. s. unten durch.

D r u z e l n, nicht fest schlafen. indruzeln.

D r u z e l i g, schläfrig.

D u d d e l, auch D u t s c h m., Tadel. Schulausdruck. Beim Murmelspiel wird Duddel für Dutzend gesagt.

D u d e l n, leiern.

D u d e l s a c k. Red. „Der sieht ooch'n Himmel vor'n Dudelsack an" (bei einer groben Verwechslung). Sonst kennt der Berliner den Ausdruck nur noch in der Zungenübung: Konstantinopolitanischer Dudelsackpfeifenmacherjeselle."

D ü n n. s. dinne.

D u f t, etwa: „riedig", aber anerkennend; stärker als ausjedragen (s. d.). „'n dufter Junge." — „'ne dufte Nummer" (von Menschen und Dingen). — Auch: „Jestern Abend wa't aber dufte!"

D u g e (u kurz) f., dummer Mensch.

D u g i g.

D u m m. „Na so dumm" (sc. werde ich sein!) — „Der is dumm" d. i. unangenehm. — „Laß dir nich dumm machen!" d. i. laß dich nicht beschwatzen. — „Sie sind wol 'n bisken dumm?" — De Dummen wer'n nich alle." (daher wird dumm auch umschrieben: eener von die, die nich alle wern.) — „Da bin ick mal wieder der Dumme gewesen!" — „Der muß doch 'n dummen Menschen jesagt wern" d. i. das kann ich doch nicht wissen. — „Sie denken wol, ick bin so dumm, wie Sie aussehn?" — „Sie sind janich so dumm, wie Se aussehn — Se sind noch ville dummer!" — „Dumm biste ja nich, aber demlich." — „Sie denken wol, Sie könn' mir dumm kommen (ver dumm koofen — auch: verkoofen)?" — „Wer den vor dumm koeft, schmeißt sein

Jeld weg."—„Kommen Se mir nich dumm — sonst komm ick Ihnen noch dummer!"

D u m m e r j a n, Dummkopf.

D u m m h e i t. Red. „Dummheit is ooch 'ne Jabe Jottes, aber man muß se nich mißbrauchen". — „Wenn Dummheit weh dete, hörte man dir schrein bis Potsdam."

D u m m s d o r f. Red. „Denkste denn, ick bin aus Dummsdorf?" d. i. hältst du mich für dumm?

D u n, tun. Red. „Na du man nich so!" d. i. verstelle dich nicht. — „Wat du ick damit?" — „Du mir nischt — ick du dir ooch nischt!" — „Man so dune!" d. i. nur zum Schein. — s. auch haben.

D u n e, völlig betrunken. „Er is dick un dune."

D u n n e m a l s, damals. Anno dunnemals.

D u n n e r. s. Donner.

D u n s t, Ahnung. „Ick habe keenen (blassen) Dunst!"

D u n s t k i e p e f. So hießen zuerst Frauenhüte mit großem Schirm, wie sie am ausgebildetsten Marktfrauen trugen (von schwarzem, lackiertem Stoff). Jetzt heißt es 1) Hut, Helm. 2) Kopf. 3) Dummkopf. „Olle Dunstkiepe!"

D u r c h. Red. „Det jetzt een' durch un durch" sagt z. B. einer, der ein Geräusch nicht hören kann.

D u r c h b r e n n e n, entfliehen (und etwas mitnehmen). Durchbrenner.

D u r c h j e h n, die Nacht durchkneipen; Durchjänger.

D u r c h j e n g e l n, durchprügeln; ebenso D u r c h k a l a s c h e n.

D u r c h k n a l l e n (auch durchfenstern), an der Fensterscheibe durchzeichnen, dann überhaupt „durchpausen".

D u r c h k n a u t s c h e n, gründlich besprechen.

D u r c h p l u m p ß e n, durchfallen beim Examen.

D u r c h r u t s c h e n, knapp versetzt werden. Schulausdruck. „Ick bin noch mit durchjerutscht."

D u r c h s t e c h e r e i e n treiben, die Beine (z. B. in einem ganz besetzten Wagen) mit denen des gegenüber Sitzenden (des „Visavis") zur Bequemlichkeit abwechselnd stellen.

D u r c h w a c h s e n. (Auf die Frage: Wie jeht's denn?) „Na — so durchwachsen."

D u r c h w a c k e l n, durchprügeln.

D u r s c h t e r n, dursten, nur unpersönlich: „Mir durschtert so". Auch „mir durscht". — vgl. reechern.

D u r s t s t i l l e oder Durststillstation stand eine Zeit lang als Inschrift an „Destillen".

D u s e l m., verworrener Geisteszustand. „Er hat et so in seinen Dusel jedan." duselig. 2) Glück (ähnlich wie Torkel). „Hast du aber'n Dusel!"

D u s e m a n g (doucement), sacht, langsam.

D u s i g, dumm.

D u s t e r, (düster), dunkel.

Duzel m., dummer Mensch. „Oller Duzel!" Duzelig. Duzelkopp. Duzeltier. Red. „Er macht seinen Duzlijen." vgl. Ehrpuzelig.

E.

E b e n d (sprich ehmt), eben. Besonders am Ende eines Satzes. „Na ebend!" d. i. ganz meine Ansicht. — „Drum all ebend!" „Na ebend dädrum!" d. i. das ist gerade der Grund. — „Det 's man all ebendso!" oder „Der is man ebendso ville" (sc. wie nichts) d. i. was du sagst, ist nicht der Rede wert.

E c h t. „Det is echt!" d. i. das sieht ihm ähnlich. — „Echt Talmi" d. i. unecht.

E c k e. 1) Stück (zur Angabe der Entfernung); z. B. „Von hier bis an't Schloß is 'ne jeheerige Ecke. 2) eenen um de Ecke bringen, ihn ermorden. Papiere um de Ecke bringen, sie beseitigen. Ecksken, Stückchen. 3) Ausschlag am Munde, wie Friebe.

E d e, Edewacht, Eduard. Nasser Ede wurde der Schah von Persien, Nasr-Eddin, genannt, als er Berlin besuchte.

E d e (aide) Partner beim Kartenspiel (Boston).

Eets! Ausruf des Ekels oder Abscheus.

Eenjal, gleich. „Is mich partut eenjal" mit übergezogenem t, aus einem unberlinischen Liede.) In „gebildetem" Berlinisch eingal (entstanden durch Verschmelzung von einerlei und egal).

Eenmal. „Fritze — du bist mir'n Daler schuldig!" — „Mit eenmal!?" (oder „uf eenmal"!?).

Eens. In eens weg, immerfort.

Eenzig, einzig. „Der is eenzig!" d. i. großartig (ironisch). — „Det is 't eenzije, wat er nich dut" d. i. das tut er gewiß nicht. Superl. der eenzigste; auch liebkosend: „Mein eenzigster Engel!"

Eer (franzf. air) n., Ansehen. „Er jibt sich 'n Eer."

Eerschen, aueerschen, verspotten (durch Schaben mit den Fingern, wobei man eersch sagt). „Eersch, siehste wol!"

Effekt. Red. „Macht Effekt un kost nischt."

Ehekrüppel, Ehemann, mit dem Nebensinn: Pantoffelheld.

Ehmänner, eine Art Teekuchen, nach dem Konditor Ehmann in der Friedrichstraße.

Ehrenwort. Red. „Ich jeb's kleene Ehrenwort" wenn man etwas nicht ganz sicher weiß.

Ehrlich. „Er lüjt wat Ehrlijes zusamm" d. i. er lügt viel.

Ehrpuzelig, von komisch-ehrsamem Wesen. „Er macht seinen Ehrpuzlijen".

Ei. „Wie aus'n Ei jepellt" d. i. sehr sauber. Red. „Der hat so seine Eier" d. i. es ist nicht so leicht, wie es aussieht. — „Mit den muß man umjehn, wie mit 'n rohen Ei". — „Er jeht wie uf Eier".

Eiwei, Ausruf der Freude, der Verwunderung, der Besorgnis, eines Entschlusses u. a. m. „Ei wei Backe!"*) — f. auch Backe. — „Ei wei, mein Meiseken (Mäuschen)!" — „Hujo, komm'ste ruf — die Keile, ei wei!"

*) Wir wollen die Vermutung eines Mitarbeiters nicht unterdrücken, daß „Ei wei Backe" von dem lat. evoe Bacche! abzuleiten sei.

Eichen. „('ne Weiße) vons eichne Brett!" d. i. eine besonders gute.

Eichenlaub, mit, zu besonderer Auszeichnung; z. B. „Wat is'n det vor'n Mensch?" — „'n Rindvieh mit Eichenlaub!" — „Eichenlaub stinkt", alter Kalauer.

Eichkuz m., Eichkörnchen.

Eien, streicheln. Kinderwort.

Eierpampe f., Sand mit Wasser vermischt (wie ihn Kinder zum Spielen gebrauchen).

Eilinder (Eulinder), Cylinder (hut); durch falsche Lesung des C entstanden.

Einfach. Red. „Einfach, aber jeschmacklos!" erweitert: „Einfach, elejant, jeschmacklos un ohne Prunk!" — Auch für natürlich: „Ich kann doch nich vor zwölwen zu Hause sind; det is doch einfach!" — „Einfach Sekt!" üblich, seit sich ein Rechtsanwalt (Verteidiger im Prozeß Heinze) während der Gerichtsverhandlung Sekt bestellte und auf die Frage des Vorsitzenden, was er sich habe bringen lassen, erwiderte: „Einfach Sekt!"

Einfall. Red. „Er hat Einfälle wie'n oller Haus".

Einfuchsen, ähnlich wie einpauken, mehr mit dem Sinne der beigebrachten Fertigkeit, nicht bloß des Auswendiglernens. „Dadruf is er injefuchst."

Einnehmen. „Er hat 'n einnehmendes Wesen" d. i. er nimmt viel Geld ein.

Einsatz m., Vorhemd, Chemisette. Red. „Du bist mir'n Einsatz rausjekommen!" (wenn das Vorhemd „rausgerutscht" ist; Anspielung auf die Lotterie. — „Hast wol lange keen' blutjen Einsatz jehatt?"

Einsejnungsjunge, Junge mit Cylinderhut und Strauß, wie junge Leute bei der Konfirmation zu tragen pflegen. Red. „Der hat 'n Bukett, da kann sich 'ne Kuh dran satt fressen".

Einspänner, Junggesell.

Einwohner. Red. „Zum Verjnüjen der Einwohner". („Dem Vergnügen der Einwohner" lautet die Inschrift am Theater in Potsdam.)

Ein. Andere Zusammensetzungen f. u. In.

Eisbeen. Teil des Schweins (oberhalb der Füße). Eisbeene mit Sauerkohl. — Red. „Den Kerl wer't de Eisbeene knicken" d. i. die Knochen im Leibe entzwei schlagen. — „Ick habe reene Eisbeene!" d. i. kalte Füße.

Eisbeer (Eisbär). Sehr verbreitetes Kinderrätsel: „Warum dürfen die Eskimos keine blaue Brille tragen?" — „Weil se sonst de Eisbeeren für Blaubeeren ansehen würden."

†Eisbock, berühmtes, ganz kleines, im spitzen Winkel mit der Straße abschließendes Haus in der Potsdamer Straße; jetzt verschwunden.

Eisen, eilen. „Ick rasch an't Dor jeeist —"

Eisenbahn. Man hört oft fragen: „Wenn kommt 'n de Eisenbahn?" (statt der Zug). „Uf de Jörlitzer Eisenbahn is Feuer" d. i. auf dem Bahnhof. — Red. „Et is de höchste Eisenbahn" d. i. die höchste Zeit. — „Ick bin doch keene Eisenbahn!" d. i. ich kann es nicht schneller machen.

Eiserkasten, Kasten mit Nägeln u. ä. Ebenso Eiserladen, Eisermann, Eiserflecke, Eisertopp.

Eiserfleckig scherzhaft für eifersüchtig.

Ejal, egal. Red. „Mir is ejál, wovon mir schlecht wird" sagt z. B. einer, dem eine schwere Cigarre angeboten wird. — Ejal (weg), hintereinander, immerfort. „Der Kerl is ejal besoffen."

Ekel m., Schimpfwort. „Oller Ekel!"

Ekeln, sich, sich sträuben. „Nu, er wird sich ekeln!" (ironisch, z. B. eine Erbschaft anzunehmen).

Eflepage (auch Eklapage) f., Equipage.

Eklig. „Sowat is eklig!" d. i. unangenehm. — „Ick kann sehr eklig wern!" — Als Adverb: sehr. „Det eß ick eklig jerne." — Da kann er eklig rinfallen."

Efzetra, et cetera.

Elefantenhaus heißt das Haus Wilhelmstraße 67, weil es so bunt ist, wie das Elefantenhaus im zoologischen Garten. — vgl. Kiefel.

Eleojant (elojant, eleajant) scherzhaft für elegant.

Elfte Jebot. „Wie heißt das elfte Jebot? — Laß dir nich verblüffen!"

Ellbogen, Ellenbogen. Red. „Ick kann nich mit 'n Ellbogen in de Westentasche kommen!" d. i. ich gebe nichts.

Elle. Red. „Der hat 'ne Elle verschluckt" d. i. er geht sehr steif und gerade. — „Denn wird de Elle länger wie der Kram" d. i. die Kosten sind größer, als die Sache wert ist. — „Ick weeß schon, wat de Elle davon kost!" von schönen Redensarten, Komplimenten. — †Ele (emphatisch, früher sehr gewöhnlich). „Sieben Elen zu een Hemde!"

Ellenreiter, Leinen=, Manufaktur=, Modewarenhändler.

Elsterooge, das ältere Wort für Hühnerooge; s. d.

Eltern. Red. „Det is nich von schlechten Eltern!" d. i. sehr gut. — „Man kann in der Wahl seiner Eltern nich vorsichtig jenuch sein."

Emmer, Eimer.

Empron (Emtron?) m., Bezeichnung einer bereits genannten Person, gewöhnlich mit mein verbunden. „Wie sich Fritze nu zu mausig jemacht hat, da schmissen se 'n raus. Un wie ick nach 'n Weilken ooch rauskomme, da steht mein Empron vor de Diere un wart uf mir." — Auch: „Na den Empron kenn ick doch!"

Ende, Stück. 'n Ende Wurscht. — Dim. auch Endsken. — „Komm doch noch 'n Ende mit!" — Red. „Hotz Deibel un teen Ende!" — „Ach Jott, so'n Endeken!" — Endeken verächtlich von Menschen; z. B. von einem Kadetten: „'n Endeken von Militär." — „Ende, wenn's aus ist" hieß es oft in dem Programm volkstümlicher Vorführungen. — „Da is 't Ende von weg!" d. i. das ist stark. — s. auch dick.

Endenblei m., schlechter, brüchiger Bleistift.

Endlich. Red. „Endlich allein!" (Titel einer Posse.)

Engel. Red. „Du bist 'n Engel — mit'n B vor." s. a. feifen.

Ente f., Steckling, Sprößling. „Willem, meine Ente, wo biste?"

Ent oder weder für entweder — oder.

Ente. Red. „Er schwimmt wie 'ne bleierne Ente uf'n Jrund."

Enrenbeene, Füße mit gelben Stiefeln.

Entfernt. Red. „Det macht sich von weiten sehr entfernt!" (ironisches Lob einer Zeichnung u. ä.)

Entree. Red. „Entree frei; Kinder die Hälfte."

Entschuldjen. Red. (wenn man angefahren wird) „Entschuldjen Se man, det ick jeboren bin!" („ick will 't ooch jewiß nich wieder dun" oder „'t soll ooch nich wieder vorkommen!") — „Entschuldjen Se, det Se mir jetreten haben!" — Ein Spitzbube, der bei Nacht durch den Schornstein in eine Wohnung gelangen will, rutscht herab und erscheint plötzlich in der Öffnung des Kamins vor den Augen der erstaunten Bewohner, die noch bei der Lampe sitzen. Rasch gefaßt fragt er: „Entschuldjen Se — komm ick hier vielleicht nach de neie Jrienstraße?"

Entzweirig, entzwei. Auch entzweiig. — vgl. anzwei.

Epileptische (auch Eflektische) zuweilen für Elektrische (Bahn).

✝ **Erbbejräbnisse,** die Vorgärten in der Potsdamerstraße.

Erben für gewinnen: „Da is wol vor mir ooch noch wat bei zu erben?"

Erbrechen. Red. „Bis dreimaliges Erbrechen erfolcht," wenn etwas bis zum Überdruß wiederholt wird.

Erbsen. Dicke Erbsen und Sauerkohl, das regelmäßige Donnerstagsgericht. — „Dreiviertel uf kalte Erbsen!" (wenn't schleejt [auch: wenn 't überloest], is't voll!") häufige Antwort auf die Frage: Wat is'n de Uhr? — Red. „Da hat der Deibel Erbsen druf jedroschen!" (von einem pockennarbigen Gesicht.)

Erbsensprache (der Kinder) besteht darin, daß jedem Buchstaben die Silbe

erbsen angehängt werden. Kerbsen, erbsen, rerbsen, berbsen heißt z. B. Korb. vgl. Räubersprache.

Erde. An de Erde, statt auf dem (den) Fußboden.

Erkner m., Erker. — Erkner ist der Ort Erkner bei Berlin.

Erlauben. Red. „Erlaube, liebe Taube!" — „Erlooben Se mal" beginnt eine Einwendung.

Erleben. Red. „Da kannste wat erleben." — „Hat eener schon so wat erlebt!" — „Wenn man wat erleben will, braucht man bloß uf de Welt ze kommen."

Ermilderung. Vor Gericht: „Ick bitte um Ermilderung der Strafe."

Ernst. „Is det Ernst oder Spaß?" — „Ernst!" — „Na denn is jut; so'n Spaß laß ick mir ooch nich jefallen!" (wenn man sich beleidigt fühlt.)

Erpeln, erben.

Erreichen. Red. „Es ist erreicht!" (ursprünglich Devise des Hoffriseurs Habn in der Reklame für seine „deutsche Barttracht.")

Erschossen, heftig erschrocken.

Erschrecken. Beim Niesen: „Ha . . .t mir erschrocken!"

Erstaunend. Man liest jetzt oft an Kaufläden: „Staunend billig" oder „Erstaunend billig" und hält es für neu. Aber erstaunend für erstaunlich ist schon 1781 als berlinisch verzeichnet.

Erste. Red. (verwundert) „Det erste, wat ick höre!"

Erstensmal, zweetensmal :c. beim Anführen von Gründen.

Erstklassig. Dies sehr moderne Wort ist wohl in Berlin entstanden. „Auftreten nur erstklassiger Spezialitäten." — „Reflektiere nur auf erstklassiges Material" d. i. auf brauchbare Menschen.

Erzählen. 1) befehlen. „Vater hat mir erzählt, ick soll nach de Bank jehn." 2) vorreden. „Mir könn' Se doch nischt erzählen!"

Esel. „Wenn hast du 'n deinen Jeburts=tag?" Ein dritter: „Der hat ja jakeenen Jeburtsdag; den hat der Esel in Jalepp verloren!" — 'n Esel zu Jrabe läuten, mit den Beinen baumeln.

Essig. s. aasig.

Essen. Red. „Da sicht er in't Essen!" d. i. er sitzt in der Tinte. — „Fall man nich in't Essen!" d. i. ziere dich nicht. — „Eß man, Karle!" (sprich Kahle). Ebenso: „Eß, Walli, eß!" freundliche Nötigung.

Essig. Red. „Er is janz in seinen „Essig" (verdreht aus: in seinem esse). „Damit is 't Essig" d. i. mit dieser Hoffnung ist es aus.

†Essigsauer, Stoß mit dem Knie von hinten (Schulausdruck).

Ete (wie Ede), Eduard.

Ete, gekürzt aus dem gleichbedeutenden etepetete, zimperlich, spröde. „Er dut sehre ete." „Hab dir man nich ete!" — Dies etepetete ist das französ. être, peut-être, ursprünglich im Spott von jungen Damen gesagt, die französische Brocken in ihre Unterhaltung mengten. Die Ableitung von air de pathétique ist weit hergeholt.

Etsliche, etliche.

Eugen (immer auf der ersten Silbe betont und mit französ. g.)

†Eust! (auch Üst)! Ausruf von Kindern, wenn sie sehen, daß ein anderer etwas Verbotenes tut. „Eust — der wird anjesagt!"

Ewig. „Ewig un drei Dage" d. i. sehr lange.

Ex faustibus, aus der Hand, ohne Messer und Gabel (essen).

†Excellenz. Red. „Er sitzt da wie Excellenz bei Bouché" d. h. er sitzt da und wartet. In Bouchés Gärtnerei in der Blumenstraße trank früher die feine Welt öfter den Kaffee. Eine alte Excellenz kam täglich, verzehrte wenig und gab kein Trinkgeld. Als ihn daher der Kellner eines Tages vernachlässigte, rief Excellenz ärgerlich: „Warum bekomme ich meinen Kaffee nich! Ich sitze ja hier wie ein Narr!" Nun rief auch Bouché wohl=meinend dem Kellner nach: „Excellenz sitzen ja wie ein Narr!" Seitdem sagte man: „Wie Excellenz bei Bouché." (So Bär 1881 Nr. 11.)

Exempel. Red. „Man hat Exempel von Beispielen (auch: von Bleistiften.)"

Ereu, hinter die Schule gehen.

Erkneifen, ausreißen.

Expree (französ. exprès), ausdrücklich. 'ne expree Antwort.

Erschieben, wie eren.

Extern, eenen, ihm etwas beizubringen suchen.

F.

ff. Eene (Ohrfeige) aus'n ff! d. i. eine sehr starke. (ff wahrscheinlich für fortissimo.)

Fack fack! d. i. rasch. „Ick jleich uf=jesprungen un fack fack hin bei ihm!"

Fackeln, zögern, Umstände machen. „Nich lange jefackelt!"

Färbe. In de Färbe jeben, d. i. zum Färben.

Fahne, leichtes, helles Waschkleid.

Fahrebund, Vagabund.

Fall. Red. „Det is nich mein Fall! d. i. da halte ich nicht mit. — „Det is janz mein Fall!"

Falle f., Bett. — Red. „Die Falle!" d. i. das glaube ich Ihnen nicht.

Fallen. Red. (wenn etwas fällt). „Da scheint wat zu fallen!" oder „Er wird jleich wat fallen!" — „Falle man nich, sonst fällste" wenn einer stolpert. — „Fall nich vorne über!" wenn einer eine „schwere" Cigarre raucht. — „Det Ferd scheint hinzefallen zu sinn", sehr alte Äußerung des teilnehmenden Bürgers beim Fall eines Pferdes. — „Wie't fällt, so bullert's!" d. i. Aussuchen ist nicht erlaubt.

Falsch. 1) auf falschem Wege. „Ick bin hier wol falsch?" 2) böse. „Ick wa hellisch falsch." — „Ick bin so falsch uf den Kerl!" — „'n falscher Bedrieser."

Familie. Red. „Er bleibt in de Fa=
milie!" d. i. es bleibt unter uns. —
„Sowat kommt in den besten (feinsten)
Familien vor!" — „'ne feine Familie!"
(ironisch).

Familieneis, Vanille=Eis.

Familienknicker, großer Regenschirm.

Fames, schön. „Au famos!" — 'n
famoser Kerl, ein angenehmer Gesell=
schafter.

Fangen. Red. „Fangt's nich bald los?"
(aus anfangen und losgehen.)

Fannkuchenjesichte, aufgedunsenes
Gesicht. vgl. ufsehn.

Fassade f., Gesicht.

Fatzen m., Stück (wie Atzen).

Fatzke m., einer der sich töricht (gecken=
haft) benimmt. „So'n Fatzke!" —
„Willem, da warste mal wieder Fatzke!"
Hauptfatzke, wie Hauptkerl, ironisch.

Faul. „Er is faul wie de Sünde." —
für schlecht, unzuverlässig. „Fauler Kopp!"
— „So'n fauler Junge!" — „Faule
Witze!" — „Faule Fische!" — Faul auch
für unangenehm, knifflig, schwierig: „Det
is 'ne faule Jeschichte."

† Faule Jrete hieß irrtümlich die große
Kanone, die früher im Kastanienwäldchen
stand, an der Stelle, wo jetzt die Valérie
steht, ein Geschütz vom Mont Valérien.

Faulheit. Red. „Faulheit, laß los!"
wenn man sich rekelt (mit der Faulheit
ringt).

Faulfieber, Trägheit.

Faustdick s. drei.

Fauzen, hauen.

Faren, Gesten, Umstände, Ausflüchte.
„Man nich erst lange Faren machen!"

Farenmacher, der durch komische Be=
wegungen Lachen zu erregen sucht.

Federball. uf'n Federball jehn, zu
Bett gehen.

Feez m., Spaß, Vergnügen, Unsinn. „Au
Feez!" d. i. das wird ein Spaß. — „Na so'n
Feez!" — „Mach keenen Feez!" — „Bei
Wejeners is heite 'n jroßer Feez los"
(Festlichkeit, Gastmahl u. dgl.)

Feffern, werfen.

Fehlen. „Fritze is krank." „Wat fehlt
'n denn?" „De Jesundheit!"

Fehler. Red. „Dazu sind ja de Fehler,
det se jemacht wern."

Feier, Feuer. Red. „Da muß ich mal
'n bisken Feier hinter machen" d. i. an=
treiben. vgl. Dampf.

Feiern (feuern), werfen.

Feierlich. Red. „Der is ja recht feier=
lich!" d. i. gar nicht schön.

Feife. „Dabei kann eenen de Feife aus=
jehn" d. i. die Geduld.

Feifen. Red. „Ick hau dir, dette de
Engel in' Himmel feifen hörst!" — „Denn
hörste de Engel in' Himmel feifen" sagt
ein Junge dem andern, um ihn zu ver=
leiten, bei starkem Frost an einem eisernen
Brunnenschwengel zu lecken. — „Da feif
ick druf" d. i. daraus mache ich mir gar
nichts. 2) (eenen) trinken. 3) verraten
(Gaunersprache): „er hat jefiffen."

Feifenkopp. Red. „Den mecht ick uf'n
Feifenkopp haben — de Beene über'n
Abjuß (un'n Vers drunter)!"

Feifer. Red. „Du bist wol bei Feifern
in de Abendschule jejangen?" d. i. du hast
wohl in der Schule nicht viel gelernt.
(Pfeiffer hieß der Vorsteher der 5. Ge=
meindeschule, Lindenstraße 7. Er hatte
1825—29 eine Privatknabenschule in der
Markgrafenstraße. Seine Schüler galten
als Muster der Unwissenheit. Näheres
gibt Bär 1882 Nr. 22.)

Fein, oft für schön. „Der is fein." „Feine
raus." — „Fein mit Ei!" (auf die Frage:
wie geht's?) — Feiner Fleischwaren=
händler, Vater heiratsfähiger Töchter.

Feindschaft. Red. „Darum teene Feind=
schaft nich!" (Aus dem „Fest der Hand=
werker.")

Fejen, schnell gehen. „Da fejt er um de
Ecke."

Fell, Haut. „Den ha'm wir't Fell lose
jemacht" d. i. durchgeprügelt. — 't Fell
versaufen, nach einer Beerdigung kneipen.
— † „Olles Fell!" gemütliche Anrede, wie
Alte Haut!

3*

Fensterlade. „Er is 'n juter Kerl, er stippt keene Fensterladen in' Kaffe." — Umgebung des Auges: Blaue Fensterlade, blau angelaufenes Auge. vgl. Stiebelwichse.

Feodor. Red. „Feodor, du bist ja furchbar nett!" („Er is furchtbar nett" sagt Laura in „Bädeter", Posse von Georg Belln.)

Ferchterlich, fürchterlich.

Ferd, Pferd. Red. „Det merkt 'n Ferd (un wenn't 'n Schimmel is)!" d. i. das ist leicht zu merken. — Ferdekur, eine Kur wie für ein Pferd. — Ferdenatur, außerordentlich starke. „Det hält ja keen Ferd aus!" — „Det kommt jleich hinter't Ferdestehlen" d. i. es ist höchst widerwärtig. — ┼ „Et is 'n Ferd los" für: es ist etwas los. „Bei Wilkes is heite 'n jroßer Ferd los" d. i. sie geben ein Fest. Auch: „Wilke läßt heite 'n jroßen Bullen los."

Ferdinand. Red. „Du hast mehr Jlück wie Fer — dinand" (für Verstand).

Fermoost, famos, schön.

Fernand, Ferdinand.

Fertig. „Det kricht (bringt) der fertig!" d. i. er ist imstande, das zu tun. — „Mit den wer 't noch fertig" d. i. ich bin stärker als er. — s. a. Kiste.

Fest. Red. „Man muß de Feste feiern wie se fallen" d. i. man muß alles mitmachen.

Feste. 1) Red. „Halt dir feste!" d. i. sieh dich vor! — 2) sehr, ordentlich. „Machste det mit?" — „Aber feste!" 3) Hetzruf bei einer Prügelei u. ä. „Feste mang!" (in der Erzählung: „Ick immer feste mang!") — „Immer feste uf de Weste!" — „Feste, Karl! (villeicht jewinnst de!)"

Festessen. Red. (Höflichkeitsformel) „Es war mir ein Festessen — mit sieben Jängen — mit Krebssuppe als Einleitung." — 1897 auch: „Es war mir eine Centenarfeier."

Festriebe f., Cigarre.

Fetschow. Red. „Det kann Fetschows Hausknecht ooch!" d. i. das ist kein Kunststück. Fetschow und Sohn ist ein altes Bank- und Handelshaus, Klosterstr. 87.

Fett. „Da haste dein Fett" d. i. deinen Lohn. „Der hat sein Fett weg." — zu einem Dicken: „Fett schwimmt oben!" — Wo er sich hinsetzt, „jibt et 'n Fettfleck."

Fett, betrunken.

Fettlebe. „Er macht Fettlebe" d. i. er lebt „bon".

Fetzen m., Stück, wie Fatzen.

Fetzen, ausfetzen, Blätter aus einem Heft reißen. Schulausdruck.

Feucht. 'n Feuchter, d. i. ein Schnaps.

Feuchtigkeit, Schnaps. „Haste keene Feuchtigkeit?"

Feudal (stud.), elegant. „Einfach feudal!"

Fiddelbogen. „Er sitzt so krumm wie'n Fiddelbogen."

Fidüz, Vertrauen.

Fiest m. 1) Lehrling, z. B. Tepperfiest. 2) verächtlich, wie in Irienefiest. s. d.

Fiestern, werfen.

Fiff (Pfiff) m., Kunstgriff. „Er hat 'n Fiff raus." — „Det is 'n Ding mit 'n Fiff" von einem Mechanismus.

Finden. Red. „Wie ich das finde!" d. i. das ist nicht hübsch von dir. — „Vor die Jeld is et jefunden" d. i. sehr wohlfeil. — Wenn einer fällt: „Wat haste denn jefunden?" oder: „Det kommt vor, det eener fällt un find nischt." — „Det wird sich finden" d. i. das Weitere.

Finger. Red. „Den kenn ick wie mein' kleen' Finger." — vgl. Dreier. — „Er beißt sich lieber 'n kleen' Finger ab!" (ehe er das tut.) — „Det is nich weit, da kann man mit 'n Finger hinzeijen!" — Auch von hohen Punkten: „Der Rathausturm is so hoch, da könn' Se nach Potsdam mit 'n Finger hinzeijen." — „Wer hat dir das jesagt?" — „Mein kleener Finger!" d. i. ich habe es geraten.

Fingerkloppe, Schläge auf die Finger.

Fingern. „Wir wer'n det Dings schon fingern" d. i. zum erwünschten Ziele führen.

Fingstochse, herausfordernd geputzter Mensch. Red. „Is ja noch nich Fingsten!" wenn sich einer „uffedonnert" hat.

Fips m., kleiner Kerl.

Fixfix, klein, unzulänglich (besonders von Kleidern).

Fischer. Red. „Juten Morjen, Herr Fischer!"

Fisematenten (plur., † Füselmatenten), Winkelzüge, Schliche, unnütze Umstände. Red. „Mit Fisematenten spiel ich nich!"

Fispel f., Fistel.

Fitze f., Strähne. 'ne Fitze Zwirn.

Fix, hurtig. Fix un fertig, fertig und bereit.

Fizeln. Et fizelt, d. i. es regnet leise und stetig. „Et fizelt immer so sachte runter." — Fizelig 1) naß (von der Luft); daher 2) leicht angetrunken.

Flaatschen, große Flecken. Fettflaatschen. Auch Nesseln auf der Haut (Quaddeln).

Flabbe. s. Flebbe.

Flach, schlecht; in Wendungen wie: „Da kennste 'n flach."

Flacon n., (mit nasalem on), wie Droschken (s. d.).

†Fladruge (auch Fladuse) f., altmodische Haube mit breiten Flügeln und vielem Tüll.

†Flanellwache. „Er steht Flanellwache", wenn einer vor dem Hause seiner „Poussade" auf sie wartet.

Flanze, Pflanze. „'ne nette Flanze!" von einem Menschen.

Flaps. 1) ungeschliffener Mensch. „Oller Flaps!" flapsig. 2) Hut, nur in „Flaps ab!"

Flasterstein, Art Pfefferkuchen, in großen Platten gebacken, von denen nach der Forderung abgebrochen und nach dem Gewicht verkauft wird. Hamburger Flastersteine heißt eine Art kleiner, runder Pfefferkuchen.

Flaume, Pflaume. Red. „De ersten Flaumen sind madig" d. i. der erste Versuch gelingt nie. — „Um die paa Flaumen weenste?"

†Flaumenschmeißer, ein großer, sich wichtig machender Mensch, der sich beim Gehen hin und her wirft.

Flaumfingsten, wenn de Äppel reif sind; sagt man, um eine bestimmte Zeitangabe zu vermeiden.

Flebbe f., mürrischer Mund. 'ne Flebbe ziehn. Auch Flabbe.

Fleck. 1) für Stelle. „Nich von' Fleck!" — „Det duste mir uf'n Fleck!" 2) Red. „Machen Se sich man keen' Fleck!" d. i. zieren Sie sich nicht. — „Der Fleck is weg — 't Loch is da" (ursprünglich von einem Ausrufer gesagt, der die Wirkung seines Fleckwassers beweisen will und so tut, als ob das entstandene Loch mit zu seinem Plane gehörte).

Fleckfieber. „'t reene Fleckfieber" ein Mensch, der immer gleich wieder kommt und dadurch lästig wird.

Fleduse f., Flöte.

Fleemsch (flämisch), vierschrötig, ungeschlacht. Man sagt in demselben Sinne auch unfleemsch (wohl aus unflätsch [märkisch = unflätig] verdorben). 'n fleemscher Kerl. 'n fleemscher Hieb. 'n fleemschen Zug drinken.

Fleesch, Fleisch. Red. „Na wat sagste'n nu, Fleesch?" d. i. jetzt kannst du doch nichts mehr einwenden! Dieses Fleesch (als Anrede) heißt eigentlich Fleesch.

Fleeschkasten, Sarg.

Fleiß. etwas mit Fleiß tun, d. i. mit Absicht.

Fleje f., Floh. Auch 'ne Flöhe.

Fletschkasten m., Mund.

Flezen (auch flözen), sich rücksichtslos auflegen. Flez m., ungeschliffener Mensch. Flezigkeit, Rücksichtslosigkeit.

Flieje. 1) Red. „Mit eenmal lacht 'ne Flieje!" d. i. das stimmt nicht. — vgl. Been. 2) Bärtchen zwischen Unterlippe und Kinn.

Fliejen für zittern. „Ick flieje vor Angst an janzen Leibe". — Auch für eilen: „Ick flieje ja schon!"

Flinte. s. Himmel.

Flitzen, fliegen. Flitzbogen.

Flöten jehn, verloren gehen. — Älterer Scherz über die beiden Figuren auf den Treppenwangen des Schauspielhauses: „Wenn's bei de alte Leier bleibt, denn jeht de Kunst flöten."

Flötentöne. Red. „Den wer't de Flötentöne beibringen!" (drohend.)

Floh. Red. „Wie 'n Floh in' Pantoffel" wenn z. B. ein Kind in einem Saale allein ist.

Flohzirkus ist auf der Westeisbahn, wenn die Leute um den Musik-Pavillon laufen.

Flüchtel m., Flügel.

Flunder. Red. „Da wern sich de Flundern wundern!" — Ein Berliner erzählt, er habe in einer Sommerfrische an der Ostsee in einer sehr niedrigen Bauernstube gewohnt. „War soll't Ihnen sagen — det wa so niedrig, man konnte nischt weiter essen wie Flundern, un sprechen bloß plattdeitsch."

Flunsch m., vorstehende Unterlippe, als Zeichen der Unzufriedenheit bei Kindern. — „Wat? du wist noch'n Flunsch machen?"

Flüsch m., 'n Flüsch Haare, eine Handvoll.

Flüschen. „Det fluscht (besser)" d. i. schafft, hilft mehr.

Foosch, schwammig, vom Wurm zerfressen; von Rettichen, Radieschen, auch vom Holz.

Forkenbecken heißt der Schloßbrunnen (von R. Begas), den die Stadt Berlin (Oberbürgermeister v. Forkenbeck) dem Kaiser Wilhelm II. bei dem Antritt seiner Regierung geschenkt hat. Die Hauptgestalt an diesem Brunnen, der Neptun, hält einen großen Dreizack (Forke) in der Hand — Das Kunstwerk heißt auch der Rüffelbrunnen, weil eine Abordnung der städtischen Behörden, die dem Kaiser dieses Geschenk ankündigte, nicht sehr gnädig behandelt wurde. Damals sagte man, wenn man sich ähnlich behandelt sah: „Herrjott — ick hab Ihnen doch keenen Brunnen jeschenkt!"

Forsch, stark. Die Forsche (force). „Det is seine Forsche." — „Er kricht de Forsche nich raus" d. i. er kann's nicht leisten.

Fort. Red. „Fort mit Schaden!" (vom „Ausverkauf.")

Fortschritt. Der gehinderte Fortschritt und der beförderte Rückschritt heißen im Volksmunde mit politischem Witz die beiden Bronzebilder der Pferdebändiger vor dem Schloß.

Fotojrafümmen, photographieren.

Frachtwagen. Red. „Mit'n jrößten Frachtwagen!" d. i. mit dem größten Vergnügen. — †„Er hat'n Maul, da kann 'n Frachtwagen drin umkehren."

Fragen. Red. „Nu frag ick bloß eenen Menschen!" oder „Nu frag ick eenen!" (Ausruf der Verwunderung). vgl. bitten. — „Mußt mal fragen!" (Abweisung einer lästigen Frage.) vgl. Schutzmann.

Franje f., Franse.

Französisch. „Er hat sich uf französ'sch jedrückt" d. i. er ist ohne Abschied weggegangen. Red. „'n bisken Französch ziert 'n janzen Menschen!" Daraus hat Kalisch im „gebildeten Hausknecht" gemacht: „So'n bisken Französisch, das ist doch janz wunderschön!"

Fraß m., schlechte Kost.

Fratze f., Gesicht. Fratzen schneiden, Gesichter schneiden. Zu Kindern wird gesagt: „Schneide keene Fratzen! Wenn de Uhr schlejt, bleibt't Jesichte stehn!"

Fratzjee m., gezierter Mensch.

Frauensleite, Frauenzimmer.

Frech. Red. „Frech wie Oskar!" — „Ick bin so frech" für: so frei.

Frechdachs m., dreister Mensch (ist ziemlich anerkennend).

Freiberjer. s. Nassauer.

†Freidenberg. Red. „Freidenberg, laß de Strippe los, Puppe Nr. 1 hat'n Strich jekricht!" (von Lindes Puppentheater.)

Freien, freuen. „Du frei dir man!" (drohend.) „Na, Mutter — du frei dir man — wenn de ruffkommst — von Vatern!"

Freier. „Da bin ick schon lange Freier druf" d. i. danach trachte ich schon lange.

Freilein. Red. „Nee, Freilein; wat Sie denken, is nich!" — „Sagen Sie das nich, Freilein!"

Freimauereijarre, die nur ein
Maurer und auch der nur im Freien
rauchen kann.

Freitag. Schulwitz: „Morjen is Frei—
tag!"

Fremd. „Der drinkt fremde Biere" d. i.
er trinkt aus dem Glase eines andern.

Fressabilien, Eßwaaren.

Fresse, Mund. eenen eens in de Fresse
hauen. Red. „Fresse, Franz!" d. i. halt's
Maul! — Die alte deutsche Neigung zur
Allitteration tritt häufig hervor, auch in
ganz neuen Ausdrücken.

Fressen. Red. „Der is'n jefundnet
Fressen vor ihn" d. i. das kommt ihm zu
passe.

Freßdeibel, Fresser.

Freßkober m., Speisekorb, besonders bei
Landpartieen.

Freßsack. „Bist du aber'n Freßsack!"

Freund und Jönner! (hochverehrter),
Anrede. Wenn der Angeredete z. B. Lehmann heißt, sagt man auch: „Hochverehrter Freund und Lehmann!" — Noch
älter ist „Hochverehrter (alter) Freund und
Kupferstecher!"

Friedlich. Red. „Sind Se friedlich!"
d. i. erheben Sie keinen Streit.

Friedrich Wilhelm III. (Denkmal im
Lustgarten) fragt: „Drippelt's schon?"

Frikassee mit Schemmelbeene,
alte Redensart. Wenn es in der alten
Weißbierwirtschaft, z. B. bei Pickenbach,
Frikasee gab, so war „der Deibel los";
der Weißen folgte jedesmal ein Kutscher-
tümmel, so daß vom Frikassee zu den
Schemmelbeinen oft nur ein Schritt war.

Frisch. Red. „Det is lange frisch!" d. i.
gut genug. Wenn z. B. der Schüler eine
nachlässig gemachte Arbeit abgibt, sagt
er: „Vor den (den Lehrer) is det lange
frisch!" — Frisch auch für neu, rein; 'n
frischer Seidel, 'n frisches Hemde. „Die
hat alle Menat 'n frisches Dienstmeechen."

Frische Wurscht, warme Blut- und
Leberwurst, gibts nur in den Winter-
monaten. Der Schlächter setzt dann einen
Stuhl mit einer weißen Schürze vor die

Tür. Vgl. Bär 1880, Nr. 19. Dieser
Gebrauch scheint auszusterben.

†Fritze. Red. (wenn etwas ganz gegen
die Ordnung geschah) „Alter Fritze, dreh
dir um in dein Jrab un leje dir uf dein'
Bauch!" — In Zusammensetzungen heißt
Fritze Verkäufer: Cigarrenfritze, Kuchen-
fritze, Heringsfritze u. ä.

Froh. Red. „Die sind froh, det se alleene
nischt haben!" Erwiderung auf die Frage:
„Haben se dir denn wat vorjesetzt?"

Frosch. Red. „Mach man, sei keen
Frosch!"

Frost. eenen uf'n Frost setzen, d. i. in
Verlegenheit. vgl. Proppen. — Red. „Du
hast wol Frost in' Kopp?" d. i. du bist
wohl verrückt?

Frostbeule (auch Frostpuppe), verweich-
lichter Mensch.

Früher. Red. „Der war doch früher
nich!" Ein Berliner führte einen Fremden
in den Dom, um ihn den Domchor hören
zu lassen. Während der Liturgie wurde
von einem verrückten Menschen auf den
Prediger geschossen. Der Berliner, der
kein Kirchenmann war, hielt den Schuß
für einen Teil der Liturgie und sagte
verwundert: „Der war doch früher
nich!" — „Da müssen Se früher ufstehn" (sc. wenn Sie mich anführen
wollen); durch Windthorst parlamentarisch
geworden.

Fuchsen, sich, sich ärgern.

Fuchskrete f., schlauer kleiner Kerl.

Fuchswild, sehr erbost.

Fuchsig, erbost, aufgebracht.

Fudern (futern), sich (vom franzs. foutre?),
sich ärgern.

Fufzehn rufen die Maurer, wenn sie
Feierabend machen. Warum?

†Fufzig! (auch Siebzig!) riefen die
Straßenjungen einer Obstfrau (Mutter
Fufzijern) am Museum zu, von der die
Sage ging, sie habe ihren Leichnam für
50 Thaler an die Anatomie verkauft.

Fuhrwesen heißt ein Beamter, der es
zu beaufsichtigen hat. Wenn man einen
Wagen der Elektrischen besteigt, der schon

voll ist, und bezahlen will, so sagt der Schaffner: „Bezahlen Se noch nich, in Fall 't Fuhrwesen an de Ecke steht."

Fui. Red. „Fui Spinne!" (wie pfui!) — „Fui — Herz von Stein!" — „Fui Deibel, Königliche Hoheit!" (vermutlich der Rest einer Geschichte.)

Fummel m., wertloses Kleid; auch Frauenzimmer mit einem solchen. Fummlig, lumpig.

Fund, Pfund. 'n Fund ist ein halbes Quart Schnaps. Fundpulle, die ein solches hält. Fundbärme, Hefe, die pfundweise verkauft wird. — s. a. Ding.

Funzel f., alte Öllampe. Auch Tranfunzel. s. d.

Furchbar. sehr. Das Wort ist besonders bei „höheren Töchtern" beliebt: „Er is furchbar nett." — s. a. Feeder.

Furcht. Red. „Furcht hat er, aber keene Besserung!"

Fuß. Wenn einer mit seinem gefüllten Portemonnaie renommiert, sagt man ihm: „Lassen Se 't sich man nich uf'n Fuß fallen."

Fußbad. 'ne Tasse Kaffe „mit 'n Fußbad" wenn der Kaffee „überjeschwappt" ist.

Fußfantrist, scherzhaft für Infanterist.

Fußlappen (plur.), Weißkohl.

Fursch (ital. fuggito), weg. „Det Jeld is fursch". — „Er is fursch jejangen" wie: er is alle jeworden. — Red. „Fursch un weg is eens!" (Zusatz: „Un Wiedersehn macht Freede"). Furschikato perdutto oder fursch perdü, verloren, fursch.

Furrerage f., Eßwaren.

Furrerluke f., Mund.

Furrern. Red. „Man furtert an die seine Schande" wenn das Essen nicht anschlägt.

Fuzel m., Federchen, Härchen, Fädchen. „Det Kleid is ausjefuzelt" d. i. es löst sich am Rande in Fäden auf. Fuzelig. „Er red sich 'n Mund fuzelig" d. i. er redet viel, ohne Erfolg. — „Du hast wel 'n Fuzel?" d. i. du bist wohl verrückt? — Auch: „Se sind wel fuzelig?"

G.

Gandarmerie, Gedärme. De janze Gandarmerie.

Ge! (das französ. Je). „Wer spielt aus?" — „Je!" oder „Moi je!"

Gedruckt in diesem Jahr stand zuerst auf Blättern, die ein Buchdrucker Zirngibl in den 40er Jahren unter dem Titel „Fünf sehr schöne neue Lieder" herausgab — greulicher Druck auf Löschpapier, der Inhalt der Ausstattung entsprechend.

Genieren. Red. „Det geniert 'n jroßen Jeist nich — un 'n kleenen jeht's nischt an!" — s. a. scheniert.

Gub! drückt die Schnelligkeit einer Bewegung aus: „gub is er weg!"

Gum. „Er is in Gum" d. i. angetrunken. (Die übrigen Wörter mit G siehe unter Jod).

H.

Haare. Red. „Der frißt mir de Haare von' Kopp." — „Der hat Haare uf de Zehne" d. i. er ist schlau und nicht auf den Mund gefallen. — „Drei Haare in sieben Reihen!" (von einem dünnen Schnurrbart.) — „Der Kopp wächst ihn durch de Haare" fast ganz ernst für: die Haare gehen ihm aus. — „Haare apart, Buletten apart!" (wenn man ein Haar im Essen findet.)

Haarig. †Der haarije Mann, Spielzeug, auf dem Weihnachtsmarkt zu kaufen. („Haarig is der Mann!" riefen die Verkäufer). — „Det Ding wa haarig" (höchst komisch). „'n haarijer Kerl" ist anerkennend: ein großartiger Mensch. — Als Adverb: sehr. „Wir war'n alle haarig besoffen."

Haben. „Hat sich wat!" wie Is nich! — Red. „Hat sich wat zu friehstücken!" (wenn nichts da ist.) „Hat ihm schon!" d. i. die Sache ist schon gemacht. (auch: Hat ihm schon an' Mützenschirm!) — „Wer nich will, der hat schon!" — „Ich weeß nich, wat de immer hast!" —

„Warum jolln wa denn nich? Wir könn't ja, wir haben't ja dazu!" — „Man h a t es ja, es is ja d a!" (aus „Der Aktien-budiker" von Kalisch.) — Red. „Hat keener keenen Schwamm nich?" — „Nee, haben dun hab ick keenen, aber kriejen kann er sind, der ick welchen due" (So steht die Red. bei Glaßbrenner, Berliner Fuhrleute 3. Aufl. 1843; der Scherz ist älter.) — s i ch h a b e n, sich zieren, ängstlich tun, sich aufregen. „Jott, hab da man nich!" — „Hat d e r sich!" Hier kommen auch Formen vor wie „du habst dir, er habt sich."

H a b e r m., Hafer. „Er jibt langen Haber" d. i. Schläge.

H a b e r i g, von einem, der sich hat. „Mama is fonst nich haberig, aber wenn se 'ne Spinne sieht —!"

H a c k e f., Hacken (Ferse).

H a c k e b r e t t. Red. „Ick wer 'n wat uf't Hackebrett lejen!" d. i. in sehr starkem Ausdruck: ich werde mich hüten, zu tun, was er erwartet!

H a c k e n m. 1) Ferse. 2) Stiefelabsatz. — s. a. abloofen.

H a c k e n, festsitzen, kleben. „Die Briefmarke will nich hacken." — „Bleib man nich hacken!" Scherzhaft z. B. auf die Frage: „Wo is denn Schulze jeblieben?" — „Hier hackt er". — Red. „Det laß man hacken!" d. i. tu das nicht! (warnend). — „Der hackt bei mir" d. i. er hat Schulden bei mir.

H a c k u p m., was vom Kuhkäse oben heruntergeschabt wird.

H ä n g e n, wie hacken. „Hier hängt er" d. i. hier ist er.

H ä n g f e l m., Schleife am Rock (zum Aufhängen).

H ä u f f k e n. Red. „Er sitzt da wie'n Häuffken (Klump) Unjlück."

H ä u p t e r m., Anführer, Leiter; der Häupter vons Janze.

H a g e l. Red. „Alle Hagel (nich noch eens)!" (verwundert.)

H a g e l für Havel in Hagelstinte und Hagelweg (Weg zur Havel bei Zehlendorf).

H a h n. Red. „Nur nich ängstlich, sprach der Hahn zum Rejenwurm" (u. s. w.) — Kinderscherz: „Du kannst doch nich nachsagen, was ich dir versage. Sage mal: Der Hahn, der Hahn, un nich die Henne!" (Die Lösung ist die, daß nur die ersten vier Wörter nachgesprochen werden dürfen.)

H a f e n, f i ch, sich zanken.

H a l b. Red. „H a l b sind wir einig — i ck will." — „Det dauert ja 'ne halbe Ewigkeit, bis der wiederkommt!" — Antwort auf die Frage: Wie geht's? „Halb un halb!" oder „Mampe." (Halb und halb und Mampe sind Schnäpse.)

H a l s. „Er hat se an Halse" d. i. er ist mit ihr verlobt. — „Ick ärjere mir noch de Schwindsucht an Halse". — „Die Jeschichte wächst mir zum Halse raus". — Ein Orden, der um den Hals getragen wird, ist „eener zum Halse raus." — „Der kann doch 'n Hals nich kosten!"

H a l s a b f ch n e i d e r, Wucherer.

H a l t e n. Red. „Et läßt sich halten" d. i. es ist nicht so bedeutend.

H a l w e j e, halbwegs, ziemlich. „Wie jeht's denn?" — „Na so halweje." — „Machen Se't man hälweje!" d. i. übertreiben Sie nicht.

†H a m b u r j e r M i l l k a f t e n. Red. „Der is 'n Witz aus'n Hamburjer Millkasten."

H a m b u t t e f., Hagebutte.

H a m m e l b e e n e. Red. „Dir wer'f bei de Hammelbeene kriejen!" (Drohung.)

H a n d. Red. „Nich in de Hand!" vgl. la main.

H a n d j e l d wurde von den Marktleuten mindestens die ganze erste Woche nach Eröffnung des Weihnachtsmarktes genommen. „Sie, j u n g e Frau, woll'n Se mir keen Handjeld jeben?" Auf das Handjeld wird gespuckt, damit es Glück bringt.

H a n d f ch u h. f. Hanschuh.

H a n d f ch u s t e r, Handschuhmacher.

H a n d r u ch (f ch m a l e s), hohes schmales Haus. vgl. Laterne.

H a n e b ü ch e n (auch hambüchen, hambuchen), derb, grob. „'n hanebüchner Kerl."

Hanf. Red. „Der hat durch 'n Hanf je-
luckt" d. i. er hat sich erhängt.

Hanne f., Schwächling. Ähnlich Hannefaßte (s. Faßte). Hannefaßte Domino
(auch Domini), Hannepampe, Hannepiepe,
Hanne mit 'n Juß! — Hanneken. „Er is
man so'n Hanneken" d. i. ein Mensch
ohne Kraft und Energie.

Hanschuh (plur. auch Hanschen), Handschuh. Klassische Definition: „Hanschuh
is, wo man, wenn man keene hat, och
de Hände in de Hosentaschen stechen kann."
Red. „Is meinen Vater janz recht, der
mir de Fingern verfrieren; warum keeft
er ma keene Hanschuh!" (aus den Berliner Witzen.) — (Bezeichnung großer
Hände): „Hanschuhnummer 13¾ mit
vorjesetzte Knöppe un ausjeredte Finger."
Ebenso: „Hanschuhnummer draußen (d. i.
wie der große goldne Handschuh draußen,
das Geschäftszeichen) — nächste Nummer:
Strümpe!"

Happen m., Bissen. Dim. Häppsten. „Er
zehlt eenen de Happen in' Mund" d. i.
er sieht gierig zu, wie man ißt. — „Sie
sind wol 'n Happen kä?" (auch): 'n
Happen dumm?) d. i. Sie sind wohl
verdreht?

Happenpappen m., großer Bissen. 'n
orntlicher Happenpappen!

Happig, stark, viel; z. B. „Er hat dausend
Daler verloren." Antwort: „Det is happig."

Harke. Red. „Ich wer dir zeijen, wat 'ne
Harke is!" (drohend).

Hart. Red. „Hart, aber jerecht!" — „Verzeihen
Sie das harte Wort!" (geflügeltes Wort aus
den Briefen Wippchens von Julius
Stettenheim in den „Berliner Wespen";
es ist aber älter.

Hartleibig. „Er is hartleibig" d. i. er
will nichts „rausrücken".

Harung m., Hering.

Hase. Red. „Mein Name is Hase, ich
weiß von janichts (un kann meine Aus-
sage beschwören)!" — „Mein Haseken,"
Kosewort. „Nee, mein Haseken!" freundliche Abweisung.

Hasenbrot. Daß der Hase Brot bringt,
ist ein in Norddeutschland weit ver-
breiteter Glaube. In Berlin heißt Hasenbrot das sogenannte Korbbrot, das in
einem Korbe gebacken ist, sodaß man das
gerippte Muster des Korbes auf der Rinde
erkennt.

Hasenjagd. „Det is de reene Hasenjagd" d. i. es geht zu hastig.

Haue (plur.), Schläge.

Hauen, schlagen. Red. „Haut ihm!" —
„Eh ick mir hauen lasse —!" sc. will ich
es lieber tun; z. B. wenn man zu einem
Frühstück eingeladen wird.

Haupthahn. „Er is 'n Haupthahn bei
die Jeschichte" d. i. einer der Tätigsten.

Hauptjebäude. „Du triffst eens uf's
Hauptjebäude!" d. i. an den Kopf.

Hauptkerl. Red. „Du bist 'n Hauptkerl!" (d. i. Schlaukopf, ironisch.)

Hauptmucker, Anführer, Macher.

Hauptspaß, großer Spaß.

Haus. Red. „Jeh ze Hause — laß dir
kämmen!" auch: „Jeh ze Hause — wasch
dir 'n Bauch!" (ist drohend.)

Hausknecht. Red. „Er hat von sein'
Hausknecht Jebrauch jemacht" d. i. von
seinem Hausrecht; also: er hat ihn hinauswerfen lassen. vgl. Dreier.

Hausknochen. 1) Hausknecht. 2) Haus-
schlüssel.

Hausmöbel (so'n olles), alter Diener
u. ä., Factotum, Inventarium.

Haut. Red. „Ziehet ab die Haut ihm —
haut ihm, haut ihm!"

Haute volaute für haute volée.

Heben, eenen, trinken (Schnaps).

Hebestelle, Schenke an der Landstraße.

Hebräisch. „Meine Uhr lernt hebräisch"
d. i. sie ist versetzt.

Hecht. 1) Tabaksqualm im Zimmer. „Hier
is 'n Hecht — nich zum durchhaun!"
Auch: „Da kann man ja nich mit'n
Sebel durchhaun", „den kann man ja in
Scheiben schneiden", „da kann man ja
Kese von schneiden." 2) 'n netter Hecht,
von Menschen (wie Heft).

Hechtsuppe. Red. „Er zieht wie Hechtsuppe" (vom Luftzug; Wortspiel: Fischsuppe muß lange ziehen).

Heeßen, heißen. Ein Vater verbessert das Berlinisch seines Sohnes: „Heeßen heeßt er nich; heißen heeßt er." — „Der heeßt —" (Anfang einer scharfen Erklärung: „Der heeßt — wenn Se nu nich stille sind —!"

Heft. „'n netter Heft!" (ironisch) von einem Menschen, wie 'ne nette Flanze!") — „Verrückter Heft!"

Heftig. „Der is 'n bisken heftig" d. i. zuviel gefordert.

Heiden=, verstärkender Zusatz: Heidenblödsinn, Heidengeld, Heidenulk u. ä.

Heidsehn, verloren gehen.

Heil. „Alles heil?" (scherzhaft für All Heil) Zuruf an Radfahrer. Auch: „Heilt alles!" zum Troste.

Heilig. Red. „Da kannste dir heilig druf verlassen!"

Heiter. Red. (ironisch). „Der is ja recht heiter!"

Heimlich, durchtrieben. „Der is so 'n Heimlicher!"

Held. Red. „Du bist mir 'n scheener Held!" (ironisch.)

Helfen. „Warte, dir wer 'k helfen!" (drohend). — „Helf er sich, kleiner Mann!" d. i. helfe er sich, ich kann nichts dafür; wohl der polnisch=deutschen Sprechweise nachgebildet.

Helgoland. Red. „Immer Helgoland!" Aufmunterung zur Arbeit.

Helle, hell, klug. 'n heller Junge. — „Wir sind helle!" (pluralis maiestatis).

Hellichr, hell. Am hellichten Dage (auch am hellerlichten Dage).

Helling m. Eine Semmel besteht aus zwei Teilen; diese heißen Hellinge.

Hellisch, höllisch, stark; als Adv. sehr.

Hemde. „Der hat keen Hemde an!" sagt ein Junge höhnisch zum andern und weist mit dem Finger auf ihn. Wenn der andere entrüstet den Nachweis führt, daß er ein Hemde hat, so sagt der Spötter,

er habe seinen Zeigefinger gemeint. — „Wo is denn Franz?" — „In't Hemde!"

Hemdenmaß, Hosenmaß, von Kindern.

Herein! ruft man, wenn etwas mit Geräusch fällt.

Hering. Mager wie 'n ausjenommner Hering. — 'n wahnsinnjer Hering (von Menschen). — Scherzhaft wird als Leibgericht genannt: Saurer Hering mit Schlagsahne; Rollmops mit Schokoladensauce.

Heringskopp, Ladendiener im Kolonialwarengeschäft. Ebenso Heringsbändiger.

Herr. Red. „Herr, sieh dein Volk an — lauter Zijeiner!"

Herr Je! — Ach Herr Je Herr Je! — — Ach Herr Jemine! — Ach Herr Jemersch nee! (sächsisch.)

Herrchen nennt sich der Hundebesitzer. „Komm bei Herrchen!" Ebenso Frauchen.

Herrenwinter, angeklebte Löckchen an den Schläfen (bei Damen).

Herrjott. „'n steiwer (hölzerner) Herrjott" d. i. ein steifer Mensch.

Herrn. Grußformel: „Morjen, die Herrn!" „Mahlzeit, die Herrn!" — „Deine Herrn Eltern."

Hete, Hedwig.

Hetscheln un retscheln, hegen und pflegen, liebkosen.

Hetze, Menge. „Der hat 'ne janze Hetze" (z. B. Kinder).

Hetzen. Red. „Ich will nich hetzen, aber — ts, ts!"

Heu. Red. „Er hat Jeld wie Heu."

Heuochse, Heuferd, Schimpfwörter.

Heute. „Heute mir, morjen jestern." Alter Unsinn.

Heuwagen. Red. „Da kann eech 'n Heuwagen rinfahren" (wenn einer gähnt).

Hieb. 1) Schluck. 2) kleiner Rausch.

Hier. Red. „Sie sind wol nich von hier?" d. i. wohl nicht gescheit (sc. wie man in Berlin ist).

Hierher. „Der ha't bis hierher" (wobei die rechte Hand bis an den Hals erhoben wird) d. i. es ist mir zum Ekel.

H i m m e l. Red. „Himmel, haste keene Flinte? (Schieß mir mal acht Froschen vor!)" Nach 1870 auch: „haste keenen Chassepot?" — „Himmel un Menschen!" d. i. weiter sah man im Gedränge nichts.

H i m m e l f a h r t s s c h l i p s, der über den Kragen hinaufgerutscht ist. Dann heißt es: „Mensch, wenn de keenen Kopp hättst, würdste jetz 'n Schlips verlieren!"

†H i m m l i s c h. Red. „Himmlische Cha= lotte!" statt: o Himmel!

H i n b r i n g e n. „Ich weeß 'n Oogenblick nich, wo ich 'n hinbringen soll" d. i. ich kann mich nicht erinnern, woher ich ihn kenne.

H i n j e r o g t. z. B. beim „Knobeln": „Zwölwe — wie hinjerogt!"

H i n k e l d e i, einer, der hinkt.

H i n s c h l a g e n. Red. „Da schlag eener lang hin (un steh kurz wieder uf)!" — vor Staunen.

H i n s p u c k e n. Red. „Wo man hin= spuckt, 'n —"

H i n t e r b l i e b e n. Red. „Der is traurig vor de Hinterbliebnen."

H i n t e r h e r. „Er is furchbar hinterher" d. i. sehr eifrig.

H i n t e r j e s t e l l. Red. „Mensch, hast du 'n Hinterjestell!" d. i. dauert das lange!

H i n ü b e r. Red. „Der is hinüber" (wie kaput).

H i p p e l n, hüpfen.

H i t z e. Red. „Hast wol Hitze?" d. i. bist wohl verrückt? — „Na bei die Hitze!" besonders als Vorwand, wenn man etwas nicht tun will.

H o c h. Red. „Der hat wol nich hoch jelesen?" (wenn einer etwas Hübsches zeigt, aber den Argwohn erweckt, daß es gestohlen sei.) — Hoch nehmen, übervor= teilen. — Hohe Schule wird das Gym= nasium von solchen genannt, die ihm fern stehen. — 'ne höhere Tochter, von „höhere Töchterschule" abgeleitet.

H o c h n e s i g, stolz.

†H ö k e r s c h e. 'ne Hökersche, Obstfrau.

H ö r e n. Red. „Zu den muß man „Hörn Se mal" sagen" d. i. er verlangt eine sehr höfliche Behandlung. — Anders: „Abendbrot ha'm wa jestern jetricht" der sagt überhaupt: Hörn Sie!"

H o f. „Uf meinen Hof darfste aber nich kommen" sagt man boshaft zu einem, der Musiker werden will.

H o f f e n. Red. „Hoffen wir das Beste, lieber Leser! ('t schlechte kommt von alleene.)" — „Hoffen wir 't Beste un überlassen wir Jott 't Übrije." — „Hoffen wir 't Beste un erwarten wir 't Schlimmste."

H o h l h i p p e (auch Hohlippe), Hülle für Schlagsahne in Tüten= oder Röhrenform.

H o j a p p e n, gähnen.

H o n i, für Honig bei den Straßenhändlern, die mit eigentümlichem Tonfall rufen: „Honi—Honi—scheenen Blietenhoni!"

H o n i g. „Er schmiert 'n Honig an de Backe" d. i. er schmeichelt ihm.

H o l t e r d i p o l t e r (Hullerdebul= ter), Bezeichnung eines dumpf polternden Geräusches.

H o l z e (plur.), Schläge. „Keilerei muß sind! Holze muß et jeben!"

H o n e c k e n, verhöhnen. Neuere Formen dafür sind honiepeln, honiejeln, hone= piepeln, verhonepiepeln.

H o p p e i t e n, Sachen; z. B. von einem der abreist: „Er nimmt seine janzen Hop= peitens mit."

H o p p e l p o p p e l m., Gemisch aus Eiern und Zucker, die Kehle geschmeidig zu machen. — Auch ein Gemisch aus Fleisch, Rühreiern und Kartoffeln.

H o p p e n s t a n g e, langer Mensch.

H o p p e w a h r e! Gott bewahre! So auch Hotteken (Dimin. von Gott) und Hroschen für Groschen; es ist ein mißlungenes, zum Gutturalhauch abgeschwächtes g.

H o p s j e h n, sterben.

H o p s e r m. Red. „'n Hopser is keen Walzer." Der deutsche Walzer hatte sechs Pas; man tanzte ihn aber zu derselben Melodie auch so, daß man abwechselnd mit jedem Fuß zwei Sprünge machte, von denen der erste $^2/_8$, der letzte $^1/_8$ dauerte. Dies war der Hopser.

Hopsen, auf einem Bein hüpfen, z. B. beim Schafskopp. (s. die Spiele).

Horchen für hören. „Horch mal zu, ich will dir was sagen".

Horchlappen, Ohren.

Hornochse, Schimpfwort.

Herrjott! Herr Gott!

Hosen. Red. „Womit sind 'n die Hosen jefüttert?" fragt man, wenn man einem in die Beine kneift. — „Den wer'k mal de Hosen stramm ziehn" d. i. überlegen und durchprügeln.

Hosenknopp. Red. „Du bist 'n starken Mann sein Hosenknopp" (zu einem, der sich aufspielt).

Hottehü, Hottehüferd, Hotteferd, Kinderwort für Pferd. Hottebühnletten gibt es beim Roßschlächter gleich gebraten.

Hottepese f. „Olle Hottepese!" (schwebt zwischen Fakke! und Ochse!)

Hotz Donnerwetter! Auch Kotz Donnerwetter! Hotz Deibel!

Hubel, Hobel. „Du kannst mir 'n Hubel ausblasen!" (Ausdruck der Verachtung). Hubelspene.

Hucke f., Gestell zum Tragen auf dem Rücken; nur in den Redensarten: sich de Hucke voll lachen und eenen de Hucke voll lügen.

Hucken, hocken. Huckezeck, Kinderspiel.

Huckepacke (auch Hackepacke) tragen, auf dem Rücken tragen.

Hucker m., Höcker. Huckerig.

Hübsch, für sehr, recht. Hübsch jroß. Hübsch artig, hübsch ordentlich. — „Bleiben Se hübsch jesund!" — Für gut: „Schmeckt hübsch". vgl. scheen.

Hühnerkieke f. Red. „Er hat de Hühnerkieke" d. i. er hält beim genauen Hinsehen den Kopf schief (wie Astigmatische tun).

Hühnerooge. „Jetzt ha'm Se mir 't beste Hühnerooge abjetreten." — „Jlooben Se denn, ich habe meine Hühneroogen jestohlen?" — „Den wer't uf de Hühneroogen treten" d. i. ihn zur Rede stellen.

Hüten. Red. „Hüten wer't ma!" d. i. ich werde mich hüten.

Huhn. „Verrücktes Huhn!" (ist anerkennend, beinahe ein Kosewort).

Hujanen, gähnen.

Huje, Hugo. Red. „Huje, wie tief bist du jesunken!" — Hugo auch scherzhaft für haut-goût.

Hulaner, Ulan.

Humpeln, hinken.

Hund. „Untern Hund! (unter allen Hund)" d. i. unter der Kritik. — „Der wird bald uf'n Hund kommen!" d. i. herunterkommen. Red. „Det jönn ich keen' Hund." — „Die Angst jönn ich keen' Hund!" sagt z. B. einer, der ein gewagtes Spiel gewonnen hat. — „Det is ja ooch keen Hund!" d. i. auch nicht schlecht. — „Ich friere hier wie'n junger Hund". — „Wenn de Hunde dick sind, friert se!" d. i. nach dem Essen ist man faul. — „Er is bekannt wie'n bunter Hund." — „Er jibt mehr bunte Hunde." — „Er is um junge Hunde zu kriejen." — „Det kann ja 'n (janz kleenen) Hund jammern!" (etwa: so schlecht wurde gespielt.) — „Nur für Hunde" (Zauninschrift). — „Schimpfen Se doch nich jleich schieler (krummer, lahmer) Hund!" — „Ich seh aus, un wenn 't junge Hunde rejent!" — „Kommen wir über'n Hund, kommen wir über'n Schwanz!" d. i. wenn wir erst soweit sind, werden wir schon fertig werden. — „Hund vor'n Froschen!" (scherzhaftes Schimpfwort). — „Det kommt jleich nach 't Hundeköln" d. i. das ist eine widerwärtige Arbeit.

Hundebillig, spottbillig.

Hundefrölen (= fräulein), alte Dame, die Hunde hält und sie zärtlich pflegt. Ursprünglich soll eine bestimmte alte Jungfer in der Elisabethstraße um 1830 so genannt worden sein.

Hundekälte, starke Kälte.

Hundeleben, elendes Leben.

Hundestall. Red. „Hier is et kalt wie in' Hundestall."

Hundeturkei, Gegend zwischen der Tegeler und der Dalldorfer Chaussee.

Hundewetter, ein Wetter, bei dem man keinen Hund hinausjagt.

Hundezucht, Unordnung; unangenehme Sache.

Hundskanalje, Schimpfwort.

Hundsleben plur., auch Hundslohn m., Schelte, Vorwürfe.

Hunger. Scherz: „Ick habe so'n Hunger, der ick vor Durscht nich weeß, wo ick de Nacht schlafen soll, so friert mir."

Hurrah die Enten! Red. (wenn etwas lange Erwartetes endlich kommt.)

Hurrjott, Herr Gott! Red. „Hurrjott, sind wir verjnügt — un haben't janich nötig!"

Husar. „'n brauner Husar", Floh.

Husche f., Platzregen.

Husten. Red. „Ick wer dir wat husten (auch pusten)!" (Abweisung einer Zumutung).

Huststange (spr. Hußstange), Zuckerstange für Kinder.

Hut. „Der is jetzt den sein Freind". Antwort (ironisch): „Na, den kann er sich an' Hut stecken!" — Red. „Is man jut, det der Mann seinen Hut wieder hat!" sagt man, wenn eine uninteressante Erzählung zu Ende ist. — „Halt mal 'n Hut (de Tasche) uf — ick will ausspucken." — „Immer mir'n Hut (auch Hutt)!" (der feine Hut, im Gegensatz zur ordinären Mütze). Auch: „Immer mit 'n Hut un mitten uf'n Damm!" Dann viel angewandt, als Frauen anfingen, runde Hüte (statt der Façonhüte) zu tragen. — Im Jahre 1845 entstand der „Verein der Nichthutabnehmer" (eigentlich der Freunde mit dem Hut) unter dem Vorsitz des Dr. Weil; er wurde auch der Verein „immer mit'n Hut" genannt. Er besteht noch heute unter dem Namen „Verein der Freimütigen", hat aber seinen ursprünglichen Zweck aufgegeben; doch führt er noch einen Hut im Wappen.

Hurische (auch Hirsche) f., Fußbank.

Hutschnur. Red. „Det jeht (mir denn doch) über de Hutschnur! d. i. das geht mir zu weit.

J. (i).

J ist Interjektion der Verwunderung und der Abwehr: J wat! J seh mal an! J wat Sie sagen! — Jwo! (d. i. keineswegs.) J man nich! J wo wer't denn! — „J wie meenen Sie des?" nannten die Berliner höhnisch das allegorische Festspiel „Des Epimenides Erwachen" von Goethe, das am 30. März 1815 aufgeführt wurde.

Ick, ich. Wenn es allein steht, ick e (seltener iche); z. B. „Wer is'n da!" — „Icke!" — „Als wie icke?" d. i. bin ich gemeint? — Red. „Ick nich — wer noch?" — „Erst komm ick, un denn komm ick noch mal, un denn kommt 'ne janze Weile janischt, un denn kommen de andern (un denn kommst du noch lange nich)."

Idee. Red. „Keene Idee!" d. i. durchaus nicht. — Idee wird häufig für ein bischen gebraucht, z. B. „Drinken Se doch noch 'n bisken Kaffe — bloß noch 'ne Idee!" — „'ne Idee weiter ruf!"

Jjel, Igel (d. i. Egel). Red. „Der sauft wie'n Jjel".

Jkleim m., auch Jkelbotze f., kleiner Spreefisch (Ükeleye).

Illuminiert, betrunken.

Immer. Bejahung: „Na immer!" Red. „Der war schon immer!" Wenn z. B. ein Milchtopf einen Sprung bekommen hat, sagt es der, der dafür verantwortlich gemacht wird.

Immerzu, fortwährend. „Immerzu (un alle Dage)!" Abweisung einer negativen Behauptung: „Det kannste doch nich heben!" — „Immerzu (un alle Dage)!" Auch als Formel der Erlaubnis: „Kann ick 't ihm wiedersagen?" — „Immerzu!"

Jn. In eens weg, d. i. ohne Unterbrechung. „Der har's in sich" d. i. es ist schwierig.

Inaasen, beschmutzen.

Inballern, stark heizen.

Inbrocken (sich wat), sich in eine üble Lage bringen.

Indewidjum (Indewidduum), Individuum, als verächtliche Bezeichnung: „Vor mir biste überhaupt bloß 'n Indewidjum!"

Infall s. Einfall.

Infallen. „Det fällt mir janich in!" — „Fällt mir ja nich in Traum in!" — Kinderscherz: „Wat fällt dir denn in?" — „Wat dir ausfällt!"

Infamia f., schlechte Cigarre. (Canaljeros infamia).

Infämt (infamicht), niederträchtig. „Infamter Esel!"

Infautenza f., Influenza.

Inhaken, unterfassen.

Inhauen, stark zulangen, beim Essen.

Inholen, (Lebensmittel) einkaufen. „Se jeht inholen".

Injenommen. Red. „Sie haben wol zum Reden injenommen?"

Injeschenken, eingeschenkt.

Inkacheln, einheizen.

Inkriejen. 1) einholen. 2) von der Medizin bei Kranken. „Wat hat er'n injekricht?"

Inlochen, einsperren.

Inmuddeln, beschmutzen. „Du hast dir wieder scheen injemuddelt."

Inmummeln, dick und warm einhüllen.

Inpacken. „Packen Se in!" d. i. gehen Sie ab. — „Der kann inpacken" d. i. er ist abgetan. (Von dem Hausierer und Packträmer, den man auffordert, seine ausgekramte Waare zusammenzupacken.) Daher auch: „Se hat injepackt" (nämlich ihre früher zur Schau gestellten Reize) für: sie ist häßlicher geworden.

Inpökeln, einsegnen.

Inpummeln, wie inmummeln.

Inrammeln, einrammen.

Insacken, Geld einnehmen.

Insauen, beschmutzen.

Inschrumpeln, einschrumpfen.

Inschustern, (Geld) einbüßen. „Er hat sein janzet Jeld bei injeschustert." — „Er hat injeschustert" d. i. er hat Bankerott gemacht.

Inseefen. 1) betrügen. 2) auf Verabredung betrunken machen.

Inspunnen (einspunden), einsperren.

Instippen, eintunken. Stippe machen (Kinderwort).

Insultieren für konsultieren. „Herr Dokter, ich muß Ihnen insultieren."

Intreiben. 1) einschüchtern. 2) (den Hut) andreiben. s. d.

Intus. „Ick habe schon sechs Seidel intus."

Inweihen heißt die Sitte, nach der die älteren Schüler einer Klasse die neuversetzten zur Weihe verhauen. — seinen Hut inweihen, (auch inweichen), zum ersten Mal aufsetzen oder naß werden lassen.

Inwickeln, betrügen.

Irjendwo. „Ihnen muß ick doch schon irjendwo jesehn haben?" — „Det kann schon sind, da komm ick manchmal hin!"

Irretieren, beirren.

Is nich! Form der Abweisung. „Kann man hier durch?" — „Is nich, jehn Se hinten rum!" — „Wenn't nich is, denn is 't nich!" d. i. dann ist es auch nicht schlimm. — „Is det noch nischt?" „Det is wol noch nischt?" — s. auch denken.

Italienklot s. Taljenklot.

Italjeensblatt, Intelligenzblatt.

Itsche (i lang) f. Nur in: besoffen wie 'ne Itsche; wohl = Igel; s. d.

Itzen, stehlen.

J (j).

(Hier auch alle die Wörter, die im Hochdeutschen mit G anfangen.)

Ja. „Ja doch!" und „Nee doch!" unwilliges ja und nein. — Ja woll ech (ja wohl auch) bedeutet: „Das ist nicht der Fall" oder „das fällt mir nicht ein."

Jabe. Red. „Der hat keene Jaben" d. i. keinen Zweck.

Jabel. „Er ißt mit de fümfzinkije (fümfstachlije) Jabel" d. i. mit den Fingern.

Jachern, wild spielen (von Kindern).

Jacke. Red. „Det is 'ne alte Jacke" d. i. das weiß man längst, das ist immer so gewesen. — aus de Jacke jehn, d. i. aus der Haut fahren. — eenen in de Jacke schwenken, d. i. einen trinken. — „Det is Jacke wie Hose" d. i. eins wie's andere. — eenen de Jacke auskloppen, ihn durchprügeln. „Dir hau ick noch mal de Jacke voll!"

Jackenfett, Schläge. s. a. Semmel.

Jänsewein, Wasser.

Jagen. Red. „Damit könn' Se mir jagen!" d. i. das mag ich nicht (z. B. sauere Linsen). — „Und so jagte (jug) ein Witz 'n andern!" (wenn die Unterhaltung langweilig wird.)

Jakob. Red. „Det is der wahre Jakob" d. i. das richtige Mittel.

Jaljenholz. Red. „Er is falsch wie Jaljenholz."

Jaljenposementier, scherzhaft für Seiler.

Jammerholz, Guitarre, verstimmtes Klavier.

Jammerjestell, elend aussehender Mensch.

Jammerlappen m., schwacher, feiger Mensch.

Jammerschade, sehr schade.

Jampe f. 1) Holzpfropfen im Spundloch. 2) Knabenspiel. s. die Spiele.

Jampeln, begierig sein.

Jampfen (jüd. Ganef, Dieb) stehlen; nur im Particip jejampft.

Jang. in Jange bringen. „Et is nich in Jange" d. i. nicht im Betrieb. „Dir wer ick uf'n Jang bringen!" d. i. zur Ordnung. vgl. Drah.

Janischt. Red. „Det is janischt Kleenes!" (alter Zusatz: „wie wenn'n Ochse in' Lehm fällt." Jetzt: „wenn'n jroßer Ochse in' Dreck fällt.") — „Ick sage janischt!" d. i. ich übernehme keine Verantwortung. — „Keen janischt" bei Aufzählungen, z. B. „Aber ooch nischt is da, keen Salz, keen Feffer, keen janischt!" — „Macht fast janischt!" höfliche Ablehnung einer Entschuldigung. Der Witz liegt darin, daß das unscheinbare „fast" den Wert der höflichen Erwiderung vernichtet.

Jans. Red. (scherzhafte Häufung des j für g) „Eine jute jebratne Jans is eine jute Jabe Jottes."

Janz, ganz. „'n janzen halben Hering." — janze Stiebel, d. i. nicht zerrissene. „Er hat keen janzet Hemde mehr." — „Janz wat Feines!"

Japsen, atmen, schnappen. „Ick kann nich mehr japsen."

Jardinjarten (französf. jardin), Garten.

Jarschtijes (d. i. gastrisches) Fieber.

Jarten. Enge Hofräume, die zu einer Bierwirtschaft gehören, werden in Gärten verwandelt. Das Verfahren ist einfach: man streicht die Laternenständer grün an und stellt zwei oder drei kümmerliche Gewächse in Kübeln auf. Dann kann der Wirt sagen: „Jottlieb, drage 'n Jarten rin, 't rejent" oder: „Drage mal 'n Jarten raus. Aber stell die beeden Oljander nich so dichte zusamm, det 't wie 'n Park aussieht."

Jas m., Gas. „Stich 'n Jas an."

Jast. Red. „Kellneer! 'n andern Jast!" (wenn man einem Tischnachbar in der Kneipe seine Mißbilligung ausdrücken will.)

Jaulen, schreien.

Jaunern, sparen.

Jbsen. Eine Dame fragt bei Tisch ihren Nachbar: „Kennen Sie Jbsen?" — Er versteht: Können Sie ibsen? und erwidert: „Nee; wie macht man 'n das?

Jeaicht. Red. „Er is druf jeaicht" d. i. er versteht es sehr gut. — In der Gewerbeausstellung 1879 fragte ein Mann, der der Fabrikation von Pralinés zusah: „Wat kost'n davon der richtije jeaichte Maul voll?"

Jebacken. Red. „Alle wie wir jebacken sind" d. i. wir alle zusammen.

Jebad't. „Ick wa naß wie'ne jebadte Katze."

Jebauchkitzelt, scherzhaft für geschmeichelt. „Ick fühle mir sehr jebauchkitzelt."

Jeben. „Jib dir man!" d. i. beruhige dich. — „Det sich d e r man jibt!" d. i. die Enttäuschung wird bald kommen. — „Wat jeben Se drum, wenn Se d e n nich jemacht hätten?" (nach einem schlechten Witz.) — „Jibs ja janich!" bei gewissen Rätseln. Z. B. „Ha'm Se schon mal 'n Schutzmann mit fliederfarbne Handschuh jesehn?" — „Jibs ja janich." „Doch, 't jibt ja ooch weißen Flieder." — Oder „Ha'm Se schon mal 'n Schutz= mann uf'n Damm jesehn?" — „Natier= lich, ofte." — „Jib's ja janich — er reit ja uf'n Ferd." — „Haste schon mal s o n n' k l e e n e n Schutzmann jesehn?" „Jibs ja janich." — „Jibs doch — aus Jips." (Wortspiel mit jibs.) u. ä.

Jebildet. Red. „Mensch, sei jebildt, wenn 't dir ooch schwer fällt! (Verstell dir mal 'n bisken!)"

Jeblaßmeiert. s. lejackmeiert.

Jebumfidelt. Red. „Fühle mir sehr jebumfidelt" d. i. ich fühle mich sehr jeehrt.

Jeck m., Spaß. „Au Jeck!"

Jecken, sich eens, sich freuen, besonders von Schadenfreude. Auch: „det jeckt ihn."

Jedächtnis. Red. „Det ick dir nich uf't Jedächtnis rippe!" d. i. an den Kopf schlage.

Jedanke. Red. „Mein erster Jedanke war Donnerwetter! — mein zweeter" usw. — „'n Jedanke von Schiller!" d. i. ein vor= trefflicher Einfall. — Rätsel: „Wat is schneller wie 'n Jedanke?" — „'n Ber= liner Droschkenferd; wenn man denkt: er fällt, denn licht er schon."

†Jedeje (Ton auf der 2. Silbe), ge= fügig, nicht anspruchsvoll. „Vor'n paar Jahr war'n de Mauerjesellen wie doll; se mußten janich, wat se fordern sollten. Jetz sind se sehr jedeje jewor'n."

Jeder. Red. „Det kann j e d e r sagen!" — „Da könnte 'n j e d e r kommen!"

Jediejen, gut; meist ironisch.

Jedrängt. „Jedrängte Wochenübersicht" von Bouletten, italienischem Salat u. ä.

Jedrang m., Gedränge.

Jeduld. Red. „Jeduld, Vernunft un Sauerkraut (Haberjritze)."

Jefährlich in besonderer Anwendung: „Du schreist ja jefehrlich!" — Det is ja janz wat Jefehrlijet!" — sich jefehrlich haben, d. i. sich zieren, sich ohne Grund aufgeregt zeigen.

Jefälle. „Du hast 'n jutet Jefälle" wenn einer viel auf einmal trinkt.

Jefällig. Red. „Da is wat jefällig" wie „da is der Deibel los." — „Wer det sagt, det is jefälligst 'n Esel!"

Jefallen. Red. „Det laß ick mir jefallen! d. i. das ist schön (recht). — „Det brauch ick mir nich zu jefallen zu jelassen." — „Jefällt mir sehr — bum!" (aus der Posse „Die wohltätigen Frauen" 1821.)

Jefallen m. Red. „Nu du mir eener 'n Jefallen!" sc. und erkläre mir das; also: das ist doch seltsam.

Jefeffert, übertrieben, z. B. von einer Rechnung.

Jefreite. Scherz: „Der Jefreite is der höhere Jrad der Jemeinheit."

Jehaben. Red. „Det is'n Jehabe un 'n Jedue (Getue)" d. i. da werden viele Umstände gemacht.

Jeheime Nüsse, Geheimnisse (scherz= haft).

Jeheimratsviertel, Stadtviertel vor dem Potsdamer und Anhalter Tor, jen= seits des Kanals. Jeheimratsjöre, Sohn eines höheren Beamten. Jeheimrats= kneipe, Weißbierlokal (früher Päpke), Jerusalemerstraße 8.

Jeheul. Red. „Auf ihn mit Jeheul!"

Jehn. „Dette jehst!" d. i. mach daß du fortkommst. — „J jehn Se (doch!)" d. i. das glaube ich nicht. — „Der hat ja rasch jejangen." — „Die Brücke jeht nich ufzu= ziehn (oder zum Ufziehn). — „Jeht'n der Rock noch auszubessern?" — Red. „Et jinge wol, aber et jeht nich." — „Da jeht er hin un singt nich mehr!" — „Se jeht mit ihm" d. i. sie hat ein Verhältnis mit ihm. — „Det jeht ja janich!" — „Wat nich jeht, muß jedragen wern."

„Wenn wir jehn, denn jehn wir alle!" wenn ein Gast früher aufbrechen will.

Jehören. Red. „Det jehört sich nich" d. i. das schickt sich nicht. — „Det wird sich (wol) ooch so jehören!" — „Det jehörte ihm" d. i. das war ihm recht.

Jehörig, janz jehörig, stark, sehr.

Jehoben. Red. „Er is alles jehoben un jelegt" d. i. es ist alles in Ordnung.

Jeist. „Wat is 'n der vor'n Jeist?" von einem neu eintretenden unbekannten Menschen. — s. a. Genieren.

Jeistlich. „Er sieht so jeistlich aus" d. i. blaß. Auch vom Kaffee gebraucht.

Jeizhammel, Geizhals. Ebenso **Jeizkragen.**

Jejenhalten, vorhalten. „So'n Frühstück hält jejen." „So'n bisken hält nich lange jejen".

Jejen wen denn? Frage, wenn man hört, daß sich einer verlobt hat. In demselben Fall fragt man auch: „Wo dient se denn?"

Jejend. Red. „O och 'ne scheene Jejend!" Büchmann findet den Ursprung in einer Stelle bei Glaßbrenner (1832): Zwei Frauen, deren Söhne in den Freiheitskriegen gefallen sind, unterhalten sich. Auf die Antwort der einen: „Bei Leipzig" erwidert die andere: „Ooch 'ne scheene Jejend!" Doch findet sich die Redensart bei Glaßbrenner so häufig, daß sie schon damals allgemein bekannt gewesen sein muß. — Von der flachen Umgegend seiner Vaterstadt sagt der Berliner ironisch: „Jejend, lauter Jejend, nischt wie Jejend!" — „'ne nette Jejend!" ironisch von einer schlechten Gesellschaft.

Jejenliebe. „Da wirste keene Jejenliebe finden" d. i. du wirst abgewiesen werden.

Jejenseitigkeit. Red. „Det beruht uf Jejenseitigkeit."

Jejenstand. 1) Red. „Det is keen Jejenstand" d. i. das ist nicht teuer. 2) † Liebster, Liebste. „Jeliebter (anjenehmer) Jejenstand" sagte z. B. der Soldat zu seiner Köchin. vgl. Verhältnis.

Jejenteil. „In Jejenteil" wird oft unpassend gebraucht; z. B. „Ha'm Sie nich heite Jeburtstag?" — „In Jejenteil!" — Oder: einer tritt dem andern auf den Fuß und fragt: „Hab ick Ihnen weh jedan?" — „O nee, in Jejenteil!"

Jejessen. Scherzhafte Umkehrung beim Verlassen einer Kneipe: „Wir ha'm doch alles jejessen, wat wir bezahlt haben?"

Jejönnt. Red. „Det war dir nich jejönnt!" (zu einem, der beim Essen einen Bissen fallen läßt.)

Jejröhle n., Geschrei, Gesang.

Jeklatscht. „Da war er jeklatscht" d. i. geschlagen.

Jeklöhne n., Gejammer.

Jekrazt, geschmeichelt. „Er fühlt sich sehr jekrazt."

Jelackmeiert, angeführt. Ebenso jemeiert, lackiert, jeblaßmeiert.

Jeladen. „Er hat schwer (schief) jeladen" d. i. er ist betrunken. — „Der is heite jeladen" d. i. er ist voll von Einfällen, Witzen u. ä. — „Du bist aber heite jeladen" kann auch heißen: du bist sehr reizbar.

Jeld. „Vor Jeld un jute Worte." — Red. „Jeld is bei mir immer 't wenigste!" (doppelsinnig). — „Jeld alleene macht nich jlicklich — man muß ooch wat haben." — „Jeld spielt keene Rolle!" (großartig.) — Wenn einer sagt: „Ick habe keen Jeld," so wird erwidert: „Keen Jeld hab ick ooch!" — „Allens vor unser Jeld!" sagt man, wenn z. B. von den neuen Offiziersmänteln die Rede ist: das wird alles von unsern Steuern bezahlt.

Jelejen. „Det soll Jold sind? Hat mal bei Jold jelejen!" (auch): „hat nich mal bei jelejen!") d. i. es ist unecht.

Jelitten, geläutet.

Jeloofe n., Laufen. Oft, wenn einer einen zu kleinen Einkauf machen will: „Hol doch man jleich vor'n janzen Dreier, det der Jeloofe nich immer is!"

Jelungen. 'n jelungner Kerl! d. i. ein origineller Mensch. Ebenso wird eine Geschichte, ein Witz, ein Einfall jelungen genannt.

Jemein (jemeene). „Ich kann mir doch nich mit all un jeden jemein machen!" sagt etwa ein Dienstmädchen. — Jemein heißt auch: ungefällig, nicht kulant, egoistisch: „Jib mir 'n Ende ab, sei nich jemein!" — jrundjemein. hundsjemein.

Jemeinerei f., Gemeinheit.

Jemensche n., verächtlich: Mensch

Jemiete. sich eenen zu Jemiete führen, d. i. trinken. sich (etwas) zu Jemiete zieh'n. 1) verrückt werden. 2) stehlen.

Jemietsmensch (ironisch), krasser Egoist. „Jemietsathlet" ist noch stärker.

Jemischt, ordinär, zweideutig (anstößig). „Die Jesellschaft ist mir zu jemischt." — „Du machst die Jesellschaft jemischt." — Auch zu einem Einzelnen: „Sie wer'n doch aber ooch zu jemischt." — Red. „Meine Mutter hat mir jesagt: wenn's jemischt wird, soll ich nach Hause jehn!" (wenn das Gespräch bedenklich wird.) Zusatz: „Wenn's jemein wird, soll ich bleiben."

† Jemlich (e lang), weichlich, von Speisen.

Jemüse. „Krummes Jemüse!" Scheltwort. „Du armes Jemüse!" (ironisches Mitleid.)

Jemüsejarten, Damenhut mit vielen Blumen.

Jenau. Red. „Det is nischt jenaues" d. i. nicht so, wie es sein soll. — „Is der 't jenauste?" d. i. lassen Sie (vom Preise) nichts ab?

Jenehmijen (eenen), trinken.

Jenießen. Red. „Se können de scheensten Keile jenießen". „Det können Se bei mir jenießen" u. ä. — Wenn man zusieht, wie einer gut ißt und trinkt; „Ja — Sie leben, Sie jenießen!"

Jenießer. 'n oller Jenießer, d. i. ein Lebemann.

Jenudelt, ganz satt. „Wie jenudelt."

Jenüjen. Red. „Das jenüjt!" (aus der Posse „Unsere Frauen".)

Jenung, genug.

Jenuß. „'n sojenannter Jenuß"; aus dem Lustspiel „Dokter Klaus" von L'Arronge.

Jepritscht. „Er is jepritscht" d. i. geschlagen, blamiert. (Pritschen kommt nicht vor.)

Jequatsche n., albernes Gerede.

Jequazel n., unnützes Gerede.

Jerammelt voll.

Jerben, sich erbrechen (wie kotzen). „Er kotzt wie 'ne Jerbertele (auch wie 'ne Jerbertiene)."

Jerecht. Red. „Jerechter Strohsack!" (gemilderte Imprekation.)

Jeretticht, gerettet.

Jerichtshof. „Herr Jerichtshof!" (Anrede an den Vorsitzenden.) Auch „Herr Kriminal!" — Klassische Zeugenaussage: „Ich saß un lag un schlief; un da sah ick, wie Willem den Anjust 'n Kessel an' Kopp schmiß, det ihn de Ringe um'n Hals klapperten; aber ob er'n jedroffen hat, Herr Jerichtshof — det weeß ick nich."

Jerichtszeitung, Speisekarte.

Jerieben, schlau.

Jeringst. „In jeringsten janich", nicht im geringsten.

Jerissen, schlau. „'n jeriss'ner Junge!"

Jerne. Red. „Nich mehr wie jerne!" d. i. sehr gern. — Wenn einem auf den Fuß getreten wird und der Täter sagt: „Entschuldjen Sie!" so wird erwidert: „Bitte sehr, war jerne jeschehn."

Jerührt. Red. „Na sein Se jerührt!" d. i. beruhigen Sie sich. — s. auch Appelmus.

Jerüste. Red. „Fall nich von't Jerüste!" d. i. verunglücke nicht. Aus Angelus Fest der Handwerker.

Jesabber n., Geschwätz.

Jesangbuch. 1) Spiel Karten. 2) Butterbrot (Klappstulle).

Jeschäft. Red. „'t Jeschäft bringt's mal so mit sich." Aus der Posse „Berlin bei Nacht." — „Mir fönn' Se ja sagen, ick bin doch aus so'n Jeschäft (aus so'n Laden)!" d. i. ich kenne ja die Verhältnisse. — „Det Jeschäft is richtig!" d. i. die Sache stimmt.

Jeschäftsverführer, Geschäftsführer; scherzhaft.

Jescheit für ordentlich, brauchbar. „Ick habe keen' jescheiten Kragen mehr."

Jeschichte. Red. „Mach man keene Jeschichten!" d. i. werde nur nicht krank. — „Faule Jeschichten!" d. i. das ist Schwindel.

Jeschickt. Red. (wenn einer etwas nicht gleich zustande bringt) „Det muß 'n Jeschickter machen!" (nämlich ich.)

Jeschirr nennt der Bauhandwerker sein Handwerkszeug; es wird auch Schleifzeug genannt.

Jeschlagen für voll: „Ick habe 'ne jeschlagne halbe Stunde jewart." (wie ausjeschlagen.) Vom Schlagen der Uhr.

Jeschmack. Plur. Jeschmäcker. Red. „die Jeschmäcker sind verschieden" d. i. de gustibus non est disputandum. (disputantibus scherzhaft.)

Jeschmadder n., schlechte, unsaubere Schrift.

Jeschmiert. Red. „Det jeht wie jeschmiert" d. i. sehr gut.

Jeschminkte Minna, Nachtomnibus.

Jeschrei. Red. „Viel Jeschrei un wenig Wolle!" (Jeschrei ist hier aus Geschere entstanden.)

Jeschwindigkeit. Red. (stud.) „Mit 'ne Jeschwindigkeit von 0,5", „mit der Jeschwindigkeit eines fliejenden Mokkakäfers."

Jeschwollen. 1) geldstolz. „Er macht 'n Jeschwollnen" d. i. er spielt den feinen (reichen) Mann. 2) pathetisch.

Jesellschaft. (verächtlich) „Ihr seid Jesellschaft!"

Jeseier n. (auch Jeseires, jüd.), Klagen. „Macht der 'n Jeseier!"

Jesichte. Ruf (um einen Unbekannten aufmerksam zu machen): „Sie da mit's Jesichte!" — „Stech dir (ranz dir) eene in't Jesichte (ins Lokal, in de Phisienomie, in de Visage)!" — „Stech dir doch eene in't Jesichte, det man sieht, wat bei dir hinten un vorne is." — „Kann ick Ihnen villeicht mit'n Ziehjarrn int Jesichte springen?" — Jesichte für Vorderseite: Hemden werden „ufs Jesichte jeplätt."

Bei einer Prügelei schlug einer „den Spiegel in 't Jesichte."

Jesichtserker, Nase.

Jespannt. Red. „Ick bin jespannt wie 'n Rejenschirm."

Jestatten. Red. „Jestatten Sie, det ick mir die Freiheit bediene" d. i. erlauben Sie.

Jestell. „Wat is 'n det vor'n Jestell?" d. i. was für ein Mensch ist das? bei auffallenden Gestalten.

Jestern. Red. „Bist wol von jestern?" (wie „nich von hier"). — „Der is nich von jestern" d. i. er ist ein gescheiter Mensch.

Jestohlen. Red. „Der kann mir jestohlen wern!" d. i. er ist mir gleichgültig, verächtlich. — Man zählt an den Rockknöpfen ab: „Jestohlen, jenommen, jefunden, jekooft, jestohlen!" (Die Röcke haben regelmäßig fünf Knöpfe übereinander.)

Jestrig. Red. „Du suchst wol 'n jestrijen Dag?" d. i. was suchst du?"

Jesund. 1) schlau, regsam, praktisch. 'n jesunder Junge. 2) ironisch: „Der soll sehr jesund sind!" — Red. „Wat meenen Se, wie jesund der is?"

Jesundbrunnen. Wenn einer niest, sagt man „Jesundbrunnen" und der Niesende erwidert „Pankow!" wobei das w gesprochen wird.

Jetraatsch (Jeträtsch) n., unnützes Gerede.

Jevatter. „Meine Uhr steht Jevatter" d. i. sie ist versetzt.

Jewalt. „Er will vor de Jewalt (nich) mit" d. i. durchaus (nicht).

Jewaschen. „Du kriest'ne Ohrfeige, die sich jewaschen hat!"

Jewesen. Man sagt z. B. Kindern bei einem halsbrechenden Spiel: „Wenn sich einer 'n Bein bricht — nachher will's keiner jewesen sind!" — „Vor't Jewes'ne jibt der Jude nischt."

Jewieft (auch jewiejt), schlau. „'n jewiefter Junge."

Jewiß. Red. „Nichts Jewisses weiß man nich." (Das Nichts bleibt hochdeutsch; es ist officiös.)

Jewegen. Red. „Bleiben Se mir jewegen!" d. i. lassen Sie mich in Ruhe.

Jewohne, auch jewohnde, gewöhnt. „Det bin ick schonst jewohnde."

Jewöhnlich, gewöhnlich.

Jewunken, gewinkt. Red. „Wird nischt jewunken!" d. i. das gibt's nicht.

Jibbel m., wie Jieper.

Jibbeln. 1) unterdrückt lachen. 2) wie jiepern.

Jichtjondel f., offener Wagen der Elektrischen; allitterierend wie Bimmelbolle.

Jieper m., Appetit. „Ick hab'n furchbarn Jieper uf Bratkartoffeln."

Jiepern, gierig sein; auch unpersönlich: „Den jiepert et nach —". „Hast wol 'n Jieperbillet? (wenn einer gierig zusieht, wie man ißt). Jieprig, gierig.

Jierpansch m., gieriger Esser. Ebenso Jierschlung m.

Jießen. 1) regnen. „Er jießt wie mit Kannen (Mollen)." 2) für begießen in Blumen jießen.

Jießkanne für Kopf in der Red. „Ick hau dir eene an de Jießkanne, det de Bruge wackelt!"

Jift. „Det schmeckt wie Jift un Jalle." — „Da nehm ick Jift druf" d. i. darauf wette ich. — „Da kannste ruhig Jift druf nehmen." — „Det Messer schneid wie Jift." — „Nun mir's Jift!" (wenn einer einen Schnaps trinkt.)

Jiftbude, Destillation.

Jiften, sich, sich ärgern. Auch: „Det hat mir jejift."

Jiftig, ärgerlich (auf).

Jiftnudel, schlechte Zigarre.

Jipsbeene, Füße mit weißen (Tennis-) Schuhen.

Jipskonditer, Stukkateur (an Fassaden).

Jipsverband, weiße Weste.

Jlanzpelle f., dünne Sommerjacke von Mixed-Lüstre.

Jlas. Red. „Du bist wol von Jlas?" d. i. dich darf man wohl nicht scharf anfassen?

Jlasee (mit weichem s), Glacé.

Jlaser. Red. „Is denn Ihr Vater Jlaser?" fragt man, wenn einer im Lichte steht. Ebenso: „Laß dir 'ne Scheibe insetzen!"

Jlasoge. Red. (zur Bezeichnung eines Beliebigen) „Der mit's Jlasoge an 'r Holzbeen."

Jlatt. „Det jeht eenen jlatt runter" z. B. eine schmeichelhafte Bemerkung.

Jleich. Red. „Er muß ja nich jleich sind (er hat ja noch Zeit)!" — „Wo hab ick Ihnen doch jleich jesehn?"

Jleichjültige Ecke. s. Pomade.

Jletscherhaft, sehr.

Jlibber m., Gelée.

Jlibberig, glatt, zum Ausgleiten.

Jlied. Red. „Det hat ihn lange in de Jlieder jelejen" (von einer Krankheit).

Jlimmstengel, Zigarre. Rückert nennt sie:

„Im landüblichen Kauderwelsch Zigarre,
Doch Glimmstengel berlinisch verneudeutscht."

Jlinik n., Klinik in der Ziegelstraße. „Ick war int Jlinik (in't Jlinekum)."

Jlitschen, gleiten.

Jlitschig, glatt. Jlibberig von Schmutz oder Nässe, jlitschig vom Glatteis.

Jloobe. Red. „Mein Jloobe is: sieben Pfund Rindfleesch jeben 'ne jute Brühe."

Jlooben, glauben. „Ick jloobe jar!" d. i. ich will nicht hoffen. Red. „Wer't jloobt, jibt acht Froschen." — „Wer't jloobt, wird selig!" (Zusätze: „un zahlt 'n Taler"! — „Wer't nich jloobt, kommt ooch noch dahin.") — „Er muß dran jlooben" d. i. es geht mit ihm zu Ende.

Alte Geschichte (aus der Zeit, als jeder einziehende Fremde am Tor seinen Namen angeben mußte): „Wie heeßen Sie?" — Fremder: „General Globich." — Torschreiber: „Ach war, jloob ich! sowar muß man doch wissen!"

Jlotzen, Jlotzoogen, große Augen.

Jlück. Red. „Da wirste keen Jlück mit haben" d. i. das wird dir nicht gelingen. — „Na der is dein Jlück!" (zu einem, der einer Strafe eben noch entronnen ist.) — „Wenn't Jlück jut is —"

Jlupen, stieren.

Jlupsch. 1) von unten auf, böse ansehend. 2) grob. „Der is immer jleich so jlupsch".

Jnaden. Red. „Denn jnade dir Jott!"

Jnarren, weinen, wimmern (von Kindern). jnarrig.

Jnatzen, in ähnlichem Sinne. jnatzig. Jnatzkopp. Ebenso

Jnauen (jnauzen). jnauzig.

Jneddern, wie jnarren (von Kindern); jneddrig, verdrießlich.

Jnietsche f., egoistischer Mensch. „Olle Jnietsche!" — Ebenso Jnietschhammel, Jnietschkatze, Jnietschkragen, Jnietschpeter. — jnietschig, geizig.

Jnitze f., Art Mücke (ceratopogon), Bartmücke).

Jo, ja; besonders in den Red. „Jo nich sehn!" und „Man jo nich!"

Jocus, wie Jux (s. d.) „Wir ha'm unsen Jocus mit ihn jehatt."

Jöre f., Kind. „Dumme Jöre!"

Johlen, wie jaulen.

Jold. Red. „Da is der Jold jesen!" d. i. es ist viel besser.

Joldleiste, ganz schmaler, langer Sechserkäse.

Jondeln. 1) gehen; losjondeln, abgehen. 2) im Kahn fahren.

Josse f., Rinne. In ganz Deutschland nennt man die Straßenrinnsteine Gossen, die Rinnen an den Häusern Rinnen. Der Berliner macht es umgekehrt, sagt aber für Rinne Renne oder Rennsteen.

Jott, Gott. „Jotte doch!" „Ach Jotteken doch!" — „Na Jott stärke!" — „Jott Strambach!" — „Jott steh mir bei!" (verwundert: z. B. „Jott steh mir bei — is det 'ne Kiepe!") — Nann mach dir mit 'n lieben Jott bekannt!" d. i. dein Ende ist nah. — „Sie sind wol janz von Jott verlassen?" d. i. Sie sind wohl nicht bei Troste?" — „Man muß 'n lieben Jott vor alles danken." — „Det reene Wort Jottes" d. i. guter Schnaps. — „Et is viel von Jotts Wort zu reden (un wenig davon zu halten)!" d. i. die Leute führen es im Munde, halten aber nichts davon. — „Jott sei's jepfiffen un jetrommelt!" — „Jroßer Jott von Holz, wie hart is dein Jesichte!" (verwundert wie: J du meine Jüte!) — „Jott erhalte Sie — aber meechlichst bald; un lassen Se Empfangsquittung ausstellen!"

Jottsjämmerlich verhauen. „Mir is jottsjämmerlich zu Mute".

Jottvoll, reizend. „Die Jeschichte is jottvoll".

Jrad. (poln.) „Ick hab'n Jrad!" d. h. Hunger. — „Ick hab'n Jrad uf'n Spazierjang" d. i. Lust.

Jrade! Nu jrade! Nu jrade nich! (wenn man einem, um ihn zu ärgern, nicht den Willen tun will). Red. „Jrade war Scheenes!" etwa auf die Frage: Wie kannst du das tun? — Jrade stehn, einstehen (die Verantwortung tragen). „Davor muß ick nachher jrade stehn".

Jradewohl, uf's, d. i. aufs geratewohl.

Jramassen (Jremassen), Grimassen.

Jranseesch, französisch (nach dem Städchen Gransee, acht Meilen nördlich von Berlin).

Jransen, heftig weinen.

Jrapschen, greifen.

Jras. Red. „Wo der hinhaut, wächst keen Jras."

Jraul m., Grauen. „Et jeht mir schon 'n Jraul an, wenn ick dran denke."

Jraulen, sich, sich fürchten.

Jraulich, furchtsam (besonders im Dunkeln, vor Gespenstern). „Eenen jraulich machen. Doch auch 'ne jraulije Jejend (in der man sich fürchtet). — „Die is so häßlich — da kann man kleene Kinder mit jraulich machen."

† Jrejorjus, Chirurgus.

Jreschtens, Groschen. „Nu man immer raus mit de Jreschtens!"

Jrieben (plur.). 1) die bräunlichen Teile des Schweinefetts, die nach dem Ausbraten des Schmalzes zurückbleiben. 2) Ausschlag am Munde. „Der hat Jrieben jenascht!" von einem, der diesen Ausschlag hat.) Die alte Erklärung ist: „Der hat jenascht; da hat 'n seine Mutter mit de Kelle wat uf't Maul jejeben, un da is 'ne Jriebe hacten jeblieben".

Jrien, grün. — in't Jriene jehn. („Willkommen ins Jriene", der alte Gruß bei Landpartieen.) — Bei Mutter Jrien (schlafen), d. i. unter freiem Himmel. †(Zusatz: „dritter Boom, ölfter Zacken", Bezeichnung der Wohnung eines Obdachlosen.) — „jrien un jelb un jämmerlich" d. i. elend aussehend. — Der jriene Wagen (auch der jriene Anjust, de jriene Minne), Polizeiwagen zum Transport der Verbrecher. — De jriene Neune, das frühere Thalia-; jetzt Residenztheater. — † Jriener Jejer, Art Schnaps. — „Heringe, jriene Heringe!" — Red. (wenn z. B. nach einem Vertrag gefragt wird: Woven hat er denn jeredt?) „Über jriene Seefe un 'n verstorbnen Keenig von Spanien" d. i. über alles mögliche, ich weiß nicht mehr. 2) dumm, unerfahren. „So'n jriener Junge!"

Jrienen, grinsen, stereotyp lächeln. Red. †„Er jrient wie 'n Oktoberfuchs." Jrienefieß, ein Mensch, der immer lächelt.

Jrienkram m., Handel mit Küchengewächsen.

Jriennesig jetzt ein Mensch, der jrien, schlecht aussieht. In älterer Sprache: naseweis; „ne jriennesije Krete."

Jriesefel m., alter Mann, der ein „Ekel" ist.

Jrießen. Red. „Jrieß Jott, wenn de 'n siehst!"

Jrips m., Fassungskraft.

Jrob. Red. (unwillig) „Det konnten Se aber ebenso jut jrob wie freindlich sagen."

Jrölen, heulen, weinen; auch für singen.

Jroschen, Groschen. Plur. Jroschens. Red. „Bist wol nich bei Jroschens?" d. i. bei Sinnen. — „Er is sehr uf de Jroschens" d. i. knauserig. — †„Ach du lieber Jroschen — wärste doch 'n Daler!" — „Wieder acht Jroschen, woven de Frau nischt weeß!"

Jroße. „Die Jroße" ist die Große Berliner Straßenbahn.

Jroßkoz m., prahlerischer Mensch. „Jroßkoz von (Kleen-)Pankow!" (vom jüd. Kozen, reicher Mann.)

Jroßmogul m. 1) einer, der prahlerisch die erste Rolle spielen will. 2) s. bemogeln.

Jroßmutter. Red. „Erzähl doch der deine Jroßmutter!" d. i. das ist langweilig. — „Na also jut: Jroßmutter is de ältste!" (zur Beendigung eines Disputs.) Jroßmutter heißt die Zahl 90 im Lottospiel. — vgl. Nese.

Jroßnesig, prahlerisch.

Jroßolle, Großmutter.

Jroßprätschig. s. prätschig.

Jroßschnauz, jroßschnauzig, prahlerisch. Ebenso

Jroßspurig.

Jroßvater. Red. (wenn einer einen alten Witz angebracht hat) „Mensch, wejen den is mein Jroßvater schon aus 'n Lokal jeschmissen!"

Jrün. s. jrien.

Jründerbeule m., Hazardspiel auf dem Billard, mit einem Würfel.

Jrüneberjer Schattenseite, von schlechtem Wein. (Steht bei Glaßbrenner, Buntes Berlin, Heft 10.)

Jrüßen. Red. „Ich bitte zu jrüßen!" (Ausdruck des Erstaunens.)

Jrütze, Verstand. „Er hat Jrütze in' Kopp." — Dagegen

Jrützkopp, Schafskopf.

Jrund. Red. „Haste Jrund? (sc. böse zu sein) mit Anklang an einen bekannten Reim (vgl. Anjust).

Jrus (auch Jruz) m., Kohlenabfall. Kaffejrus, Grund.

Jruskopp, wie Quatschkopp.

Jubeljahr. „Alle Jubeljahr mal" d. i. sehr selten.

Juchhei m., Galerie im Theater.

Judeln, fahren.

Jucken. Red. „Mir juckt wat — Großmutter kriecht Backzähne."

Judenhelm, eine Hutform.

Judenrolle, über der Stirn gewölbtes Haar der Damen.

Jüdsche, Jüdin.

† **Jüdisches Gesandtschaftshotel,** das (früher Reichenheimsche) Haus neben dem Hotel der russischen Botschaft.

Jüh, Zuruf an Pferde (los! zieh!). Red. „Na denn man immer jüh!"

Jünstig. s. jut.

Jüte, Güte. 'ne Droschke erster Jüte, d. i. erster Klasse. — Red. „J du meine Jüte!"

Jüterbog. Rätsel: „Was ist das Jejenteil von Jüterbog?" — „Personen-Zieje."

Jule, Julius und Julie. Harfenjule, Harfenspielerin.

Jumfer, Jungfer. Red. „Wir sind ja unter uns Jumfern" (auch): „unter uns jungen Mädchen") in einer Herrengesellschaft.

Jummiquetscher, Radfahrer.

Jung. Red. (nötigend, wenn die Gäste gehen wollen) „So jung komm' wa nich wieder zusamm!" — „Wie ick noch jung un schöen war" d. i. früher.

Junge. plur. Jungs. Dimin. Jungeken oder Jüngeken (auch Jüngelken). — Red. „Junge, sage mal nee!" Herausforderung zu einer Schlägerei, unter Straßenjungen. „Junge, Junge, Junge!" (verwundert, mit eigentümlichem Tonfall.)

† **Junge Frau!** riefen die Marktweiber ältere Frauen an. (Jungfrauen wurden Madamen gerufen.) Daher der Scherz: „Junge Frau — sind Se nich de olle Millern?"

Junger Mann. „Unser junger Mann", vom Kommis eines Geschäfts.

Jurke. 1) „Saure Jurken sind ooch Kompot!" (drohendes Wort eines Gastwirts, der bemerkt, daß seine Mittagsgäste die sauren Gurken nicht schätzen.) — „Wat nimmt sich der Mensch vor 'ne Jurke raus!" d. i. was erlaubt sich der. 2) Nase. Rätsel (der Schulkinder): „Welches is der kleinste Jarten?" „Das Jesicht; da wächst bloß eene Jurke drin."

Jurkensalat. Red. „Wat versteht der Bauer von Jurkensalat!" — „Der Jurkensalat läßt jrießen" wenn einem danach aufstößt. Ebenso vom Weißbier u. a.

Jußzwieback, Zwieback mit Zuckerguß.

Jut, gut.

1) der jute Rock. de jute Stube (auch Putzstube genannt). Red. „Kommen Se rein in de jute Stube!"

2) der jute Jroschen (= Kurantgroschen) galt 1¼ Silbergr. Daher zwee Jute oder zwee Kurant = 2½ Sgr., 4 Jute (viere K.) = 5 Sgr., 8 Jute (achte K.) = 10 Sgr.

3) „— is jut!" Eine eigentümliche ironische Kritik über auffallende Namen und Ausdrücke. Wenn z. B. ein Segler mit seemännischen Ausdrücken prunkt und etwa von „Backbord" spricht, so sagt der unbefangene Berliner: „Backbord? — Backbord is jut!" — Oder: Vorgestellt wird „Herr Egon Schultze!" — Berliner: „Sehr anjenehm!" — (für sich:) „Ejon? — Ejon is jut!" — In demselben Sinne wird auch jünstig und jroßartig gebraucht.

4) Red. „Na sein Se man wieder jut" d. i. seien Sie nicht böse. — „Na hörn Se mal — sein Se so jut —!" (wenn man aus Versehen gestoßen wird.) „Sein Se so jut!" ist auch Zurückweisung einer übertreibenden Behauptung. — „Wer weeß, wovor't jut is!" (bei einem Unglück). — „Der is jut — der kann so bleiben!" — „Jut is er — bloß dooßen dut er nischt!" — „Laß man jut sin!" d. i. gib nur nach. — „Da bin ick dir jut davor," d. i. dafür stehe ich dir. — „Det sieht jut aus un fest nischt!" — 't muß jut jehn, bis't besser wird!" (auf die Frage: wie geht's?) — „Also is jut!" wird oft bei einer längeren Erzählung

dem Satz vorangeschickt. — „Wie steht ihr'n zusammen?" — „Na, bloß so juten Dag un juten Weg!" — „Machen Se't jut!" d. i. leben Sie wohl; auch: geben Sie viel für's Geld. — „Det is so jut wie janischt!" d. i. Unsinn, nichtig. — Scherzhaftes Kompliment beim Abschied nach einem Essen: „Es war alles jut un reichlich, wie in den besten jüdischen Häusern." — Jut un jerne, wenigstens.

Jur m. 1) Schmutz (gut berlinisch); jurig, schmutzig. 2) Spaß (vom lat. iocus); wienerisch, Ende der 30er Jahre durch die Posse „Einen Jur will er sich machen" importiert.

K.

Kabache f., (poln.) niedriges, schlechtes Haus.

Kabbeln, sich, sich zanken, streiten. Kabbelei, Wortwechsel.

Kabólzschießen, einen Purzelbaum schlagen. Red. „Det is zum Kabólz= schießen!" (wie „zum Radschlagen").

Kabruge f. (jüd.), Gesellschaft.

Kabuse f., lichtloser, nicht heizbarer Raum.

Kader m., Unterkinn.

Kadett. Red. „Sie denken wol, Se spielen mit Kadetten?" — Auch allgemein, etwas geringschätzig, für Menschen: „Mir die Kadetten wer'k schen fertig!"

Kadriljenschwenker, Frack.

Kaduck (lat. caducus), demütig, kleinlaut.

Käber. s. Keber.

Kälbern. 1) sich kindisch benehmen. 2) wie kotzen.

Kämpfen, sich, ringen. „Wir ha'm uns jekämpft."

Känzen (stud.), wie kotzen.

Kaff m. (eigentlich Spreu), Unsinn.

Käffe, Kaffee. 'n vierstrehnijer Kaffe, d. i. ein sehr starker.

Kaffeklappe, Kaffeelokal, in dem das Geschäft hauptsächlich nachts betrieben wird; daher übel berufen.

Kaffer (im Rotwelsch = Mann, Bauer, vom hebr. Kefar). 1) Dummkopf.

2) Lehrer. Schulausdruck. 3) Scherzhafte Verdrehung: „Hier können Kaffern Fami= lien kochen."

Kahn. 1) Militär=Arrest, Gefängnis. Red. „Rin in' Kahn!" 2) in' Kahn jehn, zu Bette gehen. „Krauch in' Kahn!"

Kajolen (karriolen), jagen, eilen.

Kakao für da capo. „Bravo, Kakao!"

Kakaufke m., Spaßmacher (mit „schlod= drijen" Bewegungen).

Kakeln, albern reden. Kakelei.

Kaklig, von heller, weichlicher, kraftloser Farbe.

Kalasche (plur.), Prügel.

Kalauer m. Das Wort stammt von dem franzf. calembourg, beeinflußt durch den Namen der Stadt Kalau. Die Kalauer Schuhmacher erschienen auf den Jahr= märkten in Berlin mit guten Stiefeln, die viel wohlfeiler waren, als die in Berlin gefertigten. Also ein Kalauer Stiefel war ein Stiefel, der billig zu haben war, und ein Kalauer (Kalemburger, was auch oft zu hören war) ein wohlfeiler Wortwitz.

Kalch m., Kalk (fertiger Mörtel).

Kaldaunen, Gedärme (eigentlich des Rindes). „Er hat sich de Kaldaunen volljeschlagen" d. i. er hat viel gegessen.

Kaldaunenschlucker, Kadett.

Kaleika m., Spaß, Unsinn.

Kalitsche. „Danken erhalten; Kalitschke." (Quittungsformel.)

Kalitte f., Kohlweißling (weißer Schmet= terling). (Blaue) Kalitte, Schutzmann (vielleicht weil Kalitte im Rotwelsch Jacke heißt). — „Kalitte, Kalitte, setze dir!" rufen die Jungen, wenn sie dem Schmetter= ling nachlaufen.

Kalle (jüd.), Braut.

Kalmus m. Red. „An den Kalmus piepen wir nich!" d. i. darauf fallen wir nicht rein. vgl. Leim.

Kalt. „Kalt wie 'ne Hundeschnauze" d. i. kaltherzig. — Red. „Kalt Blut — un warm anjezogen!" — „Laß man de Hände talt sind — wenn man de Liebe warm is."

Kaltstellen, sitzen lassen, unbeachtet lassen. vgl. versetzen. — Auch: unschädlich machen. (Ursprung vom Champagner.)

Kamelojramm n. (olles), Schimpfwort. Schulausdruck.

Kamerun oder Neu-Kamerun heißen die Laubenkolonieen der "kleinen Leute" in der Nähe der Stadt.

Kameruner, braunes Konditorgebäck.

Kamm. Red. "Kinder, kooft Kämme! 't kommen laußije Zeiten!"

Kanake m., wie Azrefe.

†Kanön n., im älteren Berlinisch jedes starke eiserne Rohr.

Kanone. Unter der Kanone, unter aller Kanone (auch) unter aller Kanalje), unter aller Kritik. — Altes Scherzrätsel: "Wie wern Kanonen jemacht? — Man nimmt 'n Loch un jießt Messing drum rum". (Neuere Fortsetzung: "Aber wo kricht man det Loch her? — Man nimmt 'n Napptuchen un eßt 'n rings rum uf.")

Kanonenstepsel, dicker Junge.

Kanonierwurscht, ordinäre Blutwurst.

Kante. "Er lejt Jeld uf de hohe Kante" d. i. er spart.

Kanten m., Ende des Brotlaibes; auch das Letzte von einer Weißen.

Kanthaken m. eenen bein Kanthaken kriejen, d. i. von hinten, beim Rockkragen faßen. (Kanthaken ist eigentlich ein Haken zum Umkanten der Balken.) vgl. Binde, Krips, Schlaffittchen.

Kantholz! Kant ihm! Ruf der Zimmerleute, wenn ein Balken umgekantet werden soll; †Kummholz! (d. i. komm, Holz!), auch: Holz her! wenn er nach einem Ende zu fortbewegt werden soll. Der Vormann ruft so, die andern rucken auf das Kommando an.

Kantonist. 'n unsichrer Kantonist, d. i. ein unzuverlässiger Mensch. Das Wort stammt aus der Zeit Friedrich Wilhelms I., der jedem Regiment einen Bezirk (Kanten) zur Rekrutierung zuwies. Die "Kantonpflichtigen" suchten sich der Aushebung auf alle Weise zu entziehen.

Kanzel. "Heute sind se von de Kanzel jefallen" d. i. sie sind aufgeboten worden.

Kapóres, entzwei, ruiniert (aus dem Hebräischen, wo es Sühnopfer bedeutet). Bürger in den "Weibern von Weinsberg" singt:

"O weh mir armen Kornden,
O weh mir! Die Pastores
Schrien: Kyrie Eleison,
Wir gehn, wir gehn kapores!"

Kaput (franzf. capot), entzwei; auch: bankerott. 'n kaputtet (kaputtjer) Fenster.

†Karanzétt. Red. "Er steht karanzett mit ihn" d. i. Matthäi am letzten (aus quarante-sept, vom deutschen Billard).

Karawine f. (franzf. caraffe), Wasserflasche.

Karl. Red. "Karl, frierste? Bin(de) dir 'n Schlips um!" — Anders: "Wat sagste Karl — dir friert?" — wobei man einem, der widerspricht, eine "runterzulangen" droht. — "Karle, mach 'n Punkt!" d. i. hör' auf (halt de Luft an)!

Karline. 1) Schnapsflasche, flach, in der Brusttasche zu tragen. 2) Stoßball beim Billard.

Karmenade, Karbonnade.

Karmesinverjnügt. 1) karmesinfarben. 2) vergnügt.

Karnalje (franzf. canaille), Schimpfwort. Karnaljenvogel, Kanarienvogel.

Karnickel m. und n., Kaninchen. untern Karnickel d. i. unter der Kritik. Red. "Karnickel hat anjefangen!"

Karpenschnute f., Mund mit vorgeschobenen Lippen.

Karre. "Der hat de Karre scheen in' Dreck jeschoben." — Karre auch für Zweirad.

Karrete f., alter Wagen.

Karrunje f., (franzf. charogne), ungezogenes Kind.

Karrun m., Kattun. (Kattun auch für à tout im Spiel).

Kaschemme f., Kneipe von übelm Ruf. Gaunersprache.

Kasse. Red. „Det is aus de Kasse (auch Kiste, Tasche) in de Beilage" d. i. es führt keine Veränderung des Vermögens herbei; wenn z. B. die Frau dem Manne etwas zum Geburtstag schenkt.

Kassel. Red. „Ab nach Kassel!" d. i. fort mit ihm.

Kasten, Gefängnis, wie Kahn. Auch: dicker Mensch.

Kastrolle f., Kasserolle. Kastrollbursche, Köchin.

Katholisch. Red. „Det is reene zum kathol'sch wern!" (wenn einem etwas unerwartet in die Quere kommt).

Kartoffel. 1) Kartoffel. 2) dicke Taschenuhr.

Kartoffelbauch), dicker Bauch.

Kartoffelnese, vorn dicke Nase.

Katzbaljen, sich, sich balgen (zum Vergnügen). Katzbaljerei.

Katze. Red. „Det is vor de Katze" d. i. so gut wie nichts. — Ebenso: „Det dragt de Katze uf'n Schwanz weg." — „Er macht'n Jesichte, wie de Katze, wenn'r donnert." (auch: wie de Jänse.) — „Keene Katze zu Hause" d. h. niemand.

Katzendreck. „Zehn Taler is keen Katzendreck!" d. i. nicht zu unterschätzen.

Katzendreckig, spitz im Reden.

Katzenkese, Frucht einer Art Malve, die von Kindern gegessen wird.

Katzenkopp, Schlag mit der flachen Hand an den Hinterkopf.

Katzensprung, geringe Entfernung.

Katzentreppe, von Kindern aus zwei Streifen Papier gekniffte Treppe.

Kaufmann heißt in erster Linie: Kolonialwarenhändler.

Kaum! als Verneinung.

Keber, Käfer. Red. „Hast wol'n Keber?" d. i. bist wohl verrückt?" Daher

Kebern. „Kebert's dir?" — vgl. picken.

Kebs m., Unsinn.

Keerdel hört man für Kerl.

Keese. s. Kese.

Keblen, schreien, von Kindern.

Keilen (stud.), zu gewinnen suchen (einen für etwas).

Keilerei. Red. (wenn einer von weitem eine Prügelei sieht). „War? — Keilerei ohne mir?" — Keilerei un Jarten=(Danz=)verjnüjen.

Kellerwurm, Assel. — Kellerwürmer auch Kinder aus einer Kellerwohnung.

Kennen. Red. „Da kennste mir schlecht!" vgl. Buchholz.

Kenntnisse. Red. „Da sitzt er nu mit de Kenntnisse" d. i. er weiß sich nicht zu helfen.

Kerl. „Det is überhaupt keen Kerl!" (sprich Kerrel) d. i. kein Mann.

Kese, Käse. In de Kese fliejen, gründlich reinfallen. Kese schneiden, Kinderausdruck für eine störende Bewegung beim Wippen (Schaukeln). — Red. „Is bald jesagt, vor 'n Sechser Kese, aber welche Nummer?" d. i. die Sache ist nicht so leicht, wie sie aussieht. — „Uf jeden Kese!" d. i. auf jeden Fall; ursprünglich studentisch: Kese für Kasus.) — „Nich vor Kese!" d. i. um keinen Preis.

Kesekarre f. (verächtlich), Handwagen u. ä.

Kesen, (einem eine) verabreichen. Vom „Keseball".

Kesekasten. Auf die Frage: Wast'n? Antwort: „Alter Kesekasten!"

Kesekopp, Dummkopf.

Kesemesser. 1) Taschenmesser. 2) Seitengewehr der Infanterie.

Kesepapier, schlechtes Papier.

Keseweiß, sehr blaß.

Keß, fein („schneidig"); dann auch dreist, frech; der verbindende Begriff ist „imponierend". „'n kesser Rabe" von einem Jungen.

Keuchhusten. Name eines fingierten Gesangvereins. Andere heißen: Schmale Stimmritze, Halbe Lunge, Kniekehle, Hör uf! Halt Schnauze!

Keulen. Red. „Un wenn't Keulen rejent!"

Kicks m., hörbarer Fehlstoß beim Billardspiel.

Kiebeln (kübeln), trinken.

Kiddeln, kitzeln. vgl. killen.

Kiebig (auch kiewig), derb, tüchtig. Jungen spielen „'ne kiebije Jacht". — „Er dut sich kiebig" d. i. er „tut sich dicke".

Kiefen, stehlen.

Kiekel n., Küchlein. Kiekelkorb. Kiekel kakel! wie: Ach, rede nicht länger! Früher „Kiekel kakel Bratwurscht!" — Elefantenkiekel (feiner: Elefantenbebi) im zoologischen Garten; auch: ungeschlachter Mensch.

Kieken, gucken. „Er kiekt sich de Oegen aus 'n Kopp." — „Kiekste aus die Luke?" d. i. also darauf willst du hinaus? — Wenn man zweifelt, welche Person gemeint ist: „Wen meenste denn?" — „Na der immer so kiekt." — „Wat kiekst'n Karlchen, kiefen duste ja doch nischt!" „Kann ick denn nich kieken? Kiefen kost ja nischt!" — „Se'n Kiekindewelt!"

Kieker m. uf'n Kieker haben, beobachten.

Kieks un Kaks. Red. „Er weeß von Kieks un Kaks nischt" d. i. er versteht gar nichts davon.

Kien m. Red. „Der is der reene Kien (ohne Blaak)" d. i. echt, schön. (vgl. Bär 1881 Nr. 13.) „Er is uf'n Kien", „Er paßt hellisch uf'n Kien" d. i. paßt sehr auf, sieht auf die Finger.

Kienappel, Kiefernzapfen.

Kiepe f. 1) Tragkorb. 2) Hut; besonders Strohkiepe.

Kies m., Geld, eigentlich Silber; vgl. Rad.

Kieserig, wählerisch im Essen.

Kietern, auch kieterbietern, tauschen; Schulausdruck.

Kietz m. (allgem. wendischer Name für Vorstadt) in Berlin: Lichtenberjer Kietz, Gegend ver dem Frankfurter Ter. Station Kietz-Rummelsburg. Scherzhaft wird jeder kleine Ort so genannt: „Wat weeß denn der davon — uf seinen Kietz!"

Kiffe f., alter Frauenhut; auch altes Haus.

Kille kille! sagt man, wenn man ein Kind zum Scherz kitzelt. Killen, sanft kitzeln.

Kinderkens (Kinnerkens), gemütliche Anrede, auch an Erwachsene.

Kinderlieb. In Anzeigen wird gesucht „ein Dienstmädchen, kinderlieb."

Kinderfärje. 1) Red. „Er dreht Kinderfärje" d. i. er geht mit gebegenen Armen. 2) große Schuhe.

Kinderwagen. Red. (beim Abschied) „Paß uf, dette nich unter'n Kinderwagen kommst!"

Kinkerlitzken (franzi. quincaillerie), wertlose Kleinigkeiten, Nippsachen; alles Unnütze, Verzierungen, Schnörkeleien; Kunststücke beim Turnen.

Kinne f., Kinn.

Kippe f. uf de Kippe stehn von einem Gegenstand, der leicht fallen kann; auch übertragen von einer zweifelhaften Entscheidung.

Kippen. 1) umfallen. 2) zum Umfallen bringen; eenen kippen, trinken.

Kippeln, wackeln; der Tisch kippelt; er steht kipplig.

Kirche für Gottesdienst: „De Kirche jeht an." — „De Kirche is aus." — „Mitten in de Kirche kam de Musike verbei."

Kirre, zahm. eenen kirre kriejen.

Kirschkuchen. „'n abjeknabbeter Kirschkuchenjesichte" nach Analogie von „reitende Artilleriekaserne"). Die Vergleichung ist sehr treffend: man denkt an die Farbe des Teiges, von dem man die Kirschen abgegessen hat. — „Ja Kirschkuchen!" wie „Ja Kuchen!" (s. Kuchen.)

Kiste, Sache, Angelegenheit. 'ne faule, 'ne schwierije Kiste. Red. „Fertig is de Kiste!" d. i. die Sache ist gemacht. Ebenso „Fertig is de Laube!" — Auch „Siehste, da haste de Kieste!" — 'ne Kiste ufmachen, eine Sache erklären.

Kitsche (jüd.), Kutsche.

Kitt. Der janze Kitt, d. i. alles. — „Sieh Kitt!" d. i. geh ab. — vgl. Leine.

Kittchen n., Gefängnis. „Rin in 't Kittchen!"

Kittengel, Glaser.

Kittnesig, impertinent.

Kitzeln. Red. „Det jloob ick — det kann dir so kitzeln!" d. i. das gefällt dir.

Klabastern, mit Anstrengung gehen. „Hab ick missen rausklabastern bis Rixdorf!"

Klackern, tränfeln (von zähen Flüssigkeiten).

Kladderadatsch. Das alte Wort erregt die Vorstellung, daß einer z. B. eine volle Terrine oder einen Stoß Teller fallen läßt. 1848 entstand das bekannte Witzblatt unter diesem Namen, der den Zusammensturz des Alten bedeuten sollte. Nach seinem Titelkopf wird ein dickes Gesicht Kladderadatschjesichte genannt. Jetzt auch: „der jroße Kladderadatsch" d. i. die künftige Revolution. Das letzte a des Wortes ist lang.

Klärchen, klar. „Det is janz klärchen."

Klafümf n., Klavier (scherzhaft). Klafümwen, Klavier spielen.

Klamauk m., unnötige Aufregung. „Zu Hause is schon wieder 'n doller Klamauk."

Klamm. 1) halb bewegungslos vor Frost, von den Fingern. 2) „Er is klamm" d. i. er ist schlecht bei Kasse.

Klammer. Red. „Er sitzt wie de Klammer uf de Leine" (von einem schlechten Reiter). Dasselbe sagen die Redensarten: „Er sitzt wie de Sau uf'n Appelboom" und „Er sitzt wie 'ne Feierzange uf'n dollen Hund." Die letzte soll vom alten Dessauer stammen.

Klamotte f., zerbrochener Mauerstein.

Klamottenbeene, krumme Beine (zwischen denen man einen Mauerstein hindurchwerfen kann). s. a. Anjust.

Klamottenschmeißer (oller), eigentlich Handlanger beim Bau (von den Maurern so genannt).

†Klanschig, wie klietschig.

Klappe. 1. Mund. 2. Bett.

Klappen. Red. „Klappt wie in' Pantinenkeller" d. i. es klappt alles. Auch für: es stimmt, es ist richtig. Ebenso: „Klappt bis dausend."

Klappertasten, Klavier.

Klappern. „Se klappert mit de Oogen" von schauspielerhaftem Augenspiel. Ur-

sprung vom Puppentheater: Der Kasper war die einzige Puppe, die die Augen öffnen und schließen konnte. Die Lider wurden durch ein feines Schnürchen gehoben und fielen klappernd wieder zu. Vergl. Glaßbrenner, Puppenspiele; 3. Aufl. 1845. Den älteren Berlinern ist vor allen der Puppenspieler Julius Linde (†3. März 1882) bekannt gewesen. Die Tendenz der von ihm selbst verfaßten Stücke stand auf den originellen Theaterzetteln in der Devise:

„Der Tugend dem Lohne,
Dem Laster die Strafe."

Klappmatismus, Mechanismus.

Klapprig, gebrechlich.

Klaps m., leichter Schlag.

Klarren, schmieren. volljeklarrt z. B. von Fensterscheiben.

Klasse. Red. „Du wirst ook noch mal vierte Klasse fahren!" (zu einem Übermütigen.)

Klassisch. Red. „Det is klassisch!" d. i. großartig.

Klater m., unsauberes Frauenzimmer. Fabrikklater.

Klatrig, armselig, elend. „Die Landpartie nahm 'n klatrijet Ende."

Klatsche f., verbotene Übersetzung; Schulausdruck.

Klatschenaß, ganz naß.

Klatthammel m., dicker Schmutz am Saum der Frauenkleider.

Klaue, Hand. „Er schreibt 'ne scheene Klaue."

Klauen. 1) schreiben. 2) wühlen.

Klauweiße (auch Klauenweiße). Wenn einer aus Versehen in die gemeinschaftliche Weiße mit einem Finger über den Rand greift (um sie sich nahe zu ziehen), so stellt er eine Strafweiße, wozu er durch den Ruf „Klauweiße!" verurteilt wird. — Klauweiße heißt jetzt das fußlose Weißbierglas.

Klavierhengst, Klavierspieler in kleinen Restaurationen.

Klavizimbel n., Klavier.

Klar, m. Kler. „Mutter, jib ma noch 'n Klar!" (z. B. Quetschkartoffeln.)

Kleben, eenen eene (Ohrfeige).

Klebrig. „Er hat klebrije Finger" d. i. er stiehlt.

Kleckern, beim Essen etwas (auf das Tischtuch) gießen oder fallen lassen. Kleckerfritze.

Kleedage f., Kleider.

Kleene, klein. kleene werden, die Unverschämtheit, das große Maul ablegen. „So wie er de Knallschote weg hatte, war er uf eenmal janz kleene." Red. „Der kann ick janich kleene kriejen" d. i. nicht begreifen. — „Den wirste wol nich kleene kriejen" d. i. (mund-) tot machen. — „Kleen — aber eho!" d. i. klein, aber ruppig. — „Kleen, aber niedlich." — „Der is nischt vor kleene Kinder un junge Hunde." — „Da kann man kleene Kinder mit jreß päppeln" zur Empfehlung eines Schnapses. — s. a. janischt.

Kleenjeld, kleine Münze.

Kleiderornung, Ordnung. Red. „Der is ja jejen alle Kleiderornung!"

Kleinigkeit. Red. „In Kleinigkeiten immer ehrlich (nobel)!"

Klemme f. Verlegenheit. „Er sitzt in de Klemme."

Klemmen, stehlen. Particip auch jeklommen. — Red. „Er reist für die Firma Klemm und Lange" d. i. er ist Taschendieb. vgl. langen. — s. a. sachte.

Klemmer m., Kneifer.

Klemtneer, Klempner.

Klepper. Sechsklepper, Dreiklepper 2c., Schulausdruck: einer, der in der sechsten (dritten) Klasse sitzt.

Kletern (auch klötern), unnütz hin und herlaufen. „Jetz hab ick die ewije Kleterei satt."

Kletrig (klötrig), armselig.

Klieren, schmieren (auch schreiben); klierig.

Klieter (auch Klüter) m. 1) Stück feuchte Erde. „Der schmeißt immer mit Klieter." 2) kleine Mehlklöße in der Suppe; Klietersuppe.

Klietern, mit Erde werfen.

Klietsch m., nicht aufgegangenes Gebäck. Klietschig.

Klimbim m. 1) Festlichkeit. „Da is heite jroßer Klimbim!" 2) Unsinn. „Mach keenen Klimbim!"

Klimperjasse, Parochialstraße, wegen der Singuhr (s. d.).

Klimperkasten, (schlechtes) Klavier.

Klimpern, schlecht und durcheinander spielen. (Klavier, Guitarre u. ä.).

Klimprig (aus klümprig von Klumpen) heißt die Mehlsuppe, wenn unaufgelöste Mehlklümpchen darin sind. Klimpersuppe.

Klinge. Red. „Der schlejt 'ne jute Klinge" d. i. er ißt viel. vgl. inhauen.

Klingelbolle, der Milchhändler Bolle (vgl. Bimmelbolle), dessen Wagen sich vor den Häusern durch Klingeln ankündigen. Auch ein solcher Wagen: „Jeh mal eener runter, Klingelbolle is da."

Klinken putzen, betteln. Klinkenputzer.

Klinkerfuß war in den 80er Jahren der erste Wetterprophet. Man nannte ihn Flunkerfieß.

Klippeklar, klipp un klar, ganz klar.

Klippschule, Privat-Elementarschule. Klippschüler.

Klöbig. 1) grob. 2) sehr: klöbig dumm.

†Klocke, Uhr. Die alten Nachtwächter riefen: „Zehn is die Klock!" — um Klocke zwölwen, Klockner ölwen. — Klockendig (wie jeschlagen; s. d.); „Wir ha'm 'ne klockendije Stunde warten müssen."

Klönen, breit und umständlich (mit klagendem Ton) sprechen: „Er hat ma de Ohren voll jeklönt."

Klöße. „Ohne de Klöße" d. i. ohne die Nebenkosten. — „Wat jib's 'n heite?" — „Kalte Klöße un warme Nachtmützen!" — „Du, de Klöße wer'n kalt!" d. i. mach, daß du zu Mittag nach Hause kommst. Ähnlich: „Nu komm schon, de Butterstullen wer'n kalt!"

Kloon, Clown.

Kloppe, Schläge.

Kloßbrühe. Red. „Det is klar wie Kloßbrühe."

Klotz, plur. Klötzer. Bauklötzer als Spielzeug. — 'n Klotz Feld, d. i. ein Haufen.

Klotzen beim Fußballspiel: Versuch, das Schienbein des Gegners mit dem Absatz zu stoßen. „Mensch — du klotz ja!"

Klotzig, sehr; besonders: klotzig teuer.

Klotzpantinen, Pantinen mit dicken Holzsohlen.

Kluckern, vom Geräusch beim Ausgießen aus einer Flasche.

Kluft f., Anzug. „Ich brauche sechzig Daler jährlich vor de Kluft."

Klug. „Wie nich klug!" d. i. übermäßig.

Klugschmus. f. schmusen.

Klump m. in Klump (d. i. ineinander) fallen, schmeißen. f. a. Häuffen.

Klumpatsch m., Unsinn. „Mach keen' Klumpatsch!"

Kluntern (plur.), der untere Teil der Frauenkleider. de Kluntern hochheben.

Klüt m., Stück Erde, Klumpen. — Red. „Mein Herz un dein Herz is een Klüt!" (von einer „dicken Freundschaft.")

Knaarsch! wie an Fees! oder Kree! Schulausdruck.

Knabbern, nagen. „Er knabbert sich an de Nejel." — Red. „Den hab ick wat je knabbern jejeben" d. i. das wird ihm lange zu schaffen machen.

Knacken m., großes Stück (Brot).

Knacken. „Der man allens so knackt!" d. i. mit Glanz, mit Erfolg. — f. a. Schwade.

Knacksen, knacken.

Knaftig, saftig, kräftig.

Knall. Red. „Hast wol 'n Knall?" d. i. du bist wohl verrückt?

Knalldroschke, Kanone.

Knallbrief, Papier in Briefform gefaltet, das aufgeblasen und dann zerschlagen wird. Schulbelustigung. Auch mit Knallsilber gefüllte Papierstreifen.

Knallerballer m., schlechter Tabak.

Knallerbsen, kleine Papierhülsen mit etwas Knallsilber, das explodierte, wenn man sie auf die Erde warf; früher sehr beliebtes Spielzeug.

Knallig, in die Augen fallend; „'n knalliger Muster" u. dgl.

Knalljummi m., gummi elasticum, aus dem die Kinder Blasen drücken, die sie auf der Hand zerschlagen.

Knallschote f., Ohrfeige.

Knapp. Red. „Aber nich zu knapp!" d. i. in hohem Grade. „Ha'm se'n verhauen?" — „Aber nich zu knapp!"

Knappe f., seidene Quaste am Ende einer Peitschenschnur.

Knappsen, sparen.

Knarre f. 1) Uhr. 2) Gewehr. 3) Weihnachtsinstrument für Kinder.

Knast (oller), alter Mann.

Knauber für sauber, schön. Schulausdruck.

Knausern, geizig sein. Knauser, Geizhals. Knauserig, geizig.

Knautschen (auch knütschen), etwas Weiches (wie Tuch, Leinwand, Papier) durch Zusammenballen entstellen; es wird dadurch knautschig.

Knautschenberjer, langweiliger, unangenehmer Mensch.

Knautscherjel (auch Knautschkammode), Ziehharmonika.

Knar m. (auch Knur), dauernder Schaden. „Er hat 'n Knar jekricht."

Knebel m., Knöchel der Hand.

Kneckfel m., Knöchel des Fußes.

Kneddern, knittern.

Kneftig, wie knuftig.

Kneipjee, Gastwirt.

Knerjel m., oller Knerjel, alter gebrechlicher, ungemütlicher Mann.

Knicker m. 1) Geizhals. 2) Sonnenschirm zum Umknicken, dann jeder Schirm. Familienknicker, großer altmodischer Schirm.

Knickstiebel, alter gebrechlicher Herr.

Kniebel m., ein Stück (Brot).

Kniebeln n. 1) (Brot) ungeschickt schneiden. 2) (auch knibbeln) schlecht (zu fest) stricken.

Knief m. (franzi. canif), Taschenmesser. Kesenief.

Kniffen, (Papier) falten (und die Kanten mit dem Daumennagel glätten).

Knifflig, schwierig.

Knille, stark betrunken.

Knippern (auch knüppern), binden.

Knippsen. 1) scharf abschneiden. Auch: ein Geräusch machen wie z. B. die Zange beim Abkneifen. 2) mit Papierkugeln knippsen (schießen), besonders nach dem Lehrer. 3) mit dem Momentapparat photographieren. „Der wird jeknippst!"

Knobeln (stud.), würfeln.

Knobländer, Knoblauchswürste; ebenso Knoblanten.

Knobloch, Knoblauch. vgl. Schnittloch.

Knochen. Red. „Der liecht mir schon lange in de Knochen" (z. B. eine Krankheit). — „Nu numerier' dir man de Knochen!" (beim Beginn einer Holzerei). „Denn kannste deine Knochen in'r Schnuppduch zu Hause dragen!" — „Laß dir man zusammenfejen!"

Knochendrocken, sehr trocken.

Knochenfraß. „Der leid an Knochenfraß" d. h. er hat nichts zu essen.

Knochenmühle heißt (bei den Beteiligten) die Turnlehrerbildungsanstalt in der Friedrichstraße.

Knöppe (plur., stud.), Geld.

Knellig, sehr; knellig teuer.

Knepp für Mensch; besonders: 'n komischer Knepp; 'n oller jemütlicher Knepp. — sich an de Knöppe abzählen (ob man etwas tun soll), wonach man mit den Worten „Nu jrade nich!" das Gegenteil des Orakelspruchs tut.

Knote m. (stud.), ungehobelter Mensch; knotig.

Knoten. „Mach dir 'n Knoten in de Beene!" sagt man einem, der seine langen Beine nicht unterzubringen weiß.

Knubbe. s. verknubbe.

Knubbel m., Höcker. knubbelig, knotig.

Knubben m, Astknoten.

Knuddel m., Knäuel. knuddeln, zusammenballen.

Knudel m., dicke Person. Die Feldtauben heißen Feldknudel.

Knüppel m., Art Weißbrot.

Knüppeldicke voll.

Knuffen, puffen. Knuff m., Puff (Stoß mit der Faust in die Seite).

Knuffeln, „knifflije" Arbeit machen.

Knufftig, derb.

Knurpßen heißt das Geräusch, das die Kruste (Schwarte) des Schweinebratens beim Kauen macht. Sie ist knurpßig.

Knust m. 1) Stück Brot, Kanten. 2) bei Frauen das ungeflochten zusammengenommene Haar.

Knutschen. 1) wie abknutschen. 2) wie knautschen.

Knur. s. Knar.

Kobern, vertraulich zusammenstecken. „Die ha'm immer zusamm' jekobert." — „Ick wer ihn 'r Koberlied singen" d. i. ihn tüchtig ausschelten.

Kochstraße. „Er plastert (asphaltiert) de Kochstraße" d. i. er ißt.

Koddern (auch toddeln), kleine Wäsche waschen. Kodderwäsche, Kragen, Chemisettes usw., was in der Küche gewaschen wird.

Koddrig (eigentlich unsauber). 1) unpassend, frech, besonders im Antworten. 'ne koddrije Schnauze. 2) übel. „Mir is so koddrig zu Mute."

†Köchin(nen) verjnüjen war früher Sonntags und (feiner) Montags in Moabit; natürlich mit viel „doppelt Duch".

König. „Bei Keenigs is heite wat los" wenn im Schloß mehr Fenster als sonst erhellt sind.

Können. „Ick kann Ihnen sagen —" d. i. Sie können mir glauben — „So wat kann mir nu ärjern!" d. i. so schlecht könnte ich nicht handeln. — „Der kann mir doch nischt!" (sc. anhaben). — „Uns kann keener!" (auch lateinisch: „nos nemo potest!") — „Wat Sie können, det kann ick schon lange!" — „Kann nich licht uf 'n Kirchhof!" (wenn sich einer mit „ich kann nicht" entschuldigt. — „Erst können vor Lachen!" d. i. es ist unmöglich. — s. a. Wimper.

Köppen (von Kopf). „Ick sage dir: so 'n Köppken!" (nach einer längeren Kneiperei.)

†Kofént m. (auch Trinken [n.] genannt), das dünnste Bier; man sagte, es sei Wasser, mit dem die Braukufen ausgespült worden seien. Noch vor 40 Jahren sah man oft an Kellern angeschrieben: „Hier ist gut Trinken." (Kofént von Konvent, Klosterbier).

Koffert (Kuffert) m., Koffer.

Kohl. 1) Red. „Der macht 'n Kohl nich fett!" d. i. das ist zu wenig, das schafft nicht. 2) Geschwätz. Kohlen, schwatzen.

Kohlensaure (Jungfrau), Verkäuferin in den Trinkhallen, auch Sodaliske genannt.

Kohlrübe. 1) Red. „Verstehn Se nich Kohlrüben!" d. i. verstehn Sie doch recht! — 2) Kopf; z. B. wenn von der Todesstrafe die Rede ist: „Immer runter mit de Kohlrübe!"

Koteln, mit Licht oder Feuer spielen.

Koks und andere Schreibarten (Coaks, Coaks, Cooks) für das englische coke, sprich Kook. — „Iraf Koks von de Jasanstalt," scherzhafter Adelstitel.

Kollera, Cholera.

†Kolosseumschleicher, Schlafschuhe.

Kolossiv für kolossal d. i. sehr.

Komisch, oft für sonderbar, auffallend. 'n komischet Benehmen. „Darin bin ick komisch." „Er is mir sehr komisch jekommen" d. i. fast beleidigend. — „Die Menschen sind eben zu komische Leute" früher stehender Refrain des Nunne im „Ulk".

Kommen. 1) (drohend) „Ick wer dir jleich kommen — paß ma uf!" — „Er is mir jrob jekommen." — „Uf meine Frau laß ick nischt kommen" d. i. ich leide nicht, daß man ihr etwas Schlechtes nachsagt. Red. „Kommste heite nich, kommste morjen!" d. i. es geht ja sehr langsam. „Det durfte nich kommen!" bei einer übel angebrachten Bemerkung, einem mißlungenen Witz. — „Da könnte jeder kommen!" d. i. daraus wird nichts. — „Na mir kommen Se nich (mit sowat)!" d. i. dafür danke ich. „Na du komm mir — dir wer ick!" — „Kommste mir

so, komm ick dir so!" (für: Wurst wider Wurst!) — 2) kosten. „Wie hoch kommt'n das? Das kommt drei Mark, das kommt hoch, das kommt teuer." — s. a. dumm, so.

†Kommifation (Kommunikation), Weg an (außerhalb) der früheren Stadtmauer.

Kommiß. „Er is bei 'n Kommiß" d. i. beim Militär.

Kommißengel, Soldat.

Kommode wird oft das Gebäude der Königl. Bibliothek genannt. Angeblich hat Friedrich der Große eine in seinem Zimmer stehende Rokkokokommode dem Baumeister als Modell zugewiesen. — vgl. Spiritus; s. a. ziehn. — Meist wird Kammode gesprochen.

Kompötter, scherzhafter Plural (wie Paletöter).

Komzarius, Kommissarius.

Konfiken (convivium) n., lustige Gesellschaft.

Konfusion. Red. „Det muß alles sein! jehörije Konfusion haben!" d. i. seine Ordnung.

Konfusionsrat, konfuser Mensch; auch Konfusionarius.

Konsequent. Red. „Entweder konsequent oder inkonsequent — nur nich schwanken!"

Konsorten (plur.), schlechte Gesellschaft.

Konstablerjriff, Griff in den Rockkragen.

Kontreer (franzj. contraire), quer. „'t jeht alles kontreer!"

Koofen, kaufen. „Den wer 'k mir mal koofen" d. i. zur Rede stellen, ihm den Standpunkt klar machen. — Red. „Wer'n kennt, der kooft'n nich!" d. i. der läßt sich mit ihm nicht ein. — „Det haste dir wol jekooft, wie keener in' Laden war?" (d. i. gestohlen.) — s. a. dafor, dumm.

Koofmich, Kaufmann.

Kopp, Kopf. „Det weeß ick aus'n Kopp" d. i. auswendig. — „Den wer'f uf'n Kopp kommen!" d. i. ihn schelten, strafen. — „Den ha'm se'n Kopp verteilt" d. i. durch vieles Zureden betäubt. — „Ick kann 'n doch nich vor 'n Kopp stoßen"

d. i. ihn nicht kränken. – „Ich weeß nich, wo mir der Kopp steht" (von dem vielerlei, was ich zu tun habe). — „Faß dir mal an' Kopp – ob de noch da bist!" — „Ich hau dir uf 'n Kopp, det de Läuse piepen!" — „Ich hau dir uf'n Kopp, det de Plattbeene krist (un in keen Sarch mehr rinpaßt)!" — „Den hab ich orntlich 'n Kopp jewaschen" d. i. ich habe ihn zurechtgewiesen, gescholten. „Wer nich da is, den wird der Kopp nich jewaschen!" — „Er is nich uf'n Kopp jefallen" d. i. nicht dumm. — „Du kannst dir uf'n Kopp stellen!" d. i. du kannst dir noch so große Mühe geben, es hilft dir nichts. — „Er stimmt uf'n Kopp" d. i. genau (vgl. Nuppe). — „Der hat seinen Kopp vor sich." — „Kopp weg, Beene weg!" — „Kopp weg, Dachsteen kommt!" — „Det kann doch 'n Kopp nich kosten." — „Wat man nich in' Kopp hat, muß man in de Beene haben." — „Wat müßt ick da vor'n Kopp haben!" (sc. wenn ich das im Gedächtnis haben sollte; sagt z. B. einer auf die Frage, wieviel Kinder er habe.) — „Wenn eener verrückt wird, wird er't zuerst in' Kopp." — Die Marktweiber riefen: „Sie! junge Frau (für sich:) mit'n ollen Kopp!" (vgl. jung.) — „Wer weeß, wen denn der Kopp noch weh dut!" d. i. das erleben wir nicht mehr. — s. a. dumm, faul.

†Koppjroschen, Schlag an den Kopf. Ähnlich

Koppnuß, wird mit dem Handknöchel verabreicht.

Koppscheu, scheu, bedenklich. „Du derfst 'n nich koppscheu machen."

Koppschuster, Hutmacher.

Koppschuß, Kopfsprung; besonders beim Baden.

Koppstück, wie Koppjroschen.

Korn. Red. „Er klemmt's Korn" d. i. er schielt; vom Korn am Gewehr.

Kosten. „Wo jehst'n hin?" — „Wo't nischt kost!" — „wo't scheen is un keen Jeld kost!"

Kostenpunkt? d. i. es kostet?

Kosthappen, Bissen zum Kosten.

Kotzdonnerwetter. Kotzdonnersdag un Freitag! — vgl. Hotz; beides Entstellung von Gottes.

Kotzen, sich erbrechen.

Kousin. Red. „Kousin, kannst du noch?" (aus dem Cirkus; „Kousin" reden sich die Clowns an.)

Krabbe f., kleines Kind.

Krabbeln. 1) krauen. 2) durcheinanderkriechen. Krabbelei.

Krach. „Machen Se keenen Krach" soviel wie: Skandal.

Krachen. „Det man allens so kracht" d. i. mit großem Erfolge.

Kracke f., altes Pferd.

Kracksen, krächzen.

Kränke f., Krankheit. „Er kricht de Kränke vor Wut." — „Krist de Kränte!" (Ausruf des Ärgers.)

Kragenweite. Red. „Bei die Kragenweite —!" d. i. ein Mann wie ich —! (Eigenlob, halb ironisch.)

Krakehl m., Streit. krakehlen. Krakehler. (So hieß auch ein Witzblatt von 1848, Redakteur Bahn.)

Kram, Ware der Hausierer. Daher auskramen der Gegensatz zu inpacken (s. d.). Kram auch: wertloses, unnützes Zeug. „All der Kram", „so'n dummer Kram" u. dgl.

†Kranewanken, viel und mühselig hin- und wiedergehen. Besonders rumkranewanken.

Krank. „Sie sind wol krank?" d. i. verrückt. vgl. brustkrank.

Kranzlers Ecke, Ecke der Linden und Friedrichstraße, nach dem Konditor Kranzler. — Mutter Kranzlern, Kuchenfrau.

Kratzbürschte, ein Mensch, der auf eine Reizung heftig reagiert.

†Kratzen. Red. „Kratzen nugt nischt; kämmen, kämmen!" (Zuruf an einen, der sich vor Verlegenheit den Kopf kratzt.)

Krauchen, kriechen. Red. (unwillig) „Sewat kraucht uf'n Boden nich rum!" Auch kraufen.

Krausjebacknet, beliebtes Gebäck.

Krauskopp. Ein sehr langer, hagerer, völlig kahlköpfiger Herr geht, den Hut in der Hand, an einem Neubau vorüber. Ein Maurer ruft ihm vom Gerüst herab zu: „Sputen Se sich, Sie kleener dicker Krauskopp!"

Kravattenfabrikant. Wucherer, Halsabschneider. „Er macht Kravatten-jeschäfte." „Se haben ihn de Kravatte zujezogen."

Krebsen, mit Anstrengung gehen; besonders rauskrebsen (nach einem weit entfernten Ort), rumkrebsen u. dgl.

Kree m., Spaß. „Au Kree!"

Kreeschen, vom Geräusch des in der Pfanne siedenden Fettes. Eier werden z. B. zu Setzeiern „mal uffjekreescht."

Kreteln, kleinlich tadeln, allerlei aussetzen. „Immer haste was ze kreteln!" — Wer das tut, ist kretlig, ein Kretelpeter.

Kretelpoten (Krähenpfoten), schlechte Schrift.

Krempe. Red. „Det müssen Se eenen erzählen, der keene Krempe an' Hut hat" d. i. das glaube ich nicht.

Krempel m., altes Gerät. der janze Krempel, d. i. die ganze Sache.

Kremser m., großer Wagen für Landpartieen. (Nach dem Hofagenten Kremser, der 1825 den ersten Verkehr mit vier- und mehrsitzigen Wagen zwischen Berlin und Charlottenburg einrichtete. Die Fahrt kostete 6, zurück 3 Sgr.)

Krepanse f. „Det is, um de Krepanse zu kriejen" d. i. um zu „krepieren".

Krepeln (kröpeln), kriechen (wie ein Krüppel). Raus-, rumkrepeln.

Kreplig (d. i. krüpplig), gebrechlich.

Krete. Die Kröte hat ihren widerwärtigen Charakter ganz verloren. Am schlimmsten ist es, wenn man einfach sagt: „du Krete!" oder „die Krete!" Doch ist dies durchaus kein Schimpfwort. Mit Krete verbindet der Berliner gerade die Eigenschaften, die ihn als solchen auszeichnen, oder die er liebt. Einen Schüler (natürlich darf er

kein „frommes Kind" sein), der immer aufpaßt und gute Antworten gibt, nennt man richtig „'ne verfluchte Krete"; ein hübsches, helles, freundliches Mädchen: nette Krete, niedliche Krete, dralle Krete, Mordskrete. — Gute Krete, ehrliche Krete u. dgl. sagt man nie; wohl aber schlaue Krete, niederträchtije Krete u. dgl.

Krete, Parodie der Endung krat in Bürokrete, Demokrete u. a.

Kreten (plur.), Geld. „Wenn ich bloß 'n paa Kreten in de Tasche hätte!"

Kretenstecher, Offizierdegen.

Kretig, leicht gereizt, „kratzbürstig".

Kreuz, Rücken. „Ich zieh dir 'n paa über't Kreuz!" (Drohung.)

Kreuzvergnügt, sehr vergnügt; noch öfter kreuzfidel.

Kreuzdemlich heißen Schüler, die nach der Impfung ein rotes Kreuz auf dem Ärmel tragen, um eine schmerzliche Berührung zu vermeiden. Auch Kreuzritter, kreuzvergnügt. Das V (Vorsicht), das andere tragen, wird als verrückt gedeutet.

Kribbelig, reizbar.

Kribbeln, jucken. „Mir kribbelt's in de Fingern" d. i. es juckt mich, ihn zu schlagen. Kribbeln un wibbeln, wimmeln.

Kribbensetzer ('n oller) (eigentlich ein Pferd, das die Unart hat, die Krippe zu zerbeißen) dann: ausgedienter Beamter, emeritierter Lehrer u. ä., der noch zu jugendlichen Streichen aufgelegt ist.

Kriegskasse. Red. „Der dreht de Kriegskasse uf'n Rücken fort" (von einem Buckligen). Daher Kriegskasse für Buckel.

Kriejen. 1) bekommen. „Er kricht's mit de Angst." — „Mit eenmal kricht der 't Loofen." Alte Geschichte: eine Frau kommt in eine Destillation: „Kriecht man hier Rum?" — „Nee, hier setzt man sich." 2) einholen. 3) „Det wer'n wir schon kriejen!" d. i. zurechtbringen, herausbekommen. — s. auch öfter.

Krietschen (auch triefchen), kreischen.

Kriminal n., Kriminalgericht. — s. auch Jerichtshof.

Kringel f., Gebäck (nur für Kinder).

Kringeln. Red. „Er is zum Kringeln!" d. i. zum Totlachen.

Krips m., Genick. nur in: eenen bei'n Krips kriejen.

Krizelig, kraus, von rauher Oberfläche.

Krone. Red. „Wat is denn den in de Krone jefahren?" d. i. in den Kopf. — — „Man stößt ihn an de Krone" d. i. man stößt bei ihm an.

Kronsohn. „Oller Kronsohn!" zu gemütlicher Abwehr.

Kröpzeug (auch Kruppzeug), schlechte Menschen. Auch: „So'n Kröp!"

Krückstock. Red. „Der fühlt eech 'ne blinde Frau mit'n Krückstock!"

Krümel, auch Käsekrümel m., kleiner Mensch.

Krute f., irdene Flasche, früher besonders für Weißbier. „Olle Krute" von Menschen. „Kleene Krute, jroßer Preppen" von Konfirmanden mit großem (Cylinder-)Hut. „Krute machen", wie zusammenklappen (schwach werden und fallen). — s. auch putzig.

Krumm. „Er licht krumm" d. i. er hat kein Geld. — „Er is krumm, wenn er sich bückt" d. i. er gibt nicht gern. — „Der licht an de krummen Hosen" sagt einer, der O-Beine hat. — Krumme Neune. 1) verwachsenes Frauenzimmer. 2) wie jriene Neune (s. Jrien). — s. auch Hund.

Krummbeenig. Red. „Jeh doch deine krummbeenijen (schiefbeenijen) Weje!"

Kruppzeug. s. Kröpzeug.

Krus m., Krug.

Kuchen. Red. „Ja Kuchen!" d. i. Einbildung! † Zusatz: „aber nich London!" stammt aus einer Travestie auf „Maria Stuart."

Kuchenkrümel. Red. „Ja Kuchenkrümel — mit'n Rohrstock!" — (vom Uhrmacher:) „Der pust 'n Kuchenkrümel aus de Uhr, un der kost 'n Daler."

Kuchenmilchbrot, Kuchenschnippe; sie ist weich (nicht „knurpßig") und auf dem Blech gebacken.

Kucklichter, Lichter; Kinderwort. „Zeh mal die scheenen Kucklichter!"

Kuddel m., „Och Kuddel!" sagt man, wenn man sich zu einem Ulk entschließt. vgl. Feez, Kree.

Kuddelmuddel m., alles durcheinander.

Küchendrajoner, Köchin.

† Kümmel-Anis röten die Glocken der Spittelkirche. vgl. Pomeranzen.

Kümmeln, (im Spiel) gewinnen.

Kümmelnese, Schnapsnase.

† Kümmeloffizier, Schnaps, aus Kümmel und Pomeranzen gemischt.

Kümmeltürke. 1) Spiel. An einem mit numerierten Vertiefungen versehenen Brett steht eine Figur; durch ihren Kopf wirft man eine Kugel, die durch Spiralwindungen die Figur herunter und auf das Brett rollt. Die Figur war ehemals stets ein Türke. 2) langweiliger Mensch, Philister.

Kürste (Kürschte, Kerschte) f. 1) Brotkruste. 2) alter Hut.

Kugel-Mugel (u kurz) m., wie Mugelei. (s. d.)

Kugeln. „Det is zum Kugeln" (vor Lachen.) vgl. kullern.

Kugeln, sich, sich dicht einhüllen, sich anschmiegen.

Kuh. Red. „Er steht wie de Kuh vor't neue Dor." „Der sieht eenen an, wie de Kuh 't neue Dor." (Die Kuh ist lange auf der Weide gewesen und staunt das inzwischen neu gemachte Stalltor an, das sie nicht wiedererkennt; also aus der Zeit, wo die Stadtkühe vors Tor auf die Weide getrieben wurden.) — „Er weeß druf zu loofen, wie de Kuh uf'n Appelboom." — „Man wird so alt wie 'ne Kuh un lernt immer noch zu." — „Du bist wol von de Kuh jebissen?" d. i. verrückt?

Kuhblume, gelbe Sumpfblume, wurde von Kindern wie die Maikäfer für Nadeln verkauft. s. Butterblume.

Kuhfuß m. (milit.), Gewehr.

Kuhhaut. Red. „Der jeht uf keene Kuhhaut" d. i. es ist nicht zu beschreiben.

Kuhkopp, wie Schafskopp, aber liebenswürdiger.

Kuhle, kühl.

Kuhnheim. Red. „Nu, Kuhnheim, rede du!“ Als die Franzosen Berlin besetzt hatten, hatte ein Kaufmann Berend Lieferungen für die Armee übernommen. Er hatte deshalb bei dem Gouverneur General Hullin Besuch zu machen und sich zu diesem Zweck die Vorstellungsphrase französisch eingelernt; die Verhandlung überließ er seinem ersten Buchhalter Kuhnheim. Er wurde vorgelassen, machte einen Diener und sagte: „Je suis le riche banquier Berend de Berlin; nu, Kuhnheim, redd' du!“ — nahm sich einen Stuhl und schwieg. (Etwas anders Bär 1880 Nr. 11.)

Kujenieren, ärgern; von Kujon (franzö. couillon), Schelm, Schurke.

Kukasten (u lang), Guckkasten. Bis gegen Ende der 30er Jahre gab es in Berlin Guckkästner. Der Guckkasten war etwa vier Quadratfuß groß und stand auf einem Bockschemel; an der Vorderseite vier Vergrößerungsgläser. Sie wurden abends bei Erleuchtung gezeigt; Zuschauerpreis ein Sechser. Die Bilder waren um eine Rolle drehbar, die beim Drehen einen schnurrenden Ton gab; deshalb sagte der Guckkästner, der seine Erklärungen emphatisch herunterleierte: „Nrrr, 'n ander Bild!“ — Glaßbrenner hat diese Leute in mehreren Heften witzig geschildert.

Kulbarsch m., Kaulbarsch. Red. „Laaß'n schießen, et is 'n Kulbarsch!“

Kule f., Vertiefung im Boden, Grube. Lehmkule, Sandkule, Schinderkule.

Kullern, rollen. „Det is zum Kullern“ (vor Lachen). — „Mir kullert's un bullert's in Bauch rum.“

Kulleroogen, große runde Augen. Kinderwort.

Kullig, komisch.

Kulör (auch Kalörie, Kalürie) f., Farbe (couleur). Red. „Dieselbe Kulör in Jrün“ d. i. ganz dasselbe. — Für Sorte, Bande: „Die Kulör kenn ick!“ — s. a. Vorstwisch).

Kulpadde f., Kaulquappe.

Kulpsen (Kulpsoogen), große Augen.

Kulpsnese, wie Kartoffelnese.

Kummerspeck. Wenn einer hört, er sei dick geworden, sagt er: „Allens Kummerspeck“ oder „allens Tramspeck.“ Der Ausdruck ist wohl durch eine bekannte Äußerung Falstaffs hervorgerufen worden.

Kumkarre f. Karren mit Kasten (die Schubkarre hat keinen Kasten). Oft auch „Kumtkarre“ (von Kummet?).

† Kumzarius, Kommissarius (der Vorläufer des jetzigen Polizeileutnants).

Kunde. So 'n Kunde, 'n fauler Kunde, verächtlich.

Kunstück! (jüd.), ironischer Ausruf, bei dem man mit den Achseln zuckt; bedeutet: „das ist doch kein Kunststück.“ Alter Witz: „Einzelne jüdische Wörter lassen sich im Deutschen gar nicht wiedergeben, z. B. Kunstück.“

Kunstwerk. „War is'n de Uhr?“ — „'n Kunstwerk!“ — vgl. Erbsen.

Kupferbergwerk, Burgundernase.

Kupferstecher. s. Freund.

Kur. „Det is 'ne Kur!“ d. i. ein Stück Arbeit. „Det war 'ne Kur!“ wenn einer viel durchgemacht hat.

Kurakter, Charakter.

Kurant (courant). s. jur 2.

Kurrende f., Knabenchor, der vor den Häusern um milde Gaben singt; diese Einrichtung geht jetzt von der inneren Mission aus; bis 1848 war die Kurrende, auch Singechor genannt, mit den Gymnasien verbunden.

Kurz. Alles kurz un kleen schlagen.

Kuschee (franzö. couché), geduckt.

Kuschen (auch nachkuschen), nachsitzen; Schulausdruck. Ebenso: Kuschki machen. (Von dem Kommando an Hunde: kusch dich! — „Kusch, June, frißt Wurschpelle!“)

Kußhand. „Jibt er denn zehn Daler davor?“ — „Mit Kußhand!“ d. i. ohne Schwierigkeit.

Kute f., Grube. Millkute, Senkkute, Murmelkute. Kutenball.

†Kutsche. Red. „Fall nich aus de Kutsche!" d. i. verunglücke nicht.

Kutscher, der gemeine Moselwein; vom Rhein her in Berlin heimisch.

Kutscherseidel m., abgestandenes Seidel.

Kuz m., Eichhörnchen, wie Eichkaz.

Kuzeln (auch Kugeln, plur.), niedrige Kiefernschonung. „Er is in de Kugeln jejangen" d. i. er hat sich unbemerkt entfernt.

L.

Laaßen, lassen.

Laatsch m., Mensch ohne Haltung. Laatschen, nachlässig gehen. laatschig.

Laatschen, Hausschuhe, besonders alte.

Laban, Laband, langer Mensch. 'n langer Laban.

Labbe f., Lippe. „Hau ihn doch eens in de Labbe!"

Labberig, weichlich, von Speisen.

Labundig, lebendig (scherzhaft).

Lachen. „Der lacht sich wat (eens)!" d. i. er setzt sich darüber hinweg. — Red. „Da kannst du lachen!" — „Mensch — ha'm wir jelacht!" — „Da lachen ja de Hühner!" d. i. laß dich nich auslachen. — „Lange nich so jelacht." Kritik eines schlechten Witzes, einer reizlosen Anekdote; mit dem ernstesten Gesicht gesagt. — vgl. können.

Lachhaft, lächerlich.

Lack. Schulwitz: „Dekliniere mal: der Lack." Der andere: „der Lack, des Lacks, Demlack" (wobei er reingefallen ist).

Lackieren, betrügen, reinfallen lassen; Red. „Ich bin der lackierte Europäer."

Ladenschwengel, Ladenschwung, m., Handlungsdiener.

Lächerbar, lächerlich.

Lämmerkens, Lämmerwolken, Art Wolken.

Lämmerschwänzken, Blüten der Pappel. — Red. „Der jeht ja wie Lämmerschwänzken!" (von rascher, leichter Hin-

und Herbewegung; wenn z. B. einer auf dem Klavier Triller spielt.)

Ländlich, schändlich, Parodie auf „ländlich, sittlich".

Länger. Red. „Länger wa't nich!" auf die Frage „Wat?" (wenn man nicht verstanden hat).

Längde, Länge. „Uf de Längde jeht det nich." — „Er schlug de Längde lang hin."

Lärmstange, große, zänkische Frau. Lärmstange war die Standarte, die in den alten Städten bei kriegerischer Rüstung auf dem Lärmplatz aufgestellt wurde. In der Altmark ist in demselben Sinne Standär gebräuchlich.

Lahme Riete. Red. „Ach so is die Jeschichte mit de lahme Riete?!" (Von l'Amérique wegen der vielen wunderbaren Erzählungen von dort.) Früher oft hinzugesetzt: „Wenn se nach Schnaps jeht, hinkt se".

Lakal, Lokal. Bierlakal. plur. Lakäler. Auch für Gesicht. eenen eens ins Lakal hauen.

La main (franzi.). Red. „Mich in die la main!" d. i. darauf lasse ich mich nicht ein.

Lampe. 1) für Licht. „Jeh aus de Lampe!" — „Mir jeht 'ne Lampe uf." 2) eenen uf de Lampe jießen, trinken (Schnaps).

Lampignon n., scherzhaft für Lampion.

Landpartie. „Sie, hören Se mal — machen Se keene Landpartien uf meine Beene!" d. i. treten Sie mir nicht auf die Füße.

Lang. „Lang wie der Dag vor Johanni" (von Personen). — Ebenso: „'n langet Ende." — Red. „Wer lang hat, läßt lang hängen." — „Ick habe direkt lang jelesen" (vor Lachen). — „Wenn Sie so lang wärn, wie Se dumm sind, denn könnten Se aus de Dachrenne saufen." — s. a. Dag.

Lange. Red. „Wat der is, det bin ick schon lange jewesen!" d. i. der soll sich nur nicht einbilden, mehr zu sein als ich. „Lange nich jesehn — un doch noch jekennt!"

Lange Jette, Lorgnette.

Langen, reichen, ausreichen. „Lang mir mal det her." — „Det langt nich." — sich eenen langen, ihn fassen, vernehmen. — „Ich wer dir eene langen" wie runterhauen. Auch stehlen (im Vorbeigehen): „Er hat sich 'n paa Äppel jelangt."

Langsam. Red. „Langsam un mit Jefühl!" — „Langsam, aber sicher."

Langstielig (langstiezig), langweilig.

Lankremank (franzö. lentement), sacht.

Lanterne, Laterne.

Lappen. durch de Lappen jehn, entwischen (von der Hirschjagd).

Lappenpuppe. Kleine Mädchen machen sich aus Lappen eine Puppe, wenn sie keine bessere haben.

Lappig, schlaff, weich.

Lassen. „Er weeß sich nich ze lassen" (vor Vergnügen oder Übermut). — „Laß mir!" (oft: laaß mir!) d. i. laß mich in Ruhe. — „Laß dir man nischt aus!" d. i. rede nicht so laut und dreist. — „Dun Se, wat Se nich lassen können."

Laster. 'n langet Laster, d. i. ein langer Mensch.

Laterne, schmales hohes Haus. vgl. Handtuch. — „'n Wink mit 'n Laternenpfahl" d. i. ein sehr deutlicher. — „Laterna maika" für laterna magica.

Laternenzug, der letzte (z. B. von Potsdam) in Berlin eintreffende Bahnzug.

Lati. „Immer lati!" d. i. fort, trolle dich! — „Wo is'n der?" „Der is ja lange lati!"

Latichte f., Laterne. „Jehn Se mir mal 'n bisken aus de Latichte!" d. i. aus dem Licht.

Latte. „'ne lange Latte." 1) ein langer Mensch. 2) „Er hat 'ne lange Latte bei mir" d. i. er ist mir viel schuldig; vom Kerbholz.

Laube. s. Kiste.

Lauern, warten. „Mutter lauert mit'n Kaffe."

Laus. „Keene Laus!" d. i. durchaus nicht. — „Nich de blasse Laus!" d. i. kein Gedanke. — „Ich wer mir doch keene Laus in' Pelz setzen" d. i. ich werde mir nichts Unangenehmes aufladen. — „Mir lo[o]ft 'ne Laus über de Leber" d. i. ich werde plötzlich ärgerlich. — „Er sitzt wie de Laus in' Scherf" d. i. er sitzt recht fest und behaglich drin. — „Da kricht man ja Läuse in' Bauch!" wenn ein Trinker sieht, wie einer Wasser oder Selterwasser trinkt. — s. a. Kopp.

Lause-Allee (auch =Schassee), Art Scheitel.

Lauseangel, Lausejunge, Lauseknochen, Lauselümmel, Lausewanst, Schimpfwörter. — Red. „Lausejunge, Flöhen haste ooch (un Wanschen fehlen dir nich)!"

Lauseharke, Kamm.

Lausepavillon, Grützbeutel oder ähnliche Erhöhung auf dem Kopf.

Lauserei, Kleinigkeit.

†**Lausewenzel** m. 1) sehr schlimmer Tabak (auch Verbum: der Tabak wenzelt, is wenzlig). 2) Schimpfwort.

Lausig, schlimm; derb, tüchtig. „Er setzt lausige Stanke!" — vgl. Kamm. — Als Adverb: sehr. „Der is lausig stark."

Lawine. Red. „Immer ruf un runter wie 'ne Lawine" (bei wechselndem Glück im Spiel).

Leben. „In Leben nich", nie. — „Wat kann det schlechte Leben helfen! ('t Vermöjen is doch bald alle!)" — „Ich wer mal 'n bisken Leben in de Bude bringen." — „Das Leben is schön, aber kostspielig." „Das Leben is kostspielig und zeitraubend." — „Das menschliche Leben ist eines der schwierigsten." — Tiefsinnige Sentenz, teilweise in sächsischer Mundart: „Das Leben is Leim; man muß das Läben äben nähmen (sprich Läb'n äb'n nähm'n), wie das Läben äben is. Das Leben gleicht einer Hühnerleiter; es is von oben bis unten —."

Leben. Red. „Sowat lebt nich! (un zappelt doch!)" — „Leben Se so wohl als auch!"

Lebendig. Red. „Da mecht ik ja nich lebendig bejraben sind" (z. B. in der kleinen Stadt x). — Ebenso „Da mecht ik ja nich photojraphiert sind."

Leberwurst. Red. „Er spielt de je= kränkte Leberwurscht" d. i. Den Gekränkten.

Lecken. „Er leckt sich alle fümf Finger nach" d. i. er ist davon entzückt.

Leddi (engl. lady), Hundename; stets männlich.

Leder. „Wat's Leder hält" d. i. mit aller Macht.

Leg (spr. leedsch), niedrig.

Lehm. Red. „Wer schmeißt da mit Lehm?" (Zusatz: „un zwarschtens mit nassen?") wird (sinnlos) gebraucht, wenn man „anjeullt" wird. — Lehm un Stroh, d. i. Erbsen und Sauerkohl.

Lehmann. Red. „Er ziert sich wie Leh= mann in't Sarch (mit de Zitrone)." Särge von Handwerksgesellen wurden früher von ihren Genossen auf der Schulter zum Kirchhof getragen. Zu diesem Dienst hielt das Gewerk dreieckige Hüte und schwarze Mäntel, die feineren auch Handschuhe; voran Musik. In der Hand hielt jeder Träger eine Zitrone zur Erfrischung gegen den Leichengeruch. — „Der kann Lehmanns Kutscher ooch!" d. i. es ist kein Kunststück. Diese Redens= art, vielleicht durch die Wilkensche Posse „Kläffer" populär geworden, hat die ältere von „Fetschows Hausknecht" ver= drängt.

Lehmantel'sch verdreht aus melan= cholisch.

†**Lehnepump** m., entliehene Garderobe.

Leib. „Jeh mir von Leibe!" — „Man immer zehn Schritt von Leibe!" — „Ik habe mir 'n Leib volljeärjert." — „Bei Leibe nich!" d. i. nur ja nicht!" — „So bin ik an janzen Leibe!" (wenn man ge= lobt wird, etwa wegen einer zarten Auf= merksamkeit.) — „Der hat 'n juten Schritt an Leibe."

Leich für gleich; z. B. „Komme leich!"

Leiche für Begräbnis. „Bei Verjemanns is heite 'ne Leiche." — „Fünf Leichen an eenen Dag, un eene bis hinter Rixdorf!" flagt ein Leichenträger. — 'ne jroße, (stramme, lange, scheene), kleene, Mittel= Leiche. — Red. „Er sieht aus wie 'ne lebendije Leiche (wie 'ne Leiche uf Ur= laub)."

Leichenfledderer, Diebe (Spezialität), die Schlafende bestehlen.

Leichenwagen. Red. „Bestell dir man immer 'n Leichenwagen!" wenn man sieht, daß ein Spiel sicher verloren wird. — 'n Leichenwagen mit Troddeln, d. i. Nordhäuser mit Punschextrakt.

Leicht. „So leichte nich."

Leichtsinn. „Det sagen Sie so in Ihren jugendlichen Leichtsinn!"

Leid. Komp. leider. „Det hat mir noch ville leider jedan." Red. Du mir man bloß nich leid!" (Ausdruck mitleidiger Verachtung). „Sie können mir wahaftig leid dun." — Wissen Se, wat Se mir dun könn'? — Leid könn' Se mir dun!" — „Dut ma leid un freit ma dichtig!"

Leierkasten, Drehorgel. Red. „Komm nich untern Leierkasten!" d. i. komm gut nach Hause. — Puppenleierkasten, mit Marionetten.

Leim, was lockend aussieht, aber einen „Reinfall" befürchten läßt (Ursprung vom Vogelleim). „'n schöner Leim!" — Uf den Leim fried ik nich!"

Leimen. 1) betrügen; einem das Geld im Spiel abnehmen (auch ohne die Nebenbedeutung des Betruges). 2) (unter Schulkindern) aufgekündigten freund= schaftlichen Verkehr wieder anknüpfen, mit einem „wieder reden." — „Och, du hast ja jeleimt!"

Leine. Red. „Zieh Leine!" d. i. geh ab!"

Leisten m. Red. „Die Stube muß uf'n Leisten jeschlagen wern" wenn sie für die Gesellschaft zu klein ist.

Leisten. „Der kann sich det leisten" d. i. er hat die Mittel dazu. „Ik muß mir noch eenen leisten" d. i. noch einen (Schnaps) trinken.

Leite. Red. „Wozu hab ik denn meine Leite?" d. i. das müssen andere tun.

Leitnant (auch Leitnamt), Leutnant. Für das bekannte „ein Engel fliegt durch's Zimmer" (wenn in einer Gesellschaft eine plötzliche Stille eintritt) sagt man: „'n

Leitnant bezahlt seine Schulden!" dann auch: „'n Leitnant jeht durchs Zimmer." — vgl. Schutzmann.

Lejen. Red. „Na lejen Se't man dahin (wo'r reene is — aber fall'n Se nich drüber)!" d. i. lassen Sie's gut sein. — Lejen unter Knaben für Besiegen im Ringkampf. „Dir lej ick noch!"

Lekrig, vom Faß (wenn es leckt).

Lendemain (franzs. „der nächste Tag") m. Das Wort wird in Berlin ausschließlich von dem Tage nach der Hochzeit gebraucht.

†Lennés, kleine Pflöcke am Saum der Wege im Tiergarten, nach dem Hofgartendirektor Lenné († 1866) genannt.

Lenz m., Spaß, Unsinn (Schulausdruck). „Mach keen' Lenz!"

Leppern, sich. „Er leppert sich", „et leppert sich war ran (zusamm)" d. i. es kommt etwas Beträchtliches zusammen. Lepperschulden, kleine, zerstreute Schulden.

Lerche, Leiche.

Lernen. 1) Red. „Mancher lernt's nie — un denn ooch noch unvollkommen." 2) lehren. „Wer hat dir'n der je=lernt?" — „Ick wer dir lernen Leite kujenieren!"

Lertolben (Lörkolben) m., Nase.

Lerter f., Leiter.

Leßtens, neulich.

Leujnen. Red. „Das kann ich nich anders leujnen" d. i. das muß ich zugeben.

Lichter für Lichte (Kerzen). „Du ziehst Lichter!" sagt man zu Kindern, die sich die Nase schnauben sollen.

Lieb. der liebe Jut. der liebe Jelb. den lieben langen Dag. der liebe Leiden. seine liebe Not haben. Er hat det liebe Leben nich.

Liebe. Red. „Wer kann vor de Liebe!" (auch: „vor seine Jefiehle!")

Lieberst für lieber.

Liebesjabe, schlechte Zigarre (nach den Erfahrungen des Krieges von 1870-71).

Liefern. „Jetz biste jeliefert!" d. i. verloren.

Liejen. Red. (drohend) „Wo willst 'n liejen?" — „Der licht nich in ihn drin" d. i. er hat nicht das Talent dazu. — „Det licht mal so drin" d. i. das ist nicht zu ändern. — „Da licht et besser wie uf 'n neien Marcht" wenn etwas am unrechten Orte liegt. — s. auch mehr.

Limpe f., wie Flunsch.

Linden. Die Querstraßen der Friedrichstraße von den Linden bis zur Hochstraße merkt man sich an folgenden Hexametern:
Unter den Linden tanzen die Bären; französische Jäger
Schießen den tauben Mohren die Krone vom Kopfe, wie eine
Leipziger Lerche, die kraus im Schützenzimmer gefecht wird. (vgl. Bär 1880 Nr. 17.)

Lippentriller m. Wenn man die Karline (s. d.) an den Mund setzt, so fluckert es. Dies ist der Lippentriller; daher: „Ick muß mal 'n Lippentriller feifen" d. i. ich muß einen Schluck Schnaps trinken.

Loch. „Du hast 'n Loch in de Natur je=schossen" d. i. vorbeigeschossen. — „Der hat 'n Loch in' Magen" d. i. er ißt stark. — „Stech man 'n Loch ('n Plock) zurück!" d. i. geh in deinen Ansprüchen herunter. — „Rede mir keen Loch in' Kopp (in' Bauch)!" d. i. mach mich nicht verwirrt. — „Ick hab ihn 'n Loch in' Bauch je=schossen" d. i. ihm einen großen Schreck eingejagt. — „Er freit sich 'n Loch in' Strump."

Locker. „Er läßt nich locker" d. i. er läßt nicht nach.

Lodderig, nachlässig. Lodderei.

Loden. 1) Locken. 2) Lumpen.

Löffel für Ohren: „Er jibt war hinter ·de Löffeln!"

Löffeljarde. So hieß eine Truppe Napoleons (beim Einzug in Berlin 1806), die einen Löffel an den Hut gesteckt trug. — Jetzt werden oft die Straßenreiniger so genannt; auch Kinder, die Soldat spielen.

Löffelstiel. „Ick habe noch keen' warmen Löffelstiel in Leibe" d. i. ich habe noch nichts Warmes gegessen.

Löschen. eenen 'ne „jehörije" löschen, d. i. eine Ohrfeige geben. — Alter Berliner Witz: Die Spritzenleute sitzen beim Budiker. Der Schlauchmeister tritt ein. „Rennt ihr det spritzen?" fragt er entrüstet. — „Nee, Herr Schlauchmeister — löschen, löschen!"

Löwenjrube heißt das Kaiser Wilhelm-Denkmal. „Willem in de Löwenjrube." Die grünlichen Löwen heißen Spinatlöwen. — „Der Jenius ist ja janz jut — aber de drei Haare fehlen."

Lohn. Scherz: „Ick seh mehr uf hoher Lohn wie uf schlechte Behandlung."

Lokalanstreicher, Lokalanzeiger.

Loofen, laufen; für gehen; besonders im Gegensatz zum Fahren: „Ick bin 'n janzen Weg jeloofen." — „Der looft in't Jeld" d. i. es wird kostspielig. — „Er weeß druf zu loofen" d. i. er versteht sich auf seinen Vorteil. — „Eß den Kese rasch uf, sonst looft er weg!" — „Du loofst wel vor Jeld?" (wenn einer schnell läuft). — Wenn man zur Verabreichung einer Ohrfeige zu faul ist, streckt man die Hand aus und sagt: „Loof mal jejen!" Der andere soll sich also die Ohrfeige holen. — (zu einem, der faulenzt) „Du bist wel noch deine Mutter bese, der se dir loofen jelernt hat?" — „Looft mir hier keen Droschkenpferd?" wenn einer aufschneidet, mit einer Bewegung des Fingers unter dem Auge; der Sinn ist: wenn das möglich ist, ist alles möglich.

Lorke (auch Lurke) f., schlechter Kaffee.

Los. Red. „Los davor!" d. i. fang an! — „Ick nu los uf de Polizei —!" — „War is denn da los?" (Antwort: „War nich anjebunden is!") — „Der hat war los" d. i. er ist begabt. — „Mit den is nischt los" d. i. er taugt nichts.

Loseisen, frei machen, gegen hartnäckigen Widerstand.

Losjehn. 1) anfangen (intrans.). „Jeht's nich bald los?" 2) weggeben. „Jehn Se los!"

Loslejen, anfangen (trans.). Ebenso

Losschießen. „Nanu schießen Se los!" — vgl. Schuß.

Losziehn, weggehen. „Zieh los — verstehste?" Ebenso

Loszittern und

Loszoddeln.

Lot. in 't Lot bringen (lejen), in Ordnung bringen, schlichten.

Lotrecht. „Er steht lotrecht da" d. i. faulenzt.

Lewise (oft Lawise), Luise.

Lucca-Augen, süßes Gebäck.

Lude, Ludwig.

Luder n., wie Aas. „'n feines Luder." — „Dummes Luder!" — „Unter allen Luder!" d. i. unter aller Würde.

Lüjen. „Er lüjt wie jedruckt." („Wie telegraphiert" sagte Bismarck.) — Unter Kindern hört man oft: „Kannst Du aber lüjen!" (mehr ein Ausdruck der Bewunderung als des Vorwurfs.)

Lüjenkatze. „Olle Lüjenkatze!"

Lümmel von Lande! d. i. ungezogener Junge! (Alliteration).

Lüttiti (Ton auf der ersten). „Er hat'n kleenen Lüttiti" d. i. einen Stich oder Spitz.

Luft f. an de frische Luft setzen, d. i. hinauswerfen. — Red.: „Halt de Luft an!" d. i. sei still, hör' auf. — Luft kneipen, ins Freie gehen.

Luft m., Pfefferminzschnaps. „Vor 'n Sechser feinen Luft!"

Luftballon. Red. (beim Abschied) „Laß dir nich von' Luftballon überfahren!"

Luftikus m., leichtsinniger Mensch.

Lukas. Red. „Hau ihm, Lukas!" (auch: Haut den Lukas! ursprünglich beim Whistspiel, d. i. nimm den Stich, trumpfe ihn ab.) Zusatz: „er hat 'n Majistrat jeschumpfen!"

Luke. „Jib 'n doch eens in de Luken!" d. i. in die Augen. — s. a. kieken.

Lulaatsch m., großer Laatsch. „'n langer Lulaatsch." — Ebenso Lulei.

Lumpen. „Ick laß mir nich lumpen" d. i. ich bezeige mich anständig.

†**Lumpenmatz**, auch Plundermatz, war ein Mann, der auf einem Karren einen Kasten hatte. Darin führte er Bilderchen, kleine Ringe und andere „Kinkerlitzchen", gegen die er die Lumpen eintauschte, die ihm die Kinder brachten. Er zeigte seine Ankunft durch Pfiffe auf einer kleinen Flöte an.

Lumpensammler, wie Laternenzug (f. d.); auch der letzte Wagen der Pferde-, dann der elektrischen Bahn, vor der Einführung der Nachtwagen.

Lumpig, schwach, unbedeutend, unanständig. „Noch eene lumpije (lumpichte) Person!" riefen die Kutscher der Torwagen, um zum Mitfahren einzuladen. (Dann ist der Wagen voll und kann abfahren.)

Lunge. „Ick hab ma de Lunge aus 'n Leib jeredt."

Lungenkeifer. Schwindsüchtiger.

Lunte. Red. „Ick rieche Lunte" d. i. ich schöpfe Verdacht. vgl. sengerig.

Lutschen, saugen. Lutschbeutel.

Lutte f., „'ne lange Lutte" wie 'ne lange Latte."

M.

M. (geschrieben auch Emm), Mark. Auch Emmchen. „Det kost wieder 'n paar Emmchen."

†**Macbeth**. Im Schauspielhaus rief eine Berlinerin der nachtwandelnden Lady Macbeth, die den Leuchter nicht gerade hielt, mit lauter Stimme zu: „Mackbett'n — Se drippen!"

Machen. 1) als Aufforderung: „Mach, jib ma wat ab!" „Mach doch!" (d. i. rasch). „Mach doch man zu!" „Wiste wol machen!" „Mach dette rauskommst!" 2) kosten. „Wat macht'n det?" — 3) reisen. „Er hat nach 'n Spreewald jemacht." 4) spielen (vom Schauspieler). „Er macht 'n Lohengrin." Daher auch: „Er macht 'n wilden Mann" d. i. er stellt sich geisteskrank. 5) wie „meiern": „Jetz biste jemacht." „Den ha'm wa jemacht!" — 6) handeln. „Er macht in

Ansichtskarten." 7) „Det macht sich" d. i. es läßt sich gut an. 8) de Haare machen; de Betten machen; Feier machen. 9) Red. „Wat jemacht wern kann, wird jemacht." — „Wenn de det noch mal machst, tann ick's eech" (wenn einer etwas Ungeschicktes gemacht hat). — „Das werden wir nich machen, un es wird eech jehn." — „Nich zu machen! Schließt von selbst!" d. i. daraus wird nichts. Verquatschung der Beischrift an automatischen Türschließern: Nicht zumachen usw.

Macher, der eigentliche Macher, Unternehmer, Leiter.

†**Madam**. Diese Anrede, die früher bei den niederen Ständen allgemein üblich war, verschwindet jetzt. vgl. Junge Frau.

Made. Red. „Er quält sich wie de Made in' Speck".

Madig, gemein, schäbig. 'n madijer Hund. — eenen madig machen, heruntermachen, schlecht machen.

Mächtig, sehr. „Er hat sich mächtig jefreit."

Mädchen für alles, einziger weiblicher Dienstbote.

Männeken und Olleken, Anrede an ältere Männer und Frauen. — „Nee, Männeken!" Einleitung einer Entgegnung.

Männerkens machen, Faren machen, besonders hinter dem Rücken eines andern, zur Verhöhnung.

Märker m., Mark (Geld).

Mätzken, Ausflüchte.

Maffeeken, unnütze Umstände, Ausflüchte.

Magen. Red. „Den hab ick in' Magen" d. i. der ist mir widerwärtig. — „Det is wol so wat vor deinen langen Magen!" d. i. das schmeckt dir wohl.

Mahlzeit! spöttisch, z. B. wenn einer etwas fallen läßt; auch wenn einer rülpst.

Mahn, Mohn. Mahnpielen, Speise aus geriebenem Mohn, die besonders am Sylvesterabend gegessen wird.

Mahoni (auch Majaheni), Mahagoni.

Maien, Birkenzweige als Schmuck der Türen zu Pfingsten.

Maikeber. Der männliche Maikäfer heißt Hahn, der weibliche Sie; man erkennt die Männchen an den langen Fühlhörnern. Man unterscheidet: Kaiser mit violettem Schild, König mit rotem, Prinz mit violettschwarzem, Schornsteinfeger mit schwarzem, Müller mit graubehaartem Schild. Ist der Maikäfer nicht lustig, so nimmt man ihn in die hohle Hand und pustet so lange — oder man setzt ihn auf die Puttafirtrommel und drückt so lange auf die Fußspitzen, bis er lustig wird. Daher sagt man auch: „Tritt 'n doch uf de Beene, wie'n Maikeber, der er lustig wird." — Die Kinder verkauften Maikäfer mit den Rufen: „Maikeber! Maikeber! (auch abgekürzt: Maik! Maik!) Stück drei Nadeln!" oder „Kebermai! Kebermai! Vor eene Nadel jibt er drei!" und später: „Keberher! Keberher! Vor eene Nadel jibt er sechs!" Jetzt werden sie wohl nur für Geld verhandelt. — Das Kastanienwäldchen galt als Maikeberbörse. — „Er zählt wie 'n Maikeber!" (auch bloß: er maikebert) d. i. er bereitet sich vor, er steht auf dem Sprung, z. B. wenn einer eine Rede halten will. (Wenn sich der Maikäfer anschickt aufzufliegen, so lüftet er zehn, zwölf mal die Flügeldecken ein wenig und schiebt jedesmal den Kopf vor und zieht ihn abwechselnd wieder ein; dies heißt: der Maikäfer zählt. Daher auch früher von Männern, die beim Gehen den Kopf eigentümlich hin- und herwarfen: „er zählt wie 'n Maikeber.") — Das Garde-Füsilierregiment heißt die Maikeber. Es stand früher (als Garde-Reservebataillon) in Potsdam und Spandau und kam von dort alljährlich um die Maikäferzeit zu den Paraden nach Berlin. Wenn die Straßenjungen an der Maikeberkaserne (in der Chausseestraße) vorbeigehen oder auch nur einen Gardefüsilier kommen sehen, so ahmen sie zum Spott das Summen des fliegenden Maikäfers nach (ein lautes durchgehaltenes S).

†Majistratsmaler, Rinnsteinfeger.

Makulatur reden, dummes Zeug reden.

Male, Amalie.

Malen. Red. „Ick wer dir wat malen!" wie husten, wenn einer etwas wünscht, was nicht zu haben ist.

Maler. Kinderscherz: Wer eine Birne gegessen hat, sagt: „Weißt du, wo der Maler wohnt? Da, trag 'n Pinsel hin!" und überreicht dem andern den abgeknabberten Stiel.

Mall, wie mazelig.

Man, nur (das der Berliner gar nicht kennt); verstärkt man bloß. „Man bloß nich!" „Man bloß nich drängeln!" — „Ach Sie sind's man bloß?" — „Man bloß nich so dichte ran!" — „Der kannste man sicher jleeben!" — „Na ick sage man!" — „Laß man jut sind!" — f. a. dun und meenen.

Mang, unter. Red. „Da is wol Mehl mang?" fragt die Mutter, wenn das Kind das Brot nicht essen will. Anderes f. in der Grammatik und unter den Versen.

Manifestieren. Red. (auf die Frage: wie geht's?) „Na — man manifestiert sich so durch." — Manifestationsberg früher in demselben Sinne wie Schwindelschweiz.

Manschen, mischen. „So'n jemanschtet Zeich" (Zeug). — Manscherei.

Manschetten, Furcht. „Er hat höllische Manschetten." — „Davor hab ick alle Manschetten." — vgl. Recht.

Mantel. Red. „Was nutzt mich der Mantel, wenn er nich jerollt is?" („mich" ist unberlinisch). So sagte der Unteroffizier zu dem Freiwilligen, der bei sehr starkem Regen den Mantel angezogen hatte. (Stand schon 1847 in den Fliegenden Blättern.)

Marcht, Markt.

Mariefen. Stuckerts Mariefen für Maria Stuart, aus der unter „Kuchen" genannten Travestie.

Mark. Red. „'t jeht mir durch Mark un Pennje" d. i. durch Mark und Bein.

Marteln (auch murkeln), unnütz anfassen, besonders wenn man einen schlimmen Finger oder dergl. oft anrührt. — Ebenso von jungen Tieren: „Markle doch den jungen Hund nich so."

Markieren (milit.), wie machen in: „er markiert 'n Duzlijen" d. i. er stellt sich dumm, u. ä.

†**Markgraf.** Red. „Det is war aus Markgrafens Rennsteen" d. i. eine Delikatesse, ein feines Gericht.

Markgrafenstraße. Die Siegesallee heißt seit der Aufstellung der Standbilder die neue Markgrafenstraße; da einige von ihnen verstümmelt wurden, auch die neue Invalidenstraße. Die Nebenfiguren auf den Bänken heißen die Bankhalter. — Rätsel: Was stellen die Puppen in der Siegesallee vor? -- Das rechte Bein. — s. auch Otto.

Marks n., Mark (der Knochen). „Er hat keen Marks in de Knochen" d. i. er ist schwächlich. — Marksknochen, Rinderknochen mit dem Mark drin.

Marsch. „Die könn' mir'n Marsch blasen!" wie: die können mir jestohlen wern. — „Ick wer ihn 'n Marsch blasen!" wie: ick wer ihn wat husten!

Marterkrist, Materialist, d. i. Materialwarenhändler.

Maschine, starker, dicker Mensch.

†**Maschucker,** aus dem jüd. meschugge; s. d.

Masse, Menge. — „De Masse muß et bringen!" (Redensart eines Auktionators: „Ick verliere an jeden Stück 'n Sechser — de Masse muß et bringen!")

Massenbach (eigentlich stud.) massenhaft.

Massiv, grob, von Menschen.

Mastig, stark.

Materialist, Materialwarenhändler.

Matsch m., Schmutz. matschig. Matschwetter, Tauwetter.

Matz m., kleines Wesen; unbedeutender Mensch.

Mau. 1. unwohl. „Mir is so mau."

2. dürftig, mittelmäßig. „Bei Lehmanns war et man mau."

Mauer, Maurer. Red. „Mutter, der Mauer!" (scherzhafter Angstruf.)

Mauerfrese, rund um den Hals gehender Bart (Backen und Kinn frei); der Schnurrbart fehlt dabei.

Mauerleiche, ein Mensch, der (z. B. betrunken) von andern der Länge nach auf den Schultern getragen wird. Die Leichen der Handwerker wurden so zu Grabe getragen. (vgl. Lehmann.) — Früher war das Wort in anderm Sinne üblich. Von der Musik an der neuen Wache wurde am liebsten ein Marsch oder ein Walzer gehört. Kam dann ein feierliches oder sentimentales Stück, so hieß es: „Ah — Mauerleiche!" (Die Maurer hatten bei ihren „Leichen" immer Musik für Trauermarsch und Choral.)

Mauern, zurückhaltend verfahren; nicht bloß beim Skat, auch beim Barlauf, beim Bier.

Mauerschweiß. Der Komponist Zelter, ein richtiger Berliner, war gelernter Maurer. Als er im Sterben lag, sagte der Arzt: „Nun, sehen Sie, Schweiß, das ist ein gutes Zeichen." — „Schweiß?" sagte Zelter — „den sehn Se sich ernstlich an; Maurerschweiß fest 'n Dukaten der Treppen!" (alte Redensart.)

Mauerstein, großer Käse.

Mauke f. (Pferdekrankheit), Podagra. „Er hat de Mauke in de Beene." — Auch für andere Krankheiten, z. B. die Influenza.

Maul. Red. „Er war wie uf't Maul jeschlagen" d. i. er war zum Schweigen gebracht. — „Er har's Maul vorne weg" d. i. er ist vorlaut. — „Du bist doch sonst nich uf't Maul jefallen." — „Halt's Maul un singt de Wacht am Rhein!" wenn einer aufrührerische Reden führt.

Maulkorb. „Der hat 'n Maulkorb um!" d. i. ein Tuch, bei Zahnschmerzen u. ä.

Maulspitzen. Red. „Da hilft keen Maulspitzen, jefiffen muß sind!" d. i. man muß in den sauren Apfel beißen.

Maulwerk. „Hat der Kerl 'n Maulwerk!" von einem, der viel spricht.

Maulschelle. 1) Ohrfeige. 2) Art Gebäck.

Maulebraten. 1) Kartoffeln mit Speck. 2) in Butter gewälzte und gebratene Schinkenscheibe.

Mausen, stehlen.

Mausig. sich mausig machen, sich wichtig machen, sich ungebührlich hervortun. „Mach dir man nich mausig!

Mausike! Musik! (früher Ruf im Cirkus Renz u. ä. Orten).

†Max Mähen für Mac Mahon.

Maver „mit 'n weichen Ei" d. i. mit an. vgl. b.

Mazel m. (jüd.), Glück.

Mazelig, nicht gescheit.

M. b. H. Die Angabe auf Geschäftsschildern (mit beschränkter Haftung) wird gelesen: mit bösen Hintergedanken.

Mechten, mögen. „Det hätt ick mechten sehn!" — „Det mechste wol?" — Gespräch: „Ick mechte ooch mal wieder Kavia essen!" — „Haste denn schon mal welchen jejessen? — „Nee, aber ick habe schon mal jemecht."

†Medizin. Zur Empfehlung einer solchen (besonders eines Magenlikörs) sagte man: „Er hißt, kühlt, führt ab, stoppt ooch, nimmt 'n Schwindel, stärkt's Jedächnis un jibt 'n verlornen Verstand wieder."

Meechen (plur. Meechens), Mädchen. Red. „Du bist 'n braves Meechen; du triffst ooch mal 'n Mann janz vor dir alleene."

Meenen, sagen. „— meent er d. i. sagt er. — Red. „Meenen Se mir oder meenen Se mich?" — „Na ick meene man (bloß)!" d. i. ich wollte ja nur eine Ansicht äußern. — „Meenste nee?" d. i. bist du andrer Ansicht? oder: glaubst du das nicht? Auch „Du meenst wol nee?" — „Der Ofen meent's jut" d. i. er ist

stark geheizt. — „Der meent's jut!" von einem, der von einer gemeinsamen Weißen zu viel trinkt. — s. auch jesund.

Mehltute, eine Röhre aus Pfeffertuchenteig, in Mehl gewälzt; wenn man hineinbläst (tutet), fliegt das Mehl dem Nachbar ins Gesicht; ebenso, aber flach, Mehlweißchen. Plur. Mehlweißer.

Mehr. Red. (wenn einer etwas fallen läßt) „Da kann mehr liejen!" (Zusatz: „wenn't jut jepackt wird.") — „Mehr wern't nich!" (beim Gelddurchzählen.)

Mehrére (mit falscher Betonung), mehrere.

Mehrschtendeels, meistenteils. (sächsisch, seit 1872 in Berlin.)

Meiern. 1) übers Ohr hauen. „Den ha'm se jemeiert." 2) „Er hat jemeiert" d. i. er hat sich (beim Lehrer) beliebt zu machen gesucht. Schulausdruck.

Meile. Red. „Det is de Meile sieben Viertel" d. i. das ist ein Umweg.

Mein in der Erzählung zur Hervorhebung des Helden: „Mein Karl, nich faul, haut ihn eene."

Melangejesichte, Mensch mit kränklicher Gesichtsfarbe.

Melanklöterig, melancholisch.

Menkenke f. „Mach keene Menkenke" d. i. keine Geschichten, richte nichts Schlimmes an.

Menne. 1) Männchen, Kosewort der Ehefrau. 2) Abkürzung von Hermann. 3) Hundename.

Mensch. Red. „Wat sagt der Mensch (dazu)!" (Ausdruck der Verwunderung.) — „Ick wa keen Mensch mehr" (vor Erschöpfung). †„Seid ihr Menschen! sagte Griebenow (jetzt Neumann oder Nante) zu seine Schweine!" Griebenow war ein bekannter reicher Gutsbesitzer vor dem Schönhauser Tor. Er hielt Esel, auf denen die Jungen für einen Sechser in einer schmalen Gasse (jetzt Angermünder Straße) zwischen hohen Mauern reiten konnten. Die Esel waren sehr störrig und warfen die Reiter regelmäßig ab. — Red. „Mensch, ärjere dir nich!" In

hochdeutscher Form fand sich diese Mah-
nung zeitweilig in Restaurationen an-
geschlagen. — Wenn sich zwei auf der
Straße prügeln und ein Dritter zusieht,
fragt ihn der eine der Streiter: „Hast
wol noch keenen Menschen jesehn?"
Menschenmöglichkeit für Möglichkeit. „Keene Menschmeechlichkeit hier
durchzukommen!" — Auf der Verwunde-
rung: „Is't de Menschenmeechlichkeit!"
Menschenmuseum, anatomisches
Museum.
Menschenskind! verwunderte Anrede.
Menschheit, für Menschenmenge. „Da
war 'ne schrecklije Menschheit." — „Er
wird uf de leidende Menschheit los-
jelassen" von einem Mediziner, der eben
das Staatsexamen bestanden hat.
Meppelnese, Doppelnase (wie bei den
Bulldoggen).
Merken. Red. „Merkste wat?" — „Merkste
Lunte?" d. i. merkst du, worauf das hin-
aus will?
Merkwidrig, merkwürdig.
Mérretig, Meerrettig.
Meschugge (jüd.), verrückt. Red. (jüd.)
„Frisch, jesund un meschugge."
Messer. Red. „Er hat't jroße Messer"
d. i. er schneidet auf. In einigen Bierstuben war früher ein großes Messer mit
einer Glocke an der Decke befestigt; wenn
einer handgreiflich aufschnitt, wurde ge-
läutet. — „Uf det Messer kannste nach
Potsdam reiten!" (früher: nach Rom)
d. i. es ist stumpf.
Metalldreher, Radfahrer.
Metallisch. Wenn man etwas Gutes
genossen, z. B. eine Flasche Rüdesheimer
getrunken hat, sagt man: „Wenn bloß
der metallische Nachjeschmack nich wäre!"
d. i. wenn man nur nicht bezahlen müßte.
Meter m., Mark (Geld).
Michéli, Michaelis, als Umzugstermin.
Miefern, kränklich sein. Häufiger ist
Miefrig (auch miefrig), kränklich.
Mieren, Ameisen. Miereneier, die (als
Vogelfutter verkauften) Puppen der
Ameisen. — Mierenschpiritus.

Mierig, schäbig.
Mies, Katze. Miesekatze; Kinderwort.
Mies (jüd.), häßlich, unangenehm, von
Personen und Sachen. — Red. „Mir is
mies vor's Janze" d. i. ich habe zu nichts
Lust.
Miesepetrig, mißgestimmt, verdrießlich.
Auch: 'n Miesepeter.
Miete. Von „Trockenwohnern" z. B. in
Reinickendorf wird erzählt, sie pflegten auf
eine bescheidene Hindeutung des Haus-
wirtes auf die Miete ganz erstaunt zu er-
widern: „Mann? Miete?! Wenn wir
Miete bezahlen wollen, können wir unter
de Linden wohnen!"
Mietszettel, an Pumphosen heraus-
hangender Hemdenzipfel (bei Kindern).
„Wat kost'n de Wohnung?"
Mieze (auch Miete), Marie. Auch Lock-
wort für die Katze.
Milch-Bureau, Aufschrift der Milch-
keller. Milch- und Sahnenbureau.
Milchern. 'n milcherner Hering, d. i.
ein männlicher. vgl. braten.
Milchröppe, Kutscher der Taxameter-
Droschken, wegen ihrer weißen Hüte. Sie
heißen auch Weißlackierte.
Milde. Red. „Sein Se milde!" d. h.
Sie übertreiben.
Mill n., Müll, Kehricht. Millkute. Mill-
schippe. Red. „Du bist wol mit de
Millschippe ufjepäppelt?" zu einem, der
schlecht genährt aussieht.
Milles, Mühle. plur. Mielen; also
Mielendamm, Werdersche Mielen.
Millezin (Mellezin), flüssige Arznei. —
„Meine Mutter is jesterben, der Dokter
hat ihr nich jenug Millezin jejeben."
Milljoneser, Millionär.
Mimmeln, ohne Zähne kauen.
Mimmelfreis (se'n oller), alter, kraft-
loser Mann.
Mir (und mich). Ein Einjähriger geht
mit einem Unteroffizier spazieren; der
bittet ihn, ihn auf Sprachfehler aufmerk-
sam zu machen. Da kommt ein Soldat
vorüber und grüßt den Unteroffizier; der Ein-
jährige dankt mit. Unteroffizier (unwillig):

"Der hat mir jetrüßt!" — Einj.: "Mich, Herr Unteroffzier!" U. (erstaunt) "Ihnen?" — E. "Nee — Sie!" U. "Also doch mir." — Mir nischt dir nischt, d. i. ohne ein Wort der Erklärung. "So mir nischt dir nischt wegbleiben — det jeht nich." — Von mir nischt dir nischt, d. i. ohne Ursache. "So von mir nischt dir nischt kann keen Feier ankommen."

Mischpoke f. (jüd.), unangenehme Gesellschaft. "De janze Mischpoke."

Mistforke, Mistgabel; auch Hand.

Mistiter (Anklang an Mystiker und Mist), Studierender der landwirtschaftlichen Hochschule; auch Feldherr und Grundgelehrter genannt.

Mißjriff, Mißgriff.

Mißverstehn. "Versteh mir nich miß!"

Mittag n., oft für Mittagessen: "Heite kriej ick keen Mittag." Arbeiterfrauen tragen ihren Männern Mittag.

Mittelmum, nach Analogie von Marimum und Minimum.

Mittelstand. Red. "Der Mittelstand kann's nich!" ironisch zu oder von einem, der über seine Mittel hinausgeht.

Mobil, behende, regsam. "'ne mobile Krete." — "Er is wieder janz mobil" d. i. gesund.

Modder m., dicker Schmutz, Sumpf. modderig.

Mode. Red. "Nanu, det wär 'ne neie Mode!" — "Aber janich wie't Mode is!" d. i. in hohem Grade, kräftig.

Modelieren. Red. "Die Sache wer'n wir schon modelieren (zu modelieren wissen)" d. i. richtig bearbeiten.

Möbel heißt jeder beliebige Gegenstand. "So'n Möbel" kann z. B. ein Spazierstock oder ein Schlafrock sein.

Möbliert. "Unser möblierter Herr" (der ein möbliertes Zimmer gemietet hat).

Möglichkeit. Red. "Is de Meechlichkeit!"

Möpse, Geld. "Er hat 'n paa Möpse."

Mörderlich, mörderisch, stark. Ebenso mordsmäßig.

Mösers Ruh, das frühere Schuldgefängnis in der Köpnickerstraße. (Möser hieß der frühere Besitzer des Hauses).

Mogeln, betrügen. Mogler, Mogelant, Mogelei.

Mohikaner. Red. "Der letzte der Mohikaner!" (beim letzten Taler.)

Mohnblatt, dünne Scheibe Brot, Wurst u. ä.

Mohnpielen. s. Mahn.

Mohren — — un Markjrafenstraßenecke! (unterdrückter Fluch.)

Mohrenkopp, ein süßes Gebäck.

Mohrrüben. Red. "Da kann man Mohrrüben druf säen" (wenn sich einer den Hals nicht gewaschen hat). vgl. Petersilie.

Mojabit, Moabit.

Mejument, Moment.

Molle m., Mulde. Schlächtermolle. Red. "Et jießt mit Mollen" (vom Regen).

Mollig, warm, traulich, bequem.

Molum, betrunken.

Moment. Red. "Jetzt kommt der Moment, wo der Affe in 't Wasser springt" d. i. jetzt geht es los, z. B. der Vortrag eines Liedes. — Man hört auch Momang.

Momentan. "Er is jejenwärtig nich momentan" d. i. augenblicklich nicht anwesend, wird in Geschäften z. B. auf die Frage: "Ist der Chef zu sprechen?" erwidert.

† Mond. Red. "Ick hau dir, dette 'n Mond vor'n Bäckerjesellen ansehn sollst!" — s. a. blaken.

Moneten, Geld.

Monschein. Red. "Heite is wol Monschein in' Kalender?" d. i. warum ist es hier so dunkel? (weil in kleineren Städten die Laternen nicht angezündet werden, wenn Mondschein im Kalender steht). — "Der kann mir in' Monschein bejehen" d. i. der kann mir gestohlen werden. — "Der Monschein schien schon scheen," scherzhafte Romanphrase. — Auch: kahle Platte. "Der Mond jeht uf", wenn eine solche sichtbar wird.

Moes n. (jüd.), Geld. (Daher: Moses und die Propheten.)

Moppe f., Ohrfeige.

Mopper, hübsch, fein. „Ick habe mir 'n neuen Überzieher jekooft — ick sage dir: mopper!"

Mops. Red. „Wir ha'm uns amüsiert, wie der Mops in' Dischkasten."

Mopsbeene, wie X = Beene.

Mopsen, stehlen. sich mopsen, sich langweilen.

Moralisch. Red. „Die Sache hat keen' moralischen Hinterjrund" d. i. keinen Zweck.

Morantisch für romantisch; scherzhaft.

Morchel f., übermäßig gebrauchtes Taschentuch.

Mord. „Der höhere Mord" d. i. etwas tödlich Langweiliges oder Blödsinniges. — Uf Mord, d. i. sehr. — „Da wa Mord un Dotschlag" d. i. wilder Lärm.

† Mordbahn, Berliner Nordbahn, weil sie bald nach ihrer Eröffnung einen Unfall erlitt.

Mordskerl, meist ironisch: „Du bist 'n Mordskerl!"

Morjen wird jefejt! (Ankündigung der Schornsteinfeger.) Auch: „Morjen komm'n de Schorschtenfejer!"

Mostrich m., Unsinn. „Det is alles Mostrich!"

Mostrichbeene, Füße mit gelben Stiefeln. „Kiek mal den mit de Mostrichbeene!"

Morten, seltsame Einfälle. Red. „Krist de Morten!" etwa Hol mich der Teufel! (Ausdruck des Erstaunens).

Mottenkopp, Mottenkönig, Scheltwörter, scherzhaft zu Kindern gesagt.

Muck m. 1) Laut. „Keen' Muck!" — 2) Mut (wie Mumm). „Er hat keenen Muck."

Muckebecke, Muckebecke! Verhöhnung des Automobils.

Mucken. „Er hat Mucken" d. i. Nücken, eigensinnige Launen; daher: kleener Muckebold, Trotzkopf, kleiner Eigensinn; muckscht, trotzig, von Kindern.

Mucksen, mucken. „Nich jemuckst!"

Muddelig, unsauber. Auch: „Er is 'n Muddel ('n Muddelack)".

Muddeln, zerknittern (z. B. ein Tuch).

Mudicke (auch mußig), angefault, von Äpfeln, Birnen, Aprikosen. Mispeln müssen mudicke sein.

† Mücken, Familienhäuser in der Gartenstraße, seit 1880 beseitigt.

Mückenfett. Zum Aprilscherz wurde ein gläubiges Dienstmädchen oder sonst jemand in die Apotheke geschickt mit dem Auftrag, „vor'n Sechser Mückenfett" zu holen.

Müdigkeit. Red. „Schützen Se keine Müdigkeit vor!"

† Mühlendamm. „Er sieht aus wie uf'n Mühlendamm aus'n Sack jerissen" d. i. schlecht gekleidet. Auf dem Mühlendamm konnte man für zwei Groschen dreimal greifen; d. i. ein Kleiderhändler daselbst hatte einen Sack mit alten Hüten; mit offenen Augen auszusuchen war nicht gestattet; man griff blindlings hinein; bei den beiden ersten Griffen durfte man ablehnen, den dritten Hut mußte man behalten. Mühlendammer, Kleiderjude (vgl. Anreißer). 'n Lord von' Mühlendamm, Stutzer niederen Ranges. Bis 1820 etwa waren unter dem Mühlendamm die feinsten Schnittwaren- u. dgl. Geschäfte; die Kommis strebten durchweg nach Eleganz; daher Lords.

Müll s. Mill.

Müssen. Red. (zustimmend): „Muß et ooch!" z. B. „Der schmeckt scheen." — „Muß et ooch!"

Mütze. Red. „Herr du meine Mütze!" (unwillig).

Muff m., dicke, nicht frische Luft. — unter allem Muff, d. i. unter aller Kritik.

Muffe f., Muff (von Pelz).

Muffig, dumpfig.

Mufflig, maulfaul, mürrisch.

Muffpeter (oller), mürrischer Mensch. Auch: 'n Muffel; er muffelt.

Mugelei f., undurchsichtiges und daher verdächtiges Verfahren. „Hier man keene Mugelei machen!" — Mugelig, unbestimmt, von der Farbe; verdächtig: „Det is 'ne mauglije Jeschichte".

Mulmig, bedenklich, faul. „Die Sache wird mulmig!"

Multrig, dumpfig.

Mummum kiekiek sagt man, wenn man mit Kindern Verstock spielt.

Mumm. Red. „Er hat keen' Mumm" d. i. keine Lust, keinen Mut. — „Da is keen Mumm drin" d. i. kein rechter Zug.

Mummeln, wie mimmeln.

Mummelfack (auch Mummelack). 1) Schreckgespenst für Kinder. 2) große Regenwolke.

Mumpitz m. (jüd.), Unsinn.

Munkeln. 1) „Et munkelt" (vom Wetter) d. i. es sieht drohend aus. Munklig, verdächtig (vom Wetter). 2) „Et munkelt wat davon", „man munkelt" d. i. man spricht davon, von unbestimmten Gerüchten.

Munter. „Vier muntre Dinger" d. i. vier Murmel, vier Zahlpfennige beim Spiel u. ä.

Murkeln. s. markeln.

Murks m., schlechte (auch unsaubere) Arbeit. „Det is Murks!" — murksen, solche Arbeit verrichten. „Wat murkste denn immer rum?" — Murks auch für Murmel; s. die Spiele.

Mus. „Ick hau dir zu Mus!"

Mus wie Miene. Red. „Det is Mus wie Miene" d. h. eins wie's andere.

Musig. s. mudicke.

Musikant. Red. „Hier sitzen de Musikanten!" (d. i. das Geld; man schlägt dabei auf die Tasche.) — „Hier licht 'n Musikante bejraben!" sagt man, wenn man gestolpert ist; d. i. er bläst, also muß man springen.

Musikantenknochen, ein Nerv des Ellbogens, der bei einem Stoß sehr empfindlich ist.

Musike. Red. „Da licht Musike drin!" d. i. das ist vortrefflich. — s. a. danke.

Musleiche f., Pfannkuchen.

Musspritze f., Regenschirm.

Mustepp m. Red. „Du kommst aus'n Mustepp!" d. i. du kommst jetzt erst (nachträglich) dahinter.

Mut. Red. „Nur Mut! die Sache wird schon schief jehn!" — Älter ist: „Nur Mut! er reecht sich jut!" als Aufschrift eines Tabakspakets. — (Die Firma Nathusius in Magdeburg hatte einen Knaster, der auf den Paketen die Devise trug: „Dieser Tobak lobt sich selbst.")

Mutschig, angefault und dadurch weich.

Mutter. Bei Muttern jehn, d. i. nach Hause gehn. „Bei Muttern is't am besten." — „Früh Muttern!" (Abschiedsformel). s. a. jrien.

Mutz. Red. „Bist wol aus Mutz (wo die zeddlijen Rüben wachsen)?" — Groß- und Klein-Mutz sind Dörfer bei Zehdenick (Mark Brandenburg), wo Teltower Rüben mit langen Wurzelfasern wachsen.

M. w.! d. i. machen wir! mit Erweiterungen wie M. w. s. s., d. i. machen wir sogar sehr sauber! — Ähnlich O. m. w., d. i. quatsch man weiter! — F. K., d. i. fauler Kopp! (wenn sich die Gemeinte beschwert, heißt es: feiner Kerl!) — Die Buchstaben O. S. W. N. an einer Wetterfahne auf dem Wertheimschen Kaufhause in der Leipzigerstraße werden gedeutet: Ochse, siehste Wertheim nich? — vgl. M. — M. b. H.

N.

Na. Bejahend: Na ob! Na un ob! Na ob un wie! — Verneinend: Na eech noch! Na det fehlte noch! — Na von wejen! — Erstaunt: „Na so wat! — Entrüstet: Na wat 'n noch?! — Zum Troste: Na denn nich (lieber Mann; er muß ja nich sind)! — Na denn man zu! d. i. meinetwegen (auch: fangen wir an!)

Nabend! für guten Abend. †„Nabend ze sagen!"

Nach sich. „Er is sehr nach sich" d. i. sehr auf seinen Vorteil bedacht.

Nachbar. Red. (beim Weißbier) „Nachbar, ick sehe Ihnen!" (trinkt). Antwort: „Is mir lieb, der Se nich blind sind." — Nachbar auch allgemein als gemütliche Anrede. — Man hört oft Nachtbar.

Nacheisen, nacheilen.

Nachloofen. Rätsel: „Sie loost ihn nach. Er hält um sie an. Sie reicht ihn de Hand. Er nimmt ihr's Jeld ab un läßt se sitzen." (Der Pferdebahnschaffner.)

Nacht. sich de Nacht um de Ohren schlagen, die Nacht durchwachen.

Nachtijall f. Red. „Nachtijall, ick hör dir loofen (trampfen)", wenn man etwas merkt.

Nachtmütze, schläfriger Mensch.

Nachtrat, Nachtwächter.

Nachtschlafend. Bei nachtschlafender Zeit.

Nachtwächter. Red. (wenn etwas Merkwürdiges erzählt wird) „Er is schon vorjekommen, der 'n Nachtwächter bei Dage jestorben is." Hierauf kann einer fortfahren: „Man hat schon Ferde dänzen sehn!" — „Untern Nachtwächter", d. i. unter der Kritik. — Nachtwächter bedeutet auch etwa: Philister. „Sei doch nich so 'n Nachtwächter!"

Nackedei m., nacktes Kind.

Nackendig, nackig, nacklich, nackt. Splinter(faser)nackendig.

Nächst. Red. „Nächste Woche Nachmittag!" Absichtlich unbestimmte Zeitangabe.

Nagel, Dünkel. „Er hat 'n furchbarn Nagel".

Nahrung. eenen in Nahrung setzen, d. i. ihn etwas verdienen lassen.

Naht. „Du hast 'ne jute Naht jeschlafen," wobei das Schnarchen die Stiche der Naht bezeichnet; dann übertragen: „Er hat 'ne jute Naht zusammjeredt" u. ä.

Namen. Red. „Verjeß deinen Namen nich!" (wenn einer beim Trinken einen großen Zug tut.) — „Man jib's 'n Namen un läßt 't loofen!"

Nante, Ferdinand. †Nante ist in der berlinischen Litteratur der Name des Eckenstehers, der der Vorläufer des Dienstmanns war. Der Komiker Friedrich Beckmann brachte ihn in den dreißiger Jahren zuerst auf die Bühne; das Stück heißt: „Der Eckensteher Nante im Verhör." Es ist ganz unberlinisch und höchst albern, hat aber durch das Theater große Popularität erlangt und 1879 die 48. Auflage (Berlin, Paul Bernhardi)erlebt. Der Eckensteher in dieser Farce heißt Nante Strumpf. Den echten Eckensteher Nante hat Glaßbrenner dargestellt in „Buntes Berlin" Heft 5. (2. Aufl. 1838.) Auch das erste Heft seines „Berlin wie es ist und trinkt" (10. Aufl. 1845) handelt von den Eckenstehern und Sonnenbrüdern. — Dann hat Nante (f.) die Bedeutung von Faxke (s. d.) angenommen: „Sonne (d. i. solche) Nante!" — s. auch Mensch.

Nanu. Eine der häufigsten Interjektionen als Ausdruck der verschiedensten Seelenstimmungen, der Verwunderung, des Mitleids, der Entrüstung u. s. w. Viele Verbindungen: Nann man zu! Nanu nee! Nanu jeht's los! Nanu wird's Dag (Herr Meier)! Nanu wird's Dag in de Nachtmütze! u. ä. Auch für nous (uns) in der Red. „Janz entre nanu."

Nase. alle Nase lang, d. i. jeden Augenblick. — „Det hat er sich aus de Nase jehn lassen" d. i. sich entgehen lassen. — „Er macht mir 'ne lange Nase" (was Schlegel, Romeo und Julia I, 1, „einen Esel bohren" nennt). Der Beleidigte muß „mir de lange Nase abziehn." — Man sagt auch einfach „Nase!" und streift dabei mit dem Zeigefinger unter der Nase hin; wie eetsch! — „Stech de Nase in't Buch." — „Liese nich immer mit de Nase uf's Buch!" — „Immer de Nase lang!" d. i. geradeaus. — „Biere pro Nase! d. i. „pro Persen." — „Ihnen hat wol lange nich de Nase jeblut?" (vgl. Backzähne). — „Det werf 'n noch mal unter de Nase reiben!" — „Faß dir an deine Nase!" d. i. kümmere dich nicht um anderer Leute Angelegenheiten. (Zusatz: „Da haste Fleesch jenuch!") — „Der hat ihn lange in de Nase jestochen" d. i. ihn lange gereizt. — „Mußte ihm denn jeden Dreck uf de Nase binden?" d. i. ihm alles mitteilen? — „Du sollst sechs Wochen über de Nase sehn!" (scherzhafte Drohung.) — ⸹ „Ich hab'n mit de Nase uf de Tischecke traktiert" d. i. ihm nichts zu essen vorgesetzt. — „Deine Nase kriecht Junge" (von Auswüchsen, Pickeln). — vgl. Nese.

Nasenloch. Red. „Du machst so' ne verliebten Nasenlöcher."

Nasenpopel m. (s. popeln), verächtlicher Mensch. „Sie sehn mir wol hier vor'n Nasenpopel an?" — „Dir eracht ick vor'n Nasenpopel!"

Nasenquetscher, schlechter, billiger Sarg. (Der Armensarg hatte früher einen platten Deckel.)

Nasenstieber m. 1) gelinde Strafe oder Neckerei: der Zeigefinger wird vom Daumen ab gegen die Nase geschnellt. 2) Frucht des Ahorns, die sich Kinder auf die Nase klemmen.

Nassauer. 1) Regenschauer. 2) der etwas genießt, ohne zu bezahlen; dies heißt nassauern. Dafür auch Freiberjer.

Naß. per naß, vor naß, umsonst. — „Er is noch naß hinter de Ohren" d. i. noch nicht trocken. — Das nasse Dreieck heißt im Landesausstellungspark die Ecke, in der sich die Restaurationen befinden.

Naßmachen, durch eine Kneiperei einweihen.

Natel, Nadel.

Nation, Gesellschaft, in wegwerfendem Sinne: „Is det ne Nation!"

Natürch, natürlich; scherzhaft: natirloch, naturloch.

Natte f., Art Kirsche, Nattkirsche. Daher „de reene Natte" wie: der reene Kien.

Natur. Red. „Wie de Natur spielt!" — „De Natur is zu kurz", von kleinen Menschen z. B. beim Billard, wenn einer trotz aller Verrenkungen den Ball nicht erreichen kann. — „Man sollte janich denken, det der Natur is!" Ausdruck der

Verwunderung z. B. beim Anblick eines Rosenstraußes.

Naturforscher, Lumpensammler.

Naute! Spottruf, ähnlich wie Anjust! (mit der Bedeutung: Fatzke.) — „Wo is Naute (mit de Pauke)?"

Naute f. (jüd.), Gebäck aus Syrup und Mohn. Die echte Naute (Preis: ein Dreier) wurde bei Kindern scharf von der geringeren Bonbonnaute unterschieden.

Nee, nein; doch verneint nee bei weitem nicht so entschieden wie nein. — „Nee aber sowat —!" (Ausruf der Verwunderung). — „Nee, (aber) über Ihnen aber ooch!" d. i. wie kann man so etwas tun! — „Nee?!" wie nann?! als Ausdruck ungläubiger Verwunderung. — „Nee — Sie (villeicht)?" Verneinung und Gegenfrage. — „Wissen Se schon?" — „Nee —Sie?" — „Du denkst wol nee?" — „I Jott nee doch!" (Starke Verwunderung, etwa: ich weiß gar nicht, was ich zu solcher Dummheit sagen soll.)

Neeje f., Neige.

Nehmamsell (Nehrerin), Näherin. Dafür auch Nehfuzel.

Nehmen. Red. „Woher nehmen un nich stehlen?" — für trinken: „Nehm' wa noch eenen?"

Neidhammel, neidischer Mensch.

Neine, neune. Red. „Davon nach neine (wenn't Milleteer zu Bette jeht)!" d. i. davon ist keine Rede; vom Zapfenstreich; daher auch: „et trommelt (er rut) neine." — „Alle neine!" (vom Kegelspiel) wenn etwas mit Geräusch entzweigeworfen wird.

Nelen (auch nölen), zögern, langsam sein. nelig. Olle Nele! Nelpeter, Nelsuse.

Nervenkostüm, Nervensystem.

Nese, Nase. Red. „Ick hab de Nese voll (pleng d. i. plein)" d. i. ich habe genug davon. — „Sie denken wol, Sie könn' mir de Nese verzinnen?" d. i. mich zum besten haben? — „Junge, mit die Nese kannste Jroßmuttern aus de Erde buddeln!" — „Mit die Nese willste angeln jehn? Da sterben ja de Fische! (da lachen dir ja de Frösche aus)!" — „In den seine

Nese rejent et rin." — „Er wird sich de Nese bejießen" d. i. zuviel trinken.

N e t e n S e t r e h e r! scherzhaft für: Treten Sie näher!

N e t t. Red. (ironisch) „Wat de nich nett bist!"

N e t z (hier für Nest): „Maus aus Netz!"

N e u. Wenn einer etwas verweist, was er eben gekauft hat, so fragt man nach dem Preise und sagt dann: „Davor hättstet ooch n e u jekricht." — Handschuhe werden a u f n e u gewaschen. — „Ich wünsche Ihnen 'n verjnügtes n e u e s Jahr!"

N e u s c h a n d e l l e r hießen die Neufchateler Soldaten, die zur Zeit, als der Kanten Neuenburg preußisch war (bis 1857), in Berlin dienten. Der langjährige Aufseher am Eingang des Museums, Mr. Reuche, war einer von ihnen. Red. †„Neuschandeller, machen Se mir nich jraulich!" (aus den Berl. Witzen.)

N i b b e l n, nähen, schneidern, auch kleine Stücke z. B. vom Schinken abschneiden.

N i c h d o c h! sanfte Abwehr. — „Nich sehn!" d. i. geh mir damit.

N i c h t s d e s t o t r o t z, nichtsdestoweniger; scherzhaft.

N i c k e l m., Zehnpfennigstück. Als die Nickelmünzen eingeführt wurden, sagte man: „Nu jib's bald mehr Nickelpumper wie Pumpernickel."

N i c k e n, R ü c k e n. „Er hat seine Nicken" d. i. seine eigensinnigen Launen. „Den wer'k de Nicken austreiben!"

N i c k e n. 'n bißken nicken, d. i. schlummern (nur im Sitzen). — 'n Nickerchen, Nachmittagsschläfchen.

N i e. „Det jeht wie noch nie!" d. i. sehr gut. — „Nie ohne dieses (diesem)!" Aus dem „Fest der Handwerker".

N i e d e r t r ä c h t i g = m e r k w i r d i j e E i s e n b a h n, d. i. Niederschlesisch=Märkische.

N i m m s e d u s e d i r s e d e n n s e d o c h! (fängt eigentlich an: „Na wenn se dir se denn se doch jefällt, denn nimm se rc.) Scherzhafte Häufung des Pronomens s i e.

— „Er is von' Stamm Nimm" d. i. habgierig.

N i s c h t. vor nischt un wieder nischt, d. i. ohne jeden Grund. — Red. „V o r nischt i s nischt!" — „Nischt zu wollen!" d. i. es ist nichts zu machen. — „Was ham Se denn davor jejeben?" „Nischt." — „Na, nischt is jut vor de Ogen." — „Wie bald is nischt jemacht!" — s. auch janischt, mir.

N o b e l. „Nobel muß de Welt zu Jrunde jehn! (un wir mit!)"

N o b l e n z K o b l e n z (auch Knoblenz) für nolens volens.

N o c h e e n s und n o c h m a l in Flüchen: „Kotzwetter noch eens!" „Donnerwetter (nich) noch mal!"

N o c h s o. Red. „Na denn is er noch so!" (wie es vorher war); also: das schadet nichts.

N ö r j e l n, pedantisch tadeln. Nörjelei. Nörjelig. Nörjler.

N o t e n. Keile nach Noten. — Red. „Den kommt 't uf 'ne Hand voll Noten nich an!" d. i. der nimmt es nicht so genau.

N u, nun. „Nu nee!" ironisch = recht gehörig. „Hat se dir denn 'n Kuß jejeben?" — „Nu nee!"

N u c k e, Lockruf für Kaninchen.

N u c k e l k e n. „Mein Nuckelken!" (Kosewort.) — „Ei du mein Nuckelken!" war das Lieblingskouplet des Puppenspielers Linde (vgl. klappern); es wurde in jeder Vorstellung mindestens einmal gesungen:

„Rendez-vous, rendez-vous,
Lauter Münsterländer ohne Schuh!
Ei du mein Nuckelken,
Mein Nuckelken bist du!"

N ü c h t e r n. Red. „Ich bin so nüchtern wie 'ne Wasserpulle."

N u g e f., wie Fresse. „Krist eens in de Nuge!"

N u l p e f. u. m. „Ich steh jetz da wie Nulpe" d. i. blamiert. — „Det is 'ne richtije Nulpe" d. i. ein unbedeutender Mensch.

Nummer für Sache, Exemplar, Handlung, doch auch von Personen, tadelnd:
„Det is 'ne Nummer!" — „'ne feine
(dufte) Nummer!" — „Nummer Sicher",
Polizeiwache, Gefängnis.

Nuppe f. nur in „uf de Nuppe" d. i.
ganz genau; so beim Würfeln: „Zwölwe
— uf de Nuppe!" Auch uf de Niepe.

Nuß f., Nase. „Er hat eens uf de Nuß
jekricht."

Nurschen, lutschen.

Nuttig, unbedeutend, schlecht.

Nuzeln. 1) zaudern. 2) undeutlich
sprechen. nuzelig, saumselig.

O.

„Ob se Jeld hat?" wird gefragt, um
das Aufstoßen aus dem Magen (Rülpsen)
zu verhüllen. Ebenso als Antwort:
„Achzigdausend Daler!" Man sagt auch
wohl: „Ab=sätze macht der Schuster"
oder „Anständig nich — aber jesund!" —
— Ob abgekürzt für: wie kannst du
zweifeln, ob —; z. B. „Dumm, meenste,
wär se?" — „Ob se dumm is!" — „Et
soll mir wundern, ob er kommt."

Obachtjeben, Acht geben.

O=Beene, wie ein O gestellte.

Oben. oben uf sein, vergnügt sein. —
„Oben hui, unten fui!" d. i. von oben
glänzend, innen faul.

Ober, Oberkellner.

Oberfaul, sehr schwach, schlecht.

Oberkopp, Obertasse (Tassenkopf).

Obermime (von's Janze), der Leiter.

Obst. Red. „Danke vor Obst (Backobst)
(un andre Südfrüchte)."

Obsternätsch, obstinat.

Och, ach. „Och du — mach doch!"

Ochse! sagt der, der den andern angelaufen
hat. Es tritt also an die Stelle von
„Bitte um Entschuldigung", das der Berliner vermeidet. — Red. „Man kann von
'n Ochsen nich mehr verlangen, wie'n
Stück Rindfleisch." — „Entschuldjen Se,
er kommt'n Ochse." — „Na ja, da stehn

nn de Ochsen an' Berje!" — Wenn man
Ochse genannt wird, sagt man: „Bitte —
Herr Ochse."

Ochsen, emsig lernen. Schulausdruck.

Ochsenkietel n., Schimpfwort. vgl.
Rindskietel.

†Ochsenkopp, das frühere Arbeitshaus
auf dem Alexanderplatz. Das alte Arbeitshaus (Belleallianceplatz Nr. 11) gehörte
dem Schlächtergewerk und hieß nach
seinem Schilde der Ochsenkopf. Der Name
hat sich auf das spätere (1756 erbaute)
übertragen. Jetzt steht an der Stelle das
Polizeipräsidium. — Auch das (ehe es
nach der Köpnickerstraße kam) daneben
liegende Schuldgefängnis wurde so genannt.

Ochsenpantoffel, Schimpfwort.

Ochsig, sehr. „Et rejent ochsig."

Oder. Red. „Oder ooch nich — wat derselbe sagt."

Oderkähne, große Schuhe; auch große
Füße.

Oberste, oberste.

Öde (stud.), langweilig. öden, langweilen,
besonders durch Reden.

Öfter. Red. „Machen Se det öfter?"
(wenn einer etwas umwirft.) — Nach
einem schlechten Witz, einer dummen Bemerkung: „Kriejen Se det öfter?"
(sc. dies Gehirnleiden.)

Ölf, ölwe, elf.

Öl. Red. „Det jeht in wie Öl" d. i. es
tut wohl.

Öljötze, steifer, langweiliger Mensch.
Immer: „Er sitzt (nie steht, liegt) da
wie'n Öljötze."

Ölkopp. „Er hat 'n Ölkopp" d. i. er ist
betrunken.

Ölkousine. Eine junge Malerin wird
von Berufsgenossen, z. B. auf der Kunst-
akademie, Ölkousine genannt, eine ältere
Terpentintante (mit schöner Allitteration).

Offen machen, öffnen.

Offenherzig, zerrissen, von Stiefeln.

Offizierviertel. Es kamen früher aus
Dörfern, wo Bauern ein Stückchen Heide
hatten, kleine Wagen nach Berlin, auf
denen der Inhalt von ein oder zwei

mäßigen Kiefern, meist klein gehauen, aufgeschichtet war; als Zugabe waren jedesmal zwei Kloben vorn rechts und links an einem Strick aufgehängt. Das war ein Offizierviertel (weil ein Leutnant nicht mehr Holz anschaffen konnte).

O ha! d. i. ich merke was.

O hr. „Schreib dir det hinter de Ohren!" d. i. merk' dir das. — „Knöpp de Ohren uf!" — „Wo hast'n widder de Ohren?" — „Du sitzt wol uf de Ohren?" d. i. du kannst wol nicht hören? — sich uf't Ohr legen, sich schlafen legen. — „Der kann sich alleene wat int Ohr sagen!" (von einem Menschen mit großem Munde). Ebenso: „Der beißt sich in't Ohrläppchen." — „Jut, det de Ohren dazwischen sind, sonst macht er [der Mund] de Reise um de Welt." — (wenn einer gähnt): „Du, deine Ohren kriejen Besuch!"

O ja. Red. „Ja wol ja, sprach Olja" d. i. das glaube ich nicht, oder: das paßt mir nicht. Ähnliche Reime: Arthur mit de Haartour. — Is denn kein Mann da für meine Wanda? — Is denn kein Stuhl da für meine Hulda? — Wie ich das finde, Luzinde! u. a.

O l l e, Alte. „Meine Olle", meine Frau. Auch zärtlich: Olleken! „Der Olle" oft Spitzname des Direktors (an Gymnasien u. ä.), auch des Prinzipals („Chefs"). — Oller ist Prädikat der Gemütlichkeit: „Oller Schwede!" „'ne olle jute Haut." — Sonst wird mit a l t alles Verächtliche, Schlechte bezeichnet, und oller wird jedem Schimpfwort vorgesetzt: „Oller Stiesel!" — Sehr häufig in Verbindung mit tüchtig: „'ne olle düchtije Wurscht." — Das Wort kommt nur in flektierten Formen vor; man kann sagen: „er is 'n oller Mann" aber nicht: „er is oll. — „Welchen Krause meenste denn?" — „Na den Sohn von 'n o l l e n Krause." — „Da kann 'ne olle Frau lange vor spinnen!" (bis sie soviel verdient.)

O l p e r n, beim Laufen in Holzpantinen klappern.

O m d e b u s, Omnibus; auch Umnebus, Onepus.

O m n i b u s. plur. Omnibusse und Omnibusen. Gebildeter: Omnibi. — Schwarzer Omnibus, Leichenwagen.

O n k e l, gemütliche Bezeichnung, auch für fremde Menschen. „Fragen Se doch mal, wat der Onkel will." — „Er laatscht über'n jroßen Onkel" d. i. er geht einwärts. — Der jelbe Onkel, Rohrstock. Schulausdruck.

O o ch, auch. „Ju'n D a g ooch." — „Weeßte schon?" — „Nee — du o o ch nich?" — „O o ch schlecht (sagt der Hecht, wenn er sich de Beene brecht)!" Ausdruck der Teilnahme. — „Ick bin o o ch nich so" d. i. ich vergelte es gern. — „Na o o ch jut!" d. i. mag es drum sein. — s. a. übel.

O o g e, Auge. Red. „Er kiekt mir's rechte Ooge in de linke Westentasche" d. i. er schielt. — „Det paßt wie de Faust uf't Ooge" (ironisch: es paßt gar nicht.) — „Hinter mir hab ick keene Oogen" (Entschuldigung, wenn man einen getreten oder gestoßen hat, ohne es zu sehen.) — „Er macht Oogen wie'n jestochnet Kalb." — „Bei dir sind ooch de Oogen jrößer wie der Magen!" (von einem, der sich mehr auf den Teller genommen hat, als er essen kann). — „Wie leicht kennte det in't Ooge jehn!" (wenn etwas hinfällt). — „Der hat sich 'n Stück Ilas ('n Scherbel) in't Ooge jetreten" (von einem, der ein Monokle trägt). — „Ick wer heite Nacht schlafen, det e en Ooge 't a n d r e nich sieht." — „Du solltest dir de Oogen aus 'n Kopp schemen!" — „Ick muß erst 'n paa Oogen voll Schlaf nehmen." — „Er is noch mit 'n blauet Ooge davonjekommen." — „Bei 't Ooge!" statt der Fingerbewegung gegen die Mitte der Stirn; also: du bist verrückt. — „Da bleibt keen Ooge drocken" (wenn z. B. von der Wirkung der neuen Feuerwaffen die Rede ist; ursprünglich von der Wirkung einer Predigt.)

Ogenblick. „Er muß jeden Ogenblick kommen" d. i. gleich.

Opodeldok. Definition: „Opodeldok is, wenn man Rückenschmerzen hat." — Red. „Daher der Name Opodeldok!" d. i. daher der Name (oft sinnlos gebraucht). Oft entstellt in Opennljuk. Die schwierigen Namen der Medikamente werden häufig durch Volksetymologie verständlich gemacht. Linimentum volatile (flüchtige Salbe) heißt fliegendes Element, fliegende Rejimenter. Kurella = Brustpulver heißt Korallen= (Korallsches) oder Gorilla= Brustpulver; natron bicarbonicum: Natron Ziehharmonikum; Copaive=Balsam: Balsam komm bei mich; unguentum neapolitanum: umjewendter Napoljum; doppelkohlensaures Natron: Doppelkohlentauendes Nashorn.

Optikieker, Optiker.

Orch, Orje, Georg.

Ordnung. Red. „Ornung rejiert de Welt — un der Knippel de Leite."

Orljander, Oleander.

Orntlich, ordentlich. 1) wirklich; z. B. „Det is ja orntlich vernünftig von de Polizei." „Der hat orntlich jeblitzt!" 2) gehörig; z. B. „Den ha'm se orntlich zujedeckt."

Ostern. Red. „Ick hau dir eene, dette denken sollst, Ostern un Fingsten fällt uf eenen Dag!"

Othello (mit Seifenschaum), Schokoladengebäck (mit Schlagsahne).

Otto. Von Otto dem Faulen (Standbild in der Siegesallee) heißt es: „Vor den steht immer 'n Schutzmann; der paßt uf, der er sich nich hinsetzt." Doch soll er Nachts lang auf der Marmorbank liegen.

Otto Bellmann, von etwas ausgesucht Gutem: „Nu wer't Ihnen mal eenen (z. B. Kognat) jeben — der soll Otto Bellmann heeßen."

P.

Package f., Bande, Gesindel (vom franzf. bagage mit Anlehnung an Pack).

Packedell. „Er denkt, er kann mir aus packedell behandeln!" d. i. verächtlich (franzf. en bagatelle).

Packer. Red. „Du bist der scheenste von't halbe Dutzend — du kommst uf't Packer!" (vgl. das hochdeutsche „Ausbund.")

Padde f., Padder m., Frosch. — Padde heißt auch der auf der Brust getragene Geldbeutel („Brustbeutel") beim Militär. — Paddur (= Padder) werden auch Parkwächter genannt.

Paddenbeene, Froschkeulen.

Paff (auch baff), verblüfft. „Ick war janz paff!"

Paffen, stark rauchen.

Pagen, Knaben.

Palen, von den Schalen befreien. Nur Schoten werden jepalt.

Paletot. Plural scherzhaft Paletöter.

Paletotmarder, der Überzieher stiehlt.

Pampe f., Pamps m., weiches, feuchtes Brot, breiartiges Essen. pampig.

Pansch m., Bauch.

Panschen, im Wasser mit Geräusch herumarbeiten. vgl. planschen.

Panster m. (aus Panzer entstanden), großer Fettstreifen auf Kleidern.

Pantinen, Holzschuhe. Klotzpantinen. Pantinenviertel, vor dem Hamburger Tor. Pantinenschule, die überwiegend von armen Schülern besucht wird. — Pantineum, Humboldt=Gymnasium (in der Gartenstraße). — Red. „Kipp nich aus de Pantin'!" wenn einer stolpert. — „Immer lustig in de Pantin'!" Aufforderung zur Arbeit. — (Ick jeh raus) „un wenn't kleene Jungs mit Pantin' rejent." — s. a. klappen.

Pape f., Gurgel. bei de Pape kriejen.

Papeln, unartikuliert sprechen.

Papen=, Grenadier= un Mohrenstraßenecke, scherzhafte Wohnungsangabe.

Papier. Red. (zu einem Kleinen) „Mußt dir 'n Blatt Papier unterlejen."

Pappe. Red. „Det is nich von Pappe" d. i. nicht schlecht.

Pappen n., Essen.

Papperlapapp! d. i. dummes Geschwätz!

Pappstoffel m., unhöflicher Mensch.

Par Order di Mufti, auf höheren Befehl.

Parade, wie Bescherung. „De janze Parade."

Parechalkirche (auch Parechoal, Parchoal), Parochialkirche.

Paree? sagt man beim Anbieten einer Wette. „Wie hoch paree?" (franzs. parier, wetten.)

Pariser m., Filzschuh. Auch Filzpariser.

Parpe f. 1) Nase, die beim Atemholen parpt d. i. schnarcht; Rotzparpe. 2) Pfeife, die sich Kinder aus Weidenrinde oder Butterblumenstengeln machen.

Part f., Partei. „Uf jede Part kommt so un so ville."

Partu (franzs. partout), durchaus. „Er will partu nich." — vgl. eenjal.

Paß. Red. „Der kommt mir sehr zu paffe" d. i. gelegen.

Paffen. eenen uf de Fingern paffen (d. i. sehen). — „Det paßt mir nich" d. i. das mißfällt mir, das laff' ich mir nicht bieten. — „Paß mal Acht (Achtung)!" d. i. gib acht. Auch: „paß mal Obacht!"

Paffieren. Red. „Der kann jeden paffieren." — „Det kann 'n Mann paffieren, der Frau un Kinder hat."

Paſtern, predigen.

Paſterstunde, Prejierstunde, Konfirmandenunterricht.

Paſtere. de janze Paſtere, die ganze Angelegenheit.

Patent (stud.), fein, elegant. In Zusammensetzungen dient es zur Verstärkung: Patentekel, Patentsaßke (so wird das p. f. [pour féliciter] auf Visitenkarten gedeutet).

Patent. Red. „Da lassen Se sich man 'n Patent druf jeben!" (wenn einer etwas ganz Nichtiges oder Albernes „erfunden" hat).

Patern, stehlen. Schulausdruck, wie atern.

Patsche f. 1) Hand (Patschhand, Patschhändken, bei Kindern). 2) Verlegenheit; in de Patsche sitzen.

Patschen, ins Nasse treten.

Patschenaß, ganz naß.

Patz m., Grind. „Er hat Patz uf'n Kopp."

Patzbulette f., Schimpfwort der Marktweiber.

Patzen m. 1) Fettfleck. 2) Stück, wie Atzen.

Patzeule, Schimpfwort.

Patzig, frech im Antworten.

Patzkopp, einer der einen Patz (s. d.) hat; dann durch Anlehnung an patzig ein Mensch, der frech antwortet. Patzköppig.

Pauke. 1) wie Standpauke. s. d. 2) Red. „De Pauke hat'n Loch!" d. i. die Freundschaft löst sich auf.

Pauker, Lehrer.

Paul mit's jroße Maul! Spottruf.

Paule, Paul.

Paulinchen. Red. „Au, Paulinchen — wie ha'm se dir jebufft!" d. i. wie ist es dir ergangen!

Pechhengst (auch Pichhengst). 1) Pechvogel. 2) Schuster.

Pechhütte. s. aschgrau.

Pechös, unglücklich, von Ereignissen.

Pecke (plur.), Schläge.

Pedal n., Bein; besonders im Plural: „Mir dun de Pedale weh."

Peden, Pflanzen (Unkraut) mit einer fortlaufenden Wurzel.

Peetscheln (auch peezen), rudern. Peetschel f., Ruder.

Pelle f., Haut. „Er jeht mir doch nich von de Pelle!" Pellatoffeln, Pellkartoffeln.

Pellen, die Haut abziehen; abpellen.

Penne f. 1) Schlafstelle. 2) Wirtshaus, gut für Landstreicher. 3) Schule.

Pennbruder m., Landstreicher, Bummler. Auch Pennbrieze.

Penne-Ize (auch bloß Ize), Weib, das Lumpen aus Müllgruben liest.

Pennen, schlafen.

Penunge f. (poln.), Geld.

Pépo. 'n kleener Pépo, kleiner Kerl.

Perjamite f., Weihnachtspyramide.

Perleberg, Polizeigefängnis in der Perlebergerstraße No. 10.

Perpel m., schmutziges Schnupftuch.

Perpler (scherzhaft auch pertler), verwirrt, betäubt.

Pese f., Darmsaite, z. B. eine, an der Übrgewichte hängen.

Pesen, schwindeln. Davon gibt es: einem etwas vorpesen; Pestopp.

Peserick (auch Peserich) m., eigentlich Ochsenziemer; Stock zum Durchprügeln, Rohrstock.

Pete m., Rückkaufshändler. „Se haben allens bei Peten jedragen." (Pete platt für Pate, also = steht Gevatter.)

Peter Meffert, Gestank. (vgl. jedoch Büchmanns Gefl. Worte.)

Petern, herumstochern; sich an einem Gegenstande (z. B. einem Schloß) abmühen; auch für polken.

Petersilie. „Dir wächst ja Petersilie hinter de Ohren!" sagt man zu Kindern, die hinter den Ohren schmutzig sind. — „Dir is wol de Petersilie verhagelt?" wenn einer sehr unwirsch ist.

Perrücke. eenen in de Perrücke fahren, d. i. ihn bei den Haaren fassen.

Petze f., Angeber in der Schule. Petzen, angeben.

Pichel m., Stück Zeug oder Wachsleinen, das kleinen Kindern vorgebunden wird; Sabberpichel.

Picheln (von bügeln), trinken, zechen.

Pick m., Abneigung (wie Pieke; s. d.), besonders in der Schülersprache.

Picke f. „Er is besoffen wie 'ne Picke (wie 'n Pickenstiel.)"

Piccolomini m., Mensch mit unreinem Teint.

Picken. Red. „Dir pickt er wol?" (sc. der Käfer). vgl. Keber.

Piechen, keuchen.

Piejatz m., Zigarre.

Pieke f., Groll. „Er hat 'ne Pieke uf mir." „Er will seine Pieke an ihn auslassen." Daher auch: „Det is 'ne Pikanterie von Ihnen" d. i. eine Bosheit (mit Anlehnung an das franzf. picoterie).

Pieken, stechen. in't Essen pieken, Beweis, daß man keinen Appetit hat.

Pietfein (jüd., kurz vor 1848 entstanden), sehr fein. Auch bloß: „Aber piet!"

Pietschlitten, Stuhlschlitten.

Piep. „Er kann nich mehr piep sagen" d. i. keinen Laut mehr.

Piepe f. 1) Pfeife. 2) adj. gleichgültig. „Mir is allens piepe." — „Det is eene Piepe" d. i. ganz einerlei.

†Piepen (plur.), Silbergroschen.

Piepen, pfeifen. Red. „Det is zum Piepen!" d. i. zum Totlachen. Ebenso: „Det is zum Quietschen!"

Piependeckel, wie Fatzke.

Piepig. 1) kränklich. 2) singend, von einer dünnen, hohen Stimme.

Piepmatz, Piepvogel, besonders auf Orden (Adler) angewendet. — „Hast wol'n Piepmatz?" f. Vogel. — „Röschen hatte einen Piepmatz!" (Kuplet aus den Mottenburgern von Kalisch.)

Pieraas m. (plur. Pieraser), auch Pieresel m., Pieratze f., Regenwurm. Zu einem Angler, der bis an den Gurt im Wasser steht, sagt ein Vorübergehender besorgt: „Männeken, Sie wern sich erkälten; Sie ha'm schon 'ne janze dicke Backe." — „I wo," erwidert der Angler, „da ha'k de Pieraser drin."

Pietsch war ein Lumpensammler, der, den Sack auf dem Rücken, die Hacke in der Hand, aus der Gegend der Holzmarktstraße auftauchte und immer betrunken war. Sobald er sich sehen ließ, umschwärmten ihn die Straßenjungen; „Pietsch kommt!" war ein Jubelruf. (Daher nannte man Wrangel, der sich für populär hielt, wenn ihn die Straßenjungen so umschwärmten, Soldatenpietsch.) Red. „Weg, Jungs, Pietsch kommt!"

Pietschen, trinken.

Pille. Red. „Merk dir die Pille!" d. i. merk' dir die Lehre!

Pillendreher, Apotheker.

Pimpeln, empfindlich in der Gesundheit sein oder tun. pimplig. Pimpelfritze, Pimpelhans, Pimpelliese, Pimpellotte.

Pinte f., Geld (eigentlich die gemein=
schaftliche Kasse; Schauspieleransdruck).

Pinne f., kleiner Nagel. „Nich de Pinne!"
d. i. nicht das geringste.

Pinnen, lügen. „Er pinnt uns was vor."
— „Au Pinne!" rufen die Jungen bei
einer unwahrscheinlichen Geschichte. „Die
Pinne!" — „Is det 'ne Pinne!" —
„Die Pinne hackt!"

Piperlings. „Der Wasser (der Schweiß)
lief mir immer piperlings runter."

Pips m. (Vogelkrankheit). Red. „Er hat
'n Pips weg" d. i. einen Schaden.

Pisacken, peinigen.

Pitschenaß, wie patschenaß.

Pitti, Hundename, vom franz. petit.

Pladauz! Ausruf, wenn etwas mit Ge=
räusch fällt.

Pladdern, triefen, stark regnen.

Plängschaß (franz. pleine chasse). „Da
kam er plängschaß anjejaleppiert."

Plärren, schreien, weinen.

Plan. Red. „Det is keen Plan" d. i.
kein vernünftiger. (Zusatz: „für Deutsch=
lands Söhne.")

Plansch m., Nässe, Regen.

Planschapetheke, Destillation.

Planschen, plätschern, im Wasser spielen.
„Er planscht in Wonne."

Planschkopp, wie Quatschkopp.

Planschnese, dicke Nase.

Platt. Red. „Ich war direkt platt" d. i.
verblüfft.

Plaß. Red. „Nehm' Se Platz — 't
kommen jleich Stühle." — s. auch
Dreier.

Platze. Red. „Er ärjert sich de Platze."
— „Det is ja, um de Platze zu kriejen."

Platzen. Red. „Platzste, denn platzste!"
von einem, der beim Essen stark „einhaut"
— „Platzen Se sich!" d. i. nehmen Sie
Platz.

Plauze f. 1) Bauch. sich de Plauze voll=
schlagen. 2) schlechtes Bett.

Pleesirlich, angenehm; vom franz.
plaisir.

Pleesirverjniejen, Vergnügen.

Pleite (jüd., Subst. f. u. Adj.), Bankerott.

Plempe f., Säbel.

Petreisen, große Füße.

Pletze f., Plötze (Spreefisch). Red. Beim
Ausspucken) „Da, Mies, hast 'ne Pletze,
morjen kriste'n Aal!" — vgl. Uffschwemme.

Pli m., (franz. pli, Falte, Wendung) Ge=
wandtheit in der Form. „Er hat keenen
Pli nich." — Schneiderpli.

Plieren, triefen, von den Augen. „Er
pliert mit de Oogen." Plieroogen. plierig,
triefäugig.

Plinken, plinkern, blinzeln. s. auch
Adler.

Plinsen (auch Plinze backen), weinen.

Plöter m. (franz. pleutre), schäbiger
(ärmlicher) Mensch. plötrig.

Plötzlich, sofort, rasch. „Aber 'n bisken
plötzlich!"

Plümerant. s. blümerant.

Plumpen, pumpen. Plumpe f., Brunnen.

Plumphecht, ins Wasser geworfener
Stein, ungeschickter Schlag mit dem
Ruder.

Plumpßen, mit Geräusch ins Wasser
fallen. Red. (wenn man Geld verleihen
soll) „Da schmeiß ich't Jeld ja lieber in
de Spree — da hör ich's wenigstens
plumpßen!"

Plunder m. Red. „Immer runter mit'n
Plunder!" Ermunterung beim Schnaps=
trinken.

Plundermatz. s. Lumpenmatz.

Plundrig, schäbig, unansehnlich.

Plüstern, aufblasen. vgl. uffplustern. —
Übertragen plustrig, aufgeblasen (ein=
gebildet); Plusterkopp.

Plutz m. Red. „Er kommt uf'n Plutz"
d. i. plötzlich, unerwartet.

Pockig, narbig, von Kartoffeln.

Pofiest. s. Bofiest.

Pojatz (auch Pojakki), Bajazzo.

Pojisten, wie Puppen: „Er jeht in de
Pojisten."

Polit'sch, schlau. „'ne polit'sche Krete."
Im eigentlichen Sinne stets politisch.

Polizei. „Der is ooch dümmer wie de
Polizei erloobt" (polizeiwidrig dumm).
— „Wir jehn uf de Polizei."

Polizeifinger, Mohrrüben.

Polizeigriff. Mit'n Polizeigriff, d. i. bei'n Kanthaken. (s. d.)

Polizeioogen. Red. „Der Bier macht Polizeioogen!" wenn der Schaum ganz sparsam und großäugig ist.

Polizeiwidrije Visage.

Polkafrisur, wie Barbiertolle.

Polken, beharrlich und vorsichtig mit den Fingerspitzen abzulösen suchen. in de Nase polken. 'n Schorf abpolken. Rosinen aus'n Kuchen polken.

Polkschinken m., Guitarre.

Pollack m., Tabaksrest im Pfeifenkopf.

†Polle polle! Lockruf für Hunde.

Polnisch. Poln'schen Abschied nehmen, wie „sich uf französch drücken."

Polyp m., Schutzmann (mit Anklang an Polizei).

Pomade (aus poln. pomalu, langsam). — Red. „Is mir Pomade" d. i. gleichgültig, Pomadig, langsam, bequem, blasiert. — Die gleichjültije Ecke heißt die Ecke der Jäger- und Oberwallstraße, weil auf der einen Seite alles Pomade (Treu und Nuglisch) ist, auf der andern alles Wurscht (Niquet) und alles Jacke wie Hose (s. d.) (Kleiderhandlung von Landsberger). Früher war auf der vierten Ecke (wo jetzt die Reichsbank ist) alles Schnuppe (Lichtzieher Gladebeck). Zum Ersatz sagt man jetzt von dem Gelde der Reichsbank, an das man „nich ran kann": „Wat ick mir davor koofe!"

Pomadenhengst, Stutzer.

†Pomeranze. „Wächst mir hier 'ne Pomeranze?" d. h. das ist unglaubwürdig. Man wies dabei mit der Hand in die Gegend der Schläfe oder fuhr mit dem Finger da entlang; in demselben Sinne sagte man früher auch: „Fährt mir hier nich 'ne Droschke mit Kien?")

†Pomeranzen — Pomeranzen — Wachholder! Nachahmung des Klanges der Domglocken. vgl. Kümmelanis.

Pompiek für pompös, prächtig.

Penatschke (poln.), Mausefallenhändler; Ausländer.

Ponny, Aussprache des engl. pony; wie Leddi (s. d.) für lady.

Ponnylocken (= franzen), über die Stirn gekämmte Haare.

Popeln, in der Nase bohren. Darauf bezieht sich die Redensart: „Bei Popels is heite Ball." — Popelfritze.

Poplig, elend; nicht nobel (z. B. im Trinkgeldgeben).

Posamentier (scherzhaft), Posamentier.

Posematzki, kleines Kerlchen; Anrede an kleine Jungen.

Posemuckel, fingierter Name eines abgelegenen elenden Nestes, wie (das wirklich vorhandene) Burtehude, „wo de Hunde mit'n Schwanz bellen."

Posen, Federn. in de Posen zehn, zu Bett gehn.

Post. Rätsel: Wo ißt man am billigsten? — Auf der Post: Konvert 10 Pf., à la carte 5 Pf., Leckerei umsonst.

Posttag. „Se sind 'n Posttag zu spät jekommen."

Posten m. 1) Menge. „Er kann 'n jehörijen Posten vertragen." 2) beleibte Frau.

Postpremerande für postnumerande.

Postschwede, Postbeamter.

Poten (auch Potentaten), Füße.

Potsdam. Ein älterer Ehemann sagt harmlos zu seiner Frau: „Wenn eener von uns beeden stirbt, zieh ick nach Potsdam."

Potsdamer, dummer Mensch; aus der Zeit, da die Eisenbahn nach Potsdam noch neu war und die Potsdamer die in Berliner Dingen Unerfahrenen waren. — Auch als Gegensatz zum Nassauer: der Potsdamer bezahlt und hat nichts davon. — Potsdemlich, wie demlich.

Potsdorf, Potsdam.

Power (franzf. pauvre) ärmlich, nicht anständig.

Prachern, betteln. Pracherstolz, Bettelstolz.

Präsentierteller. „Wir sitzen hier wie uf'n Präsentierteller" d. i. allen Blicken ausgesetzt.

Prampieren, mit ungeduldigen, hartnäckigen Forderungen lästig fallen.

Prätschen, prahlerisch auftreten. Prätschig.

†Preambeln (vom mittellat. praeambulum), Umschweife machen.

Predijer. Red. „Zweemal predicht der Predijer nich!" (wenn man das Gesagte nicht wiederholen will.)

Pree n., Vorrecht.

Premerande (auch primerande), pränumerande.

Prengel m., dicker Knüppel.

Prepeln, essen.

Prezel, Bräzel. Red. „Det is mir 'ne Prezel!" d. i. ein Rätsel.

Priemen. 1) Tabak kauen. 2) wie prünen, schlecht nähen.

Prise f. „Det is 'ne eijene Prise" d. i. man muß vorsichtig mit ihr umgehen (von einem Frauenzimmer).

Pritzel n., Krümchen, bischen.

Probe. Red. „Nich de Probe!" d. i. nicht das geringste.

Produktenjeschäft, Handel mit Lumpen, Knochen, altem Leder ꝛc.

Prökeln, knistern, vom Braten.

Proffentieren, profitieren.

Proferatern, eifrig erörtern.

Prolet m. (stud.), Proletarier, ungebildeter Mensch.

Proppen, Pfropfen; häufig auch Froppen, Fropfen und Propfen. Red. „Er is (sitzt) uf'n Proppen" d. i. in Verlegenheit. — „Du kannst höchstens mal an' Proppen riechen", zu einem Kinde, das (z. B. vom Wein) mittrinken will.

Proppenbruder (oller), Schimpfwort.

Proppenzieher (sprich zier). 1) Korkzieher. 2) Korkzieherähnliche Lockentour bei Damen.

Propper (franzf. propre), sauber.

Prost. „De janze Proste Mahlzeit", die ganze Bescherung. „Prost Nenjahr — acht Iroschen her!" — Proft (auch prösterken) und (stud.) Probst sagt der Gymnasiast für adieu (Morjen für guten Tag).

Prosten. „Er wird ihn wat prosten!" d. i. ihn abfallen lassen. vgl. busten.

Protz m., auch Protze m., reicher Prahler. protzig.

Prudeln, schlecht stricken. Prudel m., Prudelei, verprudeln.

Prüfen. Red. „Prüfet das Beste und behaltet alles."

Prünen. f. priemen 2.

Prumpßen, pressen; besonders rinprumpßen, z. B. alles in einen Koffer; auch von starkem Essen; volljeprumpßt.

Prüschen, niesen, schnauben. einem Wasser in't Jesichte pruschen. — Wer unterdrücktes Lachen nicht länger halten kann, pruscht los. Sprichwort: Wenn de Katzen pruschen, wird ander Wetter.

Publikus m., Publikum; plur. Publikümmer. „Die Jeschmäcker der Publikümmer sind verschieden." Verdrehung: Hochjepubeltes Ehrlikum."

Pucke, Buckel, Rücken. Red. (höhnisch) „Sie könn' mir'n Pucke lang rutschen! (aber mit Filzpariser, sonß jib's Schrammen)." — „Ick denke, ick soll uf'n Pucke fallen!" (vor Staunen.)

Puckeblau, in der Apotheke zu holen, wie Mückenfett. (s. d.)

Puckelmappe, Schulmappe in Tornisterform.

Puckeln, sich, sich quälen, z. B. mir'n Disch (auch wenn er nicht auf dem Rücken getragen wird).

Puckern, pulsieren.

Pucklig, bucklig. sich pucklig lachen. — „De janze pucklije Freundschaft (Verwandtschaft)!"

Pucklinski (kleener), buckliger Mensch.

Pudel. Red. „Er zog ab wie'n bejossner Pudel."

Pudeln, eine unvollkommene Art des Schwimmens; man macht es, indem man mit der rechten Hand und dem linken Fuß, und umgekehrt, von oben nach unten ins Wasser schlägt.

Püffeln, stark arbeiten.

Puff, Stoß. Red. „Ick kann 'n juten Puff verdragen!"

Puffschnute f., wie Flabbe, Flebbe, Flunsch, Lippe und Schippe.

Pulen, wühlen; sich in de Nase, in de Ohren pulen.

Pulle f., Flasche. Dimin. Pülleken. Red. „Det war'n Schluck aus de Pulle" d. i. ein guter Bissen. — „J da muß ja de Pulle platzen!" d. i. da muß ja das Donnerwetter dreinschlagen! — „Pulle mal mit" Verdrehung von pour le mérite.

Pullezei, Polizei.

Pulwer, Geld.

Pumpen, borgen, leihen.

Pumpenheimer, Brunnenwasser.

Pumphosen, Kinderhosen, die hinten zugeknöpft werden.

Pumplig, schlecht sitzend, von Kleidern.

Punkt. „Da mach man 'n Punkt hinter!" d. i. schneide nicht so auf. — „Punktum — strei Sand drum (druf)!" d. i. abgemacht!

Punschtlinke f., Frack.

Puppe. 1) Red. „Puppe!" „Einfach Puppe!" d. i. sehr fein. 2) Red. „Er läßt alle Puppen danzen" d. i. alles draufgehen; vom Puppentheater. — 3) Bildsäule. — Die Redensart „bis in de Puppen", die früher irrtümlich mit den Puppen (Bildsäulen) am großen Stern (im Tiergarten) in Verbindung gebracht wurde, hat einen andern Ursprung. Man sagt auf dem Lande: „Es regnet bis in die Puppen," d. i. bis in die zu Haufen gesetzten Getreidegarben, die durch eine Deckgarbe vor mäßigem Regen geschützt sind. „Bis in de Puppen" heißt also: ungewöhnlich stark. (eingehender dargelegt in der Voss. Z. Nr. 540 vom 16. Nov. 1896, Abend-Ausgabe.)

Puppenbrücke, Schloßbrücke. Ein Schusterjunge sagt von der Siegesgöttin mit dem roten Krieger, die eine Palme in der Hand schwingt: „Meine Meestern nimmt mir anders rum, wenn se mir haut."

Puppendreck. „Ick soll wol hier zu Puppendreck frieren?" — „Den ha'm se zu Puppendreck jehaun!"

Puppenlappen, Zeugfetzen für die Puppen kleiner Mädchen.

Purzeln, umfallen. Red. (vom Kegelspiel): „Wat purzeln soll, det purzelt doch!" — fatalistische Weltanschauung.

Puschel f. 1) Quaste. „'n Baschlik mit 'ne joldne Puschel." 2) fire Idee, gelinde Verrücktheit.

Pussade (Pussage) f. (stud.), Liebste; pussieren, den Hof machen.

Pustblume, die in Samen geschossene Butterblume. (s. d.) Die Kinder blasen (pusten) einmal stark auf die Fasern; bleibt keine am Stengel, so bedeutet es, daß sie ein Geschenk erhalten werden.

Puste f., Atem. „Mir jeht de Puste aus."

Pusten. 1) vom Ofen, Hitze ausströmen. 2) (einem) durch die Rohrpost mitteilen.

Pustrohr, Blaserohr. Pustrohrkarte, Rohrpostkarte. Man schreibt sich per Pustrohr.

Putellje (bouteille) f., Flasche.

Putschen, ufputschen. aufhetzen.

Putt putt. Geld (weil man beim Geldzählen dieselbe Fingerbewegung wie beim Locken der „Putthühner" macht). „Der hat Putt putt" (auch Puttchen, Puttkens).

Putz. Red. „Der Putz hackt nich" d. i. die Entschuldigung wird nicht geglaubt.

Putzfuzel m., Putzmacherin.

Putzig, drollig, possierlich. 'ne putzije Krute (von Menschen).

Putzmamsell, Putzmacherin.

Putzstube. s. jut 1.

Puzel m., kleines Wesen. „Mein Puzelken", Liebkosung.

Puzeln, sich in Kleinigkeiten zu schaffen machen. „Er puzelt so rum." — puzelig. Puzelfritze.

Pyramidal (stud.), sehr.

Q.

Quabblig, weich, rundlich, besonders von Frauen.

Quack m. Man sagt „Du Quack" oder „so'n Quack" von Kindern, die noch ganz unmündig sind, gar nichts vorzustellen haben.

Quackeln, unnütze Redensarten machen. quacklig, Quackelei, Quackelfritze.

Quackern (von Flüssigkeiten), mit Geräusch kochen.

Quaddeln, unnütz reden. Quaddelei.

Quaddeln, Nesseln auf der Haut.

Quadratlaatschen, große Füße.

Quadratschnauze, auch Kubikschnauze, großes Mundwerk.

Quängeln, unzufrieden, mißmutig reden. Quängelei, quängelig, Quängelfritze, Quängelliese.

Qualle f., Ohrfeige.

Qualmen, dummes Zeug reden.

Qualmtute, olle, Schimpfwort.

Qualster m., ausgespieener Schleim.

Quappe f., Ohrfeige.

Quark m., Dreck, schlechtes Zeug. Goethes Vers:

"Getretner Quark
Wird breit, nicht stark"

zeigt den Übergang von der ersten, eigentlichen zur zweiten Bedeutung.

Quarkspißen! Unsinn! (aus Wien eingedrungen.)

Quarren, schreien, von Kindern.

Quartal. Red. "De Schefer haben wol Quartal?" (wenn einer fortwährend pfeift; von den vierteljährlichen Versammlungen der Gewerksinnungen bei der Lade. Schäferknecht ist alte Bezeichnung für einen, der pfeift.)

Quatsch. 1) albern, kindisch, sinnlos. Quatschkopp (mit Sooße); Quatschkübel; 'ne quatsche Figur, 'n quatscher Zestell, 'ne quatsche Kommode, wie Quatschkopp. 2) subst. m, sinnloses Gerede. Quatsch mit Sooße! Auch: "Machen Se man keenen Quatsch!" d. i. richten Sie nichts Schlimmes an.

Quatsche f., Ohrfeige.

Quatschen. 1) Unsinn reden. Red. "Quatsch nich, Krause (jeh zu Hause)!" — "Quatsch keene Opern!" — Quatschmichel, Quatschliese. 2) von dem Geräusch, das eine nasse Wiese unter dem Tritt macht; auch von dem Geräusch einer Ohrfeige.

Quatschenaß, wie patschennaß.

Quazeln, viel und töricht sprechen. Red. "Hast wol Quazelwasser jedrunken?" — Quazelstrippe, Telephon. Quazelei. quazelig. Quazelkopp. Jequazel. Quazelfritze. Quazelliese. Quazelpeter.

Quecksilber. Red. "Der hat Quecksilber in Leibe" d. i. er hat keine Ruhe.

Querschreiben, Wechsel ausstellen.

Querüber. Red. "Ja ja, mein lieber Querieber!"

Quese f., Blase, die sich durch Druck oder Reibung unter der Haut bildet. Quesenkopp, verrückter Mensch.

Quetschkartoffeln, Rührkartoffeln.

Quiemen (älter quienen), siechen. "Der quiemt bloß noch so rum."

Quietschen, kreischen. s. a. piepen.

Quietschverjnietscht, sehr vergnügt.

Quiste f. in de Quiste jehn, verloren gehen.

Quitschenaß, wie quatschenaß.

Quosen, viel und langweilig reden. "Der quost war zusamm'!"

Quurkßen, vom Geräusch des Wassers in den Stiefeln. Auch "Er quurkßt mir in' Bauch."

R.

Rabattentreter (=tramper), große Stiefel, auch große Füße.

Rabauz m., grober Kerl. "Oller Rabauz!"

Rache. Red. "Rache! Blutwurscht!" (scherzhafter Racheschwur.)

Rachenpußer, scharfer Schnaps, saurer Wein.

Racker (eigentlich Schinder), ungezogenes Kind.

Rackerig, leicht aufbrausend, heftig.

Rackerlatein, Kauderwelsch.

Rackern, angestrengt arbeiten.

Rackßen, krazen. "Er hat sich wat zusamm' jerackst."

Rad. Red. "Komm nich unter de Räder!" d. i. verunglücke nicht. — Rad für Taler ist Rat, Aussprache der beiden hebräisch geschriebenen Anfangsbuchstaben von

Reichs-Taler, aus der Gaunersprache in die gewöhnliche übergegangen. Ebenso Kies = Silber. (Avé-Lallemand, das deutsche Gaunertum III, 44 und IV, 168.)

Radau m., Lärm, Unfug. Red. "Machen Se nich so'n Radau!" zu einem, der in Gesellschaft still ist. Radaubruder, Radaubengst, Radauflöte.

Radaumütze, Art Mütze, früher Louismütze genannt. "Aujust mit de Radaumütze!"

Radehacke. "Er is besoffen wie 'ne Radehacke."

Radschlagen. Red. "Der is zum Radschlagen!" (vor Ärger, aber auch vor Vergnügen.)

Räsennieren (gewöhnlich rizenieren gesprochen), sich verantworten, widersprechen, schimpfen. "Er räsenniert wie'n Kutschferd."

Räubern, stehlen. (Im Studentenjargon auch aufschneiden.)

Räuberpistole, aufschneiderische Erzählung. "Der erzählt Räuberpistolen."

Räubersprache (auch Rorsprache) der Kinder, besteht darin, daß jeder Konsonant verdoppelt und ein o dazwischen gesetzt wird; Fenster heißt in dieser Sprache: Fof e non sos tot e ror. In anderen Kindersprachen heißt dasselbe Wort: Fenst henst le fenst er her le fer und Fenster widewenster katinka katenster. Oder: Du bist dumm: Dodu bobi soster dodum momem; du hulefu bist hißlefißt dumm hummlefumm.

Rage f. (franz. rage). in Rage sein, aufgeregt sein.

Rahm m. 1) Ruß. 2) Rahmen (plur. Rehme).

Rahmen. "Er rahmt in de Küche", von umherfliegenden Kohlenteilchen.

Rahmig. 1) rußig. 2) bezecht.

Rahmkater m., schmutziges Kind; Frauenzimmer.

Rahmröhre, Cylinderhut.

Ramme f. Red. "Immer ran an de Ramme!" d. i. an die Arbeit; von den großen Pfahlrammen; Aufforderung des

Schwanzmeisters, d. i. des Polierers, der das Ende des Haupttaus hält. — "Wir standen wie 'ne Ramme" d. i. sehr gedrängt.

Rammeln, rütteln; z. B. an einer Gittertür rumrammeln.

Ramponieren, beschädigen. (Die Kaufmannssprache kennt eine "Ramponage" der Kollis.)

Ramsch m., Rest. Der janze Ramsch. etwas in Ramsch koofen, d. i. in Pausch und Bogen.

Ramschen. 1) Rester kaufen. 2) hastig an sich raffen.

Ramsnese, krumme Nase.

Rand. "Er is aus Rand un Band" d. i. ausgelassen.

Rand m. für Mund. "Halt 'n Rand!" — Rätsel: Welches sind die schweigsamsten Menschen in Berlin? — Die Weiber am Schloßbrunnen; die halten éjal 'n Rand.

Randal m., Lärm.

Range f., wilder Junge.

Ranhalten, sich, sich dazuhalten.

Ranjehn. "Da jeh ick nich ran" d. i. das wage ich nicht, darauf lasse ich mich nicht ein.

Ranjewienert! Aufmunterung zur Arbeit.

Rankommen. Red. "Na komm doch mal ran! — Hast wel Bange?" — "Vor dir noch lange nich!"

Ranschanzen, herbeischaffen.

Ranschlängeln, sich, sich nähern.

Ranschmeißen, sich, sich aufdrängen.

Ranwachsen. "Wachs mal ran!" d. i. setze dich näher heran.

Ranzen, wild tanzen.

Rapen, raffen. ufrapen, aufraffen (auch vom Aufnehmen der Frauenröcke bei nassem Wetter). zusammrapen.

Rappeln. Red. "Bei dir rappelt's wol?" (bist wohl verrückt?) rapplig. "Er hat'n Rappel" (auch Raps, Raptus). "Er is rappelköppsch."

Räpschen, plump an sich reißen.

Rasaunen, lärmen.

Rasselbande, böse Gesellschaft.

Rattenkönigin, Standbild der heiligen Gertraudt auf der Gertraudtenbrücke.

Rattenvergifter, schlechter Schnaps.

Ratze f., Ratte.

Ratze(n)kahl, radikal.

Rauch=du=sie, schlechte Zigarre.

Raubbein m. 1) Mensch von schlechten gesellschaftlichen Sitten. „'ne raubbeinije Sorte." 2) einer von der fahrenden Abteilung der Feldartillerie.

Rauhe f., Mauser. sich rauhen, mausern.

Raupe. „Er hat Raupen in' Kopp" d. i. sonderbare Einfälle, leichtsinnige Streiche.

Raus. Red. „Der hat er raus" d. i. das versteht er. — „Er jibt wat raus" d. i. Schläge. — „Raus davor!" d. i. heraus mit der Sprache! — „Nu aber raus!" bei einem gewagten Witz.

Rausbeißen. „Er beißt 'n Jebildten raus" d. i. er möchte als solcher erscheinen.

Rausbleken (die Zunge), herausstrecken. „Er hat mir de Zunge rausjebleft."

Rausekeln. „Den ekeln wir raus!" d. i. wir betragen uns so, daß er geht.

Rausjrauen, wie rausekeln.

Rauskommen. Red. „Dabei kommt nischt raus" d. i. das nutzt nichts. — „Wat wird 'n da jroß bei rauskommen?"

Rauskriejen. 1) „Ick kann't nich rauskriejen" d. i. ich kann es nicht erraten. 2) „Ick kriege noch wat raus" d. i. ich bekomme noch Geld zurück.

Rauslotsen, herausholen, von Menschen.

Rausmachen, sich, schöner, ansehnlicher werden; ebenso

Rausmustern, sich.

Rausreißen. Red. (ironisch) „Det kann mir jrade noch rausreißen!" d. i. mich retten.

Rausrücken, hergeben. „Wirste mit de Pulle rausrücken?!"

Rausschmeißer, das letzte Musikstück, der letzte Tanz (der aus Walzer, Polka und Galopp besteht) bei einem Tanzvergnügen.

Rausstenzen, hinausstoßen.

Raustrommeln (auch trommeln), den Lehrer durch Trampeln mit den Füßen zum Verlassen des Schulzimmers nötigen. Der Versuch wurde früher nicht selten auf Verabredung unternommen und glückte zuweilen. „Den ha'm wa jetrommelt, aber feste, verstehste!"

Rauswutschen, hinaushuschen.

Re für retour, nur vom Gelde. „'n Sechser re!"

Real m. und n., (Bücher=)Regal.

Rebbes m. (jüd.), Gewinn.

Recht. Red. „Da haben Sie wieder recht!" (versöhnliche Einlenkung im Meinungsaustausch.) — „Der Mann hat recht — schmeißt 'n raus!" — 1880 entstand die Redensart: „Sie haben ja so recht!" die sehr populär und daher vielfach variiert wurde; z. B. durch den Zusatz: „un noch so'n Ende drüber" (man zeigte dabei das „Ende" durch Abmessen am Unterarm); oder: „Sie haben ja so richtig (so senkrecht)!" „Sie haben ja so — reene Manschetten!" (vgl. Bär 1880 Nr. 23.) — „Is ihn janz recht!" d. i. es geschieht ihm recht. — „Allens wat recht is — kann ick nich leiden."

Rede. 'ne Rede reden für halten. — Red. „Verjessen Se Ihre Rede nich!" wenn man einen unterbricht. — „Det is ja meine Rede!" d. i. das habe ich ja gesagt (gemeint).

Reden. Red. „Du kannst lange reden, ehr mir 'n Wort jefällt!" — „Nu haste jered't — nu drink ooch mal!" — „Wenn Se hier mit mir reden wollen, denn sehn Se raus un halten Se't Maul!" — „Is ja bloß, det man drüber red't" sagt einer, der mit seinen Argumenten zu Ende ist und das Gespräch über den Gegenstand abbrechen möchte. — „Der hat zum Reden injenommen" d. i. er redet unaufhörlich. — „Ick rede nich mehr mit ihn" d. i. mit unserer Freundschaft ist es aus (Kindersprache).

Redensart. 1) „Er denkt, er kann mir mit Redensarten besoffen machen" d. i. mich betäuben. — Redensart für Beleidigung: „Allens laß ik mir jefallen — man bloß keene Redensarten nich!"

Reene oder reeneweg, rein, gänzlich. „Er is reene all." „Det hab ik reene verjessen." „Er is reeneweg verrückt."

Reenefieren, renovieren. „Er hat sich jründlich jereenefiert" d. i. gewaschen.

Reetzenjasse, früher noch mehr als jetzt von Schuhmachern bewohnt (der Teil der jetzigen Parochialstraße zwischen der Jüden- und der Spandauerstraße). Red. „'n Philosoph aus de Reetzenjasse."

Rehberjer, 1848 Arbeiter, die an den Rehbergen vor dem Oranienburger Tor Sand karrten. Dann besonders rohe Jungen und Lehrlinge aus der Oranienburger und Hamburger Vorstadt.

Reff, altes, altes Weib. (Reff ist plattdeutsch: Gerippe.)

Reichtum. Sprichwort: „Reichtum schändet nich, un Armut macht ooch nich immer jlücklich."

Rein. „Die reine Klede" sagen die Marktweiber anpreisend von der Reine Claude, einer schönen grünen Pflaume.

Reinfall. „'n jroßartijer Reinfall!" (hier Rein statt Rin, weil man an Rheinfall denkt); doch auch Rinfall.

Reinijung. Red. „Krist deine Reinijung!" d. i. Schläge.

Reinlichkeit. „Der Reinlichkeit wejen!" (bei Abrundung einer Summe.)

Reißen. „Det reißt in't Feld" wie „det leeft in't Feld." — Witze werden jerissen.

Reißdeibel, Kind, das oft Kleider zerreißt.

Reißmatismus (auch Reißmadichtig), Rheumatismus.

Reiten. „Reitende Artilleriekaserne" berühmte alte Inschrift nahe dem Oranienburger Tor. Danach wurde der „kleinjehauene Holzhändler" u. ä. gebildet.

Reitferd. Red. „Der is 'n lieben Jott sein Reitferd!" von einem recht dummen Menschen; das Reitpferd ist der Esel (nach Matth. 21, 7).

Rejen. Red. „Rej dir man ab!" d. i. rege dich nicht auf.

Rejenwurm. „Er hat Rejenwürmer in' Kopp" d. i. er ist verrückt.

Rejister. Red. „Se is ooch schon in't alte Rejister" d. i. sie ist nicht mehr ganz jung.

Rejuleer, immer. „Er is rejuleer besoffen."

Rekeln, sich, sich recken, sich ungeschliffen hinlegen. 'n Rekel (auch Rakel).

Remmel m., bei kleinen dicken Kindern der Einschnitt zwischen zwei „quabblijen" Teilen an Arm und Bein; z. B. zwischen Arm und Handwurzel.

Rempeln, im Begegnen stoßen; ebenso anrempeln.

Rendlich, reinlich. Red. „Rendlichkeit is't halbe Leben."

Renne f., Rennsteen m., Rinnstein. Rennsteenklauer. Red. (drohend) „Sie haben wol lange nich in de Renne jelejen?" vgl. Josse.

Rennsteenstipper (auch -schwenker), Art langer Winterüberzieher(Kaisermantel).

Renntier scherzhaft für Rentier.

Rentier. Red. „Ick mechte am liebsten Rentier lernen; wenn bloß der Handwerkszeug nich so deuer wer."

Reservoir. au réservoir scherzhaft für au revoir.

Rester, Reste (von Stoffen). Resterhandlung.

Retour, zurück. „Er is in seine Verhältnisse sehr retourjekommen." — „Sechs Dreier retour!"

Retourkutsche, Erwiderung, Vorwurf, Schimpferei in denselben Worten. Sie fahren nur Freitags.

Revolverschnauze, schamloses, freches Maul. Nach 1870 auch: Mitrailleusenschnauze.

Rheumatismusschaukel, offener Omnibus.

Rhinoceros (elles), Schimpfwort.

Ribbe, Rippe. Red. „Ick kann't mir doch nich aus de Ribben schneiden!" d. i. woher soll ich es denn nehmen? — „Der

hat er durch de Nibben jeschwitzt" d. i.
vergessen. — Die Ribbe heißt ein Haus
auf dem Molkenmarkt, Ecke der Molken=
straße, weil an ihm zwei (urweltliche?)
Knochen befestigt sind, die bei der Funda=
mentierung ausgegraben worden sind.
Das Volk sagte stets, es sei eine Rippe
und ein Schulterblatt des Riesen, der
dort gewohnt habe. Vor 60 Jahren be=
fand sich hier eine Handlung mit alten
Kleidern; daher sagte man: „aus de
Ribbe", „in de Ribbe jekoft" von schlecht=
sitzenden Kleidungsstücken.

† **Ribbenbrecher**, schlechter Wagen
(ohne Federn).

Richtig. Red. „So wa 't richtig!"
(freudige Zustimmung.) — für wirklich:
„Er hat 't richtig falsch jemacht."

Richtung. Red. „Die janze Richtung
paßt uns nich!" nach einer angeblichen
Äußerung des früheren Polizeipräsidenten
v. Windheim.

Riebe f., Rübe; ironisch von einem
Menschen, stärker als Flanze. 'ne nette
Riebe; 'ne freche Riebe.

Riechen. Red. „Det kann ick doch nich
riechen (er is doch keen Schweinebraten)!"
— „Det riecht hier so nach arme Leite"
d. i. dumpfig. — „Da riech mal dran!"
(wenn man einem „was anzuhören" gibt.)
— „Riech mal an die Knospe!" (wobei
man dem Gegner die Faust unter die
Nase hält.)

Riecher m., Geruchssinn. 'n juten Riecher
haben, d. i. zu etwas Gutem (meist Essen
und Trinken) unerwartet zur rechten Zeit
kommen.

Riechhorn, Nase.

Riechkolben, große Nase.

Riedig, roh, frech. „Riedig bis uf'n
Knochen." — Riedigkeit.

Riem m., Ruder. riemen, rudern.

Riesig, sehr.

Riester m., Lederflecken am Stiefel. Von
dem Standbild Friedrich Wilhelms III.
im Tiergarten (von Drake) herrscht die
Überzeugung, der Bildhauer habe die
Sparsamkeit des Königs durch einen

Riester am Stiefel andeuten wollen. Die
Stelle ist aber ein dunkler Fleck im Marmor.

Rietsche, Rieesche f. (franz. ruche), Tüll=
krause.

Riez. Red. „Riez, Mutter, de Landwehr
kommt!" auch: „Riez, Mutter, de Fink' is
da!" oder „Riez raaz widebumbumbum",
Text zum Fahnenmarsch der Regiments=
musik. — Riez wird überhaupt gesagt,
wenn etwas plötzlich losgeht.

Rilljohn, Religion. Red. „Rilljohn jut,
Kopprechen schwach." Auch: „Kopp=
rechen schwach, Rilljohn evangjeelsch."

Ring. Red. (stud.) „Ick kann mir ja ooch
'n Ring durch de Nase ziehn!" (gelassene
Verurteilung eines dummen Vorschlags.)

Rin. „Rin in' (nord=) deutschen Bund!"
— „Immer rin in's Verjnüjen!"

Rindsstiefel n., wie Ochsenstiefel.

Rinefeln, sich etwas, ironisch vom Essen
und Trinken. „Der schmeckt Ihnen wol
so?" „Na, man ekelt et sich so rin."

Rinfallen. 1) durch Selbsttäuschung
oder Täuschung durch andere Schaden
erleiden. 2) hineingeraten (in eine Kneipe,
besonders spät in der Nacht). 3) sich ver=
loben. — s. a. Reinfall.

Rinjeritten, rinjefahren! wenn
man verloren hat und noch mehr aufs
Spiel setzt.

Rinjewichst. „Nu mal rinjewichst!"
Aufforderung mitzutun.

Rinknien. „Er kniet sich rin" d. i. er
legt sich eifrig darauf.

Rinlejen, besiegen; reinfallen lassen.

Rinrasseln, wie rinfallen.

Rinreiten, rinrudern, in die
„Patsche" bringen.

Rinriechen, oberflächlich kennen lernen.
„Er hat ja knapp rinjerochen."

Rinschliddern. „Ick bin furchtbar
rinjeschliddert" d. i. reingefallen; ebenso

Rinsengeln (auch rinsejeln).

Rinsenken, reinfallen lassen.

Rinsinken, reinfallen. „Er ist hellisch
rinjesunken."

Rinsteijen (in de Weiße), zu trinken
anfangen.

Rinwürjen. „Er kricht een' rinjewürcht" (milit.) d. i. er muß sich einen Verweis gefallen lassen.

Rippeln, sich, sich rühren. „Du rippel dir!"

Riskieren. Red. „Ick riskier de janze Miete" d. i. ich setze alles aufs Spiel. — eenen riskieren, trinken. — „Riskiert der aber 'ne Lippe!" d. i. spricht der aber dreist! — „Na, een Ooge riskier ick (setz ick dran)!" (wenn man nach Verbotenem sieht.)

Risse plur. 1) Schläge. 2) Er hat Risse in' Kopp" d. i. schlaue (auch tolle) Anschläge.

Ritzenschieber, Geleisereiniger bei der Straßenbahn.

Robert. Red. „Robert, halt dir senkrecht!" (wird einem Schwankenden zugerufen.)

Röhre, Raum zum Wärmen im Ofen. Red. „Er kiekt in de Röhre" d. i. er hat das Nachsehen. Röhre auch für Rohr; Kanonenröhre.

Röste f., Rost im Ofen.

Roggen für Regen. Es gibt milcherne und roggene, d. i. männliche und weibliche Heringe.

Rohrsperling. „Er schimpft wie'n Rohrsperling (Rohrspatz)."

Rohrstuhl. Von einem Pockennarbigen: „Der hat mir's Jesichte uf'n Rohrstuhl jesessen." vgl. Erbsen.

Role, Karl (von Carolus).

Rolle f., Mangel. Englische Drehrolle. „Ick jeh uf de Rolle."

Rollmops. 1) gerollter Hering in Essig. 2) Junge als Begleiter des Rollkutschers. 3) Druck mit den Knöcheln auf den Kopf (Schulausdruck).

Rolló für Rouleau (das in diesem Sinne nicht französisch ist).

†Rondeel n., alter Name des Belleallianceplatzes.

Rooch. Red. „Der kannste man in' Rooch (auch: in' Schorsteen) schreiben!" d. i. davon bekommst du nichts wieder. — „So? — un ick schnappe Rooch?" d. i.

ich soll das Nachsehen haben? Adj. roochig oder roocherig.

Roochen. Red. „Junge, Junge — ick jloobe, du roochst!" auch übertragen: das kommt mir verdächtig vor. — „Wie der roocht!" d. i. das ist aufgeschnitten.

Roochern. „Mir roochert so" d. i. ich möchte gern rauchen.

Rosinen. Red. „Er hat jroße Rosinen in' Sack" d. i. große Hoffnungen.

Rosinenmann, Figur aus Rosinen, für Kinder.

Roß ist Schimpfwort. Roß Jottes. s. Reitferd.

Roßbiff n., Rostbeef.

Rot. Drohung: „Hast wol lange keen Berliner Rot jesehn?" (d. i. Blut.) Rote Sauce, auch rote Suppe, Blut. — Das rote Haus, Rathaus.

Rotbart. „Du hast ja'n Rotbart jefangen!" sagt man zu Kindern, die ein von der Luft gerötetes Gesicht nach Hause bringen.

Rotz m., Nasenschleim. „Er weent Rotzblasen" (jroße oder kleene, je nach der Heftigkeit des Weinens). — „Er weent Rotz un Wasser." — „Er schmiert ihm Rotz uf de Backe" d. i. er schmeichelt ihm. — Rotzlappen, Taschentuch. — Rotzjunge, Rotzlöffel, Rotznese, Rotztrompete, Rotztulpe, Schimpfwörter.

Rubbeln, stark reiben.

Ruckeln, rütteln; z. B. einen Pfahl, der fest in der Erde steht, durch Rütteln lockern.

Rudel, Rudolf.

Rücken. 1) wie rühren: „Ihr rückt un rührt euch nich!" 2) (vgl. ausrücken) eine Wohnung mit den Möbeln heimlich verlassen, um das Retentionsrecht des Hauswirts zu umgehen. Es geschieht mit Hülfe einer Rückkompagnie: Leute, die das Fortschaffen der Möbel hinter dem Rücken des Wirts geschäftsmäßig betreiben.

Rücken. „Ick seh'n mir'n Rücken an" d. i. ich kenne ihn nicht mehr. — s. a. Puckel.

Rückenmärker, einer, der an der Rückenmarksdarre leidet.

Rüde. Red. „Rüde, aber praktisch!" aus der Posse „Der Löwe des Tages" von Wilken.

†Rührbrejen m., ein Kind, das nicht einen Augenblick still sitzt.

Rühren. Red. „Nich rühr an!"

Rührend. Red. „Er is rührend, wenn man dran wackelt."

Rüster. s. Riester.

Rugeln (ruzeln), rascheln, z. B. von einer Maus.

Ruhe. Red. „Ruhe in Saal! Jroßmutter will danzen!" — (Ähnlich: „Stille, Kinder! Vater schreibt seinen Namen!") — „Hunger un Durscht kann ick entbehren, aber meine Ruhe muß ick haben."

Rujenieren (auch rungenieren), ruinieren.

Rumboddern, in aufgeweichtem Boden gehen.

Rumbringen, unter die Leute bringen.

Rumdollen, wild umherlaufen, ausgelassen spielen.

Rumdreiben, sich (auch rummerdreiben), sich herumtreiben. Rumdreiber. — Altes Sprichwort: „'n Böttcher is 'n Rumdreiber" (weil er bei seiner Arbeit rund um das Faß herumgeht).

Rumfuchteln, herumschwingen (z. B. mit einem Stock).

Rumfuhrwerken, sich stark bewegen.

Rumhacken (uf eenen), ihn fortwährend tadeln.

Rumkriejen, überreden.

Rummel m. 1) Festlichkeit. „Bei Bunkes is jroßer Rummel." 2) Geschäft. „Der versteht den Rummel." (steht bei Lessing, Minna von Barnhelm 3, 2.) 3) der janze Rummel, d. i. der ganze Rest, Kram.

Rumoren, rumrumoren, sich geräuschvoll hin= und herbewegen.

Rumpelkammer, Kammer für altes Gerät.

Rumpelkasten, alter Wagen, Omnibus; auch Leichenwagen.

Rumpeln, mit dumpf dröhnendem Ton fahren.

Rumrabatzen, wild spielen, wie Kinder z. B. auf dem Sopha tun.

Rumschnökern (auch =schnickern), herumsuchen; ebenso

Rumschnüffeln.

Rumschwuddern, liederlich leben.

Rumstrolchen, herumschweifen.

Rund. Red. „Schlaf rund, dette nich eckig wirst!" (Abschiedswunsch.)

Runterefeln, wie rinefeln.

Runterhauen, eenen eene (sc. Ohrfeige).

Runterkejeln, herunterfallen, z. B. die Treppe.

Runterlaatschen und runterlangen (eenen eene), wie runterhauen.

Runtermachen (auch runterreißen), ausschelten. vgl. Dreck.

Ruppig, unanständig. 'ne ruppije Puppe.

Ruppsack, ruppiger Mensch (scherzhaft).

Rutsche f., Rutschbank, Fußbank, vgl. Hurtsche.

Rutschen, reisen. 'n Rutsch machen. „Jlücklichen Rutsch!" — Anrutschen und runterrutschen sagen die Schüler für herauf= und herunterkommen (beim Zertieren). vgl. Puckel.

Rutschpartie, das Heruntergleiten an einem Abhang, einem sandigen Hügel u. ä. (eigentlich Fahrt auf der Rutschbahn, ein jetzt unbekanntes Kindervergnügen. Es gab z. B. eine auf Tivoli, später eine in der Hasenheide.)

S.

Sabber m. 1) Speichel. Sabberpichel. Sabbermichel. Sabberliese. 2) Rückstand in der Pfeife.

Sabbern. 1) vom Speichelfluß bei Kindern. 2) viel reden.

Sache. Red. „Man sell nich sagen, wat 'ne Sache is." — „Sie wer'n mir nich sagen, wat 'ne Sache is!" (jüd.) — „Det is 'ne Sache!" d. i. etwas Gutes. — „Det is senne Sache" d. i. es ist schwer zu entscheiden. — „(na) Sache!" d. i.

gewiß, natürlich). — „Sache wie'n Beem!" d. i. ganz sicher. — „Die Sache is die: der Kind hat keene Luft." — Oft: „Die Sache is der."

Sachte. „Immer sachte weg" (besonders vom Regen). — „So sachte weg" auch auf die Frage: Wie geht's? — „Na man immer sachte!" „Immer sachte mit de jungen Ferde!" d. i. Vorsicht! — „Det dut nich sachte" d. i. es ist schmerzhaft. — „Spott man sachte!" — „Er hat uffhört — mir sachte rejen (regnen)." — „Sachte, er klemmt sich!" d. i. Vorsicht! Behutsam!

Sack. „Du bringst 'n Sack voll Kälte mit!"

Sacken. 1) „Er sackt sich" d. i. es sinkt, von Gebäuden auf feuchtem Grunde. Auch beim Essen: „Ich warte, bis er sich 'n bisken jesackt hat." 2) (beim Spiel) gewinnen; auch insacken.

Sackgrob, sehr grob. Sacksiedejrob.

Sackstrippe. „Er is besoffen wie 'ne Sackstrippe."

Saftig, derb. 'ne saftige d. i. Ohrfeige. — Oft für unanständig, von Anekdoten.

Sage, Säge. Sagebock, Sagespene; Sagemann, Kinderspielzeug vom Weihnachtsmarkt.

Sagen, sägen.

Sagen. „Wat sagste nanu?" — „Na wat sagste denn dazu?" — Sehr häufig ist die Entgegnung: „Sagen Sie das nich!" und die Einleitung bei einer unwahrscheinlichen Angabe: „Wat soll ich Ihnen sagen!" — „Na wenn ich 't Ihnen sage!" d. i. Sie müssen es glauben. — „Na ich sage ooch!" (Ausdruck der Entrüstung.) — „Det is nich jesagt" d. i. es steht nicht fest. — „Ich habe mir sagen lassen" d. i. ich habe gehört. — „Hat nischt zu sagen!" Antwort auf: „danke schön!" und „bitte um Entschuldigung!" — „Det hat Ihnen eener jesagt!" (wenn einer etwas allbekanntes wie etwas neues vorbringt.) — „Det sollte mal eener zu mir sagen!" sagt der, der Schuft oder ähnlich genannt worden ist.

Salat. Red. „Da ha'm wa'n Salat!" (die Bescherung.) — „Reden Se keen' Salat!" d. i. keinen Kohl.

Salm m. (von Psalm), langes Gerede.

Salviette, Serviette.

Salwei m., Salbei.

Salz. Red. (Antwort auf die Äußerung: „Mir hungert so") „Leck Salz, denn durscht dir!" — „Dabei is nich 't Salz verdient!" d. i. gar nichts.

Salzfeter m., Salzkuchen.

Salzkuchen, Gebäck aus Roggen- und Weizenmehl. † Scherzhaft für Spindeluhr.

Samf m., Samt.

Samft, sanft. „Samfte Liebe mit Jefiehl", Nordhäuser mit Rum. — 'n samfter Heinrich, sanfter Mensch; auch für Schnaps.

Samtroegen (auch Samftroegen), entzündete, rot geränderte Augen.

Sand. Red. „Sand reinigt 'n Magen!" (wenn z. B. ein Butterbrot in den Sand gefallen ist.)

Sandhase, Infanterist.

Sandkracke (auch Sandkrücke) f., altes Pferd.

Sandmann. „Wat is'n dein Vater?" „Sandmann!" (d. i. er ist tot.) — „Der Sandmann kommt" d. i. die Kinder werden schläfrig.

Sankristei, Sakristei.

Sapperlot! schwere Not! — Sapperloter, Schwerenöter. Mit scharfem s, auch mit z gesprochen; aus sacré nom (de dieu) entstellt. — vgl. Zapperlotsche.

Sardellensemmel, Glatze mit sorgfältig darüber gelegten, von hinten heraufgekämmten einzelnen Haarsträhnen.

Satte f., Gefäß von bestimmter Form, irden und groß für Schmalz, klein und von Glas für dicke Milch. In der Reibesatte werden z. B. Quetschkartoffeln bereitet.

Sau. Red. „Eene Sau is satt!" (wenn einer „uffstößt", d. i. rülpst. — „Unter aller Sau" d. i. unter aller Kritik.

Saubande, unanständige Gesellschaft.

Sauber, schön, famos. „Die neue Lampenjlocke schmeißt 't Licht sauber". — „Au sauber!" wie au Feez! — Ein Junge spricht mit dem andern über die „Paster= stunde" und sagt: „Aujust, sage doch deine Mutter, se soll dir bei Biedebandten schicken; der sejent sauber in!"

Sauce. s. Sooße.

Sauer. Red. „Det kannste dir sauer kochen" d. i. für dich behalten. — „Det wird dir sauer ufstoßen" d. i. schlecht be= kommen.

Sauerei für Soiree.

Sauerkohl, der erste Bartflaum.

Saufdemel, Säufer.

Saufraß, schlechtes Essen.

Saufsack, Säufer.

Saujel m., Schweinigel.

Saujrob, sehr grob.

Saumagen, Schimpfwort.

Sauspieler, schlechter Schauspieler.

Sauwetter, schlechtes Wetter.

Sauwohl. „Ick fühle mir heite sau= wohl!"

Sauzahn, kurze Pfeife, Zigarren= stummel.

†Schabbesdeckel (jüd.), der beste Hut.

Schabracke f., Frauenkleider.

Schacht f., Keile. Schulausdruck.

Schade. Red. „Schade um jeden Hieb, der vorbeijeht!" — „Schade um't Tierken! Er fraß so schön!" d. i. schade drum; z. B. wenn etwas „kaput jeht."

Schaden. Ein Schaden wird kuriert. Red. „Dun Se sich man keenen Schaden!" d. i. bilden Sie sich nichts ein. — „Un wie Jott 'n Schaden besieht —." „Du wirst deinen Schaden schon besehn!" — — „Er har'n Schaden" euphemistisch für: er hat einen Bruch.

Schäffen aus Wolle, Spielzeug, von Kindern um die Weihnachtszeit ausge= boten: †„'n Dreier 't Schäffen!" Zusatz: „'n Sechser der Bock, neun Fennje de Zibbe, 'n Jroschen de janze Herde!"

†Schafjraben, Landwehrkanal. Es gab in ihm zwei öffentliche Bäder, das Stu= dentenbad und das Katzenbad

Schafkopp. 1) Schimpfwort (auch Schafskopp). 2) Kartenspiel. Red. „Denkste denn, du kannst Schafkopp mit mir spielen?" (du darfst mir alles bieten?) 3) s. unter den Spielen am Schluß.

Schafleder. Red. „Er reißt aus wie Schafleder" d. i. er flieht (weil Schaf= leder leicht reißt).

Schafsdemel, wie Schafkopp 1.

Schaffinnig für scharfsinnig.

Schafsnese, Schimpfwort.

Schagebrie m. (franzf. Serge de Berry), Zeug, das zu Jacken, Westen, Schuben verwendet wird.

Schale f., Anzug.

Schalee n. (franzf. gelée). „Wer schmeißt da mit Schalee?" (Ausruf, wenn man „anjeulkt" wird. vgl. Lehm.)

Schalenjehn, Müllkästen u. ä. nach Abfällen durchstöbern. Eine Frau, die sich damit beschäftigt, heißt Schaljule.

Schalou (franzf. jaloux), eifersüchtig.

Schamberjárnich für chambre garnie.

Schampeln (vom franzf. champ?), ohne Erlaubnis die Schule versäumen. (Der Ausdruck „hinter die Schule gehn" ist wohl auch berlinisch.)

Schande. Red. „'t is 'ne Schande wert!" d. i. es ist schändlich. — „Det is 'ne Schande vor't janze Schusterjewerk!" wenn sich einer in seinem Berufe bloß stellt.

Schandschnauze, freches Maul.

Schandtat. Red. „Ick bin zu allen Schandtaten fähig!" (womit man einem Vorschlage beitritt.)

Schanieren, sich, sich genieren. Auch scharnieren. „Det is mir scharnierlich."

Scharnhorst. Von seinem Denkmal am Kastanienwäldchen, wo die Wacht= parade spielt, heißt es, er sage: „Hör mal die scheene Musike!" (er hält die rechte Hand nah ans Ohr).

Scharteke f., altes Gerät, altes Buch u. ä.

Schassee, Chaussee; auch Schossee.

Schassee an de Wand, beim Kontre= tanz: chassez en avant.

Schasseefloh, Radfahrer.

Schasseetreter, große Stiefel.

Schassen (franzf. chasser), von der Schule wegjagen.

Schau, scheu. Schaulappe (bei Pferden); auch Klappe über einem schlimmen Auge.

Schanderös, schauderhaft.

Schauerlappe (Schauerwisch), Schauerleiste, Schauermatte, von

Schauern, scheuern.

Schauerrohr, Abfälle vom Stuhlrohr, zum Scheuern benutzt.

Schaute f. (jüd. der Schaute d. i. Narr), schlaffer, charakterloser Mensch. — schautig.

Schedig. "Wir ha'm uns schedig jelacht."

Scheen. Red. "Det war schon nich mehr scheen!" — "Scheene raus (mit siebzig un'n Freilos)!" — "Det schmeckt scheen" (für gut). — "Scheenes Essen." — "Det jefällt mir scheen." — "Scheen is anders!" — "Wo jehst'n hin?" — "Wo't scheen is!" — "Scheene Leite, scheene Sachen!" (wenn einem ein Kompliment z. B. wegen eines neuen Anzugs gemacht wird.) — "Da wirste scheene ankommen!" — "Scheen jesagt — un noch ville scheener jedacht!" — "Scheen die Damen!" für chaine des dames beim Kontretanz.

Scheenchen! gut, schön! (nur als Antwort.) "Scheeneken!"

Scheibe! Ausdruck der Verneinung und Abweisung. "Scheibe, mein Herzken!" — "Scheibe! sagt Cicero!" Ebenso: "Scheibenschießen!" (Die Schießscheibe beim Militär hat einen Kreis von zwölf Ringen. Schüsse, die in die Ringe treffen, zählen mit einer Nummer; bei denen, die wenigstens noch das Weiße treffen, ist der Ruf: "Scheibe!", doch zählen sie nicht.)

Scheintot. Red. "Lieber scheintot in'r Massenjrab!" (sc. als das tun.)

Schelbern, vom Eise, das eben anfängt eine ganz dünne, noch nicht zusammenhangende Decke zu bilden. "Er will schon Schlittschuh loofen, wenn't Eis ebend erst schelbert."

Schelle f. Ohrfeige.

Schellen, Kartoffelschalen.

Schema F.! sagt man, um eine pedantische Büreaukratie, eine Verfügung "vom grünen Tisch" zu bezeichnen.

Schemmel m., Schemel.

Schemmelbeere. s. Fritasse.

Scheniert. Red. "Er hat'n schenierten Blick" d. i. er schielt.

Scherbel m., Scherbe. vgl. Oege.

Scherbeln, tanzen.

Scheren. Red. "Scher dir, dette rauskommen dust!" d. i. scher' dich hinaus.

†Scherenschleifer. Diese ließen auf der Straße den Ruf erschallen: "Haben Se nischt zu schleifen — Rasiermesser, Tischmesser, Hackemesser, Wiegemesser, Scheren!" — Jetzt Scherenschleifer für Radfahrer.

Scherfant, Sergeant.

Schese f. (geschrieben Chaise, doch heißt das franzf. chaise Stuhl), Kutsche. Daher

Schesen, schnell laufen, besonders die Treppe hinunter.

Scheuerlappen m., Schleier.

Scheundrescher. Red. "Er frißt wie'n Scheundrescher."

Scheußlich, sehr; besonders oft: schenßlich schön.

Schicht machen, eine Pause machen, aufhören.

Schicker (jüd.), betrunken.

Schicksel n., Jüdin. (jüd. heißt es die Schickse; doch werden jüdisch immer Christenmädchen so bezeichnet.)

Schiddebold (auch Schillebold) m., die große Libelle. Schulwitz: Der Lehrer fragt entrüstet: "Wer brummt da?" Die Schüler: "Schiddebold!" Lehrer: "Schiddebold einen Tadel!"

Schieben. 1) gehen. "Könn' wa losschieben?" "Da schiebt er lang." 2) zum Ziele führen. "Der wird det schon schieben."

Schiebung, Mache, Intrige.

Schied=unter (scherzhaft für Unterschied). "'t is alles mit 'n Schiedunter!"

Schief. "Wir ha'm uns schief jelacht." — "Wenn de der denkst, denn biste schief jewickelt." (vom Wickeln der Kinder.) — Auf die Bemerkung: "Der sitzt ja schief" hört man oft: „Schief is englisch! Englisch is Mode!" oder kürzer: „Schief is Mode". — Schief jeladen, betrunken.

Schiel, schielend. „'ne schiele Wippe" d. i. ein Mensch, der schielt. — „Schimpf doch nich jleich schieler Hund!"

Schielen. Red. „Er schielt, det ihn de Tränen kreuzweis über'n Rücken loofen."

Schießen. 1) stehlen. 2) hingehen: „Jreem dir nich weiter um se, laß se schießen!" — Schulausdruck: „Kannst schießen!" „Den hab ick schießen lassen!" s. Schuß. — 3) Red. „So scharf (schlimm) schießen de Preißen nich!" d. i. so gefährlich ist es nicht. — „Det is ja zum Schießen!" d. i. zum Totlachen.

Schießhund, Jagdhund. „Er paßt uf wie 'n Schießhund."

Schießtete f., Gewehr (nach Muskete).

†Schießzettel, wie Schmuzettel. s. d.

Schiffahrt. Red. „Jott sejne de Schiffahrt!" wenn einer einen großen Zug aus der Weißen tut; früher waren in Neu-Kölln am Wasser Weißbierlokale, über denen unter einem gemalten Schiff „Gott segne die Schiffahrt" stand. Sie hießen „Schiffer-Verkehr".

Schifferklavier, Ziehharmonika. Bei Schiffern findet sich dieses Instrument oft.

Schiffernachricht, Gerücht. „Er is 'ne unverbürchte Schiffernachricht."

Schikane f. (franz.), Kniff; aber „mit allen Schikanen": mit allem Denkbaren; z. B. ein Beefsteak.

Schildplatt n., Schildpatt.

Schillerlocke, ein süßes Gebäck.

Schimmel. „Er hat mir zujered't wie'n kranken Schimmel."

Schimmer, wie Ahnung. „Ick habe keenen Schimmer" d. i. ich weiß nicht das geringste davon. Auch: keenen Schimmer von Ahnung.

Schimpfe plur., Schelte.

Schimpfen für schelten. „Wat hat denn dein Vater jesagt?" — „Er hat jeschumpfen." — sich schimpfen, sich einen Titel unrechtmäßig beilegen. „Er schimpft

sich Dokter." Auch: „Er läßt sich Dokter schimpfen."

Schinden. 1) quälen. 2) genießen, ohne zu bezahlen: „Ick habe de Droschke jeschunden."

Schinder. Red. „Det heeßt eoch 'n Schinder de Keule abkeesen" d. i. über den Kopf bezahlen.

Schinderkule f., Abdeckerei; auch Umstellung für Kinderschule.

Schinderluder spielen, mit einem, ihn grob verhöhnen.

Schinkenärmel, Puffärmel des Damenkleides, die vor wenigen Jahren Mode waren.

Schippe f. 1) Spaten. 2) wie Flunsch. 3) „Er winkt Schippen" d. i. er lehnt ab.

Skandal. 1) Ärgernis. 2) Lärm.

Skandal-Anzeiger, Lokalanzeiger.

Schlaaks m., langer, ungeschickter Mensch.

Schlabberig, wässerig (getauft), von der Milch.

Schlachtenbummler hießen während der letzten Feldzüge Begleiter des Hauptquartiers ohne militärische Stellung, besonders Berichterstatter der Zeitungen.

Schlängeln, sich, gehen.

Schlafbursche, der eine Schlafstelle bei andern Leuten gemietet hat; diese heißen Schlafvater, Schlafmutter, und halten sich Schlafleute.

Schlafittken, auch Klafittken n., Rockkragen. eenen bei't Schlafittken kriejen. vgl. Kanthaken. Man spricht oft Schlafittchen. Vom ndd. Slafittgen, Flügel.

Schlafrockfabrik, scherzhaft: Sargmagazin.

Schlag. „Wat kriej ick'n davor?" — „'n Schlag mehr wie sonst!"

Schlagen. „Ick schlage nach!" sagt man auf die Äußerung: Ick schlage vor, wir wollen 2c.

Schlampampe, altes Weib.

Schlampampen, schwelgen; daher

Schlampanjer, Champagner.

Schlampig, auch schlampßig, liederlich (von Frauen in Beziehung auf die Kleidung).

Schlau ironisch für schlecht; z. B. beim
Aufziehen einer Flasche: „Det is 'n schlauer
Preppen!"

Schlauberjer, Schlaukopf. Ebenso
Schlaumeier.

Schlawate, Slovate.

Schlecht. Red. „Schlechter wa't ja
manchmal, aber mehr jab 't immer" (von
einem Jungen, der bei der Tante zu Be=
such ist und bei Tische gefragt wird, wie
das Essen zu Hause sei).

Schleech jemessen; schleejes Maß, d. i.
nicht gehäuft.

Schlee'sch (d. i. schlesisch). Red. „Kiek
nich so schlee'sch!" d. i. sieh mich nicht so
mißtrauisch an.

Schleierhaft, rätselhaft.

Schlesinger, Schlesier.

Schleudern, den Schlitten beim Um=
biegen heftig herumwerfen.

Schlidderbahn. 1) Bahn zum Schlid=
dern. 2) Kinder wischen sich die Nase
mit dem Ärmel ab; der dadurch mit der
Zeit entstehende lange, glänzende Streif
heißt Schlidderbahn.

Schliefig, auch schliepig, wässerig (nicht
mehlig) von Kartoffeln, die durchgeschnitten
wie geschliffen aussehen. Sie werden
auch seefig genannt.

Schlieker, Schleicher. „Prediger X. war
'n richtijer alter Schlieker."

Schlimm, wund. 'n schlimmer Finger.
— „Ick habe wat Schlimmet." — „Da
is er schlimm druf" d. i. danach ist er
begierig. — Red. „Schlimm un übel
kann een' werden!" — „Er hat 'n
schlimmen Finger an' Fuß; er kann nich
jut schlucken" d. i. er ist ein wenig un=
päßlich.

Schlitten. Red. „Komm nich unter'n
Schlitten!" d. i. verunglücke nicht.

Schlorren, Hausschuhe.

Schlorrendorf, Charlottenburg.

Schlosserelse f. „Er heult wie 'ne
Schlosserelse (wie'n Schloßhund.)"

Schloßwache. Red. (bei einem miß=
ratenen Witz) „Zehn Mann von de

Schloßwache mit Bajonett zum Kitzeln
abkommandiert!"

Schlucken. „Det hat der wieder je=
schluckt!" wenn einem viel Geld zuge=
fallen ist.

Schluckspecht (auch Schluckspeck), gie=
riger Mensch.

Schluckuf, Schlucker m., Schlucken.

Schlummerkopp, träger, dummer
Mensch.

Schlumpßig (auch schlumpig) wie
schlampig. 'ne Schlumpe, Schlumpliese.

Schlung m., Schlund. eenen bei'n
Schlung kriejen. — „Er kann 'n Schlung
nich voll jenug kriejen."

Schlurren, mit den Füßen schleifen.

Schmachtlappen m., wie Jammer=
lappen.

Schmachtlocken, Löckchen an den
Schläfen, bei Damen.

Schmachtriemen, Lederriemen als
Gürtel.

Schmackeduzken (Schmackeduzien) plur.,
wie Bumskeulen (s. d.)

Schmaddern, schmieren. schmadderig.
— „Er is jeschmaddert" d. i. getauft (von
einem Juden; jüd. geschmaddr d. i. ver=
derben).

Schmalz=Amör, dicker, bartloser, ele=
ganter Mann; auch Schmalztolle.

Schmalzkopp, Mensch, der eine Per=
rücke trägt.

Schmalzlerche f., Pfannkuchen.

Schmatz m., Kuß.

Schmatzen, auch schmackfen, mit Ge=
räusch kauen.

Schmecken. Red. „Wohl dem, dem't
schmeckt, un hat nischt!" — „Det
schmeckt nach mehr." — „Schmeckt wie
Taft." — „Wenn 't dir nich schmeckt,
kannste ja weiter essen."

Schmeer m., Schmier. †Schmeeren
auch: Trinkgeld geben; immer angewendet
vom Postillon; danach wurde das Sprich=
wort gedeutet: Wer gut schmeert, der gut
fährt.

Schmehlich (schmählich), groß, lang,
sehr, bei Verben und Adjektiven.

Schmeißen. 1) werfen; z. B. bei Tisch: „Schmeiß mir mal de Butter rüber!" — Auch beim Ringen; vgl. lejen. 2) zum besten geben: „Schmeiß mal 'ne Lage!" 3) „Er hat sich uf de Stenojraphie jeschmissen" d. i. er beschäftigt sich eifrig mit ihr.

Schmeizig, geschmeidig.

Schmerz. „Doch der Schmerz!" — „Schmerz, laß nach!" beim Rekeln. vgl. Faulheit. — „Ha'm Se sonst noch Schmerzen?" d. i. wollen Sie noch etwas?

Schmettern. 1) ('n Seidel u. ä.) trinken. 2) wie schmeißen: „Er hat'n Achtel Schultheiß jeschmettert."

Schmiere f. 1) Keile. 2) Masse. „De janze Schmiere." 3) (Gaunersprache) „er steht Schmiere" d. i. er hält Wache, während die andern etwas Verbotenes ausführen.

Schmierfinke m., unreinlicher Mensch.

Schmisett n., Chemisette.

Schmisse plur., Schläge.

Schmöker m., altes Buch, alter Ritteroder Räuberroman. Auch für Klatsche.

Schmökern, lesen, alte Bücher lesen.

Schmok m., Klatsche (s. d.).

Schmolen, schmoren. Schmoltopp, Schmolkohl, Schmoljurke.

Schmu m. (jüd.), Betrug im kleinen. Schmujroschen. Schmu machen (beim Einkaufen).

Schmuddlig, leicht beschmutzt.

Schmulappen behalten die Schneider von geliefertem Tuch.

Schmusen (jüd.), viel reden. Klugschmus, Besserwisser.

Schmustern. „In Dustern is jut schmustern." Schmustern ist: heimlich lächeln; doch wird es hier wie munkeln verstanden.

Schmutztruppe, die Straßenreiniger.

Schmunzettel, Zettel zum Absehen. Schulausdruck.

Schnaazig, fein, elegant (wie schniefe).

Schnabbelieren, behaglich essen.

Schnabbern, schwatzen. schnabbrig. Schnabberliese.

Schnabel. Red. „Det is doch wat, sagt Schnabel." (Zusatz: „Drei Dage jeangelt un eenen Frosch jefangen!") — Refrain aus dem „gebildeten Hausknecht": „Mit'n bisten Französch, da kann man nich unterjehn — sagt schon Schnabel, schnodderengteng."

Schnabus m., Schnaps.

Schnappen. Red. „Er hat jeschnappt" d. i. aufgehört. — „Der schnappt nach't Bette" (wenn einer gähnt).

Schnaps. Red. „Ich danke vor Schnaps!" (vgl. Backobst.) — Trinkregel: „Vor'n Schnaps 'n Schnaps un nach 'n Schnaps 'n Schnaps." — „Wenn ich 'n Schnaps jedrunken habe, bin ick 'n andrer Mensch, un der andre Mensch will ooch 'n Schnaps haben." — (Einer, dem ein Gläschen angeboten wird, sagt dankend: „Erstens drink ick überhaupt keenen Schnaps; zweetens is heite meine selje Frau ihr Sterbedag, un drittens hab ick eben cenen jedrunken."

Schnauze. Red. „Wenn der mal stirbt, denn muß de Schnauze extra dorjeschlagen wer'n." — „Schnauze!" kategorisches Verbot, weiterzureden; viel gewichtiger als „Halt de Schnauze!" — „Nach Schnauze" d. i. nach Gutdünken; z. B. von einer Zeichnung: „Det is je nach Schnauze hinjehaun". — „Die große Schnauze" nannte sich ein Krakehlblatt, das in der Friedrichstraße verkauft wurde (um 1899); die Verkäufer riefen jedermann an: „Halten Sie die jroße Schnauze!"

Schnecke f., ein Gebäck in Spiralform.

Schnee. Red. „Un wenn der janze Schnee verbrennt!" d. i. trotz alledem. Zusatz: „De Asche bleibt uns doch!"

Schneekönig. „Er freit sich wie'n Schneekönig."

Schneen, schneien. Red. „Danke, 't schneet!" bei einer unangenehmen Überraschung. — Wenn einer sagt: „Es schneit," so sagt der Berliner: „Jeschnitten is schon, 't fällt blos runter."

Schneeschipper, Schneefeger. Ein bettelnder Strolch, der aufgefordert wurde, zu arbeiten, erwiderte: „Mein Jeschäft jeht in' Semmer nich." — „Was sind Sie denn?" — „Schneeschipper."

Schnefter, Schneider.

Schneiden. 1) nicht voll schenken, vom Bier. „Der 's aber sehre jeschnitten." — vgl. Schnitt. 2) die Kur (Cour) schneiden, den Hof machen. 3) sich schneiden, sich in einer Erwartung täuschen (verrechnen). 4) absichtlich nicht sehen.

Schneider. 1) Red. „Immer rin, wenn't keen Schneider is!" — „Ick friere wie'n Schneider." 2) „Se is aus'n Schneider" d. i. über dreißig Jahre alt (vom Skat). 3) langbeinige Spinne (Weberknecht).

Schneiderkarpen m., Hering. Auch für Plötze (Fisch), der von Ärmeren [wie Karpfen und Bleihe von Wohlhabenderen] besonders am Faßnachts=, Weihnachts= und Sylvesterabend gegessen wird).

Schneidig heißt alles, was imponiert; von dem oberbairischen Schneid (Mur; „habr's a Schneid?"); vom Militär und Studententum her allgemein geworden.

Schnepperwengßeng. „Det is 'n Ding mit'n Schnepperwengßeng" wie: mit 'n Fiff. s. d. — In dem Worte steckt das franzs. vingt-cinq.

Schnieke, fein, elegant.

Schniepel m., Frack.

Schnippern, schnitzen.

Schnippsel m., Schnitzel. schnippseln, schnitzen.

Schnitt m., ein geschnittenes Seidel; †wurde dasselbe Maß in einem kleinen Glase gereicht, so hieß das ein Kind; wenn es ein Pokal war, eine Tulpe.

Schnittloch (auch Schnittlof), Schnittlauch.

Schnobben, schlafen.

Schnoddrig, unehrerbietig, frech im Reden. schnoddrije Redensarten. 'n Schnodderkopp.

Schnörjel m., Gurgel. Drohung: „Ick wer dir jleich 'n Schnörjel nach links drehn!"

Schnorren (jüd.), betteln. Schnorrer, Bettler.

Schnubben, wie schnobben.

Schnuddlig, nett, angenehm; „'n schnuddlijet Frauenzimmer".

Schnuppe, gleichgültig. „Mir is allens schnuppe."

Schnuppern, schnobern (riechen).

Schnurren, aufschneiden.

Schnurrpfeifereien, kleine wertlose Gegenstände, Kinkerlitzchen.

Schnurz, wie schnuppe.

Schnute f., Mund; auch für Flunsch. Schnuteken, Schnüteken (Kosewort). Red. „Schnuteken, det derfste nich!" (Refrain eines Kouplets.)

Schnurenfejer, Barbier.

Schocklade, Schokolade. „Se ha'm ihn mit Schocklade bejessen" d. i. sie haben ihm „Honig ums Maul geschmiert." — „Nu nee, ick wer'n mit Schocklade bejießen!" (ironisch.) — Schockladenseite, die bessere, günstige Seite.

†Schockscharmanter (mein), Geliebter.

Schön. s. scheen.

Schöpskriste m., Schaf (Schimpfwort).

Schofel (jüd.), elend, gemein. schoflig.

Scheen. Nu scheen mal ja nich, stärkste Verneinung. Z. B. „Wer soll'n de Rede halten?" — „Na du natierlich!" — „Ick nu scheen mal janich!" — scheen für doch, endlich: „Komm scheen!" (jüdisch.) — scheen mehr. „Det is scheen mehr verrückt" (sc. als etwas anderes).

Schonst, auch scheenstens, scheen. Red. „Pietsch is der scheenst jewohnde."

Schornsteinfejer=Akademie heißt das Haus des Fürsten Pleß in der Wilhelmstraße wegen seiner zahlreichen Schornsteine.

Schorschteen, Schornstein. Red. „Wovon soll'n der Schorschteen reechen?" Antwort, wenn bei einem Geschäft einer dem andern vorwirft, er wolle zuviel verdienen. — s. auch Reech.

Schoschtenfejer, Schornsteinfeger. „Du mußt 'n Schoschtenfejer runter=

schicken!" zu einem, der Kratzen im Halse hat.

Schese f. (franzs. chose), Angelegenheit.

Schote f., Erbse; auch für Knallschote, Ohrfeige.

Schpektakel m., Lärm.

Schrapen. 1) schaben (besonders Rüben). 2) tanzen.

Schraube. „Verdrehte Schraube!" — „Bei den is 'ne Schraube los" (infolgedessen „rappelt" es bei ihm.) — Olle Schraube, altes Frauenzimmer. s. auch dito.

Schreck. Red. „Ach du mein Schreck!" d. i. wie erschrecke ich!

Schrecklich, sehr. „Wir ha'm uns schrecklich ammüsiert."

Schree, schräg. „Er wohnt schree über."

Schreech (schräg), betrunken.

Schreibebrief für Brief. „Ich wer ihm mal 'n Schreibebrief schreiben!"

Schreibsecreteer m., Schrank mit Schreibplatte („Schreibbüreau").

Schreideibel, von kleinen Kindern.

Schreien. Red. „Schrein hilft nich, Tatsachen beweisen!" — „Det is zum Schrein!" d. i. zum Totlachen. — Wenn einer seine Kameraden bittet, ihm Geld zu leihen, so schließt er, in der Voraussicht, daß alles „bumsstille" bleiben wird, mit den Worten: „Aber schreit nich alle durch'nander!"

† **Schreifritz,** alter Witz für „Freischütz" (von Weber).

Schreejawi, schräg über; nach Analogie von vis-à-vis.

Schriftlich. „Der Sie 'n Rindvieh sind, will ick Ihnen schriftlich jeben."

Schrippe f., Art Weißbrot (eigentlich Bezeichnung der Form; ein Zweigroschenbrot hieß auch Zweigroschenschrippe).

Schroff. Red. „Det woll'n wir nich so schroff hinstellen" d. i. nicht behaupten.

Schrubber m., Scheuerbürste mit langem Stiel.

Schrulle f. 1) olle Schrulle, Schimpfwort. 2) wie Puschel 2.

Schrumm! fertig!

Schrumplig, runzlig.

Schubbern, sich, sich reiben, scheuern.

Schubjack m., schlechter Mensch.

Schubs m., Stoß. schubßen, stoßen.

Schubstuhl. „Se hat uns 'n Schubstuhl vor de Diere jesetzt" d. i. gekündigt (besonders vom Dienstmädchen); früher fälschlich Schippstuhl.

Schuckeln, schaukeln, wackeln.

Schudder m., Schauder. „'t schuddert mir so." schuddrig.

Schüchtern. Red. „Er is 'n bißken schüchtern uf de Oogen" d. i. er schielt. — Ähnlich: „Er is schüchtern uf de Kasus" d. i. er kann mir und mich nicht unterscheiden.

Schuft heißt jeder, der eine Bitte nicht erfüllen will. „Sei keen Schuft!" — „Sei nich schuftig!" — „Sonst bist'n Schuft!" — Doch auch stärker, wie Schurke.

Schuften, arbeiten.

Schulden. Red. „Er hat mehr Schulden wie Haare uf'n Kopp."

Schuljungs plur., Schüler.

Schummel, wilde Schummel, ausgelassenes Mädchen.

Schummeln, betrügen (mit Objekt beschummeln); Schulausdruck.

Schummerig, dämmerig. Schummerstunde.

Schund m., schlechte Ware u. dgl.

Schunkeln, sich, sich schaukeln.

Schurigeln, schlecht behandeln.

Schurren (mit de Beene), scharren.

Schuster. Red. „O ch Schuster!" (wenn sich herausstellt, daß zwei denselben Stand, dasselbe Gewerbe haben.) — „Is jut, Schuster!" d. i. das werde ich mir merken.

Schusterbraten, Schmorbraten.

Schusterjunge, Salzkuchen.

Schuß! Schulausdruck: ich will nichts mehr von dir wissen. — „Schuß vor alle Tage!" — s. schießen. — „Nann schuß un los!" d. i. nun vorwärts. s. losschießen.

Schutzmann. Red. „Mußt mal'n Schutzmann fragen!" wenn man eine Frage nicht beantworten kann oder will. — „'t

steht 'n Schutzmann durch de Stube" d. i.
es geht ein Engel durchs Zimmer.

Schwabbeln, schwatzen. Schwabbelei.

Schwachheit. Red. „Bilde dir man
keene Schwachheiten in!" d. i. mache dir
keine Illusionen.

Schwade f. 1) Suada. „Halt de
Schwade!" — „Hat der Kerl 'ne Schwade!"
2) Haut (Schwarte). „Du kriest Hiebe,
det de Schwade knackt!"

Schwadronieren, viel und laut reden.
'n Schwadroneur.

Schwänzen, hinter die Schule gehen.

Schwalbe, Ohrfeige. „Stech ihn doch
'ne Schwalbe!"

Schwalbenschwanz, Frack.

Schwamm. 1) Red. „Schwamm drüber!"
d. i. reden wir nicht weiter davon; es sei
ausgelöscht. — „Er kämmt sich mit'n
Schwamm" d. i. er ist kahlköpfig. —
2) Masse. „Der janze Schwamm."

Schwapp. Red. „Schwapp — da liecht
er!"

Schwappe f., Ohrfeige.

Schwarte f. 1) Haut. 2) altes Buch, besonders Klatsche. s. d.

Schwarze Wäsche, d. i. schmutzige.

Schwefelbande, schlechte Gesellschaft.

Schwebelbolzen, auch Schwebelholz,
Streichholz.

Schwede. „Oller Schwede!" gemütliche
Anrede. Der große Kurfürst nahm alte
schwedische Soldaten in Dienst, die vor-
nehmlich zu Unteroffizieren gemacht
wurden; man nannte sie die „alten
Schweden." Auch „Oller Schweden-
könig!" Schweden auch für Taler und
für schwedische Streichhölzer. — vgl.
Postschwede.

Schweijen. Red. „Er schweijt sich
aus." — „Er schweigt in sieben Sprachen"
ist ein Wort von Schleiermacher.

Schwein. 1) „Der kann ja keen Schwein
lesen." — „'n jutet Schwein frißt allens!"
(besonders, wenn einer etwas Feines verzehrt.) — „Wo ha'm wir denn schon
zusamm' Schweine jehüt?" wenn man
unerwarteter Weise geduzt wird. —

„Schwarzes Schwein!" (Alliteration.) —
2) Glück.

Schweinebraten, schlechter Kerl, nur
scherzhaft. Auch als Kosewort: „Mein
Schweinebraten!"

Schweinedreiber, Schimpfwort.

Schweineohren, ein Konditorgebäck.

Schweinerei. 1) Schmutz. 2) Gemeinheit.

Schweinerißen, sehr kleine Augen.

Schweinezucht, Unordnung.

Schwenken, von der Schule wegjagen.

Schwenzelfennje, Geld, das die
Frau vom Wirtschaftsgeld für sich „ab-
knappst".

Schwer. „Vor mein schweret Jeld." —
— „'ne schwere Menge Jeld." — „'ne
schwere Sitzung" d. i. eine starke Kneiperei. — Für sehr in der Red. „Ick wer
mir schwer hüten (ekeln)!" — schwer betrunken; auch bloß: „er war schwer."
— Schwere Angst! Ausruf des Staunens.
Ebenso Schwerebrett! Schwereleed! Schock
schwere Not!

Schwerenöter (auch Schwerenotskerl),
ein Mensch, der sich durch gesellschaft-
liche Talente beliebt zu machen versteht.

Schwesen, schwindeln. Davon gibt es:
einem etwas vorschwesen; Schwesekopp.
vgl. pesen.

Schwiejereltern. Red. „Er jenießt
seine Schwiegereltern kalt" (wenn einer
eine Waise geheiratet hat).

Schwiemeln, liederlich leben. Schwie-
mel, Schwiemler, Schwiemelante.

Schwiemlig, schwindlig. Red. †„Bren-
nefe — halte mir, mir wird schwiemlig!"

Schwiete f. (franz. suite). „Er hat zwee
Stunden angschwiet' (d. i. en suite) je-
redt" (hintereinander). — „Er hat scheene
Schwieten (Streiche) jemacht!" Schwie-
tenmacher, Schwietjee.* — „De janze
Schwiete" für Gesellschaft, Clique.

Schwindel, Sache, Unternehmung. „Nu
kann der Schwindel losjehn!"

Schwindelmeier, Schwindler, Lügner.

†**Schwindelschweiz**, Name für Straßen
und Häuserkomplexe, die in der Gründer-

zeit über Nacht entstanden (z. B. in Weißensee).

Schwips m., Bezechtheit leichten Grades.

Schwitz m., Schweiß im Zeug, Hut u. ä. schwitzig, schweißig.

Schwitzen. Red. „Ick schwitze wie 'n Braten!" vgl. Affe.

Schwitzkasten, Omnibus.

Schwören für schwären.

Schwoof m., Tanz. schwoofen.

Schwuddern, liederlich leben. schwudderig. verschwuddert. Schwudderkopp.

Schwung m. 1) Kommis. 2) uf'n Schwung bringen, wie uf'n Drab bringen.

Schwul, schwül.

Schwulibus. „Ick bin sehre in Schwulibus" d. i. in Verlegenheit.

Schwupper m., Fehler, Versehen.

Sebelbeene, wie O-Beene.

Sebeln, schneiden.

Sechsdreierrentier, ein Rentier mit sehr geringen Einkünften.

Sechse. Nasse (oder kalte) Sechse, wie Spucklocke.

Sechser m. 1) Fünfpfennigstück. Red. (bei Ausrufern) „Kost 'n Sechser un macht vor'n Daler Spaß!" — 2) Sachse. „Kleener Sechser."

Sechserende n., Zugabe der Musik in kleineren Tanzlokalen.

Sechserkarte, Postkarte.

Sechserpeitsche. Red. „Det knallt ja wie 'ne Sechserpeitsche!" (z. B. bei einem „schmatzenden" Kuß.)

Sechserstampe f., Tanzlokal niederen Ranges.

Seckeltér m., Sekretär.

Seebach. Red. „Er kommt wie Seebach um de Klöße" d. i. es entgeht ihm, er hat das Nachsehen.

Seefig, wie schliefig (s. d.). Seefkugeln, schliefige Kartoffeln.

Seehund. Red. „Det kann jeder Seehund sagen!" — Droschkenkutscher rufen wohl ihren Pferden zu: „Steh, Seehund!"

Seele. „'ne Seele von Mensch" d. i. ein sehr guter Mensch. Red. „Det 's de Seele von't Butterjeschäft" d. i. die Hauptsache. — „Nu hat de liebe Seele Ruh!" d. i. es ist getan, ist zu Ende.

Seelensjut, sehr gutmütig.

Seelenwärmer, gestrickte wollene Weste (für Frauen).

Sehen. Red. „Nu seh eener an!" (verwundert.) — „Haste nich jesehn!" zur Bezeichnung der Schnelligkeit. („Haste jesehn!" ist jüdisch.)

Siehste (siehst du), Form der Bitte, besonders bei Kindern. „Siehste, Mutter, jib mir doch 'ne Stulle! Ach siehste!" worauf häufig die Antwort erfolgt: „Siste is keene Torte!" (s. Siste.) — „Siehste wie de bist!" d. i. etwa: das habe ich mir wohl gedacht.

Seide. Red. „Seide spinnt er da ooch nich bei" d. i. er verdient nicht viel dabei.

Seifensieder. s. Talchlicht.

Sein. „Ach Jott, sei doch nich so!" (sc. ungefällig). — „Na warte man, ich bin mal wieder so!" — s. auch sind.

Seitenjebäude (elles)! gemütliche Anrede.

Seitenjewehr (scherzhaft), Ehefrau.

Seje, Säge. Red. „Er kommt mit de Seje uf'n Nagel (uf'n Ast)" wenn einer beim Schnarchen mit der Stimme überschnappt. sejen, schnarchen.

Sejen. Red. „Det is'n wahrer Sejen!" — „Na, meinen Sejen haste!" — Jottes Sejen bei Cohn, ein Kartenspiel.

Sefern, glimmen, sengen.

Selber. Red. „Nu sagen Se mal selber!" d. i. Sie müssen mir doch zustimmen.

Selbstjewachsen. „Is selbstjewachsener!" rühmt der Gastgeber z. B. von dem Salat. Auch von Eiern: „Selbstjelejte!"

Selbstmurmelnd (auch Selbstmord) für „selbstredend."

Selbstredend, allgemein für selbstverständlich; sogar in Zeitungen. — Selbstverständlich wird neuerdings stark auf der dritten Silbe betont; tatsächlich auf der zweiten; kolossal oft auf der erften. tadelles auf der letzten (die beiden letzten Neuerungen find von den Studenten ausgegangen).

S e l t e r f., Flafche Selterwaffer. 'ne kleene Selter. — 'n Jlas mit (d. i. Himbeerfaft) und ohne.

S e m m e l f. Red. „Den zehn feine Döchter ab wie bei'n Bäcker de warme Semmeln." — Doch auch: „Det is wie bei'n Bäcker de Semmeln!" d. i. fefter Preis, kein Handeln. — „Semmel, Hammel, Jackenfett" fagen die Schulkinder für Sem, Ham, Japhet.

S e m m e l b e e n e, wie X = Beene, Bäckerbeene.

S e n f, Senf. Red. „Er muß überall feinen Senf zugeben" von einem, der fich in alles mifcht. Sonft braucht der Berliner nur Moftrich.

S e n g e plur., Schläge.

S e n g e r i g, brandig, verdächtig. „Et riecht fengerig." „Hör mal du, die Sache wird fengerig!"

S e r v a n t e f., Glasfchrank (das franzf. servante heißt Nebentifchchen, „ftummer Diener").

S e t z e n für geben. „Er fetzt Keile!" — „Hier bleibfte oder er fetzt wat (ab)." — „Er hat fich uf mir jefetzt" fagt ein Mädchen von einem Manne, der fie durchaus heiraten will.

S e x t e c k e l, Sertaner, Schulausdruck; danach auch Quinteckel und Quarteckel.

S h l i p s. f. treten.

†S i b b e r r o f c h e n, Silbergrofchen.

S i c h e r h e i t s k o m m'f f a r i u s, Menfch, der immer ficher gehen will. vgl. Umftandskomm'ffarius.

S i e. Red. „Weil Sie't find!" d. i. Ihnen zu Gefallen will ich es tun.

S i e. 'ne Sie, weibliches Tier (befonders von Vögeln und Kaninchen).

S i e b z e h n. Das Alter einer Dame wird beftimmt: „Zwifchen fiebzen un fiebzig." — Auch: „Hoch in de neununzwanzig." — Statt einer Zahl, die man nicht weiß: „Zwifchen zwee un fiebzen."

S i e j e s f c h o r n f t e i n (auch Siejesfparjel), Siegesfäule auf dem Königsplatz. — Rätfel: „Warum darf man die Siejesfäule nich Siejesfchornftein nennen?" — „Denn müßte ja die Viktoria von Rauch fein; fe is aber von Drake." — Auch fagt man: „Bei d e n Schornftein hängen de Würfchte d r a u ß e n", mit Beziehung auf die Gefchützrohre, die in die Rinnen der Säule eingelaffen find. — vgl. Verhältnis.

S i e l e n, fich, fich wälzen (im Schmutz).

S i e p e r n, fickern (z. B. vom Blut).

S i l b e r. 1) Red. „Silber, fteh uf, laß Jeld fitzen!" (wenn ein Alter den Platz eines Jüngeren einnehmen will.) — 2) † Silbergrofchen, nur im Plural: zwee Silber.

†S i l b e r m o r j e n m., Silbergrofchen.

S i m e l i e r e n, nachfinnen.

S i m p e l f r a n j e n, über die Stirn gekämmtes glattes Haar.

S i m p e l n. „Er fimpelt fo rum" d. i. er ift ohne beftimmte Tätigkeit. (ftud. Fach fimpeln, Familie fimpeln u. dgl.)

S i m f e plur., Schläge, wie Binfe.

S i n d, fein. „Wat kann da f i n d?" d. i. was kann es fchaden? — „Wie kann man b l o ß fo find!" d. i. fo fchlecht. — „Ich kann nich (jut) fo find!" d. i. ich bin zu gutherzig, um das zu verweigern. — „Wir wollen mal nich fo find" (wie die Menfchen fonft find: felbftfüchtig.) — „Sind Se doch nich fo unjebild't!" — „S i n d Se fo jut!" (fehr ftarke Aufforderung z. B. das Zimmer zu verlaffen) — „De b i ft wol?" sc. verrückt? — S i n d ift viel ftärker als f e i n: „Man muß nich bloß 'n juter Bürjer fein, fondern 't ooch wirklich f i n d." — In den Quitzows von Wildenbruch fagt der Berliner Köhne Finke: „Was fein muß, das muß ooch find" d. i. was fittlich notwendig ift, das muß auch gefchehen. — find laffen, ablaffen, in Ruhe laffen. „Laffen Se eenen doch find." — „Ihr läßt der jetz f i n d!" — Scherzhaft: „Laß den Unfein find!"

S i n g e m a t z, Gefanglehrer.

Singen. Red. „Da jeht er hin un fingt nich mehr." — „Scheen fingen kann ick nich, aber schlecht feifen."

Singuhr f. u. n., Glockenspiel der Parochialkirche. „Det Singuhr bimmelt 'n janzen Dag." — Auch zur Bezeichnung der Kirche: „Mein Kleener wird in't Singuhr jedooft."

Sirup (Sirep) m. Red. „Sirupsleckender Jingling mit verfrorne Kußfinger" (wie Heringsbändijer, Sirupsritter).

Siste f., Napfkuchen aus Kartoffelmehl („Altdeutscher").

Sittlich. Red. „Det hat keenen sittlichen Wert" (auch „keene sittliche Spitze") d. i. das nützt nichts.

Sitzen. Red. (wenn sich einer den Kopf kratzt) „Laß se sitzen! (wat se fressen, bezahl ick!)" Ebenso: „Se beißen wol?"

So. „Der Affe frißt wie so'n Mensch." — Red. „Ick bin sonst nich so, aber —" d. i. in diesem Falle muß ich gegen meine Natur handeln. — „So muß't kommen! sagt Neumann, sieben Häuser un keene Schlafstelle!" (Aus einem Bilde der Berliner Witze: ein feiner, beleibter Herr fällt nachts trunken in einen Rinnstein und bricht in die obigen Worte aus.) — So so la la, Antwort auf die Frage: wie gehts? — Auch So lila. — Wenn einer beim Fortgehen z. B. seinen Hut sucht, so sagt ein anderer, der ihn schon in der Hand hat: „Denn nehmen Se doch den so lange!" — „Ach forum?" d. i. so meinen Sie? — „So was kommt von so was." — „Mir jeht's so weit janz jut" d. h. im allgemeinen gut. — Ein Junge, dessen Mutter gestorben ist, wird gefragt: „Wat habt ihr denn vor'n Dokter jehatt?" „Jakeenen; Mutter is so jestorben."

Sodaliste. s. Kohlensaure.

Söffel m., Säufer.

Soff m., schlechtes Getränk (Bier). Sausoff.

Soffa m., Sopha.

Sohle. Red. „Der danzt 'ne feine Sohle!" — „Det is Sohle!" d. i. Aufschnitt, Lüge.

Sohlen, lügen.

Sohn. Red. „Det is nischt vor mein' Vater sein' Sohn!" — Wenn der Berliner von seinen Kindern spricht, sagt er: der Sohn, die Sehne, die Dochter, die Dechter, nicht mein Sohn usw.

Sohnemann, freundliche Anrede an Knaben; ebenso Hansemann für Hans, Autemann für August.

Solches mit sowas, kompliziertes Konditorgebäck.

Soldatenwurscht, auch Hundewurscht, grobe Blutwurst.

Sommer. Red. „Det is'n Leben wie in' Sommer! (bloß nich so warm.)"

Sommerleutnant, Reserveleutnant, der im Sommer eingezogen wird.

Sommerverjnüjen. „'n lieben Herrjott sein Sommerverjnüjen" heißt die Matthäikirche am Tiergarten.

Sommerwohnen, im Sommer auf dem Lande wohnen.

Sommerwohnung. 1) Red. „Er miet sich 'ne Sommerwohnung" wenn sich einer entfernt hat und unerwartet lange wegbleibt. 2) durchbrochener Einsatz in einem Frauenkleide.

Sonne. Red. „Er läßt sich de Sonne in' Hals scheinen (damit er wat warmer in Leibe kricht.)"

Sonnenbrüder hießen die alten Eckensteher; jetzt überhaupt für Bummler. vgl. Nante.

Sonnenknicker m., Sonnenschirm.

Sonnentopp, Frucht der Sonnenblume, die später, von den Körnern befreit, als Bürste gebraucht wird.

Sonntag. Red. „Alle Dage is nich Sonntag!" d. i. das gibt es nur ausnahmsweise. — „Wenn ick man Sonntags der wäre, wat der sich alle Dage inbild't!" — Sonntags=, von einem, der etwas selten tut und daher schlecht versteht: Sonntagsjeijer, =raucher, =reiter. vgl. unrecht.

Sonst. „Sonst jeht's Ihnen doch jut!" fragt man besorgt, wenn man einen für verrückt zu halten anfängt.

Sooße f. (sauce). „De janze Sooße" d. i. die ganze Angelegenheit. — „Det is eene Sooße" d. i. ganz dasselbe.

Sooßenstipper m., langer herab= hangender Ärmel.

Sorte, verächtlich für Menschenart. „Eener von die Sorte." „Det is Sorte!" — Red. „Von die Sorte zehn zwölwe uf's Dutzend!" d. i. er ist ein „Dutzendmensch."

Spack, gebrechlich (von Waschfässern u. dergl., die im Begriff sind „in Klump zu fallen"). Auch von Menschen: „Er sieht recht spack aus" d. i. gebrechlich, hinfällig.

Spade f., Spaten.

Später. Red. „Später peut-être" (sprich Speter pöterer).

Spanien für Spandau.

Spannen, aufpassen.

Sparjel m., Fabrikschornstein.

Spaß. „Spaß!" (jüd. „Nu Spaß!") d. i. das versteht sich. — Red. „Spaß bei Seite, Ernst in de Tasche!" — „Spaß muß sind!" — „Spaß ohne!" d. i. ernsthaft.

†Spaßvogel, Spielzeug auf dem Weih= nachtsmarkt. „Vorne nickt er, hinten pickt er, Stück vor'n Silberjroschen!"

Spazierhölzer, Beine.

Spazifizieren, spazieren gehen.

Speck. Red. „Ick habe wel Speck in de Tasche?" wenn einer einem „nich von de Pelle jeht." — „Adchee, Speck! jrüß Schinken!" — „Uf den Speck jeht er nich!" d. i. darauf fällt er nicht rein. — „Immer ran an Speck!"

Speise, Mehlspeise, auch Gelée.

Speiseanstalt (auch Speiseritze), Mund. „Halten Se Ihre Speiseanstalt!"

Spendieren, schenken, freihalten. „Er hat de Spendierhosen an." — spendabel, freigebig.

Spene, Späne. „Mach man teene Spene!" (d. i. Quängeleien.)

Sperlingskopp, schlechtes Gedächtnis.

Sperrenzken (auch Sparrenzken) (von sich sperren), Umstände, Ausflüchte.

Spiejel. „Den (Brief) steckt er sich nich hinter 'n Spiejel!" (so grob ist er ge= schrieben.)

Spielratze, „spielerijes" Kind; auch von Erwachsenen: eifriger Spieler.

Spiernesig, unverschämt aushorchend.

Spillerig, dünn und lang, hoch auf= geschossen.

Spinatwachtel, wie alte Schachtel. „Sie olle Spinatwachtel!"

Spinde n., Schrank.

Spines (spinös), spitz im Reden. „'n recht spinejet Frauenzimmer."

Spinnewebe f., Spinngewebe.

Spiritus. Übersetzung von „Nutrimentum spiritus" (Inschrift der Kgl. Bibliothek): „Spiritus is auch 'n Nahrungsmittel." — Red. „Aha, merkste wat, Schpiretus?" (wenn man etwas merkt, „Lunte riecht.")

Spirrfirm., kleiner, schwächlicher Mensch.

Spitz m., kleiner Rausch.

Spitz. 1) „Der sieht so spitz aus" d. i. krank. 2) anzüglich.

Spitzen, sich, auf etwas (Gutes) rechnen.

Spitzen, Anzüglichkeiten. „Na lassen Se man Ihre Spitzen!"

Spitznesig, wie spitz 2.

Splinter, Splitter. vgl. nackendig. — Ein Holzhauer bringt Muttern eine an= nektierte Klobe Holz mit und sagt: „Den Splinter ha'k mir injerissen!"

Spohn m., Spahn.

†Sponsade f., Liebesverhältnis.

Sprechanismus (auch Sprechmatis= mus), Mundwerk.

Sprechen. Red. (als Erweis der Wahr= heit einer Mitteilung) „Ick habe ja den Mann selber jesprochen, der't mir erzählt hat."

Spreewasser. „Ick bin doch ooch mit Spreewasser jedooft" (getauft) d. i. in Berlin geboren, also intelligent.

Sprengsel m., Cicade, Heuschrecke.

Springebock, Brustknochen der Gans.

Springen. „Er läßt 'ne Masse Jeld springen" d. i. draufgeben.

Spritze. „Der Mann an de Spritze" d. i. der Leiter.

†Spritzenhaus. Red. „Jott hab'n selig; seine Mütze hängt an't Spritzenhaus."

Sprünge. eenen uf de Sprünge helfen, wie uf'n Trab bringen — „Iroße Sprünge kann er nich machen" d. i. auf großem Fuß kann er nicht leben.

Spruten plur., Frühjahrssprossen des Grünkohls. Sprutenkohl.

Spucke f., Speichel. Es ist ein alter Glaube, daß „nüchterne Spucke klebt."

Spucken. 1) Red. „Er spuckt de Schwäne uf de Köppe" d. i. er hat nichts zu tun, ist brotlos (so daß er von der Friedrichsbrücke den Schwänen zusehen kann). — „Spuck'n doch uf de Stiebeln!" d. i. laß dir nichts von ihm gefallen. — „Der spuckt jetzt eene Treppe aus 't Fenster" von einem, der vornehm geworden ist. — „Ich spuck dir in de Oogen, det de wegschwimmst!" 2) wild, zornig sein. „Aber der hat jespuckt!"

Spucklocken, anklebende Löckchen an der Seite des Kopfes.

Spuk. Red. „Ilooben Se doch nich an Spuk!" wenn man einem etwas Unwahrscheinliches ausreden will.

Spur. „Keene Spur!" d. i. durchaus nicht.

Sputen, sich, sich beeilen.

Staar, Putz. Staar machen mit etwas. „Det is 'n wahrer Staar!" d. i. sehr prächtig.

Stadtbahn. Red. „Du bist wol von de Stadtbahn überjefahren?" d. i. du bist wohl verdreht?

Stänkern, Zwist säen. Stänker. Stänkerei. stänkerig. Stänkerbock.

Stafelstein, Tafelstein (Griffel).

Stall, Schule. Schulausdruck.

Stammern, stottern. Stammerbock, Stammerfritze.

Stampe f., Tanzlokal.

Stand. in Stande setzen, reparieren. „Nu is er wieder in Stande".

Standpauke f., ermahnende Anrede.

Stantrebat für Stangentabak.

Stantepee (lat. stante pede), sofort.

Stapeln, gehen.

Starnickel (auch Sternickel) m., Schlag ins Genick.

Statzen m., wie Atzen.

Stauke f., Schläge. vgl. lausig.

Stechen. eenen eene stechen (d. i. eine Ohrfeige). s. auch Schwalbe. — Einem etwas stechen, heimlich mitteilen. — „Ich steche ja nich drin! (neuerdings auch: drein)" d. i. ich weiß es ja nicht sicher. — „Det sticht mal so drin in' Menschen!"

Steckerig, holzig. „Die Kolrabi wern schon steckerig."

Steen, Stein. plur. auch Steener. Dimin. Steenerkens. — Red. „Lieber Steene kloppen!" (sc. als das tun, als so leben). — „Wo ha'm wir denn schon mal zusamm' Steene jekloppt?" (wenn man unerwarteter Weise geduzt wird. vgl. Schwein.)

Stehldieb, Dieb (nur im Scherz). „Oller Stehldieb!"

Stehsitz, Stehplatz.

Stehuf m., Spielzeug; kleine Figur, die sich aufrichtet, wenn man sie hinlegt.

Steiern. „Er hat uns jesteiert" d. i. in der Miete gesteigert.

Steif. Red. (drohend) „Ihnen laß ich in steiwen Arm verhungern!"

Steijen, weggehen. „Woll'n Se schon wieder steijen?"

Stein. Der Freiherr vom Stein auf dem Dönhoffsplatz sagt: „Noch e e n Schritt, un ich falle runter!"

Steferling m., Stichling.

Stefern, wie petern, besonders mit Stangen.

Stellage f., Gestell.

Stengel. „Er fiel von' Stengel!" d. i. er war sehr erstaunt. — „Fall nich von' Stengel!" d. i. bleibe gefaßt.

Stenzen. 1) einem Vernunft beibringen, ihn überreden. 2) von der Schule wegjagen.

Stephan, Briefträger.

Steppke m., Anrede an einen kleinen Jungen.

Stepsel m., Stöpsel; auch kleiner Mensch, Kind.

Sterben. Zu einem, der sich den Kopf zerbricht, wie er sein Testament machen soll, sagt seine Frau wohlmeinend: „Erst sterb du man; der andre wird sich allens finden."

†Sternanis un Kümmel! Fluch.

Sternhagel(voll)besoffen.

Sternkieker, Astronom; auch ein Mensch, der mit erhobenem Kopfe geht.

Stibitzen, stehlen.

Stich. Red. „Du hast wol'n Stich?" (Sonnenstich.)

Stick, Sticke, Stück. Auch für Frauenzimmer. — „Doch so'n Sticke Malerjehilfe" d. i. auch ein Maler, u. ä.

Sticken, ersticken. „Ich sticke ja reeneweg!"

Stiebel. 1) „Dein Stiebel hat Hunger" d. i. er ist vorn an den Zehen entzwei. — „In die Stiebeln kann eener in Steßn sterben." — „Det ha'k ma schon an de Stiebeln abjeloofen" d. i. das ist ein „überwundener Standpunkt." — „Er kann 'n juten Stiebel verdragen." — 2) Stil. „Der schreibt 'n juten Stiebel zusamm." — 3) „In een' Stiebel" d. i. auf einmal, ohne Unterbrechung.

Stiebeln, gehen.

Stiebelsohlen. Red. „Det looft man sich ja an de Stiebelsohlen ab" (was die Fahrgelegenheit kostet.)

Stiebelwichse. „Det is wol'n juter Kerl?" „Na ja, er frißt keene Stiebelwichse." vgl. Fensterlade.

Stiefliebste, scherzhaft: Nebengeliebte.

Stielig, wie langstielig.

Stiefel m., Schafskopf. „So'n richtijer Stiefel!"

Stieze f. 1) Stange mit Zinken, zum Stützen der Wäscheleine. 2) langer Mensch.

Stiezen, stützen. de Wäsche ufstiezen.

Stiezig, wie langstielig.

Stift m., Lehrling; auch Sohn.

Stimmen. „Stimmt!" (wenn man dem Kellner das Herauszuzahlende als Trinkgeld überläßt.) — „Det stimmt!" (wenn man einer Behauptung zustimmt; oft ironisch.) — „Stimmt uffallend!" — „Sie, det stimmt wol nich?" sagen die Droschkenkutscher, wenn sie mit der Bezahlung nicht zufrieden sind. — Red. „'t is richtig, 't stimmt nich!" — „Stimmt, Schulze; krist'n Sechser wieder!" d. i. du hast recht (bei Geldgeschäften).

Stinkadores (infamios), schlechte Zigarre, auch extra muros genannt.

Stinkbolzen, Zigarre. „Ich muß mir erst 'n Stinkbolzen in de Fresse rammeln."

Stinken. Scherzhafte Umkehrung: „Stinken Se mal, wie det riecht." — „Erstunken un erlogen."

Stinkdroschke, Automobil.

Stint. Red. „Er is verliebt wie'n Stint." Auch „Er is besoffen wie'n Stint (stintmäßig besoffen)."

Stippe f., Sauce.

Stippvisite, kurzer Besuch. uf'n Stips besuchen.

Stoobig, ärmlich, elend. „Stoobije Brüder."

Stoppelhopser, Infanterist.

Stoppevoll, gepfropft voll.

Storch. „Er jeht wie der Storch in' Salat." s. auch braten.

Storchnest, süßes Gebäck.

Storre, widerspenstig, z. B. von Haaren.

Stoß. Red. „Jeben Se Ihr Herz 'n Stoß!" d. i. entschließen Sie sich.

Stoßen. „Stoß dir man nich" d. i. verrechne dich nicht.

Stoßkante, Schmutzrand an Frauenkleidern.

Stoßer (auch Stößer, Stoßvogel) m., Habicht.

Stottern. Einer, der eine Droschke nimmt, bemerkt, daß der Kutscher stottert. Er fragt: „Stottern Sie immer?" „N—n—nee ... bloß, wenn ick spreche."

Strahl. „Er red't 'n bedeutenden ('n jebildeten) Strahl" (auch Ton) d. i. er redet viel und anspruchsvoll.

Stralauern, schlecht rudern.

Strambulstrig, aufgeblasen.

Strampeln, die Beine heftig bewegen; radeln. Strampelfritze, Radfahrer.

Strapzieren, anstrengen, beschädigen. „Strapzier' dir de Kehle (de neuen Hosen) nich so!"

Straßenjunge heißt in Berlin der Gassenjunge. „Benehme dir nich wie 'n Straßenjunge!"

Strebern, fleißig sein. Schülerwort.

Streen m. jesen 'n Streen schneiden, d. i. gegen den Strich.

Streene f., zusammengeflochtenes Garn.

Streichbalken (Streichbolzen, Streichboom), Streichholz.

Streichholz m. Auch dünner Mensch. Red. „Haut ihn mit Streichhölzer, schmeißt ihn mit Pepel!" — „Du abjerissner Streichholzjesichte!"

Streithammel, streitsüchtiger Mensch.

Stremel m., langer Streifen. 'n Stremel reden.

Stremmen, stehlen.

Strich. 1) kleine Verrücktheit. 2) Red. „Den hab' ick uf'n Strich!" d. i. ich habe einen Groll gegen ihn.

Stricken. Die kleinen Mädchen sagen beim Stricken: „Einjestochen, umjeschlagen, durchjezogen, abjerippt."

Striezen, stehlen.

Strille! scherzhaft für stille!

Strippe f. 1) Bindfaden. „Na, nu reißt wol de Strippe?" d. i. nun kannst du wohl nicht weiter? — „Er hat se alle an de Strippe" d. i. alle tun was er will; vom Puppentheater. 2) Schnaps zum Weißbier. „Strippe mit Jewehr über", Weiße mit Pomeranzen. 3) Stiebelstrippen, d. i. Stiefelohren. 4) nasses, in Strähnen anliegendes Haar. 5) „Et rejent Strippen" d. i. so, daß man die Striche sieht, die die einzelnen Tropfen bilden.

Strippenjungs, Husaren.

Strippenzieher, die Monteure im elektrischen Betrieb.

Strohkopp, Dummkopf.

Strohsack. s. jerecht.

Strohwitwer, ein Mann, dessen Frau verreist ist.

Streichen, streifen.

Stromer, Landstreicher, Strolch.

Strubbelig, struppig.

Strump, Strumpf. „Ick wer mir sachte uf de Strümpe machen" d. i. ich werde gehen. — Doppelsinnige Frage: „Wat har'n Ihre Flamme vor Strümpe?" d. i. Glühlichtstrümpfe. — Diese sollen gegen kalte Füße gut sein.

Strumpenband, Strumpfband.

Stubenbohner. Red. „Der Stubenbohner Franz, der kann's."

Stuckern, stoßen, vom Wagen. Alter Scherz: „Det is merkwürdig! Wenn man bei den Wagen so nebenherlooft, denn stuckert er ville wenijer." — stuckerig, vom Pflaster.

Studentenfutter, Rosinen und Mandeln.

Studentenpomade, Wasser. Studentenwichse, Speichel.

Stürze f., Deckel zum Kochtopf.

Stufen (d. i. stauchen), hart aufstoßen.

Stulle, Butterstulle, Butterbrot. Klappstulle. 'ne Stulle schmieren.

Stummel, Ende einer Zigarre, eines Lichts, Stumpf eines Zahns; auch kurze Pfeife. — † der Stummel von Portorico scherzhaft für die Stumme von Portici. — Stummelquäler, Stummelsucher, Stummelroocher.

Strumpfbock, langweiliger Mensch.

Stunk m., Zänkerei.

Stunkladen, niedere Kneipe mit Musik.

Stupsen, gelinde stoßen.

Stupsnese, unten stumpfwinklige Nase.

Sturm. „Er is in Sturm" d. i. betrunken.

Stuß m. (jüd.), Unsinn.

Stutterbulle (mit Seke), verdreht aus: Butterstulle (mit Käse).

Subalternbeamter, Subalternbeamter.

Süffel m., Säufer.

Süffig, leicht und angenehm zu trinken.

Süß! Ausruf der Bewunderung bei höheren Töchtern.

Süßholz raspeln, Damen den Hof machen.

Suff m., Trunkſucht. ſtiller Suff.

Suffkopp, Säufer.

Sumpfen (Stud.), liederlich leben. „'n Sumpfhuhn.“

Sums m., viel Aufhebens.

Suppe. „Unter aller Suppe“ d. i. unter aller Kritik. — Red. „Die Uhr jeht nach de Suppe“ d. i. ſchlecht. (Statt daß die Suppe nach der Uhr aufgetragen wird, iſt es umgekehrt.)

Suppenjrienes, Sellerie, Peterſilienwurzel u. dgl.

Suse f., langſamer, träger Menſch. -- ſuſig.

Syrup. ſ. Sirup.

T.

†Tabagieduſter, ſo dunkel wie in einer Tabagie, die vom Rauch verfinſtert iſt. (Über Tabagie ſ. am Schluß unter „Inſchriften und Schilder“.)

Tabeldoh, table d'hôte.

Tableau! d. i. man ſtelle ſich vor, wie das ausſah; war eine Zeit lang Modewort, auch in Zeitungen.

Tachtel f., Ohrfeige.

Tadellös. Steigerung Tadellöſer und Wolff (Löſer & Wolff, Zigarrenfabrik).

Täuſchen. Red. „Wie das täuſcht!“ („Nein, wie das täuſcht! Janz die Augen der Mama!“); ſinnlos angewendet.

Tafelſtein, Schiefergriffel.

Taktfeſt. „Er is nich taktfeſt“ d. i. nicht ganz geſund.

Talchlicht. „Mir jeht 'n Talchlicht uf“ d. i. ich verſtehe. Ebenſo: 'n Kronleuchter, 'n Seifenſieder, 'ne Jasfabrik, 'n Ediſon (mit naſalem on).

Talchmeps m., Talglicht.

Talen, affektiert ſprechen, von Kindern. — talig.

Talchfunzel f., Talglicht.

Talchlümmel m., Reſt des Talglichts.

Talent. Red. „Dazu jehört jewiſſermaßen doch Talent!“ aus der Poſſe

„Kläffer“ von Wilken. — „Se hat Talente“ d. i. Geld.

Talje, Taille. „Se jeht per Talje“ d. i. ohne Überwurf. — „Uf Talje!“ d. i. auf Ehre.

Taljenklöt (auch Italienklöt; dies iſt das richtige, vom engl. Italian cloth), Zeug zum Unterfutter. Ein Schneider erklärte: „Taljenklot, weil man't in de Talje ſetzt; des J ſetzen die Fabrikanten vor, der ſich't nach war anhören ſoll.“

Talpſchen (von Talpatſch, Tolpatſch), ungeſchickt zufaſſen. — talpſchig, täppiſch. Man hört auch talkſchen.

Tambauer (auch Tambidel), Tambour.

Tante. Red. „Wenn meine Tante Räder hätte, wär ſe 'n Omnibus!“ (wird angewendet, wenn einer mit einem törichten „wenn“ kommt.) — Meine Tante, deine Tante, Hazardſpiel mit Karten. — Tante (Voß), Voſſiſche Zeitung. Früher daneben der Onkel Spener.

Tanzbein, das Tanzbein ſchwingen, tanzen.

Tapern, unüberlegt handeln. — taprig.

Tapir m., Scheltwort, mit Anklang an tapern.

Tappen (plur.), Fußtapfen.

Tapſen, tappen.

Tapſig, ungeſchickt.

Tarif m., Speiſekarte.

Taſchenmeſſer. Red. „Er klappt zuſamm' wie'n Taſchenmeſſer.“

Taſſenkopp, Taſſe. Gegenſatz Unterraſſe.

Tatterich m., Zittern der Hände. „Er har'n Tatterich.“ Daher alles im Übermaß Getriebene; z. B. Redetatterich, Muſiktatterich. — Auch: „Er hat 'n Jedankentatterich“ d. i. er redet verworrenes Zeug.

Tebs m., Unſinn, wie Kebs.

Techtelmechteln n., Durchſtecherei, verbotenes Liebesverhältnis (wieneriſch).

Teckelbeene, wie X-Beene.

Tee. In Tee ſein. 1) angetrunken ſein. 2) beim Lehrer beliebt ſein; Schulausdruck. Teekind. Tee reiten, nach der Gunſt des Lehrers ſtreben. — „Laß dir Tee kochen!" d. i. du ſprichſt im Fieber.

Teekeſſel, Teekopp, Dummkopf.

†Teerbutte wurde die Theerbuſch'ſche Reſſource in der Oranienburgerſtraße genannt.

Teil. 'n janz Teil, d. i. viele.

Teke f. beſoffen wie 'ne Teke. — Teken ſind Inſekten (Zecken), von denen die Hunde und Schafe zu leiden haben (Hundezecken).

Tekrig. ſ. dekrig.

Tele (auch Töle) f., Hund. Auch Schimpfwort: Hundetele, verdammte Tele!

Telephon (mir naſalem on, Ton auf der erſten). Die amtliche Bezeichnung „Fernſprecher" iſt nicht durchgedrungen.

Teller. Red. †„Du denkſt wol, du brauchſt man Teller zu ſagen, denn haſte Kuchen?"

Templow (w ſtumm) für Tempelhof, nach Analogie von Spandow, Stralow. — Der Templower Berg heißt die geringe Bodenerhebung auf dem Wege dahin, am Tempelhofer Feld. Früher hieß der Kreuzberg ſo.

Tepper, Töpfer. „Tepper!" d. i. ungeſchickter Menſch; Anklang an tapern. — Es wird erzählt, daß der Hoftöpfer Lehmann, aus beſonderer Gunſt zu einem Hoffeſt eingeladen, mit dem Abgeordneten von Tepper-Laſki zuſammengetroffen ſei und folgende Vorſtellung ſtattgefunden habe: „Tepper-Laſki!" — „Tepper Lehmann!"

Teppern, werfen (was Geräuſch macht); beſonders das Zerſchmettern alter Töpfe uſw., das bei einem Polterabend von den Nachbarn vor dem Feſthauſe verübt wird.

Tepperſchürze. „Ehrbar wie 'ne Tepperſchürze," von Kindern geſagt; zur Erklärung vgl. Anton.

Terke, Türke.

Tert. Red. „Weiter in' Tert!"

Thedor, Theodor.

Tick m., Einbildung, kleinlicher Stolz, wie beſonders kleinen Beamten nachgeſagt wird.

Tiene f., großer Zuber. Feuertiene (große Kübel voll Waſſer, die früher an vielen Stellen der Stadt zum Löſchen von Feuer ſtanden). Scherbeltiene (auf dem Hof), Gefäß für zerbrochenes Geſchirr. Äppeltiene, Obſtfaß.

Tier. 'n großet Tier, d. i. ein hochgeſtellter Mann.

Tierchen. Red. „Ein jedes Tierchen hat ſein Pläſierchen." — „Det is 'n juter Tierchen: er beißt keene Ecken von' runden Diſch, ſtippt keene Rohrſtühle in' Kaffe un knabbert keene Marmorſtufen an" d. i. er iſt ein leidlicher Menſch.

Tierjarten. Red. „Jott, wie jroß is dein Tierjarten!" (Zuſatz: „Bis hierher jebt 't Affenhaus.")

Tierſchmutzverein, Tierſchutzverein.

Tiete, Düte. Red. „Nich in de Tiete!" (wie: nich in de Hand! ich denke nicht daran!)

Tietkendreher, Dütendreher, Kaufmannslehrling, Kommis.

Tietz (Warenhaus in der Leipzigerſtraße) verkauft auch Gemälde; es ſind „lauter echte Tizians".

Tingeltangel m., café chantant.

Tinte. 1) in de Tinte ſitzen, in de Tinte jeraten (Verlegenheit, wie Patſche). 2) „Du haſt wol Tinte jeſoffen?" (biſt wohl verrückt?) „I — da müßte ja eener Tinte jeſoffen haben!" — „Der is klar wie dicke Tinte." — †„Heite rejent's Tinte!" war der Ruf, wenn einer ſchon im Mai mit einem Strohhut oder mit weißen Hoſen erſchien. vgl. Wetter.

Tintenproppen m., Cylinderhut.

Tippel m., Tüpfel, Punkt.

Tippelmondſch, verrückt.

Tippeln, gehen. „Da haſte zu tippeln" d. i. es iſt weit. lostippeln.

Tippen, mit dem Finger leicht anrühren. Red. „Da is nich dran zu tippen" d. i. daran iſt nichts auszuſetzen.

Tiroler (jüd.?), Taler.

Tobak. Red. „Det is ſtarker Tobak" d. i. das iſt ſtark. — vgl. Anno.

Tobaksreiter, wie Sonntagsreiter. Stammt von einem Tabakſetikett (von

Nathusius in Magdeburg), das einen in Karriere reitenden, auf einem Posthorn blasenden Postillon darstellte. In der illustrierten Ausgabe der Jobsiade ist die Figur mehrfach verwendet. Jedem Reiter (außer dem Militär) riefen die Jungen nach: „Der reit nach Tobak!" und „Mir ooch vor'n Sechser!"

Tobich m., Tabak; auch Zigarre.

Toff, tüchtig, besonders bei Knabenspielen.

Tolle f., Haartracht. Barbiertolle.

Tomband (Tonnenband) n., der einzig gebräuchliche Ausdruck für Reifen.

Ton für Wort. „Nu lassen Se mal 'n Ton los!" — „Er red keen' Ton."

Topp, Topf. Red. „Er sitt da wie 'n Topp voll Meise" d. i. sehr niedergeschlagen.

Toppkieker, Topfgucker.

Toppsau, Schimpfwort.

Torf. Red. „Det is klar wie Torf."

Torfstich. 1) schmutziger Hals. 2) der „Grus" an der Nase eines starken Schnupfers.

Torfwagen. Red. „Komm nich untern Torfwagen!" vgl. Leierkasten.

Torkel m., Glück. „Er hat 'n furchtbarn Torkel."

Torkeln (turkeln), taumeln, unsicher gehen.

Tornisterblond, von Haaren.

† Torschreiber. Red. (beim Abschied) „Grüßen Se'n Torschreiber!"

Tort. „Det dut er mir zum Tort" d. i. um mich zu kränken.

Tortschick sehr schick (wie tortsicher gebildet).

Tour. „Er macht 'ne jute Tour" d. i. er schläft lange.

Träne. 'ne Treene, ein Schluck Schnaps.

Traller n. Red. „Hast wol 't jroße Traller?" d. i. du bist wohl verdreht?

Trallig, verrückt.

Trampel m., unsauberes Mädchen.

Trampelloge, Gallerie (billigster Platz) im Theater.

Trampeltier, dummer Kerl.

Trampsen, geräuschvoll auftreten.

Tran. in Tran sein, betrunken sein. „Er hat in Tran jetreten" in demselben Sinne.

— Red. „Ruhe sanft! du hast in Tran jetreten!"

Tranfunzel. s. Funzel. Auch als Bezeichnung eines langweiligen Menschen: „Olle Tranfunzel." — Ebenso Tranflöte, Trantute.

Tranig, langweilig, dumm.

Trankenditer, Materialwarenhändler.

Transch m., Strafpredigt. eenen 'n Transch machen.

Trätschen, trätschen, breit reden.

Traue f., Trauung.

Trauen. Red. „Det trau ick mir janich zu jlooben." — Wenn einer sagt: „Ick trau mir nich", so hört man als Antwort oft: „Trauen dut der Paster in de Kirche."

Trauer. Red. „Hast wol Trauer? (auch Hoftrauer)?" (wenn einer schmutzige Fingernägel hat.)

Trauerkloß, trüber langweiliger Mensch. trauerklötrig.

Traurig. Red. „Traurig, aber wahr!" — „Det is traurig vor de Hinterbliebnen!" — „'n traurijer Befehlshaber!" d. i. er versteht seine Sache nicht.

Traute f., Mut. „Er hat keene Traute" d. i. er wagt es nicht. Der Form nach mit Bleibe zu vergleichen.

Treppe. Red. „Du bist ja de Treppe runterjefallen" d. i. du hast dir die Haare schneiden lassen. Der Volksmund behauptet, daß jeder, der es fertig bringe, die Treppe raufzufallen, vom König (oder auf dem Rathaus) zehn Taler bekomme. — Treppe für Stufe: „Wieviel Treppen kannst du'n springen?"

Tressieren (auch dressieren), belästigen, zu schaffen machen. „Die kann 'n Menschen tressieren" d. i. sie läßt ihrem eende keine Ruhe.

Treten. 1) „Tritt dir man nich uf'n Rock!" sagt man, wenn einer einen „ausgewachsenen" Rock trägt. — „Tritt dir nich uf'n Schlips!" d. i. hab dich nicht. „Ick wer mir von dir nich uf 'n Schlips treten lassen!" d. i. du sollst mich nicht „unterkriegen". 2) einen nötigen, etwas

zum besten zu geben, Geld herauszu-
geben u. ä. Auch mahnen.

Tribelieren (lat. tribulare), durch Bitten
quälen.

Triene. Dumme Triene, von Frauen-
zimmern.

Triesel m., Kreisel. trieseln, mit dem
Kreisel spielen. (s. hinten unter den
Spielen.)

Triezen, drängen, peinigen.

Triller m. (wie Traller), Verrücktheit.

Tritt. in Tritt sein, bezecht sein.

Trittvar (Tretvar), Trottoir.

Trockenplatz. Red. „Hier is Trockenplatz" wenn man trocken (ohne Getränk)
bleibt.

Trockenwohner, die ersten Mieter in
einem neugebauten Hause. Sie wohnen
„ver naß, bis de Wohnung trocken is."

Tröster m., Stock zum Durchprügeln.

Trompetertisch, Nebentisch für die,
die am großen Tische nicht mehr Platz
finden.

Trost. „Du bist nich bei Troste" d. i.
verrückt.

Trubel m., Aufregung, Auflauf.

Trudeln, rollen. sich trudeln vor Lachen.
Auch für würfeln.

Trunschel (olle), altes Weib.

Tschingderattata, Roßschweif (Schel-
lenbaum) bei der Regimentsmusik.

Tücksch. 1) trotzig (von einem Kinde, das
sein Unrecht nicht eingestehen und ab-
bitten will, das tücksch.) „Se is tücksch
wie 'n Affe." Tückschigkeit, Tückschkopp,
Tückschköpperei. 2) ärgerlich. „Ick bin
so tücksch uf den Kerl!"

Tüffe, Hündin.

Tülle f., Ausguß an Töpfen, Kannen u. ä.

Tulpe. 1) Nase; Rotztulpe. 2) † Pokal,
der einen Schnitt enthält. 3) durch Wind
umgestülpter Regenschirm.

Tunte f., verzärtelte Person. tuntig. tunteln.

Tupeleien, Durchstechereien. „Die dreiben
Tupeleien."

Turkel m., wie Torkel, Glück.

Turm. eenen von' Turm blasen, einen
(Schnaps) trinken.

Turmspitze. Red. „Ick hau dir, dette
'ne Turmspitze vor'n Zahnstocher ansiehst!"

Turnen (auch türnen und türmen), gehen,
weggehen. lostürnen.

Tute, Düte.

Tuten. 1) blasen. 2) eenen tuten, trinken.

Tutschen, saugen (wie lutschen und
nutschen).

Turt mem sches (toute même chose),
dasselbe.

Typen, photographieren. Type f., Photo-
graphie.

Tz. Von A bis z, d. i. von Anfang bis
zu Ende. Bis in't z, d. i. bis zum
äußersten. — „Müller, mit 'n z", scherzhafte Verwechselung mit Schultze.

U.

Übel. Red. „Noch nich übel!" — „'t is
nich so übel — wie eenen danach wer'n
kann."

Übelnehmsch, empfindlich.

Über. 1) „Darin bin ick dir über" (überlegen). 2) „Det is mir über" d. i. ich
bin es überdrüssig. — Über sich haben
(etwas), darüber disponieren können. —
Über un düber, über und über. vgl. un
un dun.

Überhaupt. Red. „Na überhaupt!" (zustimmend.) — „Überhaupt un so" d. i.
und so weiter.

Überjefahren. Red. „Se sind wol
überjefahren (mit 'n Torfkahn)?" d. i.
Sie sind wohl verrückt?

Überjessen, eenen eens, wie überziehn.

Überjewicht, Gleichgewicht. „Er verliert 't Überjewicht."

Überkandidelt, verrückt.

Überlejen, ein Kind über's Knie legen
und durchprügeln.

Übermorjen. Red. „Ja, übermorjen!"
d. i. da kannst du lange warten.

Überschnappen, verrückt werden.

Überschwappen = schwabbern
= schwuppern, überlaufen, von Flüssigkeiten.

Überwendlich wird genäht; „mit überwendliche Hinterstiche".

Überzogen, scherzhaft für überzeugt.

Übrig. „Det is übrig" d. i. nichts wert. — „Det wa übrig" d. i. es hätte unterbleiben sollen.

Üppig, übermütig. „Wer man nich zu üppig."

Ufangeln. „Wo hast 'n die ufjeangelt?" z. B. die Laufe.

Ufbejehren, Standal machen, besonders von den Marktweibern.

Ufbieten, schimpfen, ebenfalls Ausdruck der Marktweiber.

Ufbremfen, eenen eens, einen Schlag versetzen.

Ufbringen ('ne Jeschichte, 'n Witz), erfinden, zuerst vorbringen; auch: ufs Trapez bringen (statt Tapet).

Ufbrummen, (einem eine Strafe) zudiktieren.

Ufdauen, nach längerem Schweigen gesprächig werden.

Ufdun. Red. „Da dut sich war uf!" d. h. du wirst dich wundern.

Ufflezen, sich, sich unanständig aufstützen; ebenso sich ufflejeln.

Uffrischen, verhauen.

Ufhacken, von Kindern, die sich hinten auf einen Wagen setzen. Andere rufen dann: „Kutscher! Hackt eener uf!"

Ufhängen. „Er hängt sich nach uf" d. i. er begehrt es heftig. — „Hängen Se sich uf!" d. i. legen Sie Ihre Sachen ab.

Ufheben, sich, sc. die Kleider, auf schmutziger Straße.

Ufhelfen. Red. (wenn einer gefallen ist). „Kommen Se ber, ick wer Ihnen ufhelfen!"

Ufhören. Red. „Nann hört's uf!" (Ausruf des Erstaunens).

Ufhören, sich, für aufhören; besonders in der Red. „Da hört sich denn doch Verschiedenes uf!" d. i. das ist doch zu stark!

Ufjabeln, finden, antreffen.

Ufjebot. f. ufbieten. „Ick muß machen, det ick wegkomme, sonst kriej ick'n Ufjebot!"

Ufjedonnert, geschmacklos und prahlerisch geputzt; ufjedonnert wie'n Fingstochse.

Ufjehn. Red. (drohend): „Ick laß dir ufjehn wie 'n Ballon!" — „Er jeht uf wie'n Fanntuchen (wie'n Bärmetloß)" d. i. er wird dick.

Ufjeknöppt, zugänglich, gesprächig.

Ufjetratzt, vergnügt.

Ufjeprezelt, wie ufjedonnert.

Ufjeschmissen, verloren, reingefallen.

Ufjeschrieben. „Er is ufjeschrieben" (eigentl. vom Schutzmann wegen eines Vergehens) d. i. ihm ist Strafe (oder sonst etwas Schlimmes) sicher.

Ufjetakelt, wie ufjedonnert.

Ufklären. Red. (ironischer Trost bei schlechtem Wetter) „Et klärt sich schon janz dicke uf."

Ufklawiert, wie ufjedonnert.

Ufkleben, spalten.

Ufknallen ('n Kupperhut), ein Zündhütchen aufschlagen. — ufjeknallt, wie ufjedonnert.

Ufknöppen. „Knöpp de Ohren uf!" d. i. höre genau zu. „Dir wer'k jleich de Ohren ufknöppen!"

Ufkrempeln, (die Ärmel, Hosen) aufstreifen.

Ufkucken, sich beim Lesen oder Schreiben zu nah auf das Buch bengen. „Kuck nich immer so uf!"

Ufmischen, Hiebe aufzählen. „Er jibt war ufjemischt!"

Ufmöbeln, schelten, Grobheiten sagen. — sich ufmöbeln, sich putzen.

Ufmucken, widersprechen, sich widersetzen.

Ufmuntern, von Sachen, wieder neu machen.

Ufmutzen, verweisen.

Ufoktrojieren, aufnötigen.

Ufplüstern, sich, die Federn sträuben, von Vögeln; dann sich aufblasen, sich spreizen. ufjeplustert, wie ufjedonnert.

Ufpuckeln, aufladen. „Mir ha'm se allens ufjepuckelt."

Ufrapen, aufraffen.

Ufrappeln, sich, sich aufraffen, genesen.

Ufrebbeln, sich, sich sehr anstrengen.

Ufrejen, aufregen. Red. „Rejen Se sich nich unnütz uf!" — „Man rejt sich uf un hat nischt von." -- „Det is nich ufrejend" d. i. nicht hervorragend.

Uffchlagen, einen höhern Preis anzugeben, in der Voraussicht, daß darum „gehandelt" wird.

Uffchneiden, lügen (besonders prahlerisch). „Det is (kalter) Uffchnitt!"

† Uffchwemme, kleine Stelle, wo das natürliche Ufer der Spree erhalten war, geeignet, Bäume herauszuschwemmen, Pferde in die Schwemme zu reiten. Die letzten waren an der Waisenbrücke (bei Neu=Kölln) und neben Schloß Monbijou. — Daher: „wie 'ne dodige Pletze an de Uffchwemme." „Juste, faß mir unter, du stolperst sons über 'ne Boomwurzel, un denn lichste da wie 'ne dodige Pletze an de Uffchwemme."

Ufstecken, etwas, damit aufhören.

Ufstehn. Red. (auf die Frage: „Is denn der schon dort?") „Na der wird bald wieder ufstehn!"

Ufstekern, aufstören, z. B. einen Ameisenhaufen.

Ufstoßen. Red. „Stößt dir det ooch noch uf?" d. i. fällt dir das wieder ein? — „Det stieß mir uf" d. i. es fiel mir auf. — vgl. sauer.

Uftreiben, wie andreiben. s. d.

Ufwaschen. Red. „Det is een Ufwaschen" d. i. das wollen wir gleich mit abmachen. Ufwaschen heißt: das ganze Waschen zusammen besorgen, nicht teilweise.

Ufwecken. 1) wecken. 2) erwachen.

Ufziehn. 1) „Die Wache wird ufjezogen" (wie eine Uhr). — „Die Brücke war ufjezogen", früher stehende Entschuldigung zu spät kommender Schüler, auch bei solchen, die z. B. die feste Königsbrücke zu passieren hatten. 2) necken. 3) „Er is ufjezogen" d. i. er ist ins Erzählen oder ins Witzemachen hineingekommen.

Ufzuverheben. Red. „Du hastet mir doch nich ufzuverheben jejeben!"

Uge f. (mit kurzem u) wie Duge, Demlack.

Ulen. Ulen un Apen, (platt: Eulen und Affen), Krähenfüße (unleserliche Schrift).

Ulk m., harmloser Blödsinn. Name eines Witzblattes (nach dem Namen einer witzigen Gesellschaft in Haspe, Westfalen). ulken. ulkig.

Ulrich. „Ulrich rufen" d. i. sich übergeben; der Ausdruck ist tonmalend.

Um. „Det is sehr um" d. i. ein großer Umweg. um un dum (d. i. um und um). „Ick hau dir eene, dette dir um un dum drehst!" vgl. über.

Umärmeln, umarmen.

Umbringen. „Er bringt sich (reene) um" d. i. er kann sich nicht genug tun.

† Umkatern, anders arrangieren (Möbel u. dgl.); aus umquartieren?

Umkejeln, umfallen.

Umkippen, umfallen.

Umkniren, mit dem Fuß.

Umkommen. Red. „Man bloß nischt umkommen lassen!" d. i. von Speisen oder Getränken übrig lassen.

Umkrempeln, umdrehen. — In Umkrempeln, d. i. im Handumdrehen. — „Er is wie umjekrempelt" d. i. wie verwandelt.

Umschlag machen, den Ort wechseln.

Umschmeißen. „Der Wagen hat umjeschmissen". — Red. „Det wird dir ooch nich jleich umschmeißen" d. i. es wird dir nicht schaden (z. B. das eine Glas Bier).

Umsonst. vor umsonst. — Red. „Umsonst is der Dod (un der kost ooch noch 't Leben.)"

Umstandskomm'ssarius, umständlicher Mensch.

Umzechtig († umzechlig), umschichtig.

Unanjenehm. Red. (stets ironisch) „Det is Ihnen doch weiter nich unanjenehm?" — „Nu sind Se stille, oder ick wer unanjenehm!" (d. i. grob.)

Unband m., unbändiges Kind.

nbesehn. Red. „Det nehm ich un=
besehn!"

Und? Antwort auf einen Ruf, z. B.
„Müller!" „Und?" d. i. was soll ich?

Uneben. Red. „Det is janich so un=
eben" (nicht so schlecht).

Unjebachert, tolpatschig.

Unjelegen. „Det wa'n unjelegen
dreißig Jrad in' Schatten." — „Det muß
ich unjelegen sein lassen" d. i. das will ich
nicht behaupten.

Unjemacht. „Se kam rin mit unje=
machte Haare."

Unjemietlich, gereizt. „Wenn Se nu
nich bald ufhören, wer'f unjemietlich."

Unjeschickt. Red. „Unjeschickt läßt
jrüßen."

Unjewiejt. Red. „Ick wer heite Nacht
unjewiejt schlafen."

Unjlückswurm, elende kleine Person,
Krüppel; überhaupt ein unglücklicher
Mensch.

Unjut. Red. „Nischt vor unjut!" d. i.
seien Sie mir darum nicht böse.

Unke. besoffen wie 'ne Unke.

Unkosten, Geschäftskosten. „Er kommt
nich uf de Unkosten." — „Stürzen Se
sich man nich in Unkosten!" heißt auch:
machen Sie keine Komplimente.

Unmensch. „Darin bin ick keen Un=
mensch" d. h. das tue ich, ohne mich
nötigen zu lassen.

Unmöjlich. „'n unmöjlicher Hut" d. i.
ein geschmackloser.

Unrecht. „Mir is wat in de unrechte
(auch: in de Sonntags=) Kehle je=
kommen!" d. i. in die Luftröhre.

†Unreif. 'n Unreifer, grauer Cylinderhut.

Unsicher. „Er macht de Schweiz un=
sicher" d. i. er besucht sie.

Unsichtbar. „Wer'n Se unsichtbar!"
d. i. entfernen Sie sich.

Unsinn. Red. „Unsinn, Aujuste; heiraten
mußte."

Untendurch. „Er is unten durch" d. i.
in Verachtung gefallen; auch: drunter
durch.

Unterärmeln, unterfassen; ebenso

Unterhaken.

Unterhauen, unterschreiben.

Unterkietig, unter der Haut eiternd;
faul, verdächtig.

Unterklauen. 1) unterschreiben. 2)
unterfassen. „Klau unter!"

Unterkriejen, bewältigen.

Unterwejs lassen, unterlassen. „Laß
det unterwejs!" (auch unterwejens.)

Unübel. „Der is nich unübel" d. i. nicht
übel.

Unverfroren, dreist.

Unvernünftig, adjektivisch gebraucht:
„Aber Edewacht, wat nimmste dir vor
unvernünftije Seeße!"

Unvorbereitet, wie ich mich habe,
beliebter Anfang einer Rede.

Unwohl. Red. „Se sind wol nich janz
unwohl?" d. i. Sie sind wohl nicht ganz
bei Verstande?

Urig, urwüchsig, originell. „'n urijet Vieh."

Usinger, Schlesier; auch Schimpfwort.

Uzen, verhöhnen. „Woll'n Se mir vil=
leicht uzen?" — „Wenn Se mir uzen
wollen, denn suchen Se sich 'n andern
aus!"

V.

Vater. Der Vater von's Janze, Leiter,
Veranstalter. Red. „Ick bin der Vater
von det Kind!" d. i. der Urheber, der
Besitzer der Sache. — (ironisch) „Hat dein
Vater noch mehr senne schlauen Söhne?"
— Vater Philipp, das frühere Militär=
gefängnis in der Lindenstraße. — s. auch
Sohn.

Vatermörder, Art Halskragen.

Vaterunser. Red. „Den kann man
eech 'n Vaterunser durch de Backen
pusten!" von einem Menschen mit magerm,
eingefallenem Gesicht.

Veilchenbukett. Red. „Hast wol
lange teen Veilchenbukett unter de Nese
jehatt?" (das Veilchenbukett ist ein blauer
Fleck.)

Ventilation. Red. „An die Stiebeln
is eech bloß de Ventilation jut!" d. i. sie
haben Löcher.

Veraasen, vergeuden. „Veraase doch det liebe Jut nich so!"

Verändern, sich, sich verheiraten; einen andern Dienst nehmen.

Veräppeln. 1. durchprügeln. Auch: „Du frißt deine Äppel!" 2) verhöhnen.

Verarzten, ärztlich behandeln.

Verbällen, sich die Hand, den Fuß, d. i. sich eine eitrige Zellgewebsentzündung zuziehen.

Verballern, verhauen.

Verbiestern, sich, sich verirren; daher: sich eigensinnig vertiefen, besonders im Partizip: „er is janz verbiestert."

Verbimsen, verhauen.

Verbinder m., Verbindungsbahn. „Ick fahre mit 'n Verbinder."

Verbohrt, wie verbiestert.

Verbubanzen, verderben, verunstalten.

Verbucken, Geld (im Spiel) verlieren.

Verbuddeln, vergraben.

Verbumfiedeln, verderben.

Verbummeln. 1) (die Zeit) müßig hinbringen. „Er is verbummelt" heißt in der Regel: er macht das Staatsexamen nicht. — 'n verbummeltes Genie. 2) vergessen. „Det hab ick reene verbummelt."

Verbuttern (einen Satz), falsch auffassen und daher falsch übersetzen. Schulausdruck.

Verdalen, sich, sich verirren.

Verdammtig, verdammt.

Verdeffendieren, verteidigen.

Verdeibelt, sehr.

Verdienen. Red. „Verdienen is 'n Hauptwort un wird jroß jeschrieben."

Verdiffendudeln, auseinandersetzen.

Verdonnern, verurteilen.

Verdragen. Red. „Prost — wir wolln uns wieder verdragen!" (beim Trinken, mitten im schönsten Frieden.) — Ein Junge, der von seinem Vater Schläge bekommen hat, sagt zu ihm: „Siehste, Vater, wir könnten uns so jut zusamm' verdragen, wenn de mir bloß det verfluchte Hauen abjewöhnen könnt'st!" — Wenn sich z. B. einer auf seinen Hut setzt: „Det sind de besten Hüte, die det verdragen können."

Verdreht, sonderbar, verrückt. s. Schraube.

Verdreschen, durchprügeln.

Verdrücken, durchbringen. „Die ha'm da 'ne Menge Jeld verdrückt."

Verdruß, auch Verdrieß m., Buckel. 'n „nachträglicher" Verdruß.

Verdudeln, verlieren, verbringen.

Verduften, verschwinden.

Verduzeln, vergessen.

Verein. Red. „Det is ja hier jakeen Verein!" d. i. es herrscht kein guter Ton.

Verekeln, widerwärtig machen. „Der hat mir de janze Hochzeit verekelt."

Verfitzen, verheddern.

Verflixt, verflucht.

Verflucht für sehr. — Red. „Ei verflucht!" — „Verflucht un zujenäht!" — Verflucht wird den Schimpfwörtern nachgestellt: „Ochse verfluchter!" (Auch verfluchtiger.) Ebenso „Bengel infamer!" (infamichter.)

Verfressen. „Du, ick hab'n Jroschen, den woll'n wa verfressen!" — „Er hat sich verfressen" d. i. den Magen verdorben.

†Verfroren. Alter Kalauer: „Die Jeschichte von 'n verfrornen Sohn un de uffjedaute Dochter."

Verführen. Lärm verführen.

Verfüjen, sich, sich entfernen; wird in drohender Sprache gebraucht: „Wenn Se sich nich schleinig verfiejen . . .!"

Verfumfein, verderben.

Verfuttern, überfüttern.

Verhältnis für Liebster oder Liebste. „Da jeht mein Verhältnis." — Scherzrätsel: Welches ist das anständigste Frauenzimmer in Berlin? — Die Victoria auf der Siegessäule; sie hat gar kein Verhältnis.

Verhaßt. Red. „Mach dir nich verhaßt!" wie „Bedrage dir jebildt!"

Verhauen. 1) prügeln. 2) sich verhaun, sich versehen, einen Fehler machen.

Verheddern, Bindfaden u. ä. verwirren (von Hede, Werg). — Sich mit de Beene verheddern, wenn viele in einer Droschke oder um einen Tisch sitzen. „Verheddert euch nich!"

Verheiraten. Red. „Da bin ich schlecht verheirat" d. i. schlimm angekommen. — „Wir sind ja nich verheirat" d. i. nicht aneinander gebunden. — Wenn einer sehr lange draußen geblieben ist, sagt man zu ihm: „Herrjott, du hast dir wol darweile verheirat?" Oder bei einem langen Schluck aus der Weißen: „Verheirat dir man nich dadrin!" vgl. wohnen.

Verhimmeln, vor Schmerz vergehen. „Der denkt jleich, er muß verhimmeln, wenn er mal dun soll."

Verhuddeln, verderben.

Verhutzelt, klein, verwachsen, zusammengeschrumpft.

Verjaloppieren, sich, durch unbedachtes Reden sich oder andern eine Blöße geben; sich irren.

Verjeblich. „Det wird dir wol verjeblich jelingen!" d. i. es wird dir nicht gelingen.

Verjehn. Red. „Det laß dir man verjehn!" d. i. darauf verzichte.

Verjessen. „Er hat verjessen 't liegen zu lassen" d. i. er hat es gestohlen.

Verjesserig, vergeßlich.

Verjiften. „Red. „Es hat 'n Vater sein Kind verjuften, mit 'ne Klebe Kien."

Verjißmeinnich. Red. (drohend) — „sonst sollste mit Verjißmeinnich handeln!" d. i. blaue Flecke davontragen. (Die Blume wird auch Verjißmamanjanich genannt.)

Verjniddert (verjneddert), gereizt, auch verbittert.

Verjnügen. Red. „So laaß ihn doch des kindliche Verjnügen!" (Refrain aus der Posse „Namenlos" von Pohl und Kalisch.) — „Wenn man 't nich zum Verjnügen dete, vor Jeld dete man 't jewiß nich!" (z. B. beim Bergsteigen.) — „Det is eech 'n Verjnügen vor de Hunde!" d. i. kein Vergnügen. — s. auch rin.

Verjolden. Red. (ironisches Lob) „Laß dir man (de Finger) verjolden!" Auch: „Laß dir man verjlasen!"

Verjuchheien (Ton auf der zweiten Silbe), vergeuden.

Verjucken, (Geld) durchbringen.

Verkacheln, verhauen.

Verkälten, sich, sich erkälten.

Verkeilen. 1) verhauen. 2) eenen 'n Kopp verkeilen, ihn zu bereden suchen. 3) (stud.) verkaufen.

Verkiefen, sich, sich verlieben.

Verkietern, im Tausch hingeben.

Verklammt, steif vor Kälte.

Verklatschen, verleumden.

Verklieren, durch Schmieren verderben.

Verkleppen. 1) verhauen. 2) verkaufen.

Verknacken. 1) verbrauchen (sein Geld, eine Pulle Notspohn). 2) verurteilen.

Verknallt, wie verschossen (verliebt).

Verknaren (verkniren, verknuren), sich den Fuß, den Finger usw.

Verknautschen, durch Zusammendrücken entstellen (ein Tuch u. ä.).

Verkneifen (sich etwas), versagen. „Er kann sich 't Lachen nich verkneifen" d. i. es nicht unterdrücken.

Verkniebeln, (Brot) schlecht schneiden.

Verknippern. 1) zu fest knoten. 2) „Ich bin dir sehr verknippert" d. i. verbunden.

Verknubbe. „Er licht verknubbe" (auch vor knubbe) d. i. er liegt untätig da, er ist ohne Arbeit.

Verknudeln, auch verknuddeln, wie verknautschen.

Verknurren, sich, sich erzürnen.

Verknusen, vertragen. „Den kann ich nich verknusen."

Verkohlen. Red. „Der will wol hier Leute verkohlen?" d. i. ihnen etwas vorreden, sie verspotten.

Verkolken, sich. 1) sich entzweien. 2) (sich den Magen) verderben, namentlich durch medizinische Mittel.

Verkoofen. „Der will mir verkoofen" d. i. mich dumm machen.

Verkorksen (auch verkolksen), verderben.

Verkrauchen, sich, sich verstecken.

Verkreeschen, ausgeben. „Det bisken Jeld wa bald verkreescht."

Verkrümeln, sich, sich drücken, sich verlieren.

Verkucken, sich. 1) wie verkieken. 2) sich versehen.

Verlängern, (die Suppe, den Kaffee) verdünnen.

Verlangen. Red. „Det kann ick ja janich verlangen" (statt annehmen). Auch in dem Sinne: das brauch' ich mir nicht bieten zu lassen.

Verlaß. „Uf den is keen Verlaß" d. i. man kann sich nicht auf ihn verlassen. — „Uf den Stettinern is keen Verlaß!" nach einer Anekdote von Wrangel.

Verleppern, in vielen kleinen Ausgaben vergeuden.

Verlesen. „Er is verlesen" d. i. verloren.

Verliedern, verlieren, durchbringen.

Verlieren. Red. (wenn man etwas tragen sieht, was leicht fallen kann) „Verliern Se nischt — et stuckert!"

Verloddern, vernachlässigen.

Verludern, vergeuden.

Vermengelieren, vermischen.

Vermickert (auch vermiekert), kränklich, schlecht genährt.

Vermißquiemt (vom franzf. mesquin), wie vermickert.

Vermöbeln. 1) verhauen. 2) vergeuden.

Vermoost. s. fermoost.

Vermugeln, verwischen, vertuschen.

Vermuddeln, durch Beschmutzung verderben.

Vermummeln, sich. 1) sich warm einhüllen. 2) sich verkleiden.

Vermurksen, verschwenden.

Verneest, verkommen.

Verpecken, verhauen.

Verpimpeln, verzärteln.

Verplempern. 1) verschwenden. Red. „Mit der Bezahlen verplempert man det meiste Jeld." 2) sich verplempern, sich unbedacht verloben.

Verpletten, durchprügeln. „An an, wie ha'm se dir verplett!"

Verposementieren, wie verleppern; ebenso

Verprezeln und

Verpulwern.

Verpurren, (einen Plan) vereiteln.

Verpusten, sich, sich erholen.

Verputzen, verzehren.

Verpuzeln, (sein Geld) in kleinen Teilen ausgeben.

Verquackeln, verquaddern und verquasen, sein Geld für nichtige Dinge wegwerfen.

Verquer, quer. „Det kommt mir recht verquer" d. i. ungelegen.

Verquiemt, heruntergekommen (durch Krankheit).

Verratzt, verloren. „Denn bin ick verratzt."

Verrissen, verreist.

Verrückt. Red. „Ja wol, da bin ick janz verrückt nach!" (d. i. begierig; ironisch.) — „'n bisten verrückt is am Ende jeder (aber so wie mancher fast keiner)!" — „Verrückt un drei macht neune!" angeblich weil der Verrückte sechs Sinne hat (zu den fünf gesunden noch den Wahnsinn). — „Bist wol verrückt?" „Nee, evangeelsch!"

Verrungenieren, auch verrujenieren, ruinieren.

Versalzen. eenen den Spaß versalzen, d. i. verderben.

Versauen, verderben.

Versaufen, ertrinken.

Verschalen, durchprügeln.

Verschießen, sich, sich verlieben; meist im Partizip: verschossen.

Verschimpfieren, beschimpfen, verunstalten.

Verschlickern, sich, sich verschlucken.

Verschludern, verschleudern.

Verschmaddern, verschmieren.

Verschmeißen, verlegen.

Verschnappen. „Er hat sich verschnappt" d. i. er hat es wider seinen Willen verraten.

Verschnuppt. „Det hat ihn eklig verschnuppt" d. i. geärgert.

Verschönerungsrat, Barbier.

Verschrecken, sich, erschrecken.

Verschrumpelt, verschrumpft.

Verschütten (es mit einem), verderben, d. i. sich mit ihm entzweien.

Verschwiemelt aussehen. s. schwiemeln.

Verschwitzen. 1) schweißig werden. 2) vergessen.

Verschwören. Red. „Det will ick nich verschwören" d. h. ich würde es unter Umständen tun.

Verseefen, ersäufen.

Versetzen, einen irgendwo sitzen lassen, ihn „kalt stellen."

Versilbern, verkaufen.

Versimpelt, durch einseitige Beschäftigung beschränkt geworden.

Versimsen hat dieselben beiden Bedeutungen wie vermöbeln.

Versohlen, durchprügeln.

Verstand, in Zusammensetzungen; z. B. er hat keenen Kartenverstand, Ferdeverstand u. ä. — Red. „Der hat mehr Verstand in' kleenen Finger, wie du in' Kopp." — Beim Anbieten einer Zigarre: „Aber die roochen Se mit Verstand."

Verstandez-vous? Scherzhafte Frage: Verstehn Sie?

Verstecken, begraben. „Den haben se ooch schon versteckt!"

Verstehn. Red. „Det verstehn Se nich; det versteh ick kaum." — Wenn einer etwas stark mißbilligen will, so tut er, als habe er falsch verstanden. Die Mutter sagt z. B. wenn der Sohn aus der Schule kommt: Heite jib's Brießkatoffeln. „Wat jib's?" Brießkatoffeln. „Ick weeß nich — ick versteh immer Brießkatoffeln" (wobei er ein ganz dummes Gesicht macht.) — „Verstehn Se" wird oft von Leuten, die nicht gut erzählen, in die Rede eingeschoben. — „Sie haben wol 'ne schwere Verstehste?" (zu einem Schwerhörigen oder schwer Begreifenden). — „Verstehste wol?!" häufiger Zusatz zu einer Behauptung, oft drohend.

Versuchen. Red. „Der soll sich mal erst wat (det) versuchen! (wat ick mir versucht habe.)"

†Versusengen, liederlich vertun.

Vertapern, durch Ungeschick verderben.

Verteppern, durchprügeln; ebenso Vertobaken.

Vertragen. Red. „Verdragen Se mir nich 's Jeld!" d. i. bleiben Sie mein Kunde.

Vertreter. „'n übler Vertreter" von einem, den man nicht leiden kann.

Vertrödeln, (die Zeit) vergeuden; vergessen.

Vertuschen, verhauen.

Verwachsen (für erwachsen). Red. „Da muß mal erst 'n Verwachsener zukommen" d. i. das könnt ihr nicht allein.

Verwahrsam. etwas in Verwahrsam nehmen.

Verwalken, durchprügeln.

Verwarten. 1) aufbewahren. 2) (kleine Kinder) beaufsichtigen.

Verwandtef. 'ne Verwandte ist eine mit der Rückseite der Hand verabreichte Ohrfeige.

Verwichsen, wie vermöbeln und versimsen.

Verwiegen, wiegen (trans.).

Verwimmelt, phantastisch, in höheren Regionen schwebend. (für verhimmelt?)

Verwischen, eenen eens, wie auswischen 1.

†Verwunderungsmütze. „Er setzt sich de Verwunderungsmütze uf" d. i. wundert sich.

Verzählen, erzählen.

Verzappt. Red. „Wird nich verzappt!" d. i. es gibt nichts davon.

Verzehren. Scherzhaft: „Ick habe bloß den eenen Jungen zu verzehren." — „'n Mann, der Frau un Kinder zu verzehren hat."

Verziehen, sich, abgehen. „Verzieh dir!"

Verzierung f. Nase. Red. (wenn einer die Nase hoch trägt) „Stoß dir man keene Verzierung ab!"

Verzoppen, sich, wie sich verziehen.

Verzürnen, sich, sich erzürnen.

Vice. „'n Vicefreiten sein Bursche", hohe militärische Charge.

Viehmuse m. (stud.), Studierender der Tierärztlichen Hochschule.

Viel. „Ach wat, viel fährt der Bauer uf'n Wagen" sagt die Mutter, wenn ein Kind viel haben will. — Red. (wenn z. B. einer sagt: da haste viel Jeld verdient):

„Noch lange nich so viel, wie wenn't noch mal so viel wäre." — vgl. ville.

†**Vierfinder** (pfünder), Viergroschenstück.

Vijeline, auch Vichteline, Violine.

†**Villa Samstleben**, das frühere Schuldgefängnis. vgl. Mösers Ruh.

Ville, viel. „Mutter, jib mir wat (zu essen), aber ville!" — „Er muß noch ville mehr jedrunken wern!"

Bis-à-schreej, schräg über; wie schreejawi.

Visage f., Gesicht. vgl. Jesichte.

Vocativus, von einem Menschen, der zu denken gibt: „Det is so'n Vocativus!"

Völkermuseum, das Museum für Völkerkunde.

Vogel. Red. „Hast wol'n Vogel?" d. i. bist wohl verrückt?"

Vogtland, Gegend vor dem Hamburger Tor, wo ehemals (seit 1752) Bauhandwerker aus dem sächsischen Vogtlande den Sommer über angesiedelt waren (im Winter kehrten sie in die Heimat zurück). Bei der Armut der Gegend galt die dortige Sprache als die schlechteste. „Sprech doch nich so vogtländsch!"

Volljedreckt, beschmutzt.

Vollkommen, weit (von Kleidern). „Der Rock sitzt sehr vollkommen."

Vollmachen, verunreinigen. „Sie ha'm sich volljemacht." Auch „Sie sind da janz voll" (beschmutzt).

Vollproppen sich, sich voll essen.

Vollquatschen. „Er quatscht mir de Ohren voll."

Vollsein. Red. „Zum Vollsein!" (für Wohlsein.)

Vorbei. „Det is vorbeijelungen" d. i. mißlungen. „Auch „det is danebenjelungen." — vgl. verjeblich.

Vorbeidestillieren, vorbeidefilieren.

Vorbinden, sich eenen, ihn schelten, strafen.

Vorderflosse, Hand. Red. „Jeben Se mir Ihre biedere Vorderflosse."

Vorfahren lassen, Essen und Trinken auftischen. „Er hat hellisch verfahren lassen."

Vorhaben. „Den ha'm se vorjehatt!" d. i. übel zugerichtet.

Vorhauen, vorsagen. Schulausdruck.

Voricht, vorig. „Vorchte Woche."

Vorjestern. „Ick bin doch nich von vorjestern" d. i. nicht dumm.

Vorjreifen. Red. „Ick will nich vorjreifen!" (aus dem „Ulk".)

Vorknöppen, sich eenen, wie verbinden.

Vorkommen, mit vorkommen (bei einem), ihn gelegentlich besuchen.

Vorkost, Hülsenfrüchte. Nur in „Mehl- und Vorkosthandlung". Jetzt nennen sie sich feiner: Landesprodukte und Mühlenfabrikate.

Vorkriejen. „Den wer'k mir mal vorkriejen" d. i. zur Rede stellen.

Vorlejen, im voraus essen: z. B. wenn man eingeladen ist und erst spät auf ein Abendbrot rechnen kann: „Ick habe orntlich vorjelejt."

Vormachen. Red. „Du kannst mir ville vormachen!" d. i. das glaube ich nicht ohne weiteres.

Vorne. Red. „Det is vorne so hoch wie hinten" (= Jacke wie Hose); auch scherzhaft verdreht in: „Det is vorne so hinten wie hoch."

Vornehmen. „Ick wer Fritzen mal orntlich vornehmen" d. i. ihm ins Gewissen reden.

Vorrede. „Halt dir nich so lange mit de Vorrede uf!" d. i. komm zur Sache.

Vorschmeißen, vorwerfen.

Vorsicht. Red. „Vorsicht is die Mutter der Porzellankiste."

Vorstellen. „Wat nu ihr, de Meestern, vorstellt —" für „die Meisterin aber".

Vorzeijen. „Vorzeijen!" oder „Erst vorzeijen!" auch „Abschrauben, vorzeijen!" Ausdruck des Unglaubens.

W.

Wa? was? (wenn man nicht verstanden hat, besonders bei Kindern.)

Wabbelig, flau; nach dem Genuß einer labberijen Speise wird einem wabbelig.

Wachsm., auch für Keile. „Et jibt Wachs!"

Wackeln. „Er lacht, det de Wände wackeln." — „Er wackelt mit'n Kopp" d. i. er wird alt.

Wadenkneifer plur., enge Hosen.

Wadenoper, Oper mit Ballet.

Wälzen. „Det war zum Wälzen" d. i. zum Kranklachen.

Wärmehalle. Zu einem Gaste, der zu wenig verzehrt, sagt der Wirt: „Is doch hier keene Wärmehalle nich!"

Wärmen. „Du wärmst dir wol an meine Bücher?" d. i. du behältst sie zu lange.

Wärtser, weiter. Immer wärtser! d. i. immer geradeaus.

Wagen. eenen an' Wagen fahren, d. i. ihm in die Quere kommen, sein Verfahren hemmen. Red. „Wer mir an' Wagen kommt, den hau ich mit de Peitsche!"

Wagenschmiere, schlechte Butter.

Wah? für Nicht wahr? „Wah — nee?"

Wahaftig gilt unter Kindern als der höchste Schwur. Wenn einer dem andern nicht glaubt, so fordert er ihn auf: „Sage mal wahaftig!" — „So wahaftig!" „Wahaftjen Jott!" (Zusatz†: Feier un Flammen!)

Wahr. Red. „Is ja janich mal wahr!" (besonders bei Kindern.) — „Det is ja schon beinah janich mehr wahr" (wenn etwas erzählt wird, was schon lange her ist).

Waisenknabe. „Jejen den sein' Kater is meiner 'n reener Waisenknabe." — Waisenknaben, Zigarrenabschnitte, weil der Ertrag der gesammelten zur Bekleidung von Waisenknaben verwendet wird.

†Walachei. De kleene (oder böhmsche) Walachei hieß die Wilhelmstraße von der Puttkamerstraße bis zum Belleallianceplatz. Dort wohnten in allen Häusern böhmische Weber. Daher auch in der Gegend die böhmische Kirche.

Wald= un Wiesen= (stud.) in Zusammensetzungen: gewöhnlich, nicht besonders; z. B. „Spielen Sie Skat?" „Na, so'n Wald= un Wiesenskat."

Walddeibel, Weihnachtsinstrument, wie die Knarre.

Walke plur., Schläge.

Walze. „Det hab ich nich uf de Walze" d. i. darauf bin ich nicht vorbereitet. (vom Leierkasten hergenommen.)

Wamse plur., Schläge. wamsen, prügeln.

Wand. Red. „I da muß doch jleich 'ne elle Wand wackeln!" (entrüstetes Staunen.) — „Du hast de Wand uf'n Puckel!" (wenn der Putz abgefärbt hat.) — „Mit den kann man Wände inrennen!" d. i. er ist ein Dummkopf. — „Wenn man den an de Wand schmeißt, bleibt er kleben!" (von einem schmutzigen Menschen.) — „Det is ja, um de Wände rufzuklettern!" (vor Ärger oder Langeweile; vgl. Boom.)

Wanschen, auch Wanschten, Wanzen.

Warm. „Warm sind se noch! Kalt wer'n se bald!" Ruf der Wurstverkäufer. — 'n paa Warme, sc. Würste. — „'n warmet Abendbrot: 'ne Tasse Kaffee un 'ne Schmalzstulle."

Warten. Red. „Wenn 't noch lange dauert, denn warten wir noch 'n bisken."

†Warum. „Warum dieses nich?" früher stehende Phrase.

Was? (wenn man nicht verstanden hat.) Antwort: „Wenn't rejent, is't naß!" oder „Länger wa't nich!"

Waschen, einem mit Schnee das Gesicht abreiben; Schulausdruck.

Waschfrau. Red. (beim Abschied) „Jrüßen Se Ihre Waschfrau!" — Aber auch: „Jrüßen Se Ihre Waschfrau un sagen Se, ich bin dajewesen!" d. i. gehen Sie Ihrer Wege.

Waschkörbevoll, in Menge.

Waschlappe f., Mensch ohne Energie.

Waschlappen m. Red. „Det Aas stech ich mit 'n jefrornen Waschlappen der!" — 2) Feigling.

Wasser. „Die Strümpe ziehn Wasser" d. h. sie hängen herunter. — Wasser fahren, statt auf dem Wasser. „Wir ha'm 'n janzen Nachmittag Wasser jefahren."

Wasserleiche, unförmlich dicker Mensch.

War. „Ach war!" d. i. laß mich in Ruhe.
— Red. „War haste war kannste" oder
„Haste war kannste war" d. i. in aller Eile.

Warte. Red. „Haft wol Warte in de
Ohren?" d. i. kannst du nicht hören? —
„Warte is keene Boomwolle!" (auf die
Frage „War?")

Weenen, weinen. Red. „Weenen Se man
nich jleich!" zu einem erregt Sprechenden.

Wesse f., Wunde, Schmarre.

Weg. Red. „Det hab ich weg" d. i. be-
griffen. — „Mach dette weg kommst!"
— „Er is janz (reene) weg" (hingerissen). —
„Weg mit Schaden" s. fort. vgl. auch Bild.

Weg. „Det hat noch jute Weje" d. i. es
ist noch viel Zeit bis dahin. — „Ich jehe
jewiß jeden aus 'n Weje, aber ich ver-
lange ooch, det mir jeder aus 'n Weje jeht."

Wegbleiben, vom Schreikrampf bei
kleinen Kindern: „Herr Jott, jetz bleibt er
weg! Klepp 'n man uf'n Puckel!"

Wegjraulen wie rausjraulen.

Weihnachten m., die Geschenke.

Weihnachtsrute, Rute mit bunten
Fähnchen.

Wein. Daß einst in Berlin Wein gebaut,
wohl auch gekeltert wurde, beweisen die
Namen Weinstraße, Weinmeisterstraße,
Weinbergsweg; der Landrücken, zu dem
dieser Weg (vom Rosenthaler Tor) führt,
hieß der „Wollanksche Weinberg." Hier
lag das „Vorstädtische Theater" der
Mutter Gräbert.

†Weinessig. „Mit Weinessig jefuttert"
früher üblich für schlechtes Kleiderfutter.

Weiß. „Du hast dir wat weiß machen
lassen" wie „du hast de Wand uf'n Puckel";
scherzhaft. — 'n Weißlackierter, Kutscher
einer Tarameterdroschke (Schwarzlackierter,
1. Klasse). — Weiße, Flasche (Glas)
Weißbier. Arten: Einfache Weiße, Doppel-
weiße, Rußweiße (besonders gute), Cham-
pagnerweiße, d. i. auf Champagnerflaschen
abgezogene. Budikerweiße, dünn, zu 20 Pf.

Weißbier. Red. „Hinten rum schenkt
man Weißbier!" d. i. Sie wenden sich an
den Falschen.

Weißen für wissen in den Red. „Man kann
nich alles weißen". — „Wer kann's weißen!"

Weit. Red. „Det jeht entschieden wieder
nich weit jenug" d. i. es geht zu weit. —
„Wenn t' weiter nischt is!" d. i. wenn
nichts mehr verlangt wird — das is leicht. —
„Na nu denn weiter?" als Ablehnung
einer salzlosen Anekdote, mit der Miene der
Unschuld.

Weldesmenschen, wie Menschheit; s. d.
— Weldesmenschenmenge.

Welt. Red. „Et jeht doch nirjends doller
(komischer) zu, wie uf de Welt." —
„Denn wär de Welt unterjejangen!" auf
die Äußerung: „Wenn ich nich jewesen
wäre —"

Weltjeschichte. Red. „Da hört doch
de Weltjeschichte uf!" (Ausdruck des Erstaunens.)

Wenig. „Nich so wenig Kaffe — lieber
'n bisken mehr Sahne!" — „Dieses
wenijer!" d. i. das nicht. — „Wenijer
jeben wir nich!" (z. B. Trinkgeld; also:
wir sind immer nobel.)

Wenn schon — denn schon! d. i.
wenn es sein muß, soll es auch gut
(reichlich) sein. — „Wenn nich, denn nich!"

Wer? Antwort: „Peter Behr!" vgl. was.

Werden. Red. „Wat nich is, kann noch
werden." — „Wat soll'n det werden, wenn't
fertig is?" zu einem, der (z. B. für eine
Zeichnung) Anerkennung erwartet. — „Sie
wern doch nich!" sc. das tun. — „Na
wird's bald?" d. i. wird es endlich geschehen? — „Da wird nischt draus" d. i.
es geschieht nicht.

Werdersche. Die Werderschen, d. i. die
Obstfrauen von Werder, die in den Markt-
hallen (früher an der Friedrichsbrücke) feil
halten.

Werk. Red. „Det is 'n janz ander
Werk!" d. i. das sieht schon besser aus.

Wert. „Den ha'm se jenommen, wat er
wert is" d. i. sie haben ihn hoch genommen (übervorteilt).

Wertheim. Rätsel: Warum wollen die
Kinder nicht zu Wertheim gehn? — Weil
er die kleinen Leute tot macht.

9*

Wesenberg, scherzhaft für wesentlich. Wesenberg ist eine bekannte Firma (Cichorien) in der alten Schönhauser-straße.

Westfelinger, Westfale.

Weste. 'ne derbe (stramme) Weste, Busen. s. auch feste.

Westindien für Westend, scherzhaft.

Wetten. Red. „So ha'm wir nich je-wett" d. i. das ist gegen die Abrede. — „Wetten daß?" d. i. wollen wir wetten? — Zur Charakteristik der Droschkenkutscher wird erzählt: ein Mann wird auf der Straße vom Schlage gerührt und stirbt. Augenzeugen stellen aus Papieren, die sich bei ihm vorfinden, Namen und Wohnung des Toten fest und empfehlen einem Droschkenkutscher, der sich erbietet, die Leiche nach Hause zu fahren, die Ange-hörigen schonend vorzubereiten. „Der woll'n wa schon machen" sagt er und fährt los. Vor dem Hause angelangt steigt er drei Treppen hinauf und klingelt. Eine Frau öffnet. „Sind Se villeicht de Witwee Schulzen?" fragt er. Sie er-widert: „Mein Name is Schulze, aber Witwe bin ich nich." Er: „Wolln wa wetten?"

†Wetter. Red. „Der verdirbt's Wetter mit de frühe weiße (Buxen)!" wenn einer im Frühjahr helle Sommerhosen trug. — Um jut Wetter bitten, um Par-don, Aufschub bitten. — „Vor so'n Wetter lieber jakeens!"

Wichsef, Schläge. Red. „Allens eene Wichse!" d. i. alles gleich. wichsen, durchprügeln. — „Det is klar wie Wichse (Stiebelwichse)!"

Wichstopp m., Cylinderhut.

Wickel. eenen bei'n Wickel kriejen.

Wicken. „Er is in de Wicken jejangen" d. i. verloren gegangen.

Widder, wieder. „War wist'n widder?"

Wieder. Wenn einer bis an den Morgen geblieben ist und kaum noch aus den Augen sehen kann, sagt er wohl: „Jetzt muß ich mal'n Oegenblick zu Hause jehn; ich komme aber jleich wieder."

Wiejen, wägen.

Wiejeschale, Wagschale.

Wiewe (franzf. vif). „Des Meechen is mir zu wiewe, die kann man nich trauen."

Wille. mit Willen, mit Absicht.

Willem, Wilhelm. Red. „Er macht 'n dicken (feinen) Willem" (wie Jroßfee). — Eine besorgte Mutter ermahnt ihren Sohn beim Essen: „Eß langsam, Willem — du jloobst nich, wat man rinschlagen kann!" — „Willem, der Leichenwagen kommt!" In den funfziger Jahren war ein alter Guitarrespieler in Alt-Berlin die Freude der Straßenjungen, die ihn mit diesem Ruf verfolgten, weil es bekannt war, daß er vor Leichenwagen eine kin-dische Furcht hatte. Jetzt wird die Redens-art nur aus Ulk gebraucht. — s. auch Jerüste.

Willens. „Ich bin in Willens" — d. i. ich will.

Wilmb für Wilhelm in den Weißbier-stuben. „Wilmb, Weiße!"

Wimmeln, von der Schule wegjagen.

Wimmerholz, Guitarre.

Wimper. Red. „Ich laß mir nich an de Wimpern klimpern" d. i. ich lasse mir nichts vorreden. — Danach: Ich laß mir nich an de Lippen rippen, an de Wolken polken u. ä.

Wind. „Er macht Wind!" d. i. er schneidert auf.

Windbeutel. 1) Gebäck mit Schlag-sahne. 2) leichtfertiger Mensch.

Winde. Red. „Mensch, hast du 'ne Winde!" wie: hast du 'ne Ahnung!

Windig, unsicher, nicht geheuer. „Da nich hin, da is er windig."

Winspel m., Wispel.

Wippkens, Finten, Ausflüchte. Red. „Mach mir keene Wippkens vor!" (Zusatz: „Denn er kommt der Jardekorps.")

Wippe f. 1) Schaukel (Brett oder Balken mit einem Stützpunkt in der Mitte). 2) schiefe Wippe, schielende Person.

Wippen, sich, sich schaukeln.

Wirsekohl, Wirsingkohl.

Wirtschaft. 1) Red. „Wieder 'n Stück in de Wirtschaft!" 2) Lärm, Aufregung. „Mach doch hier nich sonne Wirtschaft!"

Wischer m., Verweis.

Wissen. „Na weeßte!" (Anfang einer Gegenrede.) — „Weeßte, wat de bist? 'n Ochse biste!" — „Weeßte verstehste!" Drohung, bei der dem Gegner die Faust unter die Nase gehalten wird. — „Det kann eener alleene nich wissen." — „Der weeß, wo 't lang jeht" d. i. er ist gewitzt. — „Weeß keen Mensch! Kommt ooch nie raus!" (Antwort auf eine ganz einfache Frage, z. B. „Wie alt sind Sie'n?")

Witwee, Witwe.

Witweenball, Tanzvergnügen niederen Ranges.

Witz. „Mach keene Witze, komm man mit!" — vgl. jagen.

Woche. Red. (ironisch) „Die Woche fängt jut an!" (wird zurückgeführt auf einen Verbrecher, der am Montag früh hingerichtet wurde. Als er zum Richt-platz gefahren wurde und das Volk dem Wagen voraus eilte, rief er: „Kinder, rennt doch nich so! Ehr ick nich da bin, jeht's ja doch nich los!" Als er die Treppe zum Schaffot betrat, sagte er: „Det Dings wackelt ja lebensjefehrlich."

Wohl. Red. (beim Abschied) „Leben Se sowohl als auch!" — „Ihn is wohl, un uns is wöhler!" wenn man einen unan-genehmen Menschen losgeworden ist. — Scherzhafte Steigerung: wohl, Wöhlert, Borsig (zwei bekannte Maschinenfabriken). — Ähnlich: schlecht, Schlächter, Schlächter-meister; leer, Lehrer, Oberlehrer.

Wohlhabend. „Du siehst ja heute so wohlhabend aus" d. i. so wohl.

Wohljefallen. sich in Wohljefallen uflösen, sich auflösen.

Wohlriechend. Red. „Schlafen Se wohlriechend!"

Wohnen. Red. „Bleib man nich jleich drin wohnen!" (wenn einer einen langen Zug aus der Weißen tut.) — „Früher hat er janich jewohnt — jetzt wohnt er jrade-

über" von einem, der keine feste Wohnung hat. — „Wohnt nich!" wie: is nich!

Wolkenschieber. 1) Art Mütze. 2) ein Likör.

Wolle. † in de Wolle jeforben (jefärbt), d. i. echt.

Wollen. Red. „Will ick denn?" d. i. ich will nicht. vgl. halb. — „Nischt zu wollen!" d. i. nichts zu machen.

Wollenkel, Gutsbesitzer, der seine Wolle in Berlin zu Markte bringt.

Wonnekloß, kugelrundes Daunenkissen, in der Sprache der „höheren Töchter"; ebenso **Wonneproppen,** etwa: Liebling (Kose-wort).

Wort. Red. „Haste Worte (vor sonne Sorte)?!" d. i. was soll man dazu sagen! — „Ha'm Se Worte, Herr Jerichtshof?" — Ebenso „Haste Töne?"

Wrackeln, leise wackeln (z. B. vom Tisch).

Wrampieren. s. prampieren.

Wrangel (Denkmal auf dem Leipziger Platz) sagt: „Rechts fahren!"

Wrangen, sich (auch: wringen), sich balgen, ringen.

Wrasen m., Wasserdampf.

Wratze f., Warze.

Wreemsch, von kleinen Kindern, die ohne ersichtlichen Grund unruhig sind und weinen.

Wribbelmatz, Kind, das nicht still sitzen kann; von wribbeln, wirbeln.

Wricken, mit einem Ruder am Stern rudern.

Wucht. 1) unnütze Aufregung. „Mach bloß nich sonne Wucht!" 2) Tracht Prügel. „Krist 'ne Wucht!"

Wünschen. Red. „Wünschen Se vil-leicht noch war?" ist das Angebot einer Ohrfeige. — „Wir wollen't nich wünschen, aber Jott jeb't!"

Wüstenbahn, Südringbahn.

Wugig, mit dichtem, ungekämmtem Haar. **Wugekopp.** Oft übertragen: (geistig) un-ordentlich, unklar.

Wunder m. und n. Red. „Er hat seinen Wunder" d. i. seinen Kummer. „Mach mir doch nich soville Wunder" d. i. mach

mir den Kopf nicht warm. — „Der jibt
vill Wunder" d. i. viele Umstände. — „Da
kannste deinen blauen Wunder erleben!"

Wundern, viel Aufhebens machen. „Der
wundert heite eoch 'n janzen Dag rum!"

Wundern, sich. Red. „Ick muß mir
doch sehr wundern —."

Wunderschön. Red. „Wunderscheen is
janischt dajejen!" (ironisches Lob.)

Wuppdich m., ein Nu. „Mit 'n Wuppdich," im Nu. Auch für Schnaps (vom
schnellen Verschwinden).

Wuppdizitee, Geschwindigkeit. Red.
„Mit einer Wuppdizitee von 0,000" oder:
„von null Komma nischt."

Wurachen, mit Geräusch herumarbeiten.

Wurm m. „Da kam ihm wieder der
Wurm!" d. i. der Ärger erfaßte ihn
wieder. — **Wurm** n. „Armet Wurm!" —
„Wenn man so vier kleene Würmerkens
hat —." „Für die Würmer" wird auf
Tüten gedruckt, für die zum Mitnehmen
bestimmte Bauwerte, bei Hochzeiten u. ä.

Wurmisieren, wurmen. „Det wurmi-
siert mir in Leibe rum."

Wurscht. „Wurscht wider Wurscht!" d. i.
wie du mir, so ich dir. — „Det is mir
Wurscht" d. i. gleichgültig. (Wurschtig-
keit ist durch Bismarck parlamentarisch
geworden.) Ebenso „is mir wurschtig."
Red. „Jetz jehts um de Wurscht" (beim
Spiel, vor der letzten Entscheidung). —
„'n Kerl wie'n Fund Wurscht." — „Die
Wurscht loost wieder bei'n Schlächter"
(wenn die Bratwurst bei der Zubereitung
einschrumpft). — „Jedet Ding hat 'n Ende,
bloß 'ne Wurscht hat zwee." — eenen de
Wurscht anschneiden, d. i. ihn zur Rechen-
schaft ziehen.

Wurschtärme, dicke Arme bei Kindern.

Wurschrengel, Kind mit dicken Armen.

Wurschtkessel. Red. „Er sitzt in
Abrahams Wurschtkessel" d. i. es geht ihm
gut. — „Jetz lichste in' Wurschtkessel"
d. i. jetzt bist du verloren.

Wurschtkirche heißt die Lukaskirche,
weil in ihrem Turme die von dem Wurst-
fabrikanten Riquet geschenkte „Wurscht-
flocke" hängt.

Wurschtpellen plur., Springriemen.

Wurzeln, tüchtig arbeiten.

Waschen, auch wutschen, hutschen; durch-
wutschen.

X.

X=Beene, nach auswärts, wie ein X
gestellte.

X=beliebig, ganz beliebig.

Xlom. Schulkinder schließen das Alphabet:
r, xlom, z.

Berliner Rebus: ccccccc mir nich,
rrrrrxr eoch nich, d. i. Acht se mir
nich, acht ick se eoch nich.

Z.

Zach, zaghaft.

Zacken m. 1) Baumast (auch): 'ne Zacke.
2) Stück ('n Zacken Brot). 3) kurze Pfeife.
4) Rausch.

Zackern, auch zackerieren, keifen, zanken;
vom franzs. sacre.

Zadder m., Bindegewebe im Fleisch.
zadderig.

Zahn. Red. „Den Zahn laß dir man ausziehn (ziehn)!" d. i. das bilde dir nicht
ein. — „Wat soll ick'n damit? Det is 'n
bisken uf'n hohlen Zahn!" — „Det is
wol so war vor deinen hohlen Zahn?"
d. i. das schmeckt dir wohl? — „Sie
denken wol, Sie könn' mir durch de Zehne
ziehn?" d. i. mich zum Narren haben?

Zalm m., Psalm.

Zankdeibel, zänkischer Mensch.

Zantimeter m., Centimeter.

Zantippe, Xanthippe.

Zapperlooche m., der zoologische Garten.

Zappen, Zapfen. Red. „Zappen ab!"
auch: „Zappen duster!" d. i. aus, zu Ende!

Zaruck, zurück. †Die Gendarmen (Schan-
darren) wurden Zarucker genannt. („Zaruck,
wer keene Bulljets hat — zaruck, zaruck
bis an den Bäumen!" sagten sie früher.)

Zaser f., Faser.

Z a s t e r m., Geld, besonders Lohn.

Z a u b e r, Festlichkeit, Aufführung. „Fauler Zauber (Musik von Auber)", Schwindel.

Z a u n b i l l e t. „Er hat'n Zaunbillet" d. i. er sieht über den Zaun zu, ohne Billet. Zaunjäste.

Z a u n f a h l. „'n Wink mit 'n Zaunfahl" d. i. ein sehr deutlicher.

Z e h n e für Zehen. „Ick habe Frost an de Zehne."

Z e h n t e. Red. „Der kann der Zehnte nich vertragen!" — Auch der Zehnteste.

Z e i c h n., Zeug. „Dummet Zeich!" — „War 't Zeich hält" d. i. ganz gehörig. — Auch Zeijes: „So 'n jrienet Zeijes aus de Aptheke."

Z e i s i n g, Zeisig.

Z e i t. Red. „Dabei kann eenen Zeit un Weile lang wern." — „Mit der Zeit flickt man Hosen."

Z e j e n m., Zehe.

Z e l t e n. Die Zelten statt Zelte (im Tiergarten). Der Name stammt aus dem Anfang des 18. Jahrhunderts; damals boten dort zwei Franzosen in Leinwandzelten Erfrischungen aus. Näheres s. Bär 1880 Nr. 8.

Z e r j e n (auch zerjeln), ärgern, quälen. Zerjerei.

Z e r k n a u t s c h e n, zerknittern. 'n zerknautschter Jesichte.

Z e r m e r m e l n, zerreiben.

Z e r p o l k e n, zerpflücken.

Z e r r e i ß e n, sich, angestrengt arbeiten. — sich um eenen zerreißen, sich sehr um seine Gunst, um seinen Umgang bemühen.

Z e r r e p p e r n, zerschlagen.

Z e r t r a m p e l n, zertreten, z. B. ein Beet.

Z i b b e f., Ziege; auch weibliches Kaninchen.

Z i c k e f. 1) Ziege. Zickenbock. Zickenbart, Kinnbart. 2) dürres Weib. „Olle Zicke!" auch mageres Pferd (Haberzicke). zickig, mager. 3) Die Zehn in der Spielkarte. 4) Zicken, Dummheiten. „Mach doch keene Zicken!"

Z i e h e f., Pflege. Ein Kind in de Ziehe jeben.

Z i e h j a l i e f., Zigarre; ebenso

Z i e h j a r e n m.

Z i e h n. Red. „Der zieht nich" d. i. es hat keinen Einfluß. — „Machen Se doch de Kommode (de Schrankdiere, 'n Dosendeckel) zu! Der zieht ja so!" — Auch wenn einer gähnt: „Mach zu — er zieht!"

Z i e h t r o m p e t e, Posaune.

Z i e p e n, an den Haaren zupfen.

Z i e r a f f e m., Zierlappe f., Geck.

†Z i g a r r e. Bis zum Ende der 30er Jahre fand man an den Toren und draußen an belebten Orten „fliegende" Zigarrenhändler. An der Seite ihres Kastens hing eine brennende Lunte, oder eine kleine Lampe und Fidibus. Sie lockten das Publikum mit dem Rufe „Zi-ga-ró mit avec die fö!" (du feu). — In den Straßen Berlins und besonders im Tiergarten (mit Ausnahme der Chaussee) durfte man bis 1848 nicht rauchen. Wer dabei ertappt wurde, mußte einen Taler Strafe bezahlen, von dem zeitweilig der Angeber die Hälfte bekam. Daher die revolutionäre Parole: „Freiheit un Jleichjiltigkeit un Roochen in' Dierjarten!"

Z i j e r j e f. 1) Cichorie. 2) Zigarre.

Z i l l e f., Art Spreekahn.

Z i m m e r m a n n s h a a r. Red. „Er stimmt uf'n Zimmermannshaar!" d. i. sehr ungenau („soweit wie der Zimmermann mit de Art schmeißt").

Z i m t m., wie Klimbim (in beiden Bedeutungen).

Z i m t b l a t t, Gebäck für Kinder.

Z i n g e r n, das Gefühl, das man bei einem Stoß am Musikantenknochen (s. d.) hat.

Z i n k e n m. 1) Rausch. „Er hat'n jehörijen Zinken." 2) Nase.

Z i p p. Red. „Der tut, als wenn er nich Zipp sagen kann!" d. i. sehr bescheiden.

Z i s l a w e n g m., eigentlich wohl Schwung beim Schreiben (Zeichnen); dann „mit'n Zislaweng", mit besonderem Griff, mit besonderer Geschicklichkeit (vgl. awed). Ältere Nebenform Zislaweng. Woher das Wort?

Z o o m. (zweisilbig), der zoologische Garten; wohl nur im Westen üblich.

Zeddel f., unordentliche Person. olle Zeddel. Zeddelkopp. zeddlig. Red. „Det is 'ne olle zeddlije Zucht."

Zeddeln, ziehen. einem nachzeddeln.

Zeddeln, lange Haare.

Zepp. eenen uf'n Zepp spucken, wie uf'n Kopp. — eenen 'n Zepp machen, ihm die Wahrheit sagen, den Standpunkt klar machen. — Red. „Uf den Zepp beiß ick nich" d. i. darauf falle ich nicht rein.

Zepp (Kutscherruf zu den Pferden), zurück. „Zepp zepp zarück!" — Aber auch = vorwärts: „Na zepp zepp!"

Zeppen, ziehen.

Zessen m. (auch Zesse m. u. f.), altes Droschkenpferd, vom Pferdemarkt in Zossen.

Zu. Red. „Na denn man zu!" d. i. jetzt kann es losgehen!

Zubuddeln, (mit Erde) zuschütten.

Zuchen (zugen), ziehen, vom Luftzug. „Det zucht hier so." zuchig.

Zucht, Unordnung. „Wat is 'n det vor 'ne Zucht!" s. auch zeddlig. — Zuchten machen, Lärm, Unordnung machen.

Zuckeldrab, langsamer Trab.

Zuckeln, ziehen, fahren, wie juckeln; auch langsam gehen.

Zucker. Wenn die kleinen Mädchen etwas zeigen, aber nicht anrühren lassen: „Die dut ja, als wenn der von Zucker is!"

Zuckerkante f. (Ton auf der dritten Silbe), Kandiszucker.

Zümftig, gelernt. „'n zümftijer Maurerjeselle" für jede Art von Sachkenntnis. — „Der is zümftig" d. i. etwa: comme il faut. Ebenso „der is 'ne Zumft."

Zudecken, verhauen; auch betrügen, ins Unglück bringen.

Zug. eenen uf'n Zug haben, ihm zürnen, böse sein. „Den hab ick ellig uf'n Zug!" — eenen uf'n Zug bringen, wie uf'n Trab. s. d. — „Nanu Zug un los!" d. i. fang' an! (wie Schuß.) — Rätsel: „Wer hat am meisten Sonntagsruhe? — Die Zugführer der Vorortzüje: die jenießen se in vollen Zijen."

Zulp m., Lutschbeutel.

Zumpel m. 1) Lumpen. 2) unbrauchbare Fleischteile (beim Schlächter). 3) liederlich aussehendes Frauenzimmer.

Zureden. Red. „Zureden hilft!"

Zurückzeppen, nachgeben, eine Behauptung einschränken.

Zusammen, zugleich. Red. (wenn die Redner hitzig werden, ironisch) „Wenn wir alle zusamm' reden, wern wir schneller fertig!"

Zusammenaddieren, addieren.

Zusammenschrumpeln, einschrumpfen.

Zuschanzen, beisteuern. Ebenso zuschustern.

Zusehn. Red. „Seh mal, da licht 'n Ferd! Un die Masse Leite — die woll'n alle bei'r Ufftstehn zusehn helfen."

Zuwachs. uf Zuwachs berechnet, von weiten Kleidungsstücken.

Zwangsanleihe, wie Sardellensemmel.

Zwee, zwei. Red. „Dazu jehören doch zwee!" (wenn einer mit Schlägen droht.) — Um etwas als sehr kräftig zu bezeichnen, sagt man: „Da kannste zwee draus machen" z. B. „aus die Ohrfeige". Auch: „Der is 'n Wetter, wo man zwee draus machen kann." — Pleonastisch: Wir zwee beede.

Zwiebeln, peinigen.

Zwirschern (eenen), trinken, vom Schnaps. vgl. Lippentriller.

Berichtigung zu S. 47: Irsche ist Kröte, in niederdeutschen Dialekten. — S. 55 unter Irien lies „de jriene Minna." — S. 61 unter Klauen lies: 3) stehlen. — S. 80 lies Melle f. statt m.

Verse.

(Viele haben Varianten; auch werden Teile verschiedener Strophen zu neuen verbunden.)

I. Kinderverse.

A. Allgemeine.

1.

A B C,
Katze lief in Schnee;
Als se wieder rauser kam,
Hat se weiße Hosen an.

2.

Bige bige beichen,
Koch das Kind 'n Breichen;
Tu auch orntlich Zucker ran,
Daß das Kindchen pappen kann.

3.

Maikeber, fliese,
Dein Vater is in Kriese,
Deine Mutter is in Pommerland,
Pommerland is abjebrannt,
Maikeber, fliese!

4.

Schnecke Pumpecke,
Steck deine vier Hörnerkens raus,
Schmeiß ich dir in Jraben,
Fressen dir de Raben.

5.

Klapperstorch, du Luder,
Bring mir'n kleenen Bruder!
Klapperstorch, du Aster,
Bring mir 'ne kleene Schwester!

6.

Storch, Storch, Steiner
Mit de langen Beiner,
Fliese in een Bäckerhaus,
Bring mir eene Semmel raus!

7.

Kalitte, Kalitte, setze dir,
Ick jebe dir Brot un Bier,
Brot un Bier jeb ick dir,
Kalitte, Kalitte, setze dir.

8.

Ihr Diener!
Wat machen de Hübner?
Wat macht der Hund?
Is de Katze noch jesund?

9.

Suse, liebe Suse, wat raschelt in't Stroh?
Et sind de Zulejänskens, die ha'm keene Schuh.
Der Schuster hat Leder, keen Leisten dazu,
Drum jehn de Zulejänskens un ha'm keene Schuh.

10.

Schlaf, Kindchen, schlafe,
In Jarten stehn zwei Schafe,
'n schwarzes und 'n weißes,
Un wenn das Kind nich schlafen will,
Denn kommt das schwarze un beißt es.

11.

Backe backe Kuchen,
Bäcker hat jerufen;
Hat jerufen de janze Nacht,
Kindlein hat keen' Teig jebracht,
Nu kricht's keenen Kuchen.

Wer will schönen Kuchen backen
Der muß haben sieben Sachen:
Eier un Schmalz,
Butter un Salz,
Milch un Mehl,
Safran macht den Kuchen jeel.

12.

Na weene man nich,
Na weene man nich!
In de Röhre stehn Klöße,
Du siehst se man nich!
(Nach der Melodie eines alten Walzers,
sentimental.)

13.

Vaterken mit's Röhreken,
Hau mir nich zu sehreken!

14.

Seele, Kätzken, beele,
Der Kätzken hat vier Beene,
Der Kätzken hat 'n langen Schwanz,
Morjen is er wieder janz.

15.

Vater, die Lowise
Hat der Franz jefragt,
Ob se ihn ooch liebe,
Hat se ja jesagt.

16.

Eins, zwei, drei un vier,
Mutter, mach de Diere zu,
'n Bettelmann is hier.

17.

Hans, mein Sohn, was machst du da?
Vater, ich studiere.
Hans, mein Sohn, das kannst du nich!
Vater, ich probiere.
Hans, mein Sohn, das ärjert mir!
Vater, das is Mode.
Hans, mein Sohn, ich haue dir!
Vater, nich zu Dode.

18.

Weeßte schon was?
Wenn't rejent, is't naß,
Wenn't schneet, is't weiß!
Du bist'n kleener Naseweiß!

19.

Lott' is dot, Lott' is dot,
Jule licht in Sterben,
Freu mir schon, freu mir schon,
Jibt et wat zu erben!

oder:

Wat soll da, wat soll da
Nu der Christian erben?

Det is recht, det is recht
Den verdammten Stiebelknecht.

20.

Meine Mutter hat jesagt:
Sauer is nich süße!
Nimm dir keene Bauermagd,
Die hat krumme Füße.
Nimm dir eene aus de Stadt,
Die 'ne schlanke Talje hat.

21.

Da oben uf den Berje,
Da is der Deibel los,
Da zanken sich zwee Zwerje
Um een' Kartoffelkloß.
(Der eene hat jewonnen,
Der andre hat verspielt:
Da haben se sich beede
In Sande rumjesielt.)

22.

In der bimbambol'schen Kirche
Jeht es bimbambolisch zu,
Tanzt der bimbambol'sche Ochse
Mit der bimbambol'schen Kuh.

23.

Braut un Bräutjam küssen sich,
Andre Leute wissen't nich.
Braut un Bräutjam verdragen sich,
Andre Leute schlagen sich.

24.

Lirum larum Löffelstiel,
Wer das nich kann, der kann nich viel.

oder:

Alte Weiber fressen viel.

25.

Seifmajor, Seifmajor,
Seif mir mal 'n Ends'ken vor!

26.

Will euch was erzählen,
Von de Mumme Reelen:
Mumme Reelen hat 'n Jarten,
Hier 'n Jarten, da 'n Jarten,
Un das is 'n runder Jarten.
In den Jarten steht 'n Baum,
Hier 'n Baum un da 'n Baum,
Un das is 'n runder Baum.
usw.

27.

Morjen, meine Herrn,
Äppel sind keene Bern',
Bernen sind keene Äppel,
De Wurscht hat zwee Zeppel,
Zwee Zeppel hat de Wurscht,
Der Bauer leid Durscht,
Durscht leid der Bauer,

Das Leben wird ihn sauer,
Sauer wird ihn das Leben,
Der Weinstock hat drei Reben,
Drei Reben hat der Weinstock,
Ein Kalb is kein Ziejenbock,
Ein Ziejenbock is kein Kalb,
Meine Predigt is halb,
Halb is meine Predigt,
Mein Pansch is mir ledig,
Ledig is mir mein Pansch,
Da habt ihr meine Predigt janz!

28.

Is 'n Jude int Wasser jefalln,
Hab ihn hören plumpen;
Wär ich nich dazu jekomm',
Wär der Jud' ertrunken!

29.

Der soll über de Nase sehn
Un barfüßig zu Bette jehn!

30.

Wenn sich Herz und Magen laben,
Will die Nase auch was haben.
(wenn Kinder beim Kaffeetrinken die Nase in
die Tasse stecken.)

31.

Ach ick bin so müde,
Ach ick bin so matt!
Möchte jerne schlafen jehn,
Morjen wieder früh uffstehn.
Ach ick bin usw.

32.

Es war mal'n Mann,
Der hieß Pumpann,
Pumpann hieß er,
In de jroße Trompete stieß er.

33.

Ochse, Esel, Osterlamm,
Kennste nich 'n Weidendamm?

34.

Eckensteher Nante,
Jeh bei deine Tante,
Setz dir uf'n Schemmel,
Eß 'ne Buttersemmel,
Setz dir uf'n Disch,
Eß 'n jroßen Fisch.

35.

Eene Bohne Tintefaß,
Jeh nach Schule un lerne was.
Wenn de was jelernet hast,
Komm zu Hause un sag mir was.

Variante:

Bunte Bohne Tintefaß,
Jeh nach Schule un lerne was,
Lernste was, denn kannste was,
Kannste was, denn biste was,
Biste was, denn haste was,
Bunte Bohne Tintefaß.

36.

Wer nich kommt zur rechten Zeit,
Der muß essen, was übrig bleibt.

Früher:

Den jeht de Mahlzeit flöten.

37.

Zankt euch nich un streit euch nich,
Kriecht euch lieber in de Haare (bei de Köppe).

38.

Sechs mal sechs is sechsundreißig,
Is de Frau ooch noch so fleißig,
Un der Mann is liederlich,
Jeht de janze Wirtschaft nich.
(Früher:
Jeht de Wirtschaft hinter sich.)
Wenn de Frau will Kaffe kochen,
Hat der Mann den Topp zerbrochen;
Wenn de Frau will Semmel holen,
Hat der Mann det Jeld jestohlen.

39.

Mach mir keene Wippken vor,
Denn er kommt der Jardekorps.

40.

Fliedertee, Fliedertee,
Ach mir tut der Bauch so weh!

41.

Dudel dudel Leierkasten,
Stech de Frau in' Resekasten!
Stech se nich zu tief,
Sonst wird se krumm un schief!

42.

Marie Mara Marutschkaka,
Marie Mara Marie;
Wenn hier 'n Topp mit Bohnen steht
Un da 'n Topp mit Brüh,
Denn laß ich Brüh un Bohnen stehn
Un nehme meine Marie.

43.

Marie Marie Marutschkaka
War de janze Nacht nich da,
Hat jesungen un jesprungen
Mit 'n kleenen Schusterjungen.

44.

Ick will dir mal wat sagen
Von 'n alten Wagen:
Wenn er keene Räder hat,
Kann er nich mehr fahren.

45.

Weeßte, wo ick wohne?
In de Bumskanone.
Weeßte, wo ick sitze?
In de Pudelmütze.

* * *

Bumskanonengasse Nr. XXX,
Wo de Heringe Schildwach stehn
Un de Bücklinge aus 't Fenster sehn (de Treppe
rufsiehn).

46.

Ab ab,
Mein Schnappsack,
Zu in,
Is nischt drin.

47.

Rechten, linken,
Speck un Schinken,
Wurscht un Braten
Fressen die Soldaten.

48.

Wenn Schüler eine Landpartie machen wollen,
schreiben sie an die Wandtafel:
Der Himmel ist blau, das Wetter ist schön,
Herr (Lehrer), wir wollen spazieren gehn!
oder:
Der Frosch quakt, die Padde lacht,
Morgen wird 'ne Landpartie gemacht!

B. Spielverse, Scherze.

49.

Mairegen (Regenboom, Regenbogen), mach mir
nich naß,
Mach ander Leutens Kinder naß!

50.

So fahren die Damen,
So reiten die Herren,
So stuckert der Bauer!
(wenn man kleine Kinder auf den Knieen reiten
läßt.) Ebenso 51 und 52.

51.

Hop hop hop hop Reiter,
Wenn er fällt, denn schreit er;

Fällt er in den Graben,
Fressen ihn die Raben;
Fällt er in den Sumpf,
Macht der Reiter Plums!

52.

So reiten die kleinen Kinderlein,
Wenn sie fein und artig sein;
Wenn sie größer wachsen,
Reiten sie wie die Sachsen.
Die Sachsen reiten durch den Bach,
Die Bauern kommen hinten nach.
Schneddereng, schneddereng, schnedderengteng-
teng.

53.

Das ist der Daumen,
Der schüttelt die Flaumen.
Der rapt sie auf,
Der trägt sie heim,
Und der kleine Schelm frißt sie ganz allein.
oder
Der ißt sie,
Der frißt sie,
Der sagt: Ich wer's de Mutter sagen.
wird den Kindern an den fünf Fingern deutlich
gemacht.)

54.

Da hast 'n Daler,
Geh nach 'n Marcht,
Koof 'ne Kuh,
'n Kälbchen dazu —
Riddeldiddelhäusken!
(Kälbchen hat Schwänzchen,
Riddeldiddeldänzchen!)

55.

Wo wohnt'n Mutter Tepperken?
Noch 'n Treppken höher!

56.

Ich sage dir wahr,
Deine Hand is klar;
Ich sage dir was,
Deine Hand is naß.
(wobei auf die Hand gespieen wird.)

57.

Kommt 'n Schiff gefahren,
Is noch nich beladen;
Wer wat gibt, is Engelken,
Wer nischt gibt, is Deibelken.
(wobei die Kinder beide Hände muldenförmig
nebeneinander halten, um ein Stück Brot oder
dgl. zu erbetteln.)

58.

Ich schneide, schneide Schinken,
Wen ich lieb hab, werd ich winken.
Ich schneide, schneide Speck,
Wen ich lieb hab, hol ich weg.

59.

Es kommen drei Herren aus Wittenberg,
Juchheißa fifa latus.
Was wolln die Herrn aus Wittenberg?
Juchheißa ꝛc.
Sie wolln die jüngste Tochter haben,
Juchheißa ꝛc.

usw.

60.

Abraham und Ikl,
Die zankten sich um'n Zwieback;
Der Zwieback brach inzwei,
Abraham kricht das Ei.
(oder: Da waren's ihrer drei.)

61.

Das eß ich,
Das trink ich,
Das geb ich den Armen.

62.

Wer mir die Gans gestohlen hat,
Der is ein Dieb,
Un wer sie mir denn wiederbringt,
Den hab ich lieb. —
Da steht der Gänsedieb!

63.

Herr Schmidt, Herr Schmidt,
Was kricht die Jule mit?
'n Schleier und 'n Federhut
Das steht die Jule jar zu jut.

(Herr Schmidt hat wenigstens 7 Töchter; jede
bekommt ihren eigenen „Dezem" mit Vers.)

64.

Eisele, Beisele jehn vor'n Laden,
Woll'n vor'n Dreier Rese haben;
Vor'n Dreier Rese jibt et nich,
Eisele, Beisele, haut euch nich!

65.

Ziehet durch, ziehet durch,
Durch die jold'ne Brücke;
Se is inzwei, se is inzwei,
Wir woll'n se wieder flicken.
Mit was, mit was?
Mit Steinerlein, mit Steinerlein!
Der erste kommt, der zweite kommt usw.

(beliebig ausgedehnt)

Der xte muß jefangen sein.

66.

Amor jing und wollte sich erquicken,
Doch das Ding, das wollte sich nicht schicken.
Er jing wieder
Auf und nieder,
Bis er seine Schöne fand.
Dir zu dienen,
Bin ich hier erschienen,
Und dies Händchen
Soll ein Pfändchen
Unsrer treusten Liebe sein.

67.

Was feilt der Herr? Junges, junges
Vögelein. — Was für eins? Taube! — Is
nich da! — Nachtigall! Nachtigall, flieje aus! —
Chor: Komm wieder in mein Haus! Komm ꝛc.

68.

Ringel Ringel Rosenkranz,
Setz 'n Töppken Wasser uf,
Morjen wolln wir waschen,
Jroße Wäsche, kleine Wäsche —
Wenn der Hahn wird krejen,
Schlagen wir'n uf'n Brejen,
Und die janze Kompanie
Macht Kikerikiki!

Statt der vier letzten Zeilen auch:

Bis der Kessel voll is.

69.

Spinne klare Seide,
So klar wie ein Haar;
Es verjingen sieben Jahr;
Sieben Jahr sind um un dum,
Fräulein N. N. dreht sich um.
Fräulein N. N. hat sich umjekehret,
Der Bräutjam hat ihr 'n Kranz bescheret,
So klar ꝛc.

70.

Hier is jrün un dort is jrün
Wohl unter meinen Füßen;
Ich hab verloren meinen Schatz,
Ich werd ihn suchen müssen.
Dreh dich um, dreh dich um!
Ich kenne dich ja nicht.
Bist du es oder bist du's nicht,
Die mir ein Küßchen schuldig ist?
Ach nein, ach nein, du bist es nicht,
Die mir ein Küßchen schuldig ist.

71.

Wo bist du so lange jewesen?
Schöner als wie du!

72.

Wo is denn mein Schatz jeblieben?
In Berlin, in Stettin,
Wo die schönen Mädchen blühn;
Mädchens tragen Myrtenkränse,
Jungens tragen Rattenschwänse,
Mädchens jehn zum Erntekranz,
Jungens jehn zum Schweinedanz.

73.

Komm, wir wollen wandern jehn,
Von einer Stadt zur andern jehn.
(In die Kutsche fahren wir,
Auf'n Esel reiten wir)
Ki ra rutsch,
Wir fahren in die Kutsch.

74.

Wir reisen nach Jerusalem — wer will mit?
Die Katze mit'n langen Schwanz die will mit.

75.

Ei ei, Herr Papajena,
Wie hat er sich versehn!
Das allerschönste Mädel,
Das hat er lassen stehn.
. . . . . .
Hat's brav (schlecht) jemacht, hat's brav jemacht,
Drum wird er auch nich (orntlich) ausjelacht.

76.

Rotes Radieschen,
Eisernes Füßchen,
Alter Student
Wäscht sich die Händ,
Trocknet sich ab,
Kniet nieder,
Betet zu Gott,
Steht wieder auf,
Trinkt ein Glas Wein
Und geht heim.
(beim Fangeball der Mädchen.)

77.

Es jing ein Bauer in's Holz : :
Es jing ein Bauer in's Kürbisholz,
Ki ka Kürbisholz,
Es jing ein Bauer in's Holz.
Der Bauer nahm sich ein Weib usw.
Das Weib nahm sich ein Kind usw.

78.

Ick jing mal über 'ne Brücke,
Un die war naß,
Da bejejente mir 'ne Zicke,
Un die fraß Jras.

79.

Buster Buster Sidebus,
Wieviel Hörner hat der Bock?
Einer dreht sich um: der Frager hält z. B. drei
Finger hoch, der Gefragte rät fünf — dann bekommt er Schläge zu dem Vers:

Hättste drei jeraten,
Wärste nich jebraten!

und wenn er geraten hat:

Haste drei jeraten,
Wirst ooch nich jebraten!

80.

Antwort dessen, der den „letzten" behält:

Der letzte is mir lieb,
Dein Vater is 'n Dieb!
Der letzte hat jetroffen,
Deine Mutter is besoffen!

81.

Rinnewippken,
Nesedrippken,
Oogentreneken,
Ziep, ziep, Mareneken.

(Hierbei werden Kinn, Nase und Augen berührt, dann wird an den Haaren gezogen.)

82.

Adam hatte sieben Söhne,
Sieben Söhne hatt' Adam.
Se aßen nich, se tranken nich,
Se waren alle liederlich,
Se machten alle so wie ich:
(Alle machen nach, was vorgemacht wird.)

83.

Regeljungenverse.

Grenadier!
Der Rejeljunge hat keen Bier!

Bataljon!
'n Rejeljungen durschtert schon!

Alle meine!
Der Jroschen is meine!

84.

Kaiser, König, Edelmann,
Bürjer, Bauer, Bettelmann.

(Der künftige Stand wird von den Kindern aus dem Abzupfen von Akazienblättern prophezeit.)

85.

Aute, Naute, Pefferkuchen,
Morjen jehn wir Äppel suchen!

86.
Klipp klapp Mille,
Meine Mille jeht,
Deine Mille steht.
(Beim Mühlespiel auf der Schiefertafel.)

87.
Der Plumpsack jeht rum!
Dreht euch nich um!

88.
Fuchs aus 'r Loch!
Keile kriste doch!

89.
Fürcht euch nich vorn schwarzen Mann!
— Nich vor'n roten Zeller!

90.
Beim Jagdspiel:
Häseken, verschwinde,
Wie de Wurscht in't Spinde!

—

Häseken, verschwind, verschwind,
Daß dich des Jägers Hund nich find;
Find er dich, so schießt er dich,
Piff, paff, puh!

91.
Alter Kese stinkt!
Alter Kese hat jestunken!

92.
Hic haec hoc,
(N. N.) kommt mit 'n Stock.
Is ea id,
War will er denn damit?
Sum fui esse,
Haut dir in de Fresse.
Illé illá illúd,
Der se man so blut.

93.
Semel, bis, ter, quater:
Semmel biß der Kater.

94.
Mund auf, Augen zu!

95.
Wer zum ersten spricht — ich!

96.
Ich jing in den Wald — ich auch —
Da kam ich an 'n Haus — ich auch —
Da jing ich de Treppe ruf —
Da klopp ich an de Tür —
Da machte man mir auf —
Da forderte ich mir 'n Kese
Un der stank   ich auch!

C. Spottverse.

97.
Berliner Kind,
Spandauer Wind,
Schalottenburjer Herd,
Sind alle drei nischt wert.

98.
Ick un det un kieke mal,
Oogen, Fleesch un Beene!
Die Berliner allzumal
Sprechen jar zu scheene.

99.
Amazone, Krinolin,
Löcher in de Strümpe un Kloßpantin'.
(Amazone bezieht sich auf die Mode der Ama-
zonenhüte.)

100.
Kadett, Kadett, Kaldaunenschlucker,
Dragen Hosen ohne Futter,
Jestickte Kragen,
Nischt in Magen,
Joldne Tressen,
Nischt zu fressen.

—

Die Vordersten marschiren in Tritt,
Die Hintersten kommen nich mit.

101.
Fledermaus
Übert Haus,
Zieh den Bäcker de Hosen aus!

102.
Schoschtenfejer,
Klinkendrejer,
Ufjehangen,
Wiederjefangen!
(Hoho — nach Stralow!)

103.
Kennsteenklauer,
Über de Mauer,
Morjen wirste Sirupsklauer.

104.
'ne jroße Tiete un nischt drin,
Der is'n Koofmich sein Jewinn.

105.
Böttcher, Böttcher, bum bum bum,
Haut de Frau den Puckel krumm,
Lejt se uf de Lade,
Haut se wieder jrade.

106.

Wenn der Schneider reiten will
Un hat keen Ferd,
Denn setzt er sich uf'n Ziejenbock
Un reit verkehrt.

Variante:

Wenn der Schneider reiten will,
Un hat keen' Jaul,
Setzt er sich uf'n Ziejenbock
Un nimmt 'n Schwanz ins Maul.

107.

Schneider meck meck,
Fall nich in Dreck.

108.

Schneider (auch Schuster) meck meck,
Stiebel voll Dreck,
Hosen voll Wanzen,
Kann nich mit danzen.

109.

Un was 'n juter Schneider is,
Muß wiejen sieben Pfund,
Und wenn er das nich wiejen tut,
Denn is er nich gesund.

110.

Pantoffelmann, Pantoffelmann,
Zu Neujahr kricht er Stiebeln an!

111.

Rotkopp, Feuerkopp,
Steck de janze Welt an!

oder

Rotfuchs, de Ecke brennt,
De Feuerwehr kommt anjerennt!

112.

Kahlkopp,
Schmier Butter druf,
Setz Kejel uf,
Schieb um! (Alle Neune!)

113.

Bah!
Der Affe steht da.
Der Bär kiekt zu,
Un det bist du!

114.

Biste bese?
Beiß in' ollen Kese!
Biste wieder jut?
Beiß in' ollen Hut!

115.

Is das nich 'n jroßer Esel?
Hat's jeschrieben un kann's nich lesen?

116.

Auf jeden Lehrer zu variiren: z. B. auf einen
Schreiblehrer:

Ketzlaff, der kleene,
Mit de Semmelbeene,
Looft de Straße uf un ab
Un ruft: Wer kooft mir Federn ab?

117.

Für jeden Namen auf er (sprich: eer): z. B.

Zeideleer, wie brummt der Bär?
Brummt er nich wie Zeideleer?

118.

Für solche, die lang sind oder Lange heißen:

Lange lange Letter,
Der Deibel is dein Vetter!

119.

Ju'n Tag, Herr Meier!
Wat kosten de Eier?
Sechs Dreier?
Is mir ze deier.

120.

Ach, ach, ach, ach, Herr Meier,
In' Ochsenkopp is Feier!
Da brennt det janze Hinterhaus,
Da schmeißt der eene den andern raus.
Ach, ach usw.

121.

Aochee, Herr Meier Wohljeboren
Mit de lange Eselsohren!

122.

Pietsch kommt, Pietsch kommt,
Pietsch is kreuzfidele;
Er hat 'n kleenen Spitz in' Kopp,
Der sitzt 'n in de Kehle.

123.

April April April!
'n Narren kann man schicken wohin man will!

124.

Mai Mai Mai!
April is schon vorbei!

125.

Wir fahren so jemütlich
Uf de Ferdebahn;
Det eene Ferd det zieht nich,
Det andre det is lahm.
Der Kutscher kann nich fahren,
Der Kondukteur nich sehn,
Un alle fümf Minuten
Da bleibt de Karre stehn.

126.
Wer will haben? —
Speck mit Maden!

127.
Ungeführt mit Löschpapier,
Morjen kommt der Untroffzier.

128.
Wat jeschenkt, bleibt jeschenkt,
Kommt nich widder in 't Haus jerennt.

129.
Johann, spann an,
Drei Katzen voran,
Drei Ferde voruf,
Johann sitt druf.

130.
Hans
Mit 'n ledern' Schwanz,
Kommt de Treppe runterjedanzt!

131.
Fritz, Fritz, Friederich,
Sei doch nich so liederlich!

132.
Fritze, Stieglitze,
Dein Zeisig is dor.
Licht unter de Banke (Mütze)
Un frißt 'n Stück Brot.

133.
Fritze, Stieglitze,
Dir wachsen ja de Haare aus de Mütze!

134.
Hans Pumpanz,
(Dreibeeniser Hans)
Widewinkuskandanz,
Widewankus,
Katankus,
Katholischer Hans:
und so mit andern Namen in ent-
sprechenden Reimen.

135.
Alexander,
Tritt 'n Dreck von 'nander!

136.
Paul,
Halt 's jroße Maul!
Wenn de nach Schule kommst,
Biste faul!

137.
(N. N.) ist dumm
Und weiß nicht warum!
schreiben Kinder an Mauern und Zäune.

138.
Klobe Klobe Holz,
Dein Vater schießt Rabolz.

* * *

Kick mal nach 'n Himmel,
Dein Vater drinkt 'n Kümmel.

* * *

Roter, roter Feierherd,
Dein Vater is keen' Dreier wert.

D. Stammbuchverse.

139.
Rosen, Tulpen, Nelken,
Alle Blumen welken,
Marmor, Stahl und Eisen bricht,
Aber unsre Freundschaft nicht.

140.
Unsre Freundschaft, die soll brennen,
Wie ein dickes Dreierlicht,
Freunde wollen wir uns nennen,
Bis der Kater Junge kricht.

141.
Lebe glücklich, lebe froh,
Wie der Mops im Paletot.

142.
Berlin, den Datum weiß ich nicht,
Keinen Kalender hab ich nicht,
Die Tinte ist mir eingefroren,
Die Feder hab ich auch verloren,
Das Bleistift ist mir abgebrochen,
Vor Angst bin ich in's Bett gekrochen.

143.
Berlin, den Datum weiß ich nicht,
Ich glaub, er heißt Vergißmeinnicht.

144.
Liebe mich, wie ich dich!
Hopsasa — Gedankenstrich.

145.
Nimmst du dieses Buch zur Hand,
Denk: den hab' ich auch gekannt.
Zur Erinnerung
an deinen dich liebenden Bruder
Otto.

10

146.

In dem Stammbuch muß ich rein,
Und sollt's die kreuz und quere sein.
(quer geschrieben.)

147.

Auf der letzten Seite:
  Wer dich lieber hat als ich,
  Der schreibe sich hinter mich.

148.

Auf dem Deckel:
  Ich liebe dich noch mehr,
  Und schreibe mich hinterher.

149.

Symbol:
  Berg auf! Berg ab
  Zuletzt in's Grab!
Symbolium:
  Meide das Grab!

F. Abzählverse,

(Durch die festgestellt wird, wer beim Spiel anfangen muß, wer „dran is").

150.

Eins zwei drei vier fünf sechs sieben,
Eine alte Bauerfrau kocht Rüben,
Eine alte Bauerfrau kocht Speck,
Ich oder du bist weg.
(Statt Rüben auch Klieben d. i. Klieter, Mehl-
klößchen.)

151.

(alt)
Kummel di bummel di kicker di nell,
Schlug die Bell,
Auf der See,
Kam das Reh
Zibber di bibber di buff baff   ab   dran!

152.

Eins zwei drei (usw. bis) zwanzig,
Die Franzosen zogen vor Danzig,
Danzig fing an zu brennen,
Da kriegten die Franzosen das Rennen,
Ohne Pantoffeln und Schuh,
Immer nach Frankreich hinzu.
Varianten:
Ohne Strump und ohne Schub,
Rannten sie nach Frankreich hinzu.
Und rannten von hier bis an die Eck,
Ich oder du bist weg.

153.

Eins zwei drei (bis) zwanzig,
Wer jebt mit nach Danzig?
Wer jebt mit nach Wien
Und kauft sich ein Bund Rien?

154.

Eins zwei drei (usw. bis) sieben,
Komm, wir wollen Kejel schieben.
Kejel um, Kejel um,
Böttcher, Böttcher bum bum bum.
Böttchers Frau, die alte Jrete,
Saß auf einen Baum und nähte,
Fiel herab, fiel herab,
Und das linke Bein war — ab.
Kam der Doktor Zappelmann,
Klebt das Bein mit Spucke an;
Saß es fest, saß es fest,
Jing nie wieder   ab.

155.

Eene meene ming mang,
Ping pang,
Ose pose packe dich,
Eia weia weg.

156.

Üpchen püpchen Rübezahl,
Üpchen püpchen knoll.
Zibber de bibber de monika,
Zibber de bibber de boll.
Hierbei wird nach Aufheben zweier Finger von
jeder Hand abgezählt.

157.

Eins zwei drei vier,
Komm mit nach Bier,
Fall nich in Dreck,
Sonst bist du weg!

158.

Eins zwei drei vier,
Auf dem Klavier
Steht ein Jlas Bier;
Wer daraus trinkt,
Der stinkt.

159.

Ettchen dettchen dittchen dattchen,
Zebe de bebe de bunte Klattchen,
Zebe de bebe de buff.

160.

Ab an dran,
Medel Mann,
Wer den Finger kricht,
Is dran!

161.

Eins zwei drei,
Zicke backe bei,
Zicke backe Haberstroh,
Sieben Kinder waren dot,
Eins lag untern Tisch.
Kam die Katze mit'n Fisch,
Kam der lange Leineweber,
Schlug die Katze auf das Leder,
Schrie die Katz miau,
Meine liebe Frau.

162.

Eins zwei drei,
Picke packe pei,
Picke packe Hasenbrot,
Ich schlag dir mit de Keule dot.

163.

1, 2,
Polizei.
3, 4,
Untroffzier.
5, 6,
Alte Hex'.
7, 8,
Jute Nacht.
9, 10,
Schlafensjehn.
11, 12,
Hinter das Jewölb,
Da is eine Maus,
Die muß raus!

164.

Ong drong dree,
Katterlemmerfee,
Lemmer fi, lemmer fo,
Die Kapelle Sanktimo,
Sanktimo de Colibri,
Colibri de Tepperi,
Ong drong dree,
A ree!

(Von der französischen Kolonie; die ersten vier
Wörter sind offenbar entstanden aus un deux
trois quatre.)

165.

Ich und du,
Müllers Kuh,
Müllers Esel,
Das bist du.

166.

Eins (bis) sieben,
Heute bin ich nachjeblieben,
Da war Vater ärjerlich,
Nahm den Stock und haute mich.

167.

Eins (bis) sieben,
Onkel hat 'n Brief jeschrieben,
Einen an mich,
Einen an dich,
Einen an Onkel Ladewig.

168.

Eins (bis) sieben,
Wo is denn mein Schatz jeblieben?
Is nich hier, is nich da,
Is wol in Amerika.

169.

Eins zwei drei,
Lische lasche lei.
Lische lasche
Plaudertasche,
Eins zwei drei.

170.

Zehne, zwanzig, dreißig,
Wer war fleißig?
Wer war faul?
Der kricht eins auf das jroße Maul.

171.

Eene deene,
unke funke,
rabe schnabe,
tippe tappe,
fese nappe,
ulle pulle,
roß raus,
Du lichst draus!

172.

Jrer Peter Jrenstrick,
Sieben Katzen schlugen sich
In 'ner düstern Kammer
Mit'n blanken Hammer.
Eine kricht 'n barten Schlag,
Daß se hinter de Düre lag.
Ab — an — dran!

173.

a.

Amtmann Bär
Schickt mich her,
Ob der Kaffe fertig wär.
Nein, mein Kind, du mußt noch warten,
Ich solange in den Jarten.
Die Uhr schlejt sieben,
Da wird er jerieben;
Die Uhr schlejt acht.
Da wird er jemacht;
Die Uhr schlejt nein,
Wird der Kaffe fertig sein;
Die Uhr schlejt zehn,
Wird er uf 'n Tische stehn.

b.

Amtmann Bär
Schickt mich her,
Ich soll holen
Zwei Pistolen,
Eine für mich,
Eine für dich,
Du bist ab und ich noch nich.

174.

Eene Bohne Tintenfaß,
Ich nach Schul un lerne was.
Als mein Vater Schnitter war,
Schnitt er mir 'ne Piepe;
Piept' ick alle Morjen,
Jing't als wie 'ne Orjel.
Schnipp schnapp,
Resenapp,
Ich oder du mußt ab.

175.

Une dune Entenschnabel,
Wenn ich dich in' Himmel habe,

Reiß ich dir ein Beinchen aus,
Mach ich mir ein Pfeifchen draus;
Pfeif ich alle Morjen,
Hören's alle Storchen,
Jetzt die Mühle klipp klapp,
Ei du alter Pfeffersack.

176.

Eene kleene Kaffebohne
Wollte jern nach Engelland,
Engelland war zugeschlossen,
Un der Schlüssel war zerbrochen.
Ick's, ack's, u,
Weg bist du!
Ick's, ack's, en,
Du kannst renn'!

177.

Eene meene Rätsel (böse))
Wer backt Prezel (Klöße)?
Wer backt Kuchen?
Der muß suchen.

II. Volkstümliche Verse.

178.

Ick bin jerührt wie Appelmus,
Zerfließe wie Pomade,
Mein Herz schlägt wie 'n Perdefuß
In meine linke Wade.

179.

Wollt ihr dies sehn,
Wollt ihr das sehn,
Wollt ihr Pickelbachen seinen Ast sehn?

180.

Ja, ja, lieber Mann,
So jeht's in de Welt;
Der eine hat'n Beutel,
Der andre 't Jeld.

181.

Uf'n Schalottenbürjer Türm
Saß 'n Würm;
Kam 'n Sturm
Un warf den Würm
Von' Schalottenbürjer Türm.

182.

Hans haute Holz,
Hintern Hühnerhof
Haute Hans Holz.

183.

Piefke lief
Piefke lief,
Piefke lief de Stiebeln schief.

184.

Frau von Hagen,
Dürft' ichs wagen,
Sie zu fragen,
Welchen Kragen
Sie jetragen
In dem Wagen
Vor acht Tagen,
Als Sie lagen
Krank am Magen
In der Burg zu Kopenhagen?

185.

Hannemann, jeh du voran,
Du hast die jroßen Stiebeln an!

186.

Haut se, haut se, haut se,
Haut se uf de Schnauze!

187.

Der kommt nich so von unjefähr,
Der kommt von janz wat anders her

188.

Der kommt noch so von Muttern her,
Da kann er nich davor.

189.

Jesus sprach zu seine Jünger:
Wer keen' Löffel hat, eßt mit de Finger.

190.

Stoß dir nich an Faustens Ecke,
Denn da jibt et blaue Flecke.

Faustens Ecke ist die spätere Villa Colonna (an den Kolonnaden der Königstraße), vor 60 Jahren „Faust's Wintergarten". — „Stoß dir nich an Faustens Ecke" war der Ausdruck, wenn man einem die Faust gegen die Nase stieß.)

191.

Sehn wir uns nich in dieser Welt,
So sehn wir uns in Bitterfeld.

192.

Kopp weg, Beene weg!
Der andre sieht alleene weg.

193.

Lieber 'n Darm verrenkt,
Als 'n Wirt jeschenkt.

194.

War besser is wie 'ne Laus,
Det nehm ick mit nach Haus.

195.

Wo kommt der beste Tabak her?
Berlin, bei Wilhelm Ermeler.

196.

'n Tepper mit de Molle ohne Lehm,
Der sollte sich wat schem (schämen).

197.

Donnerwetter!
Mang de Bretter
Sitzt 'n Kater,
Macht Theater!

198.

Jänsebliemchen, mein Engelchen,
Fall man nich von't Stengelchen.

199.

Der kleene Aas
Macht ville Spaß!

rufen die Verkäufer gewisser Spielereien, z. B. einer kletternden Maus.

200.

Ob Zwiebel oder Bolle,
Der spielt hier keene Rolle.

201.

Eener mit eene,
Is nich scheene;
Aber eener mit eene,
Un denn alleene,
Der is scheene!

202.

Die Liebe und der Suff,
Die reiben den Menschen uf.

203.

Von der Wiege bis zur Bahre
Is der Suff das einzig Wahre.

204.

Karlchen, Karlchen, kieke mal,
Kiek mal die Fonteene;
Tippste mit 'n Finger an,
Jeht's von janz alleene.

(sagt man für „sieh mal an!" wenn man etwas merkt.)

205.

Das Berühren
Der Fijüren
Mit die Poten
Is verboten.

206.

Ach Hedwig, Hedwig, Hedwig,
Was du verlangst, das jebt nich.

207.

Ach Ernst, ach Ernst,
Was du mir alles lernst!

208.

Mang uns mang is keener mang,
Der nich mang uns mang jehört

Sprichwörtlich.

209.

Häßlichkeit entsteller immer,
Selbst das schönste Frauenzimmer.

210.

Auch der Selbstmord ist ein Laster,
Wenn er zur Jewohnheit wird.

211.

Bescheidenheit is eine Zier,
Doch weiter kommt man ohne ihr.

211a.

Mit Jeduld un Spucke
Fängt man eine Mucke.

212.

Wer nichts erheirat' und nichts erbt,
Bleibt 'n armes Luder, bis er sterbt.

213.

Der Stolz, der is der schlimmste;
Wat de kriegen kannst, der nimmste.

Aus Possen.

214.

Berlin, Berlin is 'ne jöttliche Stadt,
Wenn man bloß der nötje kleene Jeld hat.

215.

Der is nett, der is schön,
Sowat hat man in Perleberg
Noch niemals nich jesehn.

216.

Was kann da sein, sagt Löwenstein,
Wer praktisch is, fällt auch mal rein.

217.

Da sitzt er nu mit des Talent
Un kann es nich verwerten.

218.

Kinder, seht euch Meiern an,
Nehmt euch ein Exempel dran!
(Aus der Posse „Berlin bei Nacht" von Kalisch.)

219.

Ob Christian oder Jgig,
's Jeschäft bringt's mal so mit sich.
(Aus „Berlin bei Nacht".)

220.

Da siehste mir, da haste mir,
Da haste deinen Kriejer (Unt'roffzier).
(Aus „Röck und Guste" von Friedrich.)

Lieder und Kouplets.

221.

Du bist verruckt mein Kind,
Du mußt nach Berlin;
Wo die Verrückten sind,
Da jehörste hin.
(Mel. Fatinitzamarsch.)

222.

Ach du lieber Augustin,
Alles is weg.
Rock is weg,
Stock is weg,
Alles is weg.

223.

Als ich anno sechsunsechzig
Bin nach Östreich einmarschiert,
Hat die Juste.
Die bewußte,
Mir ein Butterbrot jeschmiert.
(Mel. Hohenfriedberger Marsch. Ebenso 224.)

224.

Als ich achtzehnhundertsiebzig
Bin nach Frankreich einmarschiert,
Hat Napoljum
Mit Petroljum
Sich de Stieveln injeschmiert.

225.

Der jrößte Portmannee
Hat Ladewig, hat Ladewig;
Der Büjel is inzwee,
Der schad ja nich, der schad ja nich.

226.

Denkste denn, denkste denn,
Du Berliner Jlanze,
Denkste denn, ick liebe dir,
Weil ick mit dir danze?
(Mel. „Kirdorfer.")

227.

Stiebel muß sterben,
Is noch so jung, jung, jung.
Wenn das der Absatz wüßt,
Daß Stiebel sterben müßt!
Stiebel muß sterben,
Is noch so jung!

228.

Der schad ja nischt, der schad ja nischt,
Der wird ja wieder abjewischt.

229.

Wenn der mich jur vor de Wanzen is,
Denn weeß ick nich, wat besser is.
(Mel. Marktchor aus der Stummen von
Portici; ebenso 230.)

230.

Mädel, wasch dich, putz dich, kämm dich schön,
Denn du weißt, wir wollen bei Jräberts jehn.

(Mutter Jräbert'n war die Besitzerin des
Vorstädtischen Theaters auf dem Weinbergsweg,
eine sehr populäre Frau; sie schenkte in den
Zwischenakten die Weißen eigenhändig.)

231.

Was is mich das mit dich, mein Kind?
Du ißt mich nich, du trinkst mich nich,
(Du stippst mich nich in' Kaffe in

Du bist mich doch (nich krank?) wol wol?
So nimm dich was un stipp dich in,
So wird dich widder besser sin.

232.
Hurrjott, Hurrjott, jetzt kommt's!
Wenn er kommt, denn is er da,
Denn jehn wir nach Amerika.
Amerika, det is zu weit,
Denn jehn wir nach de Hasenhaid.

233.
Ach du mein lieber Jott,
Muß ich schon wieder fort,
Auf die Schossee,
Nach Jransee!
oder
In den Schnee!
(Mel. des Postsignals.)

234.
Der neue Lied, der neue Lied,
Von den versoffnen Fahnenschmied!
Un wer der Lied nich weiter kann,
Der fängt er wieder von vorne an.
(Mel. O Tannebaum.)

235.
Ja, ick hab's ja jleich jesagt,
Die Wurscht, die schmeckt nach Seefe.
Mel. Zigeunerchor aus dem Troubadour.

236.
Untern Mühlendamm,
Da sitgt 'n Mann mit Schwamm,
Der will janich, janich, janich fang'n.
Kommt 'n Leutnant an (oder: Kommt 'n
  Landwehrmann),
Koost vorn Dreier Schwamm;
Ach der arme, arme, arme Mann!
Er streicht wol eenmal an,
Er streicht wol zweemal an,
Er streicht wol eenmal, zweemal, dreimal an.
Det is ja Luderzeich,
Wat man hier bei euch kriecht!
So'n Luderzeich von Schwamm, det koof ick
  nich!
(Mel. aus Webers Euryanthe.)

(Solcher Männer mit Schwamm und Feuer-
steinen gab es namentlich einen an der Ecke der
Königs- und der Heiligengeiststraße und einen auf
dem Schloßplatz an der langen Brücke.)

237.
Auf einen Omnibus
Saß ein Mechanikus,
Der hatte Lackstiebeln an.
Da kam ein andrer Mann,
Der hatte welche an,
Die rochen nach Tran;

Da sagt der eine Mann:
Sie haben ja Stiebeln an,
Die riechen nach Tran!
Da sagt der andre Mann:
Wat jebt denn Sie der an?
'n Jeder stinkt, so jut er kann.
(Mel. Schattentanz aus Dinorah.

238.
Zu Bett, zu Bett, ihr Lumpenhund',
Es is die letzte Viertelstund'!
Zu Bett, zu Bett, zu Bett!
(Mel. der Retraite. Ebenso:)
De Landwehr steht an Kupperjraben,
Se woll'n ihr Traktemente haben,
Ju'n Nacht, ju'n Nacht, ju'n Nacht.
Varianten (Zeile 3:)
Der Hauptmann schreit: Jeduld!
oder
Jeduld — Jeduld Jeduld!

239.
(Mel. der Reveille.)
Die erste Kompanie hat Läuse! —
Die zweite auch ein paar!

240.
Mutter schickt den Jungen her,
Ob der Kaffe fertig wär.
(Andante aus der Symphonie mit dem Pauken-
schlag von Haydn.)

241.
Keinen Tropfen Wasser trinkt das Huhn,
Ohne einen Blick zum Himmel aufzutun.
(Gavotte „air de Louis treize.)

242.
Komm'n Se rein, komm'n Se rein, komm'n Se
  rein,
Komm'n Se rein in de jute Stube!
(Mel. aus der Ouverture zur Stummen von
  Portici.)

243.
Mutter, der Mann mit 'n Boks is da!
Junge, halt Schnauze, ick seh et ja!
Ick hab keen Jeld, du hast keen Jeld;
Wer hat den Boksmann denn herbestellt?
(Mel. aus Gasparone, Operette).

244.
't licht eene Leiche in' Landwehrkanal;
:|: Lang' se mir mal her, :
Aber knautsch se nich so sehr.
(Mel.: Long ago.)

245.

In Grunewald, in Grunewald is Holzauktion
. . . .
De janze Fuhre Süßholz kost 'n Daler,
Un Raspeln jib's umsonst.
(Mel. des Rheinländers.)

246.

Fischerin du kleine,
Fahre nicht alleine.
(Mel. von Rudolf Waldmann)
und danach

Fischerin du jroße,
Fall nich in de Sooße,
Fall nich in den Mostrichtopp,
Sonst krichst du 'n Ratzenkopp!
(gehören zum „Schunkelwalzer".)

247.

Komm mit nach Friedenau,
Da is der Himmel blau;
Da nickt die liebe Kuh
Dem Ochsen freundlich zu.

248.

Will mich einmal ein guter Freund besuchen,
So soll er mir willkommen sein — usw.
Die Seele schwingt sich in die Höh
Wohl von dem Kanapee.

249.

Hirsch in der Tanzstunde.
Eins zwei drei,
An der Bank vorbei,
An der Frau, an der Magd, an der Bank
vorbei,
Eins zwei drei.

250.

Hans, bleib hier:
Du weißt ja nich, wie's Wetter wird;
Hans, bleib hier!

251.

In Berlin, in Berlin
Hat 'ne Frau ihr Kind verjuften
Mit 'ne Klobe Rien.

252.

In Charlottenburg am Knie
Sah ich sie,
Die Marie;
Als ich sie am Knie gesehn,
War es gleich um mich geschehn.

253.

Siehste wol, da kimmt er,
Jroße Schritte nimmt er:

Siehste wol, da kimmt er schon,
Dein verliebter Schwiejersohn.
(Kreuzpolka.)

254.

Edelmann, Bebelmann, Konsistorialrat.
Postmeister, Sebelmann, Popelmann, hurrah!
Mel.: Edite, bibite, collegiales,
Post multa secula pocula nulla.

255.

Du kennst mein Herz noch lange nich,
Und wenn de't kennst, denn krichste't nich.

256.

Nach Hause jehn wir nich!
Nach Hause jehn wir lange nich!
Nach Hause jehn wir nich!

257.

Frige Weber
Hat 'n Reber
An de Zunge,
An de Lunge,
An de Leber.
(Mel. des Torgauer Marsches.)

258.

Mitten auf der Elbe
Schwimmt ein Krokodil;
Ist es nicht dasselbe,
Das nach Hamburg will?
Einmal dreht sich's rechts rum,
Einmal dreht sich's links rum.
oder: Ach, was will es hier,
Dieses böse Tier?
Mitten auf der Elbe
Schwimmt ein Krokodil.
(entstanden infolge einer „Ente", nach der aus
einer Menagerie in Hamburg ein Krokodil ent-
kommen war.)

Parodierte Citate.

259.

Mein erst Jefühl sei Preuß'sch Kurant,
Mein zweetes kleene Münze;
Mein drittes is kleen Kupperjeld,
Da kommt man durch de janze Welt.
(Parodie des Chorals: „Mein erst Gefühl sei
Preis und Dank" von Gellert.)

260.

Wo du nich bist,
Herr Orjanist,
Da schweijen alle Flöten.
(Mit der Bewegung des Geldzählens.)

261.

Erhebe dich, mein schwacher Geist!

262.

Wenn ich dies Wunder fassen will,
So steht mein Geist vor Erfurt still.
Kein endlicher Verstand ermißt,
Wie groß die Festung Erfurt ist.

Die Väter haben Sand gekarrt,
Bis daß der Kreuzberg fertig ward;
Da sandte Gott von seinen Thron
Pro Mann acht Groschen Tagelohn.

263.

Alle Menschen müssen sterben,
Alle Ochsen fressen Heu.

264.

Wer nur den lieben Gott läßt walten — un hat
nischt,
Wer hoffet auf ihn alle Zeit — un kricht nischt,
Den muß er wunderbar erhalten   Der kost nischt.

265.

Guter Mond, du gehst so stille
Durch die Paddengasse hin.
Die Paddengasse ist die jetzige kleine Stralauer
Straße.

266.

Geduld, Geduld, wenn's Herz auch bricht!
Mit de Beene strampeln nutzt ja nicht.

267.

Wie lieblich is die Träne einer Braut,
Wenn der Geliebte ihr ins Auge haut.

268.

Er zählt die Häupter seiner Lieben,
Und sieh, es sind statt sechse sieben!

269.

Gefährlich is's am Leim zu lecken,
Und schrecklich ist ein hohler Zahn;
Doch erst der schrecklichste der Schrecken,
Das ist ein Löffel Lebertran.

270.

Schaute mit verjnügten Sinnen!

271.

Sieh da, sieh da, Timotheus,
Die Gänse des Kranikus!
(Da fällt 'ne Frau von' Omnibus!)

272.

Freu dir, schöner Töpperjunge,
Morjen schmier'n wir Ofens aus.
(Dir rejiert 'n Donnerwetter,
Fällt mir eene Kachel raus.)
(Schiller, An die Freude.)

273.

Wer wagt es, Knappersmann oder Ritt,
Zu schlauchen in diesen Tund?

274.

Ähnlich:
Die ihr suchet, schlägt den Dreier,
Ist des Brümmels Haut.

275.

Mut zeiget auch der lahme Muck!
oder: der Mummelack.

276.

Mein Freund, kannst du nicht länger sein?

277.

Wenn ich am Fenster steh
Un schlag 'ne Scheib' inzwee,
Denn setzt et Keile,
'ne janze Weile.
Un wenn ick's nochmal du',
Krieg' ick noch mehr dazu;
Da mach ick mir nischt draus
Un schlag noch eene aus.

oder

Wenn ich am Fenster steh
Und mir mein Hemd beseh,
Denn find ich einen
Mit langen Beinen.

(nach einer sentimentalen süddeutschen Melodie.
Text: Wenn i am Fenster steh und in die Nacht
'naus seh.)

278.

Und wer des Lebens Unverstand
Mit Wehmut will jenießen,
Der lehne sich an eine Wand
Und strample mit den Füßen.

(nach Büchmann aus dem Fremdenbuch der
Rudelsburg, 1840; Parodie auf einen Vers von
F. A. v. Thümmel.)

279.

Reichtum schandet nich,
Armut macht nich glücklich.

280.

Ähnlich:
Morjenstunde is aller Laster Anfang.
Müßiggang hat Jold im Munde.

281.
Lebe, wie du, wenn du stirbst,
Wünsche wohl jespeist zu haben.
(Nach Gellert's Lied „Vom Tode".)

282.
Jlücklich ist, wer verfrißt,
Was nich zu verkaufen ist.

283.
Spiele nich mit Schießjewehr,
Denn es fühlt wie du den Schmerz.

284.
Quäle nie ein Tier zum Scherz,
Denn es könnt' jeladen sein.

285.
Sebt den Himmel, wie heiter,
Lauter Schuster un Schneider!
(Machen den Himmel so blau.)
Auch:
Sebt den Himmel, wie duster,
Lauter Schneider un Schuster!
(Nach J. H. Voß, Mailied. Aus demselben Ge-
dicht wird auch Zeile 4: „Balsam atmen die
Weste" parodiert; wie?

286.
Sprachs und schlug sich buschwärts in die Seite!
(Seume, der Canadier.)

287.
Weine nich, es is verjebens,
Jede Träne dieses Lebens
Fließet in ein Kellerloch —
Deine Reile kriste doch!

288.
Sohn, da haste Ribbespeer,
Nimm ihn dir, ick kann nich mehr!
Nimm dir auch den Sauerkohl,
Denn mir is heut nich recht wohl.
Dies Jerichte, fett un rar,
'Eß ick nu schon manches Jahr.
'Einmal jede Woche frisch
Bringt's die Mutter uf'n Tisch.
(Stolberg, Der alte Ritter an seinen Sohn.)

289.
O Ysop und o Syrop!
(Priesterchor aus der Zauberflöte.)

290.
Üb immer Treu und Redlichkeit
Bis an dein kühles Grab
Und schneide nur zwei Finger breit
Von jeder Elle ab.

291.
Heil dir in Siejerkranz,
Pellkatoffeln un Heringsschwanz.

292.
Ich wollt', meine Tante erschösse sich!

293.
Mir däucht, ich kenne diesen Wanderer —
Entweder ist er's, oder 's ist ein anderer!
(Aus einer Parodie auf Wagners Tannhäuser.)

294.
Hinaus in die Ferne,
Vor'n Sechser fetten Speck!
Den eß ick doch zu jerne,
Den nimmt mir keener weg.
Und wer der hut,
Den hau ick uf'n Hut,
Den hau ick uf de Nese,
Det se blut.

295.
Turner ziehn
Mit Pantin'
Durch die janze Stadt Berlin.
(Turnerlied. Mel.: Alles neu macht der Mai.)

296.
Arbeit macht das Leben süß,
Und Faulheit stärkt die Glieder.

297.
Was du nicht willst, daß man dir tu',
Das füge lieber einem andern zu.

298.
Schöne Seelen finden sich
Zu Wasser und zu Lande.

299.
Salz und Brot
Macht Wangen rot,
Doch belejte Butterbröter
Machen sie noch röter.

300.
'Einen jeschenkten Drachen
Sieht man nich in den Rachen.
wurde von dem Denkmal des St... mit
dem Drachen gesagt, das im Schl...or steht
(von Kiß, einem Geschenk der Witwe des Bild-
hauers.

Dieses Büchlein hab ich lieb;
Wer's mir stiehlt, der ist ein Dieb!

Spiele,

die auf der Straße und im Freien gespielt werden, lösen sich in regelmäßiger Folge und mit großer Pünktlichkeit ab. Mit dem Frühling beginnt das Murmelspiel, das bis Ende März dauert. Darauf herrscht der Schafskopp und der Triesel, vom Mai an das Ballspiel in allen seinen Arten. Der Hochsommer hat keinen bestimmten Charakter. Mit den Stoppelfeldern erscheint der Drachen, an dem auch Erwachsene regen Anteil nehmen.

Murmel f., auch Mürmel und Mermel (Klippkieker, Knippkieker) und bunte Hunde. Mirks, Marks und Murks („Haste Mirks?" — „Haste Murksen?") — Murmelkute oder Topploch. — Sie werden jeatert oder jepatert d. i. gestohlen („Freipatern jelt!") — „All's!" — Nutte, obligate Zurückerstattung eines Prozentsatzes des Gewonnenen; von der Nutte gibt es wieder eine Bamsche, von dieser eine Bege. Bucker ist die Glücksmurmel, die man erst zuletzt aufs Spiel setzt; sie ist meist größer als die andern. — „Aus wat spiel'n wir'n? Aus Jeckschen oder aus Zahlen?" — „Zahl mir zehne!" — „Ick schiebe vor dir um 'n Duddel!" (Duddel = Dutzend) — „Det dritte Brot jeht bei 'n Bäcker!" d. i. bringst du zum dritten Mal nicht alle hinein, so bekomme ich alle. — Klietschen, kliepschen oder tekeln, das Zusammenstoßen der Murmel. — Die Murmel muß man ausrunzeln oder ausfunzeln lassen. — „Kliewer jelt!" — Wenn man alles verloren hat, ist man baal, bamm flamm, oder man hat alles verbuckt; der andre hat dann jesackt. — „Du, schieß mir 'n paa!" (schießen = borgen.) — Fejen heißt mit der Hand, die die Murmel hält, gegen das Topploch hin über das Pflaster streifen. — Es gibt zwei Hauptgruppen des Spieles: Topploch und Nicht=Topploch. — Topploch hat drei Unterarten: Französisch, Deutsch, zahlen. Die andere Gruppe hat zwei Unterarten: Kreis und kliepschen oder kliepern.

Schafskopf wird nur im Frühjahr (bis Anfang Juni) und nur auf den „Bürgersteigen" gespielt. Es kommt darauf an, daß man, auf einem Bein hüpfend, einen Scherben durch die Felder der nebenstehenden Figur, die mit Kreide auf das Trottoir gezeichnet wird, unter verschiedenen Erschwerungen stößt, ohne einen Teilungsstrich zu berühren; doch wird das Spiel variiert. Das vorletzte, nur durch Kreuze bezeichnete Feld ist die Hölle, das letzte (H) der Himmel. — Hugo, ... idler in seiner Schrift „Die babylonische Kultur in ihren Beziehungen zur unsrigen (1902) S. 53 leitet das Spiel mit allen seinen Gebräuchen von einer Zeremonie der babylonischen Priester her, die der Verehrung des Feuers Ausdruck gab.

Jassenlaufen, ähnlich dem Schafskopf; als Striche dienen Knuten aus Taschentüchern. Wer bestimmte Sprünge getan hat, darf seine Knute aufnehmen, und zwar mit den Zähnen; der letzte muß jassenlaufen.

H.	
× × × ×	
12	11
10	9
7	8 / 6 / 5
4	3
2	1

Triesel, Kreisel. Oben ist ein Stück rotes Zeug aufgenagelt (der Paß), unten eine Pinne. Jeder Triesel ohne Paß oder Pinne kann jepatert werden.

Ballspiel. Arten: Absetzball, Anziehball (Waschen, Kämmen, Schuhanziehn zwischen Hochwerfen und Fangen), Fangeball, Jahresball, Keseball, Klassenball, Königsball, Kreisball, Kutenball, Partieball, Rundball, Sauball, Treppenball. Ferner

Ranan' Paß. Einer stellt sich abgewendet an eine Wand; die andern werfen ihn nacheinander mit dem Ball. Errät er einen der Werfenden, so darf er den Ball fortschlagen, und der andere muß ihn fangen; die übrigen laufen auseinander. Ist der Ball ergriffen, so bleiben alle stehen; der zweite muß nun einen mit dem Ball zu treffen suchen; gelingt es ihm, so muß der Getroffene an die Wand, andernfalls er selber.

Keseball. A wirft B die Ballkelle zu, zum Abknebeln (früher sich beknabbeln); nachdem alle Mitspielenden die Fäuste an der Kelle übereinandergesetzt haben, wird gefragt: „Wieviel Finger jelten noch?" Der Letzte, der die Kelle am oberen Ende hält, muß drei Schläge an diese aushalten; dann ist er erster Schläger. Die letzten an der Kelle sind der oder die Kesejungen und der bei den Schlägern stehende Uffchenker. Der Schläger verschafft sich Platz durch den Ruf: „Par vor de Ballkelle!" Sobald der Ball abjekest (abgeschlagen) ist, rennt der Schläger nach dem jenseitigen Mal; Uffchenker und Kesejungen suchen ihn mit dem Ball zu treffen; der getroffene Schläger wird Kesejunge. Die Schläger dürfen nach jedem nächsten Schlag wieder zurückrennen. Bei dem Ruf eines verfolgten Schlägers: „Nischt uf de Laus!" muß alles stehen bleiben, und der Ball wird von weitem geworfen. — Andere Art: Auf dem Damm steht einer mit der Kesekelle und kest den Ball den ihm entgegenstehenden Mitspielern zu; wer von diesen ihn fängt, erhält die Kesekelle. („Kennmal uftippen jelt!")

Drachenspiel. Der Drachen wird uffjeschenkt, d. i. hochgehalten. Er dudelt rum, wenn der Spann schlecht steht oder der Schwanz zu leicht ist. Apostel sind durchlöcherte Papierscheiben oder Röhren aus Papier, die durch den Wind an der Strippe hinaufgetrieben werden. Die Strippe wird jehaspelt. Drachen schneiden, den Windfaden durchschneiden. Drachen setzen, ihn zerreißen. „Au du, den wolln wir setzen!" Abarten des Drachens sind das Windspiel (quadratisch) und die Kreuzspinne (ein rundes Papier mit Löchern, durch die kreuzweise Stäbe gesteckt sind).

Versteck. Man versticht sich und hat sich verstochen. Anschlageversteck (zeck) oder Anschlag. „Noch lange nich!" — „No' nich!" — „Nanu!" (auch nu—e, nanu—e!) — „Eins zwei drei vor mir!"

Schleichhere. Ein dem Versteck ähnliches Spiel; doch ist nur einer, die Schleichhere, im Versteck, während die andern suchen. „Schleichhere, wo bist du?" Wird meist an Herbstabenden gespielt.

Zeck (Greifen). Rufe: „N. N. har'n, — is dran!" — Arten: Gehzeck, Huckezeck („Hucke jelt!"), Schneidezeck, Holzzeck, Eisenzeck, Treppenzeck, Brückenzeck, Vaterlandszeck, Wagenzeck, Landzeck, Zauberzeck. — „Wiederschlag jelt nich!" — Das Frei. („Frei is nich!" — „Frei aus!" — „Eins zwei drei, wer nich rausrennt, is mein!")

Abklatschen (Fanchenzeck). „Eins zwei drei, die beiden hintersten rennen vorbei!"

Freikek raus! — Räuber und Prinzessin. — Räuber, Wandrer, Stadtsoldat. — Fuchs aus't Loch (Keile kriste doch)! — Kettenreißen. — Schwarzer Mann (vgl. Vers 89). — Salzhering. — Jagd; die Geschlagenen heißen Hunde und dürfen nur festhalten. Vgl. Vers 90.

Brückmänneken, Spiel auf den Rinnsteinbrücken. „Ick jeh uf deine Brücke!"

Fasseln, Spiel mit Bohnen oder kleinen Steinen, jetzt meist mit Stückchen trockener Apfelsinenschalen, die auf Bindfaden gezogen sind. Es wird fast nur auf den steinernen Treppenstufen vor den Häusern von kleinen Mädchen gespielt. (Genaue Erläuterung Bär 1882 Nr. 22.)

Lange lange Leinewand. Die Kinder stehen, sich an den Händen haltend an einem Zaun. Sie dehnen sich lang aus und rollen die Linie auf. Dann kommt der Käufer, kauft ein paar Ellen, rückt mit der Leinewand aus usw. Beim Wiegen wird gesagt: „So leicht wie 'ne Laufepelle!" (Bär 1881 Nr. 5.) — Ähnlich ist das Spiel: „Es kommt ein Jude aus Paris. „Ha'm Se was zu schachern?"

Alle Vögel fliegen hoch! Die Kinder verteilen die Rollen unter sich: Sperling, Huhn, Ente, Elefant usw. Einer ruft Tiernamen aus, und sobald ein Vogel genannt wird, müssen die Finger hochgehoben werden; wer Elefanten fliegen läßt, wird ausgelacht.

Steppkespiel. Durchs Los werden Steppke, Kläger, Amtmann, Dieb und König bestimmt; Dieb und König offenbaren ihre Rollen nicht, sind „Verschwiegene". Der Kläger klagt bei dem Steppke, daß ihm ein goldener Eimer oder dergl. gestohlen worden sei; er wird an den Amtmann gewiesen, der ihn den mutmaßlichen Dieb aus den beiden Verschwiegenen wählen läßt. (Errät er den Dieb, so erhält dieser „seine Wammse"; trifft er den König, so stürzt alles mit dem Rufe: „Hat den König beleidigt" über ihn selbst her.

Jampe. Die Teilnehmer stellen sich „aufs Trittoir," mit Knüppeln versehen, hinter der Jampe, die auf der Bordschwelle steht; daneben steht der „Kakel" oder Aufsetzer. — (Jampe ist der Holzpfropfen im Spundloch eines Fasses.) Dasselbe Spiel heißt im Norden der Stadt Kakel; im Osten dagegen versteht man unter Kakel ein Spiel mit ähnlichen Bedingungen, nur daß die Teilnehmer Steine statt der Knüppel haben.

Straßenraten (nach dem Anfangsbuchstaben), ein sehr übliches Spiel zu der Zeit, als sich die Zahl der Straßen noch übersehen ließ.

Handwerker (auch: Königlicher Handwerker). Zwei Kinder ahmen ein Handwerk nach; ist das gemeinte erraten, so legen sie sich Blumennamen bei und lassen den Errater aus diesen wählen, mit wem er das Spiel fortzusetzen hat. Ein Handwerk ist z. B. auch Sternkieker.

Wassertragen. Zwei Kinder stemmen die Füße aneinander, fassen sich mit den rechten Händen und schwingen sich im Kreise. Ähnlich: Schweben, wobei man sich aber mit beiden Händen überkreuz faßt.

Messerstich. Ein Taschenmesser muß geschickt aus der Hand in den Sand geworfen werden, sodaß es „sticht". Es sind mehrere Stufen zu überwinden; das Meisterstück ist eine Zichte. Man spielt auch „um Land".

Schliddern, auf dem Eise hingleiten. Abarten: 1) Soldatenschliddern, mit geschlossenen Füßen. 2) Vaterunserschliddern, mit gefalteten Händen. 3) Laufetnacken, wobei mit einem Absatz aufgestampft wird. 4) Judenschliddern, mit dem linken Fuß voran.

Abnehmen, Spiel mit Bindfaden, der um die Finger gelegt zu künstlichen Figuren verschlungen wird (Wiege, Laterne, Walfisch, Kaiserkrone u. a.).

Schelte, Schläge, gute Worte, Orakel, das von Kindern aus dem Abzupfen von Akazienblättern geholt wird.

Ich seh doch was, was du nich siehst. — Wat vor'ne Couleur? Feuer, Wasser, Kohle.

Jakob lacht, Grete weint.

Jakob, wo bist du?

Verwechsel', verwechsel' das Bäumelein.

Plumpsack. Vgl. Vers 87.

Schulspiele und -Scherze. Aus einem Blatt Papier werden künstlich Figuren geknifft, in der Reihenfolge: Speckfresser, Hose, Jacke, Stiefel, Vogel, Doppelkahn, Waschbank, Spiegel, Gondel.

Schuffeln, Spiel mit Stahlfedern. Die Federn zerfallen in Unter- und Oberschuffler. Besonders lange heißen Bohnenspieker.

Stechen. Ein Schüler legt Bilder zwischen die Seiten eines Buches und läßt einen andern mit Federn (drei bis sechs Mal) in den Schnitt stechen. Dieser bekommt die Bilder, die auf der gestochenen Seite liegen, und zahlt die Feder als Eintrittsgeld.

Beheren. Sitte der Schuljungen: einen (besonders am 1. Mai) mit Kreide bemalen. Man malt auf die Handfläche ein paar Augen, Nase und Mund und schlägt das Bild einem auf die Jacke mit dem Ruf: „Det is der Deibel!"

Den letzten geben. Beim Abschied gibt einer dem andern plötzlich einen Schlag auf den Rücken mit dem Ruf: „Hast'n letzten!" und läuft davon, worauf dieser die Schande auf einen andern abzuwälzen sucht. Vgl. Vers 80.

Kegeln. Billard. Skat.

Zu diesen Spielen würden weitere Beiträge willkommen sein.

1) Kegeln. Bezeichnung der Zahl der umgefallenen Kegel: 1. Stiel. 2. Hohe. 3. Schemmel. 4. Karree. 5. Bataljen. 6. Grenadier. — Papa, König. Papa hat jeheirat, König und ein Kegel. Vordereck, der vorderste Kegel. Achte um' König. Herz (aus 'n Leibe), die drei Mittelkegel allein. Gutloch (wenn die Kugel durch die Mittelgasse geht). Sandhase, Kugel, die sich neben dem Brett im Sande verläuft. Nase, Kugel, die vorbeigeht. 'ne Bleibe, Kugel, die zwischen dem äußersten Kegel und den nächsten beiden durchgeht. — Holz, Point. „Wieviel Holz?" („Noch viel Holz!" auch sonst im Sinne von: es bleibt noch viel zu tun).

2) Billard. Die Karline, der Stoßball. Kir, hörbarer Fehlstoß; man kirt. Ist der Stoß gelungen, so heißt es: je (d. i. gemacht), andernfalls ver (d. i. verspielt). Geht die Karline in die Kegel, so heißt das ein direkter (sc. Ball).

3) 205 Skat-Redensarten, in alphabetischer Ordnung: Ach wat — ich jeh uf 't Janze! — Adschee, Sie! — Allemal jlück's nich. — Allen Talch! — Arme Leute zählen. — Asquetscher. — Atout is de Seele von 'r Spiel. — Aus jeden Dorf 'n Köter! — Bestell dir man immer 'n Leichenwagen. — Billig, mit Millich. — Bis Erbrechen erfolgt! — Bitte um Ausjang. — 'n Bombenspiel! — Da, teilt euch 'n Raub! — Da verließen se ihn. — Da verließ ihn das Fieber! — Dänser kann Häuser! — Damit kann man schon 'ne Weile hinterchen. — Damit zieht er ab. — Das mit Recht so

beliebte Schellen. — Dausdrücker! — De blanke Zicke. — De halbe Hausmiete! — Den halten wir an! — Den hat er jewollt. — Den kann keener. — Den knackt er. — Den sehn Se sich noch mal an. — Den Seinen jib's der Herr in Schlaf. — Den siehste nie wieder. — Den woll'n wir mal rumbringen. — Denn hat er war andert. — Der hätte e o ch bleiben können, wo er war! — Der hilft sich alleene. — Der kricht eens uf de Mütze. — Der schad nich mehr. — Der schmeckt k a l t jut. — Der spielt wie 'ne jesengte Sau. — Der steht (wie Blücher vor Roßbach)! — D e r wird Soldat, un d e r wird Soldat. — Der durfte nich kommen! — Der haste verdeckt. — Det is 'n Kloß. — Der langt. — Det 's mein Dod. — Det 's mir bißken zu wenig. — Det spielen Se man alleene! — Det wa mein Verlierer. — Det wa'n Schluck aus de Pulle. — Dichte bei 'n silbernen Löffel! — Dicke jewonnen (bei 61); dicke raus (bei 30). — Dicke rin — jesagt w i r d nischt! — Die wer 'n o o ch mal alle. — Dies Jahr klagen alle Skatspieler. — Dolle Sitzung! — Drüberjehn is Schuldigkeit (Christenflicht). — Du hältst dir o o ch jeden Dreck. — Du kommst ja auf kein Bein zu stehn. — Du spielst wie 'n Nachtwächter. — Dusel. — E e n Herz hat jeder! — Ent oder weder! — Er hat de'janze Faust voll. — Er hat ja alles alleene. — Er hat jetrurnt. — Er hat noch nich jedrückt. — Er is erkannt. — Er jeht uf de Dörfer. — Er nimmt's von de Lebendijen. — Er redert uns von unten uf. — Erst könn' vor Lachen! — Fängt's an! — Fall ma nich in de Farbe! — Feste wimmeln! — Freilich hat der Sperling Waden! — Friß, Peter, 't sind Linsen! — Ha'm wa mal 'ne olle Kuh jefangen! — 'n harter Schlag! — Hau 'n uf'n Kopp! — 'n haushoher Spiel! — Herzen macht Schmerzen. — Herzen — weil 't so jut jing. — Hier kommt 'n janzen Abend nischt her. — Höchste Eisenbahn! — 'ne Hundekarte! — Ja — wer 't s o kann! — Jejen 'n Haufen Mist kann man nich anstinken. — Jespielt is jespielt. — Jrand! jeht nischt drüber! — Jrien wie 'ne Wiese. — Junter Spiel kommt wieder. — Ick habe vorbei-tourniert. — Ick jloobe, Sie ha'm jrüne Dogen. — Ick krieje jleich kalte Beene. — Ick nehm 'n (Ramsch) junwillig. — Ick muß mal 'n Stuhl umdrehn. — (Ick passe) Ick schon lange! — Ick sitze 'n janzen Abend da wie Hanne. — Ick schmeiß euch de Karten an' Kopp. — Ick steije rin! — Ick verlaß mir uf meinen Eden. — Ick wer mal 'n Kreuzsolo rumschmeißen. — Jetzt bin 't erschossen. — Jetzt v e r l i e r n wa nich mehr. — I h r Jeld is o o ch keen Blech. — Immer brocken! — Immer Däuser, die jehn! — Immer 'n andern nehmen! — Immer 't Verkehrte! — (Wer jibt 'n?) Immer wer fräjt. — In den meisten Fällen tourniert man Schellen. — Is ja nich ufrejend. — Is keen Umsatz. — 't is reene verkehrt! — 't is schon mal eener bei 't Mischen jestorben. — 't kann ja nich 'n Kopp kosten. — Kann rejen, kann schneen. — Kann se janich alle halten! — Karauschen (mit Maibutter). — 'ne Karte oder 'n Stück Holz! — Keen Blatt! — Keen Sejen bei Cohn! — Keene Leichenreden! — Keene Mugelei machen! — Kibitzen. — Kinder, kooft Kämme! — Kleen Vieh macht o o ch Mist. — Koeur is schwer. — Körchen, Malörchen. — Kommen Se man uf mir zu (in jüdischer Aussprache). — Kopprechen schwach. — Kostenpunkt? — Kriejen wa Jeld! — Laß dir de Finger verjolden! — Laß 'n loofen! — Laß 'n sausen! — Letzte Ronze! — Liegt der Billigmacher! — Los davor! — 't lausije Schellen! — Mal erst sehn, wie der Hase loeft. — Man muß Jott vor alles danken. — Mazel. — Mehr w e r'n 't nich. — Mehr wie dreimal jeb ick nich. — Mehr wie verlieren kann man ja nich. — Meine wachsen noch. — Mir hat 's o o ch keener verboten (zu passen). — Mit d i e Karten kann Lehmanns Kutscher o o ch spielen. — Na, welcher s i ß t denn lose? — 'ne nette Flöte! — Nich jejen 'n Mann schneiden! — Nich zu blasen! — Nischt zu wollen! — Noch dreimal rum! — Nu laß mir o o ch mal jeben! — 'n Nulleken. — Oller Mauermeester! — Pikás (Karo) wa'n Hühnerhund. — Pikus, 'n Hechtkopp (alt). — Pieus, der Specht. — Raus mit'n Ladestock! — Rauskommen 1) ausspielen. 2) aus dem Schneider kommen. — 'ne Renonce. — 'n richtiger Lehmann! — Nin, wat Beene hat! — Minjernten, rinjefahren! — Rum is teen Arat. — Samiel, hilf! — Schlat „kloppen". — Schlat brüllt! — 'n Schlag in 't Kontor! — Schlimm kann 't ja nich wern. — Schmeiß man! — Schwarz, ihr Luderich (fächfifch). — Schwein. — Schwere Jeburt! — Se denken wol, Se spielen mit Kadetten? — 'n Singelten. — So oder so pleite. — So spielt man in Benedig! — 't find Stralfunder! — Torkel. — Treff ficht fe alle weg! — Trefflich fchön fingt unfer Küfter. — Und fie trugen einen Toten hinaus — und der war ftumm. — Bereidigter Ramfchfänger. — Berfehn is o o ch verfpielt. — Bon oben runter! — Wanzen. — Wärum nich 'n andern! — Wafferleiche! Alfo noch 'ne Ehrenronze! — Wat dut nu 'n kluger Hausvater? — Wat l e g t man nu vor Angft? — Wat liegt, liegt. — Wat man hat, det hat man. — We n n fe man wat wiffen! — Wer fchreibt, der bleibt. — W i e de Raben find fe! — Wie is 't denn dämit? — Wie fe fterzen! — Wie foll er 'n heeßen? — W i l l noch wer wat? — Wir find mal wieder die Leidtragenden. — Zutrann ehrt! — Zwanzig uf een Brett!

Sprechübungen.

Die Katze tritt die Treppe krumm. — Biolett läßt nett, nett läßt biolett. — Plettbrett. — Kein klein Kind kann kein klein' Kirfchkern knacken. — Wir Wiener Wafchweiber wollten wol weiße Wäfche wafchen, wenn wir wüßten, wo weiches, warmes Waffer wär. — Konftantinopolitanifcher Dudelfackfeifenmacherjefelle. — Der Potsdamer (Cottbuffer) Poftkutfcher putzt den Poftkutfchkaften. — Sechshundertfechsundfechzig fechfeckije fächfifche Schuhzwecken. In Ulm, um Ulm und um Ulm rum. — Fifchers Fritze fifchte frifche Fifche. — Wachsmaske, Meßwechfel.

Geiftige Influenzen

kann man die Modekrankheiten nennen, die im Verlaufe der letzten zwanzig Jahre fich ablöfend Berlin oder doch gewiffe Kreife feiner Bevölkerung, keineswegs die unterften, befallen haben. Sie entftanden plötzlich, entwickelten eine gefährliche Anfteckungskraft, traten bei aller Einförmigkeit in immer neuen Formen auf und ftarben allmählich ab, nicht ohne manchen Kopf verwüftet zu haben, der von der Manie ergriffen war.

Der Unfinn begann mit den K l a p p h o r n v e r f e n nach dem Vorbilde:

> Zwei Knaben gingen durch das Korn,
> Der andre blies das Klappenhorn;
> Zwar konnt' er's noch nicht ordentlich blafen,
> Doch blies er's wenigftens einigermaßen.

das fo oder ähnlich in den Münchener Fliegenden Blättern (den „Fliegenden") geftanden hatte. Ein Beifpiel:

> Zwei Knaben gingen auf den Turm,
> Der andre hatte 'n Bandelwurm;
> Der eine frifch und munter
> Ließ fich daran herunter.

Das genügt. — Hierauf kam die Sitte auf, gewiffe Sätze durch die A n f a n g s b u ch ftaben der Wörter auszudrücken: M. w. hieß: Machen wir! (f. f. f. fogar fehr fauber!);

ſ. m. w. quatſcht man weiter. Hierfür konnte man den Anlaß in akademiſchen Kreiſen finden, wo Bezeichnungen wie S. C. (Senioren-Convent) oder A. G. V. (Akademiſcher Geſangverein) allgemein üblich ſind. — Von unſchuldigen Gaſſenhauern, die ſich durch ihren Tanzrhythmus einſchmeichelten, ſoll hier nicht die Rede ſein; „In' Irrne-wald is Holzauktion" oder „Mutter, der Mann mit'n Koks is da" waren ſehr verbreitet, hatten aber nicht die bazillenhafte Vermehrungsfähigkeit des Klapphorns. — Es folgte der Unſinn der Imperative nach dem Muſter von Reklamen, wie: Koche mit Gas! Schmücke dein Heim! Schlafe patent! Er trieb zahlloſe Blüten wie: Kotze vor Gericht! Stiehl volle (ſtilvolle) Portemonnaies! Mauſetraue Paletots! Backe mit Mehl (d. i. Wange mit Puder)! Es iſt ſogar ein „Buch der Imperative" erſchienen (von Deuſſen, Kiel 1891). — Dann wurde es Mode, die Einſchachtelung ſchwieriger Wörter in Sätze als Aufgabe zu ſtellen, wobei wenigſtens das Berliniſche zu ſeinem Rechte kam: „Machen Se mal 'n Satz, wo „Drama" drin vorkommt." — „Dra ma (trage mal) Vatern de Stiebeln rin!" — mit Mutter Erde: „Mutter, ehr de weggehſt, ſchmier mir 'ne Stulle!" — mit Holzwarenfabrik: „Wie wir neulich in Schönholz waren, verbrüh 't (ſprich fabrik) mir de janze Hand mit Kaffe." — Daneben gingen die Schüttelreime her; einer der älteren lautete:

> Das Jodeln liebt der Steiermärker,
> Im Jüdeln iſt der Meier ſtärker.

und er iſt trotz unabläſſiger Bemühungen nie übertroffen worden. — Nicht ganz ſo ver-breitet waren die Stumpfſinnsverſe, wie

> Der Ziegelſtein
> Liegt nicht allein:
> Er huldigt geſelligen Trieben.
> Und liegt er allein,
> Dann iſt er wahrſchein-
> Lich irgend wo liegen geblieben.

und unzählige Verſe derſelben Art, die nach einer ihrer würdigen Melodie geſungen wurden und mit dem Kehrreim (im Chor) ſchloſſen:

> Stumpfſinn, Stumpfſinn, du mein Vergnügen,
> Stumpfſinn, Stumpfſinn, du meine Luſt!
> Gäb's keinen Stumpfſinn, gäb's kein Vergnügen,
> Gäb's keinen Stumpfſinn, gäb's keine Luſt.
> Ja ja, ja ja,
> Weißt nicht, wie gut ich dir bin.

Danach ſchoſſen die Sereniſſimus-Witze ins Kraut, die ſchon lange im ſtillen gewuchert und den Witzblättern Stoff gegeben hatten, als Erſatz für die älteren Mikoſchwitze, die freilich derber, aber auch ſchlagender waren. „Sereniſſimus" war ein kleiner Fürſt, der ſich, im Geſpräch mit ſeinem Adjutanten Kindermann, ebenſo dumm wie un-wiſſend zeigte; z. B. Ser. „Ä ä — Kindermann — ä ä — was ha'm wir denn — ä ä — heute für 'n Datum?" — Kindermann: „Den zwanzigſten, Durchlaucht." — Ser. „So; ä ä — hujus?" Die Popularität dieſer Scherze veranlaßte ſogar ein Theater („Schall und Rauch"), Sereniſſimus und Kindermann auf die Bühne (oder vor die Bühne) zu bringen, und dieſe Vorführung gehörte zu den Dingen, die man geſehen haben mußte; „man", d. i. „tout Berlin", „die oberen zehntauſend" oder wie die Phraſe der Mode ſonſt lautet. Der Berliner ſagt: Allens, wat 'n bißken wat is.

Zuletzt kam der kleine Cohn, eine Farce, die von ſonſt ganz geſunden jungen Leuten mimiſch vorgeführt („jemimmt") wurde und ausſchließlich durch groteske Sprünge und affenartige Behendigkeit des Darſtellers hinreißend wirkte. Sie war zuerſt im Thalia-

11

Theater sichtbar geworden, verbreitete sich aber rasch und erreichte, weil hier das Absurde vor Augen gestellt wurde, den „Rekord" des Blödsinns. Die zu ihr gehörige Polkamelodie wurde außerordentlich volkstümlich; die Gestalt des kleinen Cohn wurde überall von den italienischen Gipsfigurenhändlern feilgeboten. Der Text dieser Farce lautete:

> „Haben Se nich den kleinen Cohn jesehn?
> Haben Sie ihn nich vorüberjehn?
> In des Volkes Menge
> Kam er ins Jedränge;
> Nu denken Se sich mein' Schreck:
> Der kleine Cohn is weg!"

Es braucht kaum gesagt zu werden, daß manche von diesen „Influenzen" auch außerhalb Berlins aufgetreten ist; in ihrer Zusammenstellung sind sie doch für Berlin charakteristisch. Auch wer harmlosem Blödsinn nicht abgeneigt ist, wird doch einräumen, daß es nicht lieblich ist, ihn nach einem bestimmten Schema zu Tode gehetzt zu sehen.

Straßenhändler.

Wer die Ausdrucksweise des Berliners kennen lernen will, darf an den Straßenverkäufern nicht achtlos vorübergehen. Darum sei hier abgedruckt, was E. Galli auf dem Arkonaplatz (N.) erlauscht und in der Täglichen Rundschau (19. Mai 1903) mitgeteilt hat; mit jedem Absatz beginnt ein anderer Händler zu sprechen.

Immer noch zehn Fennje de Tiete Mehlweiser! Immer noch zehn Fennje: Südafrikanische Schneeflocken — fümf Fennje die hochelejante Verpackung!

Echte Mottensteine! Heite jratis, morjen umsonst!

Schulstifte Nummer zwei! Schreiben so schwarz wie der Deibel an seine Jroßmutter. Zehn Fennje des Dutzend. Fürchten Sie nichts, meine Herrschaften — es sind keene Endenbleie mang! Jott, wenn die Herrschaften man halb die Kourage zu 't Koofen hätten, wie unser eens zu 't Verkoofen!

Zwanzig Fennje die elejante Brieftasche! Jeder Käufer erhält eine zweite extra! Zehn Fennje des Portmonnee mit Hechtroschen! Fümfunfümzig das mechanische Jelejenheitskorsett mit Rüschenjarnierung! — Meine Herrschaften, schlafen Se bei hellichten Dage oder is Ihnen sonst wat in 't Oege jeflogen, det Se nich die Einsicht haben, sich kurz zu entschließen? Na mir kann er ja recht sind, wenn ick von die hochfeine Ware wat übrig behalte vor das wirklich noble Publikum; des kommt erst nach Fabrikschluß, um Uhre sechsen.

Hier hochfeine Spazierstöcke, schwarz Ebenholz mit Silberkandierung! Vier Mark das Stück — drei Mark — na, ich lasse se heite zu eine Mark. Eine hochnoble Ware! Sehn Se sich die Stöcke an! Ansehn, meine Herrschaften — bloß ansehn, wenn ich bitten darf — nich an 't Silber polken! Echtes Silber verträgt das nich. Wie kann man sich man bloß 'n Stock, der mir selber 'ne Mark kost, vor fumzig Fennje so lange besehn? Sollten jejenwärtige Damen sein, die bei Herrschaft männlicher Kinder konditionieren, denn bitte ich meine Extrakollektion in Kinderspazierstöckchen zu besichtijen — zehn Fennje das Stück.

Hochfeine Ziehjarren, vier Fennje das Stück! Prima-Merika-Deckblatt! — Wat meenen Sie dahinten? Uf de Rieselfelder jewachsen? Des denken Sie sich so, weil die Ware zu jroß is vor den Minimumpreis. Schon an die janze Aufmachung können Sie 't fehn: so verpackt sich keene Schwindelware. Villeicht Probe jefällig? Bitte, meine Herrn, langen Se zu!" — 'n Hochjenuß, nich? — Wat — Sie dahinten von de Rieselfelder — Sie wolln ooch eene? Bitte unscheniert ze kaufen; Probe-Exemplare vergriffen. Hierher jesehn, meine Herrschaften! Hier verkauf ich das jroße universelle Küchen= messer! Es schält Kartoffeln, es hackt Holz, es kitzelt Hälse ab. Verwechseln Sie meine Ware nich mit die von drüben an die bekannte Schwindelecke, wo der Brüllkönig seinen Schund ausposaunt; da wern Se weiter nischt wie beschupst. Früher war ich auch in sonne Jeschäfte; aber wo ich mir selbständig jemacht habe, nu kann mir nichts mehr hindern, meine Ware halb zu verschenken. Hier: vierzig Pennje der unverwüstliche Jummi= träger! Wer 'n mir verwüstet wiederbringt, den lej' ich noch hundert Mark drauf. Un des is mein letztet Wort, und des bleibt so sicher wie's Amen in de Kirche.

Inschriften und Schilder
(jetzt zum Teil verschwunden.)

Mehl= und Vorkosthandlung. — Holz= und Stätteplatz. — Linnuer Torf=Debit. — Milch= und Sahnen=Büreau. — Hier wird Spreewasser und andere kleine Fuhren gefahren. — Bei Abnahme von Seife Lange gratis. — Hier werden Damen in und außer dem Hause frisiert. — Haupt=Kitt= und Brenn=Anstalt (So hält der Kitt!). — Alle Sorten verschiedene Biere. — Hier werden Rasiermesser sanftschneidend geschärft. — Salon für niedere Chirurgie. — Frau Kuhlmey, Stadthebeamme. Auch wird geschröpft. — Auf das Aufbügeln der Hüte kann gewartet werden. — Durststillstation. — Tabagie und Kegelbahn, früher häufige Inschrift der Vergnügungslokale vor den Toren. Die Ein= ladung „Hier können Familien Kaffee kochen", die eine Zeitlang zu verschwinden drohte, ist wieder aufgetaucht; nicht selten in poetischer Form:

> Der alte Brauch wird nicht gebrochen:
> Hier können Familien Kaffee kochen.

Volktümliche Namen von Restaurationen.

Die schmale Weste. — Die Feldtrompete. — Der hungrige Wolf. — Der stramme Hund. — Der blutige Knochen. — Der schwere Wagner (der alte und der neue, auch der eckige und der flache), Charlotten= und Behrenstraße. — Das Siechenhaus, Siechens Bier= haus in der Jägerstraße — Der Kuhstall, Lokal von Böhme in der Invaliden= straße. — Der jrobe Jottlieb, Keller in der Brückenstraße. — Die sieben Töchter, Lokal von Pietzkowsky in der Jungfernheide. — Der dolle Hengst, Tanzlokal „zum Fürsten Blücher" am Wedding. — Der schloddrige Jummischuh, Lokal von Albrecht am Plötzensee. — Der Bock und die Zibbe, an der Spandauer Chaussee. Das ältere, kleine Lokal zur Linken ist der Bock. — Verbrecherkeller, die zum Scherz so genannt wurden, hat es viele gegeben. Besonders bekannt war unter diesem Namen der sehr achtbare Keller von A. Gronert in der Spandauerstraße. — Früher waren berühmt: Der düstre Keller, an der Tempelhofer Chaussee, links an dem Berge, auf dem jetzt die Bockbrauerei steht. Dort gab es das beste Weißbier. — Die Neue Welt vor dem Frankfurter Tor links. — Theodor Wurst hieß der Besitzer einer sehr bekannten Restauration vor dem Prenzlauer

Ter, auf dem Windmühlenberg. (Glaßbrenner schildert sie: „Bei Würst, wo ein großer papierner Drache von Pferden gezogen wird, wo man Schweine und Lämmer auf der Kegelbahn ausschiebt, wo Erpel-, Wurst-, Aal- und Hahngreifen ist." (Berlin, wie es ist und — trinkt. Heft 12.)

Volksfeste.

Stralauer Fischzug. Über dieses alte Volksfest (seit 1574 am 24. August gefeiert) bringt die ausführlichsten Angaben H. Pröhle in der Vossischen Zeitung vom 18. und 24. August 1880. Vgl. „Der Stralauer Fischzug im Königlichen Opernhaus" (wo ihn 1821 Julius von Voß [† 1831] auf die Bühne brachte) von Robert Springer in derselben Zeitung vom 25. August 1880; und Glaßbrenner, Berlin, wie es ist und — trinkt, Heft 3, 6. Aufl. 1845.

Schützenplatz (in der Linienstraße, nahe der Neuen Königstr.). Das Leben auf ihm schildert Glaßbrenner in „Buntes Berlin" Heft 12, Berlin 1841.

Das Mottenfest feierten die Tuchscherer und Raschmacher in Lichtenberg; das Fliegenfest der Leineweber fand in Pankow statt; die Kammmacher hatten ein Lausefest (wo?) und die Bäcker ein Wurmfest. Bei diesen Gewerksfesten zog man in großen carnevalartigen Aufzügen zu Wagen durch die Straßen, zuletzt wohl um 1857.

Anhang.

Verzeichnis der Ausdrücke für einige Hauptbegriffe.

Begrüßungs- und Abschiedsformeln.

Ju 'n Dag ooch! Morjen, die Herrn! Schöner Dag heute Abend! Wie jeht's? So so la la. So lila. Immer uf zwee Beene. 't muß jur jehn, bis 't besser wird. Fein mit Ei. Na, so durchwachsen. So sachte weg. Immer mitten uf 'n Damm. Danke, er befindet sich. So sachteten. Na, so hallweje. Halb un halb. Maupe. — Mahlzeit. Machen Se 't jut. Jrüß Muttern. Jrüßen Se Ihre Waschfrau. Jrüß Jott, wenn de 'n siehst. Au réservoir. Adchees. Leben Se so wohl als auch. Schlafen Se wohlriechend. Schlaf rund, dette nich eckig wirst. Komm nich unter'n Schlitten (unter'n Leierkasten, unter'n Kinderwagen, unter'n Torfwagen). Laß dir nich von 'n Luftballon überfahren. Es war mir ein Festessen.

Betrügen.

abluchsen. schummeln, beschummeln. beschuppen, beschupsen. betimpeln. hoch nehmen. inseefen. inwickeln. jeblaßmeiert, jelackmeiert. lackieren. leimen. über'n Löffel balbieren. meiern. mogeln, bemogeln. Schmu machen. zudecken.

Drohungen.

't jibt wat aus de Armenkasse. Sie ha'm wol lange keene Backzähne jespuckt? Ich wer dir schon bei —! Dir wer 'f 's beibringen. Der wer 'f ihn besalzen. Se könn' de scheensten Keile beseh'n. Dir wer 'f bringen. Ich hau dir, dette Boomöl jibst. Ich wer 'n mal uf 't Dach steijen. Krist eens uf 'n Deckel. Dir soll der Deibel frikassieren. Krist 'n Ding (wat 'n Fund wiejt). Euch soll ja det Donnerwetter rejieren. Dir wer 'f uf 'n Drab (uf 'n Jang, uf 'n Schwung, uf'n Zug) bringen (uf de Sprünge helfen). Wat? Sie wolln mir drecig kommen? Sie nich, versteh'n Se, mir nich! Kommen Se mir nich dumm, sonst komm ich Ihnen noch dummer. Hast wol lange keenen blur'jen Einsatz jehatt? Den Kerl wer 'f de Eisbeene knicken. Ich hau dir, dette de Engel in' Himmel seisen hörst. Den wer 'f de Flötentöne beibringen. 't jibt langen Haber. Du frei dir man. Den wer 'f bei de Hammelbeene kriejen. Det wer mir nich de Hand ausrutscht. Ich wer dir zeijen, wat 'ne Harke is. Du krist eens uf's Hauptjebäude. Ich zu Hause, laß dir kämmen (wasch dir 'n Vauch). Det heeßt — wenn Se nu nich stille sind . . . Dir wer 'f helfen. Dir wer 'f mal de Hosen stramm zieh'n. Det ich dir nich uf 't Jedächtnis tippe. Ich hau dir eene an de Jießkanne, det de Bruge wackelt. Ich hau dir uf'n Kepp, det de Läuse piepen. Ich hau dir uf 'n Kepp, dette Platcheene trist un in teen Sarch mehr rinpaßt. Wo willst 'n liejen? Lees mal jesen! Jhnen hat wol lange nich de Nase jeblut? Wat saßte, Karl — dir friert? Ic̦ hau dir zu Mus. Ic̦ hau dir eene, dette denkst, Ostern un Pfingsten fällt uf eenen Dag. 't jibt wat raus. Krieft deine Meinijung. Sie ha'm wol lange nich in de Menne jelejen? Riech mal an die Knospe. Hast wol lange keen Berliner Rot jesehn? Dir wer 't 'n Schnörjel nach links drehn. Denn kannste deine Knochen in 't Schnuppduch zu Hause dragen. Numerier dir man de Knochen. Laß dir man zusammensejen. Du kriest Hiebe, det de Schwade knackt. Det soll dir sauer ufstoßen. Er setzt wat. Dir laß ic̦ in steiwen Arm verhungern. Ic̦ spuck dir in de Oogen, dette wegschwimmst. Ic̦ hau dir eene, dette 'ne Turmspitze vor'n Zahnstocher ansiehst. Ic̦ laß dir ufjehn wie'n Ballon. Ic̦ hau dir eene, dette dir um un dum drehst. Hast wol lange keen Veilchenbukett unter de Neese jehatt? Sonst sollste mit Verjißmeinnich handeln. Det Aas stech ic̦ mir 'n jefrornen Waschlappen dot. Wünschen Se villeicht noch wat? Du kriest eene, die sich jewaschen hat. Weeßte, verstehste! Kriest 'ne Wucht. Den wer 't de Wurscht anschneiden.

Dumm, Dummkopf.

Beeschaf. Bombenkopp. Bouillonkopp. Er hat 'n Brett vor'n Kopp. Demelack. Er is mit 'n Demelsack jeschlagen. demlich, bocksdemlich, potsdemlich. desig. doof, Doofkopp, doowe Neine. Drege. Drehlade. Droomflöte, Droomlade, Droomsuse. Duge, dugig. Dummerjan. Dunstkieve. dusig. Duzel, duzelig, Duzelkopp, Duzeltier. Trütjkopp. Kesekopp. Potsdamer. Roß Jottes. 'n lieben Jott sein Reitferd. Schlummerkopp. Stiesel. Strohkopp. Teekessel. tranig. Ulge. Mit den kann man Wände inrennen. Wenn Dummheit weh dete, hörte man dir schrein bis Potsdam. Bist wol nich von hier? Bist wol von jestern?

Gehen.

asten. baden. boddern. eisen. fejen. fliejen. flitzen. hippeln. hopfen. jondeln. kajolen. klabastern. krebsen. krepeln. losjehn, losziehn, loszittern, loszoddeln. olpern. schesen. schieben. steijen. stapeln. stiebeln. tippeln. sich ranschlängeln, ranwachsen. Er kommt anjeländert, anjepeest, anjeprescht (anjeberscht), anjesetzt, anjewackelt, anjewalzt, anjezoddelt.

Geld.

Asche. Draht. Kies. Knöppe. Kreten. Möpse, Moneten. Mees. Penunge. Pinke. Pulver. Puttputt. Räder. Talente. Zaster.

Gleichgültig, gleich.

Det is draußen wie vor de Diere. Vorne so hoch wie hinten. eenjal (eingal). Jacke wie Hose. Dieselbe Kulör in Jrün. Mus wie Miene. piepe (eene Piepe). Pomade. Schnuppe. schnurz. Allens eene Wichse, eene Sooße. Wurscht, wurschtig.

Kleidung.

Kleedage, Kluft, Schale. — Aalkasten, Angströhre, Bibi (Bibax), Civilhelm, Deckel, Dohle, Rahmröhre, Cilinder, Tintenproppen, Wichskopp, Judenhelm, Ballonmütze, Wolkenschieber, Radaumütze. Kiepe, Dunstkieve, Kisse, Fladruge, Nietsche. — Bratenstipper, Dreckstipper. — Schniepel, Schwalbenschwanz, Punschklinke. — Jipsverband. — Jlanzpelle. — Buchsen. — Fahne, Pummel, Schabracke, Sommerwohnung. — Sooßenstipper. — Drecktreter, Kindersärje, Paatschen, Parieser, Schasseetreter, Schlorren.

Körperteile.

Deez, Demel, Kohlrübe. — Fassade, Fratze, Lakal, Visage. — Flötzen (Flötzoogen), Kulpsen (Kulpsoogen), Kulleroogen, Luken, Schweinerißen. — Bolle, Jurke, Zetkolben, Jesichtserker, Katoffelnese, Kulpsnese, Kupferbergwerk, Kümmelnese, Meppelnese, Nuge, Nuß,

Parpe, Planſchnefe, Ramsnefe, Riechhorn, Riechkolben, Stupsnefe, Tulpe, Verzierung,
Zinken. — Fletſchkaſten, Freſſe, Futterluke, Klappe, Rand, Speiſeanſtalt, Speiſeritze. -
Flabbe, Flebbe, Flunſch, Labbe, Limpe, Karpenſchnute, Puffſchnute. — Horchlappen,
Löffeln. — Kinne, Kader. — Pape, Schnörjel. — Katoffelbauch, Panſch, Planze. —
Vorderfloſſe. — Jebrüder Beeneke, Spazierhölzer, Eisbeene, O-Beene, X-Beene, Bäcker-,
Dachs-, Klamotten-, Mops-, Sebel-, Semmel-, Teckelbeene. — Hacke.

Unter der Kritik.

Unter'n Hund. Unter aller Kanalje (Kanone, Kanickel). Unter allen Luder. Unter
allen Muff. Unter'n Nachtwächter. Unter aller Sau. Unter aller Suppe.

Ohrfeige.

Backfeife. Bremſe. Mauſchelle. Moppe. Qualle. Quappe. Quatſche. 'ne Saftije.
Schelle. Schote (Knallſchote). Schwalbe. Schwappe. Tachtel. Verwendte. Einem eine
andrehn. anpaſſen. keſen. kleben. in's Lakal hauen. löſchen. runterhauen. runterlaatſchen.
('ne Schwalbe) ſtechen. verwiſchen.

Schläge.

Bimſe (Bimße). Boomwachs. Dreſche. Haue. Holze. Jackenfett. Kalaſche. Kloppe.
Pecke. Riſſe. Schacht. Schmiere. Schmiſſe. Senge. Simſe. (Starnickſel). Stauke. Wachs.
Walke. Wamſe. Wichſe. Wucht.

Schlagen.

dreſchen. durchjengeln. durchkalaſchen. einweihen. kauzen. wamſen. wichſen. (eenen)
't Fell loſe machen, de Jacke auskloppen. (eenen eens) überjeffen. (eenen 'n paa) uf-
bremſen, überziehn, über 't Kreuz ziehn. (eenen wat) ufmiſchen. veräppeln, verballern
verdreſchen, verkacheln, verkeilen, verkloppen, vermöbeln, verpecken, verpletten, verſchalen,
verſimſen, verſohlen, vertobaken, vertuſchen, verteppern, verwalken, verwichſen, uf-
friſchen, zudecken.

Schlau, Schlaukopf.

'n Aas (uf de Jeije). anſchleej'ſch. dreihärig. helle. jerieben. jeriſſen. 'n jeſunder Junge.
jewiezt (jewieft). 'ne Krete. politſch. mit Spreewaſſer jedooft. Schlauberjer, Schlaumeier.

Schlecht, ſchwach.

beebeet. nich berühmt. belemmert. dinne. flatrig. fletrig. lumpig. mau. mierig. mies.
nuttig. plundrig. poplig. power. ſchauderös. ſchlau. ſchofel. ſtoobig.

Sehr.

aaſig (eſig). barbarſch. blödſinnig. diebiſch. eklig. haarig. helliſch. jehörig. jletſcherhaft.
klobig. kletzig. nich zu knapp. knollig. koloſſiv. lauſig. furchbar. haarſträubend. mächtig.
mörderlich, uf Mord, mordsmäßig. ochſig. rieſig. ſcheußlich. ſchmehlich. ſchrecklich.
verdammt, verdeibelt. verflucht.

Stehlen, beſtehlen.

atern (patern). ausführen. ausſpannen. (eenen) de Oogen auswiſchen. izen. jejamft.
ſich zu Jemiete ziehn. kieſen. klauen. klebrije Finger haben. klemmen. langen. mauſen.
mopſen. ſchießen. ſtibitzen. ſtremmen. ſtriezen.

Trinken.

biejeln. kiebeln. picheln. pietſchen. — (eenen) abbeißen. ſich bezehmen. hinter de Binde
jießen. uf'n Dienſteid nehmen. feifen ('n Lippentriller feifen). heben. in de Jacke
ſchwenken. ſich zu Jemiete führen. jenehmijen. kippen. uf de Lampe jießen. ſich leiſten.
nehmen. riskieren. ſchmettern. tuten. von' Turm blaſen. zwitſchern.

betrunken. anjeatert. anjebeitert. anjeriſſen. anjeroodt. anjeſänſelt. bedüſelt. befizelt.
beſchidert. beſchmiert. beſchwippt. blau. düne (dict un düne). fett. fizelig. in Gum.
illuminiert. ſchreech. ſchwer (ſchief) jeladen. knille. melnum. rabumig. ſchider. in Tee. in
Tran. in Tritt.

betrunken wie 'n Igel, 'ne Itſche, 'ne Picke ('n Pidenſtiel), 'ne Radebacke, 'ne Sack=
ſtrippe, 'n Stint, 'ne Teke, 'ne Unke.

Rauſch. Er hat 'n Affen. Er hat ſich eflig eenen anjedudelt. 'n Hieb. 'n kleenen
Lütriti. 'n Ölkopp. 'n Schwips. 'n Spitz. 'n Zacken. 'n Zinken. Er is in Sturm.
Er hat in Tran jetreten.

Unſinn, Spaß.

Blat. Blech (Wellblech). Blödſinn. (Machen Se keene) Dinger. Feez. Jur. Kaff. Kaleika.
Kebs. Klimbim. Klumpatſch. Knaatſch. Kohl. Kree. Kuddel. Lenz. Meſtrich. Mumpitz.
Quarſch. Salat. Stuß. Tebs. Ziden. Zimt.

Verneinung, Abweiſung.

Appelkuchen! Beileibe nich. Wenn Se mal wieder wat brauchen. Davon ſteht niſcht
drin. 'n Deibel ooch. Ick wer 'n Deibel dun. Den Zahn laß dir man ausziehn. Denk
nich dran. Janich dran zu denken. Du denkſt wol ooch? Dieſes wenijer. Fällt mir
janich in. Ick wer 'n wat uf't Hackebrett lejen. Hat ſich wat. Ick wer dir wat huſten
(puſten). J we. J man nich. J wo wer 't denn? Keene Idee. Ick nu ſchon mal
janich. Js nich. Wat Sie ſich denken, is nich. Ja Kuchen. Ja woll och. Bleiben Se
mir jewogen. Wird niſcht jewunken. Kaum. Rich vor Keſe. Keene blaſſe Ahnung.
Keene Laus. Kein Bein. Ick wer ihm 'n Marſch blaſen. Na ooch nich. Na det fehlte
noch. Nee. Davon nach neine. Rich ſehn. Rich in de Hand. Nich in die la main.
Rich in de Tiete. Danke vor Backobſt (un andre Südfrüchte). Danke vor Schnaps.
Sagen Sie das nich (Freilein). Scheibe! Scheibe, mein Herzken! Scheibe, ſagt Cicero.
Scheibenſchießen! Keene Spur. Wird nich verzappt. Zieh Leine. Zieh Kitt. Ja, über=
morjen. Wohnt nich.

Verrückt, Verrücktheit.

Biſt wol anjebufft? beſtrampelt. brejenkliettrig. De biſt wol —? Se ſind wol krank
(bruſtkrank)? Se ſind wol 'n bisken dumm? Se ſind wol aus Dalldorf entſprungen?
Du kannſt wol nich daver? Haſt wol Froſt in' Kopp? 'n Fuzel, fuzlig. Se ſind wol
'n Happen hä ('n Happen dumm)? Se ſind wol nich von hier? Haſt wol Hitze? Biſt
wol nich bei Jroſchens? Haſt wol 'n Keber? Kebert's dir? Haſt wol 'n Knall? Wenn
eener verrückt wird, wird er 't zuerſt in' Kopp. Du biſt wol von de Kuh (von' blauen
Affen) jebiſſen? Meſchugge. Biſt wol aus Mutz? Kriejen Se der öfter? Bei 't Oege.
Dir pickt er wol? Queſenkopp. Bei dir rappelt's wol? Haſt wol 'n Raptus? Biſt wol
rapplig (rappelköppſch)? Er hat Raupen (Rejenwürmer) in' Kopp. Bei den is 'ne
Schraube los. Du biſt wol von de Stadtbahn (mit 'n Torfkahn) überjefahren? Er
hat 'n Stich ('n Strich). Haſt wol Tinte jeſoffen? Tippelmendſch. Biſt wol nich bei
Troſte? Sonſt is Ihnen doch wohl? Überkandidelt. Sie ſind wol nich janz unwohl?
Verdrehte Schraube! Haſt wol 'n Vogel ('n Piepmatz)? Haſt wol 't jroße Traller?
Biſt wol trallig? Er hat 'n Triller. Er is überjeſchnappt. Verrückt un drei macht neune.

Verſchwenden.

Aaſen (mit). veraaſen. verdrücken. verjucken, verjuchhein. verknacken. verkreeſchen, ver=
leppern. verliedern. verludern. vermöbeln. vermurkſen. verplempern. verpoſementieren.
verprezeln. verputzen. verpulvern. verpuzeln. verquacken. verquaddern. verquaſen.
verſchludern. verſimſen. verwichſen.

Verwunderung.

Ich denke, der Affe lauft mir (mir soll der Affe frisieren). Nu bitt ick eenen (Menschen). Nu brat mir eener 'n Storch (aber 'n milchernen; aber de Beene recht knusprig). Jott soll mir 'n Daler schenken. Weeß der Deibel. Nu denken Se sich bloß an. Krist 'n Dod (in beede Waden). Doll jenuch. Donnerkiel, Dunderkiesel, Donnerlittken, Donnerwackstock, Dunnerwittstock, Dunnerwettsteen! Ei wei Backe. Hat eener schon so wat erlebt. Nu frag ick eenen. Nu frag ick bloß eenen Menschen. Det war doch früher nich. Alle Hagel (nich noch mal). Himmel, haste keene Flinte! Det erste, wat ick höre. Det jeht über de Hutschnur. I wat. I seh mal an. I wat Sie sagen. Nu du mir eener 'n Jefallen. Nu schlag Jott 'n Deibel dot. Na Jott stärke. Ich bitte zu jrüßen. Jott Strambach. Jott steh mir bei. Jroßer Jott von Holz, wie hart is dein Jesichte. I du meine Jüte. Junge, Junge, Junge! Det is klassisch. Sowat kraucht uf 'n Boden nich rum. Da schlag eener lang hin (un steh kurz wieder uf). Mann Jottes! Menschenskind! Sowat lebt nich (un zappelt d o ch). Is 't de Möglichkeit. Is 't de Menschenmöglichkeit. Krist de Motten. Nann wird's Dag (in de Nachtmütze). Nee doch. I Jott nee doch. Nee, aber sowat. Nee, über Ihnen aber ooch. Ick war janz paff. Ich denke, ick soll uf 'n Puckel fallen. Na ick s a g e ooch. Wat sagt der Mensch dazu. Schwere Angst. Schwerebrett. Schwereleed. Nu seh eener an. Ick fiel von' Stengel. Nann hört's uf. Da hört sich denn doch Verschiednes uf. I da muß doch jleich 'ne olle Wand wackeln. Da hört doch de Weltjeschichte uf. Haste Worte? Haste Töne?